Edwin A. Biedermann

Logen, Clubs und Bruderschaften

Edwin A. Biedermann

Logen, Clubs und Bruderschaften

unter Mitarbeit von
E. Alexander Biedermann

Droste Verlag

Bibliografische Informationen der Deutschen Bibliothek
Die Deutsche Bibliothek verzeichnet diese Publikation in der Deutschen Nationalbibliografie; detaillierte bibliografische Daten sind im Internet über http://dnb.ddb.de abrufbar.

1. Auflage 2004
2. aktualisierte und erweiterte Auflage 2007

Gesamtgestaltung: Droste Verlag
Druck und Bindung: Clausen & Bosse, Leck
EAN 978-3-7700-1184-1

www.drosteverlag.de

Inhaltsverzeichnis

Vorwort

„Sie tragen die kleinen Nadeln am Rock, im Herzen die Treu und die Ehre, die Liebe zum Land und den Glauben an Gott ...“, könnte man in Abwandlung eines alten Bundeswehr-Liedes sagen, wenn man Menschen (meist Männern) begegnet, die Mitglied in einem Serviceclub, einer Loge oder einer anderen Verbindung sind. Die kleine Nadel am Rock kündet von mehr als nur von einer Vereinszugehörigkeit. Sie macht auch eine programmatische Aussage und kann dadurch etwas über ihren Träger aussagen. In den folgenden Kapiteln wird dieser Code Schritt für Schritt entschlüsselt.

Menschen sind von Natur aus keine Einzelgänger, sondern Lebewesen, die nur in der Gruppe wirklich gedeihen und sich entwickeln können. So haben sich schon im Altertum Menschen, die über die Tagesfragen hinaus geistige Interessen hatten, in Kleingruppen zusammengeschlossen, meist abgeschieden von der Gesamtgemeinschaft. In diesem Buch werden keine antiken Gruppen behandelt, sondern jene, die heute in Deutschland wirken und an ihren Zielen arbeiten. Ihre Ziele und Arbeitsweisen, ihre Geschichte und ihre Leistungen werden vorgestellt, damit sich jeder Interessent objektiv ein Urteil über die einzelnen Clubformen bilden kann. Mit dem Einstieg in das Thema „Clubs, Logen und Bruderschaften“ kann man in jedem Alter beginnen, nur nicht bei jeder Gruppe, da es einzelne mit Altersbeschränkungen gibt.

Ritterorden wurden im 12. Jahrhundert gegründet. Zur Zeit der Kreuzzüge sicherten sie die Marschrouten und Transportwege, bauten Flotten und Festungen, pflegten die Kranken und Verwundeten und betrieben Siechenhäuser und Beherbergungsbetriebe. Nach dem Verlust des Heiligen Landes bildeten sie sogar eigene Staaten auf Malta und im Baltikum. Heute sind sie nur noch in der Kranken- und Altenpflege tätig sowie im Katastrophenschutz, im Hilfsdienst, Krankentransport und überall dort, wo Menschen in Not sind. Ohne die Hilfsdienste der Ritter wäre unsere Gesellschaft heute in vielem ärmer. Über 900 Jahre nach der Stiftung des ersten Ritterordens finden sich immer noch Christen, die neben viel Idealismus auch Zeit und materielle Ressourcen aufwenden, um auf der Basis ihrer Glaubensüberzeugungen karitativ zu wirken. Die Ritterorden haben eine bemerkenswerte Geschichte. Sie vollbrachten große Heldentaten, errangen glänzende Siege und scheiterten schließlich in ihren militärischen Unternehmungen. Aber ihre karitative, dem Not leidenden Menschen dienende Seite steht nach neun Jahrhunderten noch in voller Blüte. Dies kann fast symbolisch für die Aufgabe des Christums in der Welt gesehen werden: Gewaltsame Unternehmen und Zielsetzungen scheitern, während das Wirken im Dienst der Menschen- und Nächstenliebe von zeitloser Bedeutung und Beständigkeit ist! Noch bemerkenswerter ist, dass in unserer materialistischen Umwelt sich Tausende Ritter bereitfinden, unentgeltlich Arbeiten für ihre Orden zu vollbringen, deren Gegenwert nicht selten ein Mehrfaches ihres Monatsverdienstes ausmacht. Christliche Laienorden nennt man sie; sie sind evangelisch, katholisch oder ökomenisch.

Ebenfalls auf eine lange Geschichte können die Freimaurer zurückblicken. Sie stammen nicht von den Tempelrittern ab, haben auch keine Wurzeln im alten Ägypten oder beim Geheimbund der Essener, wie in prahlerischen Legenden behauptet wurde. Sie gehen schlicht und einfach auf die mittelalterlichen Dombauhütten zurück, sind also nicht adeliger Abkunft, obwohl viele gekrönte Häupter ihren Logen als Bruder unter Brüdern angehört haben, sondern sie finden ihre Wurzeln im Handwerk. Maurer, Zimmerleute, Steinmetzen und die Baumeister der großen Kathedralen sind ihre geistigen Ahnen. Die frühesten urkundlichen Erwähnungen finden sich im 16. Jahrhundert in Schottland. Im Zeitalter der Aufklärung waren sie von großer Bedeutung. Die ältesten bestehenden Freimaurerlogen wurden im 17. Jahrhundert in Großbritannien gegründet. Die großen Philosophen der Aufklärung waren zumeist Freimaurer. Die Ideale der Freimaurerei, die Idee von der Freiheit und Gleichheit der Menschen breitete sich erst über ganz Europa und schließlich über die ganze Welt aus. In allen freien Staaten der Erde gibt es heute Männer von gutem Ruf, die sich einer Freimaurerloge anschließen. Was sie treibt und was sie machen, ist vielen Menschen ein Rätsel. Legenden und Verleumdungen werden über sie verbreitet. Wir geben diesen Legenden und Verdächtigungen keinen Raum, da

Sensationshascherei vielleicht die Neugier befriedigt, nicht aber den Informationen suchenden, kritischen Geist, der objektive, sachliche, solide recherchierte Fakten erwartet. Neben der maskulinen Freimaurerei gibt es auch eine feminine Maurerei, die ausschließlich von Frauen praktiziert wird. Ebenso gibt es gemischte Logen.

Freimaurerische „Hochgrade" sind ein beliebtes Reizthema bei Kritikern, manchmal auch unter Freimaurern. Wir zeigen im Abschnitt über den Alten und Angenommenen Schottischen Ritus sowie über den Royal Arch, was es mit diesen Graden auf sich hat und welche Rolle sie im Lehrgebäude der Freimaurerei spielen. Bräuche und Symbole, die manchmal rätselhaft erscheinen, sind eine Ausdrucksform, die oft mehr vermittelt als eine wohlgesetzte Rede. Vermitteln kann man natürlich nur dann etwas, wenn Sender und Empfänger die gleiche Sprache sprechen, denn eine Sprache in Symbolen ist nur dann nützlich, wenn die Symbolik verstanden und die Inhalte erkannt werden. Freimaurerei ist also weniger Organisation, auch nicht primär Initiation, sondern ein geistiger Prozess, dem sich das einzelne Mitglied stellen muss. Daneben ist eine Loge auch eine Gemeinschaft von Männern, ein Männerbund, eine Bruderschaft, in der menschliche Beziehungen gepflegt werden. In vielen Logen werden auch die Frauen der Brüder in das gesellschaftliche Leben einbezogen, sodass eine Freimaurerloge durchaus auch Clubcharakter haben kann.

Die Gründung der ersten europäischen Universität erfolgte im 12. Jahrhundert. Die Studenten kamen aus allen Teilen Europas und mussten oft lange Strecken zum Studienort mit Kutsche, Pferd oder auf „Schusters Rappen" überwinden. In den großen Waldgebieten drohten Wolf, Luchs und Bär und vor allem Räuberbanden. Die Studenten taten gut daran, in Gruppen zu reisen und sich im Waffenhandwerk zu üben, um sich ihrer Haut notfalls erwehren zu können. Am Studienort wohnten sie nach ihren Heimatregionen in Bursen zusammen. So bildeten sich schon sehr früh Verbindungen heraus, die fast zwangsläufig eine landsmannschaftliche Struktur annahmen, im Mittelalter „Nationes" genannt. Erst zur Zeit der Aufklärung kamen neue Formen gemeinschaftlichen Lebens auf. Die Freimaurerei beeinflusste die studentischen Orden sehr stark. Studenten entfachten sich zu allen Zeiten gern am Feuer der Freiheit. Sie orientierten sich vor allem nach den Freiheitskriegen gegen Napoleon in gestärktem Selbstbewusstsein an diesem Idol. Das frühe 19. Jahrhundert war voll des Aufruhrs der Studenten gegen den Obrigkeitsstaat. Corps, Landsmannschaften und Burschenschaften bildeten sich und wurden verboten. Erst nach 1848 war in Deutschland die Vereinsfreiheit weitgehend durchgesetzt. Die Verbindungen spielten im Kaiserreich eine herausragende Rolle. Kurz nach Gründung der Weimarer Republik stellten sie sich einer neuen Herausforderung, als zur Niederschlagung des kommunistischen Spartakusaufstandes von 1919 der Reichswehrminister die Studentenkompanien zu Hilfe rief, da die Kräfte der Reichswehr nicht ausreichten, den Aufstand alleine niederzuschlagen. Die studentischen Freicorps verteidigten die neue Republik und trugen dazu bei, den Erfolg des kommunistischen Putschversuches zu verhindern. In diesem Faktum liegt sicherlich ein wesentlicher Grund für den Hass der extremen Linken gegenüber allen Korporationen. Der Wahlspruch der Burschenschaften lautet „Ehre, Freiheit, Vaterland" und auch bei vielen Korporationen anderer Provenienz kommen diese Begriffe im Motto vor. Pluralistisch waren die Hochschulen und die Studentenschaften schon immer zusammengesetzt. Was zieht junge Menschen in die Korporationen? Die absolute Aktivenzahl ist zwar bei vervielfachten Studentenzahlen gesunken und somit der prozentuale Anteil der Korporierten relativ klein geworden, aber der Anteil der Studienabbrecher ist bei den Korporierten deutlich geringer als bei den Nichtkorporierten. Liegen die Gründe dafür in den Idealen der Korporationen? Studentische Verbindungen sind auf lebenslange Freundschaft angelegte Vereinigungen; sie pflegen Disziplin, Ehrenhaftigkeit und Aufrichtigkeit. In einer Welt voller Unverbindlichkeit setzen sie einen sehr deutlichen Kontrapunkt: Sie binden sich, verzichten freiwillig auf etwas Freiheit in ihrer Freizeit und gewinnen dabei sehr viel an Erfahrung und vor allem an Freundschaft und menschlicher Begegnung. Sie lernen, mit verschiedenen Menschentypen umzugehen. Sie üben sich in einer sehr speziellen Form der Gruppendynamik, die sie davor bewahrt, zum egoistischen Einzelkämpfer in einer Welt zu werden, in der fast ausschließlich der materielle Erfolg zählt. Sie lernen, sich gegenseitig zu helfen, und stellen dabei fest, dass Gemeinsamkeit oft weiter führt als ein selbstsüchtiger Alleingang. Der Starke ist nicht immer nur allein auch der Mächtigste! Diese Erkenntnis gilt nicht nur für Korporationen, sie ist eine wesentliche Triebfeder für die Mitglieder aller in diesem Buch angesprochenen Gruppierungen.

Clubs sind gemessen am Lebensbundprinzip der Studentenverbindungen etwas unverbindlicher. Ein Hamburger Kaufmann, der für würdig befunden wurde, in einen hanseatischen Klub aufgenommen zu werden, wird diesem wahrscheinlich auch über sein Berufsleben hinaus angehören, aber er wird in seinem Klub nie das sehen, was junge und alte Akademiker in ihrer Verbindung sehen. Dennoch hat sich in den alten traditionsreichen Gesellschaftsclubs, die es in vielen deutschen Städten gibt, eine spezifische Form des Gemeinschaftslebens entwickelt: Hier kann man sich treffen, unterhalten, plaudern, vergnügen und fast en passant auch Geschäfte besprechen. Wirtschafts- und Industrieclubs geben eine Plattform, auf der man sich begegnen kann. Wer Mitglied eines hoch angesehenen Clubs ist, gewinnt darüber hinaus an gesellschaftlichem Ansehen. Er steigt im gesellschaftlichen „Wert", er gewinnt mehr, als er durch Antrittsspende und Beitragszahlung bezahlt. Er wird es nicht beziffern können, aber er wird eine indirekte immaterielle „Mitgliedschafts-Dividende" erhalten. Das ist mehr als nur Befriedigung einer persönlichen Eitelkeit. Wenn er aber zu sehr nach „Vorteilen" aus der Mitgliedschaft strebt, wird er bald merken, dass alle Vorzüge auch eine Kehrseite haben können, denn wer die ungeschriebenen Regeln eines Clubs verletzt, kann dies durch Geld nicht ausgleichen. Neben den alten Traditionsclubs gibt es vor allem in jüngster Zeit Business Clubs. Hier findet man nicht unbedingt Freunde fürs Leben, sondern Freunde fürs Geschäft: Partner am Markt, von denen man günstig beziehen oder denen man gut etwas verkaufen kann; Menschen, die einen Geschäftspartner kennen, den man sucht. Das ist nicht negativ zu bewerten, sondern genau das, was vielen Geschäftsleuten vorschwebt, wenn sie von guten Verbindungen sprechen. „Networking" nennt man es auf Neudeutsch und genau das bieten zahlreiche Wirtschaftsförderungen unter dem Stichwort „Business Club xy-Region“ an. „Geschäft pur“ ist der Slogan eines neuen Business Clubs, der seit einigen Jahren erfolgreich operiert und bei dem natürlich nicht jede Veranstaltung nur aufs Geschäftliche zielt. Ein Ball, eine Rallye, ein Golfturnier, ein einfaches Picknick mit Grillparty stehen durchaus auf dem Programm – aber auch dabei darf über ein gutes Geschäft gesprochen werden, dürfen Geschäftspartner als Gäste eingeladen werden.

Von alldem wollen die Serviceclubs nichts wissen. Bei Rotary und LIONS, bei Kiwianis und den Soroptimistinnen wie auch den anderen Serviceclub-Organisationen treffen sich zwar auch gelegentlich Geschäftspartner, aber im Club spricht man nicht übers Geschäft. Serviceclubs haben eine Mission, sie wollen Gutes tun und darüber reden. Zwar bilden sich Freundschaften unter den Clubmitgliedern, aber sie sind kein Lebensbund, eher eine Lebensabschnittsgemeinschaft. Man erweitert – auch als älterer Mensch – bei den meist hochkarätigen Vortragsabenden seinen Horizont, genießt die gesellschaftlichen Veranstaltungen und engagiert sich für ein gemeinsames Serviceprojekt. Das ist es, was einen Serviceclub kennzeichnet. Serviceprojekte sind immer karitative Aufgaben, die Menschen in Not helfen sollen. Alle Clubs in den elf vorgestellten Serviceclub-Organisationen wollen „unbürokratisch“ helfen, indem man sich direkt um die Bedürftigen kümmert. Bei aller „neuen Armut“, die politisch beschrieben und angeprangert wird (obwohl sie gerade aus politischen Fehlentwicklungen resultiert!), findet man oft in der eigenen Gemeinde nicht die richtigen „Bedarfsfälle“. Weder die Kirchen noch die Kommunalverwaltungen wollen oder dürfen konkret bedürftige Familien nennen – der Datenschutz verbietet es. Die Serviceclubs werden dann oft aufgefordert, ihr erarbeitetes, gesammeltes oder gespendetes Geld an Hilfsorganisationen zu geben, die „ja schon das Richtige machen“. Alle Hilfsorganisationen helfen, das ist richtig, sie haben aber auch eine Verwaltung zu unterhalten, die die Serviceclubs nicht mitfinanzieren möchten. Einige Serviceclub-Organisationen haben für die Finanzierung von Großprojekten auch eigene Hilfswerke gegründet, die als gemeinnützig anerkannt sind. Aber die einzelnen Clubs beschränken ihre Tätigkeiten gerne auf den unmittelbaren Einzugsbereich des Clubs, leisten im Wesentlichen Nachbarschaftshilfe. Meist ist unter den 20 oder 30 Clubmitgliedern auch ein Pastor oder ein Mitglied der Stadtverwaltung, ein Mensch also, der genau das weiß, was man dem Club offiziell nicht sagen kann. Das bereits zitierte „Networking" gestattet dann, Hilfen ans Ziel zu bringen. Ohne jeglichen Verwaltungskostenabzug kommen 100% der Hilfe beim Empfänger an! Das ist den Serviceclubs aus zwei Gründen besonders wichtig: Zum einen garantieren sie ihren Spendern und Kunden, dass alles eingehende Geld dem Projekt zugute kommt. Und zum anderen werden oft mit viel persönlichem Engagement, mit eigenem Ressourceneinsatz und hohem Zeitaufwand Basare, Flohmärkte und Events jeder Art organisiert. Da möchte man nicht einen Teil des Ertrages als Alimentierung von Organisationsverwaltungen verloren sehen.

Die wohl lustigste Männergemeinschaft unseres Landes, die „Schlaraffen", darf natürlich in einem Buch über Bruderschaften nicht fehlen. Sie sind kein Club, keine Loge, keine Verbindung, sondern eine Schar von Freunden, deren Treiben vom Humor gelenkt ist. Seit über 150 Jahren erfreuen sie sich an ihrem „schlaraffischen Spiel", das eine echte unendliche Geschichte darstellt. Im Winter erwärmen sie sich wöchentlich an einem geistigen Feuerwerk aus Worten oder Noten – nur so zum Spaß, ohne weltverbessernde Absicht, aber in streng „schlaraffischer" Form. Im Sommer ziehen sie in die Welt und sammeln das Material für ihr Spiel. Ein Schwarm von Spaßvögeln, die meistens ganz seriöse bürgerliche Berufe haben. Ihr Treiben dient nur einem Zweck: Freude zu haben und Freude zu geben.

Die Druiden knüpfen an keltisches Kulturgut an, ohne aber keltische Kulte neu zu beleben. Die „Odd Fellows" sind eine Bruderschaft, die teilweise freimaurerähnlich ist, mit diesen aber in keiner Verbindung steht, es sei denn, dass eine örtliche Loge als Mieter in einem Logenhaus untergekommen ist. Die Rosenkreuzer fußen auf einer Legende, die fast so alt ist wie die Freimaurerei, die vor 200 Jahren ebenfalls zeitweilig stark vom Rosenkreuzertum beeinflusst wurde. Seit etwa 1800 ist diese Form des Rosenkreuzertums jedoch verschwunden. Erst im ausgehenden

19. Jahrhundert wurde sie wiederentdeckt und von Theosophen neu gedeutet. Heute gibt es verschiedene Rosenkreuzergruppen, von denen hier nur zwei vorgestellt werden, die in Deutschland über eine größere Zahl an Mitgliedern verfügen.

Andere mystische Gruppen oder gar moderne Sekten sind nicht in dieses Buch aufgenommen worden, weil es über sie kaum seriöse Informationen gibt, sondern meistens nur Selbstporträts. Es ist aber nicht verantwortbar, im Rahmen dieses Buches werbliche Eigendarstellungen von fraglicher Seriosität zu verbreiten.

Erweitert wurde die 2. Auflage auf Anregung aus der Leserschaft um das neue Kapitel 6 „Die Bruderschaften der wandernden Handwerksgesellen". Die alte Tradition der Wanderschaft hat unter den jungen Handwerkern in den letzten Jahren eine Renaissance erlebt und zieht immer mehr junge Menschen an. Heute wandern sogar junge Handwerkerinnen. Nicht nur die klassischen Bauberufe, bei denen die „Walz" nie ganz eingestellt worden war, sondern auch andere Berufe haben diese jahrhundertealte Tradition wieder belebt. Allerdings pflegen die modernen Wandergesellen freiwillig den Brauch der Tippelei. Ihre Bekleidung, Sitten und Gebräuche aber stammen noch aus alter Zeit, ebenso wie ihre dem Rotwelschen entlehnte eigene Zunftsprache. Im Mittelalter hatten die wandernden Handwerker die gleichen Gefahren zu bestehen wie reisende Studenten. Daher gehörte auch ein kräftiger Knotenstock, der „Stenz", bei den Studenten „Ziegenhainer" genannt, zur unentbehrlichen Wanderausstattung. Da man immer wieder Handwerksgesellen in Kluft an den Straßen und Autobahnen antrifft, die ein Stück mitgenommen werden möchten, habe ich dieses kurze Kapitel aufgenommen. Damit ist ein kleiner Einblick möglich in eine versunkene aber immer noch faszinierende Welt. Nach einem allgemeinen Überblick werden die einzelnen Bruderschaften, die teilweise auch „Schwestern" aufnehmen, die sogenannten „Schächte" vorgestellt.

Natürlich bestehen zwischen einzelnen dieser Gruppierungen auch historische Verbindungen. So haben beispielsweise Legenden um die Templer Teile der Freimaurerei beeinflusst, insbesondere die ritterlichen Hochgrade. Im 18. Jahrhundert verschmolz wenigstens an einigen Universitätsorten für einige Jahrzehnte das studentische Korporationswesen fast völlig mit den Freimaurerlogen in den so genannten Studentenorden. Nach der Trennung blieben wesentliche freimaurerische Elemente bei den Verbindungen haften, die die Korporationsentwicklung im 19. Jahrhundert stark beeinflussten. Anfang des 20. Jahrhunderts waren es Freimaurer, die Serviceclubs gründeten und damit Anstoß gaben, dass ihre karitativen Ziele auf eine deutlich breitere Basis gestellt wurden. Auch die Gedankenwelt der Rosenkreuzer hat verschiedene Ausprägungen im Lauf der Geschichte erfahren. Sie wird daher in diesem Buch in zwei unterschiedlichen Kapiteln angesprochen.

Warum braucht man dieses Buch? Viele Informationen kann man heute über das Internet frei Haus erhalten, auch ein Teil der Informationen in diesem Buch basieren auf Inhalten aus dem World Wide Web. Fast alle Organisationen sind im Internet präsent und besitzen teilweise ganz hervorragende Internetauftritte, viele geben auch Broschüren, Zeitschriften und Werbeflyer heraus. Ein umfassender Überblick fehlte jedoch bisher. Daher ist es sinnvoll, alle Clubs, Logen, Verbindungen und Bruderschaften, die um Mitglieder werben, kurz und objektiv zusammenzufassen und vorzustellen. Hiermit legen wir Ihnen diesen Versuch vor und hoffen, dass Sie all die Informationen finden, die Ihnen die Entscheidung, eine Einladung anzunehmen oder abzulehnen, erleichtert. Zahlreiche Veröffentlichungen oder Informationen im Internet kranken daran, dass sie Informationen weitergeben, die einer kritischen Überprüfung nicht standhalten. Daher wurden bei der Vorbereitung dieses Buches fast alle der genannten Clubs, Logen und Verbindungen angeschrieben und um Informationen sowie um das Gegenlesen des hier veröffentlichten Beitrags gebeten. Die meisten Organisationen sind dieser Bitte gerne nachgekommen und ich bedanke mich bei allen Verbandsvorsitzenden, Geschäftsführern, Großsekretären oder Kanzlern, die im gemeinsamen Interesse und vor allem zum Nutzen des Lesers diese Mühe auf sich genommen haben. Leider hatten einige wenige keine Zeit oder Lust, sich dieser Mühe zu unterziehen. Im Interesse der Vollständigkeit wollten wir diese Gruppen aber nicht streichen, zumal alles selbst recherchierte Material auf seriösen Quellen beruht. Sollte dennoch vereinzelt eine Information fehlerhaft sein, bitten wir um Nachsicht und vor allem um korrigierende Hinweise.

An dieser Stelle möchte ich mich bei allen Damen und Herren aus fast allen der über 100 angesprochenen Institutionen bedanken, die mir bereitwillig Informationen bei den umfangreichen Recherchen zur Verfügung gestellt haben. Ohne ihre Mitwirkung hätte ich dieses Buch nicht schreiben können. Namentlich zu erwähnen sind Frau Helga Widmann sowie die Herren Prof. Dr. Ackermann, Prof. Dr. Helmut Bokemeyer, Wolfram Bock von Wülfingen, Winfried Brinkmann, Dr. Ingomar Conrads, Peter Frenes, Dr. Felix Hahne, Gerd F. Radisch, Thomas Seeger, Thomas Schoeller, Matthias Schütt, Werner Schwartz und Ernst von der Weppen, die Teilabschnitte zugeliefert oder besonders kritische Stellen korrigiert haben. Besonderer Dank gilt meinem Sohn E. Alexander Biedermann, der insbesondere das Kapitel über die studentischen Korporationen recherchiert, strukturiert sowie teilweise geschrieben und mich auch bei Literaturrecherchen sehr hilfreich und effektiv unterstützt hat.

Ganz besonderer Dank gilt der Leserschaft, die in kurzer Zeit die erste Auflage aufgenommen hat, und insbesondere den Lesern, die nicht gezögert haben, Ergänzungen vorzuschlagen und Anregungen zu geben, die zur Verbesserung der zweiten Auflage beigetragen haben.

Springe, im Februar 2007 *Edwin A. Biedermann*

1. Serviceclubs – eine Erfindung des 20. Jahrhunderts

Im Mittelalter hatten sich Zünfte, religiöse Orden, militärische Ritterorden, Dombauhütten und Studentenkorporationen (Nationes) gebildet, die alle unterschiedliche Ziele hatten. In der Regel setzten sie sich aus erwachsenen Männern zusammen, die meist gemeinsame berufliche Ambitionen verfolgten. In der Zeit der Aufklärung wandelten sich die Interessen und Ziele der Menschen und es erwachte ein neuer Bürgersinn, der vor allem die Freiheit des Individuums betonte. Zu Beginn des 18. Jahrhunderts bildeten sich von England ausgehend „Freimaurerlogen", denen bald studentische Orden mit ähnlicher Zielsetzung folgten. Die überkommenen Formen studentischer Verbände wurden dadurch abgelöst. Anfang des 19. Jahrhunderts existierten in Deutschland neben den alten Ritterorden eine große Zahl von Freimaurerlogen und an den Universitäten verschiedene studentische Verbindungen, die damals alle Studenten erfassten, weil sie auf der Pflicht zur Mitgliedschaft beruhten (alte Landsmannschaften). Die Organisationsform der heutigen Corps, Landsmannschaften und Burschenschaften entwickelte sich nach den napoleonischen Freiheitskriegen und hat ihre Wurzeln in dieser Zeit. Mit Beginn des 20. Jahrhunderts bildete sich zunächst in den USA ein völlig neuer Typ von Verbindung unter berufstätigen Männern, der in den 20er Jahren auch Europa und Deutschland erreichte: der Serviceclub. Was waren die Gründe dafür und warum entwickelten sich daraus große internationale Netzwerke?

Was sind Serviceclubs? – ein allgemeiner Überblick

Der älteste Serviceclub der Welt wurde 1905 in Chicago ins Leben gerufen. Aus ihm ist die Serviceclub-Organisation „Rotary International" hervorgegangen, die im Jahr 2005 weltweit und viel beachtet ihr 100-jähriges Jubiläum feiern konnte. Innerhalb von nur 16 Jahren wurden weitere heute weltweit operierende Serviceclub-Organisationen in den USA gegründet. Für die Clubgründungen und deren rasche Ausbreitung, auch über die Grenzen hinaus nach Kanada, muss es damals ein starkes Bedürfnis gegeben haben, denn heute stagnieren gerade in den USA alle diese Organisationen trotz ihrer langen, erfolgreichen Tradition und anerkannt guten Arbeit. Wündrich[1] gibt dafür eine Erklärung, die sich auf die wirtschaftliche Situation um die Jahrhundertwende vom 19. zum 20. Jahrhundert bezieht. Er vertritt die Ansicht, dass die Gründungsorte Chicago (Rotary und LIONS), Detroit (Kiwanis) und Buffalo (Zonta) einen wichtigen Hinweis geben. Alle waren und sind auch heute noch bedeutende Industriestädte. Hohe Industrialisierung sowie hohe Zuwanderungsquoten aus Ost- und Südeuropa (allein von 1901 bis 1910 wanderten 8,8 Millionen Menschen ein) führten zu gewaltigen gesellschaftlichen Verwerfungen. Als Folge traten Korruption, soziale Spannungen und Gangsterunwesen (heute heißt das organisierte Kriminalität) auf. Diese Entwicklung forderte geradezu eine moralische Gegenoffensive der amerikanischen Mittelklasse heraus. Nach dem in Amerika ausgeprägten Prinzip, nicht den Staat zu rufen, sondern durch private Selbsthilfe die Missstände abzustellen, suchte man sich Freunde in den verschiedenen Berufen, um gemeinsam erfolgreich eine bessere Geschäftsmoral durchzusetzen. In dieser Zeit zu Beginn des 20. Jahrhunderts hatten gerade kleinere Firmen und Selbstständige, vor allem in den industriellen Ballungszentren der USA, große Probleme, ihre Unternehmen im Zuge der Industrialisierung erfolgreich zu gestalten. Findige Männer kamen daher auf den Gedanken, man könne doch Vereinigungen bilden, in denen nur ehrliche, angesehene Personen Mitglied werden durften, die dann untereinander ihre Produkte vermarkten könnten. Der Business-Club-Gedanke fand stürmische Aufnahme, reichte aber nach wenigen Jahren nicht mehr aus, um den entstandenen Vereinigungen Vitalität und Lebenskraft zu geben. Die drei größten Serviceclub-Organisationen der Welt, Rotary, LIONS und Kiwanis, starteten jedoch auf diese Weise. So entstand im Jahr 1905 der erste „business-circle“ auf Initiative des 37-jährigen Rechtsanwalts

1 Hermann Wündrich, „Die Amerikanisch-Internationalen Service-Club-Organisationen (SCO)“, Düsseldorf 1984, als Manuskriptdruck herausgegeben vom Kiwanis Club Düsseldorf, Seite 3 f.

Paul Harris (1868–1947), aus dem sich die heute sehr einflussreiche Cluborganisation „Rotary International“ entwickelt hat.

Die ursprüngliche Idee zielte nicht auf „Service“, sondern vielmehr darauf, sich gegenseitig beruflich zu helfen und die eigenen Geschäfte durch die Clubkontakte zu fördern und auszubauen. Vor allem aber zielte sie darauf, in den gegenseitigen Geschäftsbeziehungen wieder Anstand, Sitte, Vertrauen und Ehrlichkeit an Stelle der nicht moralisch fundierten, aber weit verbreiteten Geschäftemacherei treten zu lassen. LIONS formuliert dies in seinen ethischen Grundsätzen sehr deutlich: *„man wolle daran denken, dass es bei dem Aufbau der eigenen Existenz nicht notwendig sei, die eines anderen zu vernichten.“*[2] Weiter heißt es, man wolle für seine Leistungen jeden angemessenen Lohn fordern, aber keinen ungebührlichen Vorteil wahrnehmen und sich auch nicht auf fragwürdige Handlungen einlassen. Auch wolle man Freundschaft nicht als Mittel zum Zweck, sondern als Ziel betrachten. Diese Grundsätze finden sich gleich oder ähnlich auch bei Rotary, Kiwanis und Civitan. Die ersten Schritte machten die späteren Serviceclubs als „Business Luncheon Clubs“. Diese Phase währte jedoch jeweils nur kurze Zeit. Keiner der Gründer hätte sich damals wohl träumen lassen, dass sich diese Clubneugründungen zu weltweit tätigen Organisationen entwickeln würden, die in allen freien Ländern der Erde wirken und Millionenbeträge für humanitäre und karitative Zwecke aufbringen – und zwar auf rein freiwilliger und uneigennütziger Basis und ohne irgendeine staatliche Einflussnahme.

Wündrich[3] stellt hinsichtlich des Ursprungs der amerikanischen Serviceclub-Organisationen fest, dass diese Selbsthilfevereinigungen der amerikanischen Mittelschicht entsprungen seien, um ihre ökonomischen Interessen zu wahren und ihre geschäftlichen Risiken zu minimieren. Dafür spricht seiner Ansicht nach die unumstößliche Forderung nach Anstand und Ehrlichkeit. Un-

2 o.V., „75 Jahre – 40 Jahre LIONS in Deutschland“, München 1992, Seite 98

3 Hermann Wündrich, „Die Amerikanisch-Internationalen Service-Club-Organisationen (SCO)“, Düsseldorf 1984, als Manuskriptdruck herausgegeben vom Kiwanis Club Düsseldorf, Seite 9 f.

ter gegenseitiger Hilfe habe man offenbar in erster Linie clubinterne Gegengeschäfte verstanden. Zum Beleg zitiert er aus einem Spiegel-Artikel von 1983: „... *In der Pionierzeit wurden amerikanischen Rotariern noch wöchentlich Rückantwortkarten ausgehändigt, auf denen sie mitteilen mussten, wie viele geschäftliche Aufträge sie von rotarischen Freunden erhalten bekommen und wie viele sie umgekehrt an Clubmitglieder vergeben hatten.*“[4]

Freimaurer als Clubgründer

Ein anderer Aspekt soll hier noch angesprochen werden, der bisher nur selten in der Literatur berücksichtigt wurde. Es fällt auf, dass die in den USA gegründeten Serviceclubs, die ursprünglich nur Männer aufnahmen, alle die Farbkombination Blau-Gold tragen. Auch stellen die Organisationen Rotary, Kiwanis, LIONS und Civitan an neue Mitglieder in etwa die gleichen Anforderungen: Ein lauterer Charakter, ein guter Ruf sowie Ehrlichkeit in allen Geschäften sind die elementaren Voraussetzungen für die Aufnahme. Diese Anforderungen ähneln denen eines anderen Bundes, der nur „freie Männer von gutem Ruf“ in seine Reihen aufnimmt, dem Bund der Freimaurer. Dessen Bundesfarbe ist Blau und seine Darstellung der Werkzeuge erfolgt meist in Gold, sodass die Kombination Blau-Gold als freimaurerische Farbsymbolik angesehen werden kann. Überdies lautet das Motto von Kiwanis „we build“ (wir bauen) – wenn die Frage gestellt würde, was denn gebaut werde, antworten die Kiwanier sinngemäß: „Wir bauen an einer besseren Gesellschaft.“ Inhaltlich ist dies deckungsgleich mit der Antwort der Freimaurer auf dieselbe Frage: „Wir bauen den Tempel der Humanität!“ Schließlich dient diese Metapher als Symbol für eine bessere Gesellschaft.

Als der Kiwanis Club Nr. 1 1915 in Detroit gegründet wurde, waren tatsächlich von den Mitgliedern des Gründungsvorstandes fünf Freimaurer. Präsident Donald D. Johnson war Mitglied der Fraternity Lodge No. 262 in Ann Arber, Mich.; Vizepräsident

4 DER SPIEGEL Nr. 21/83, Seite 74

George J. Haas war Mitglied der Friendship Lodge Nr. 417 in Detroit; Sekretär Otto Robertson war Mitglied der Genessee Lodge Nr. 174 in Flint, Mich. Die Vorstandsmitglieder Carl S. von Poettgen und George W. Eyster waren Mitglieder der Palestine Lodge Nr. 357 in Detroit. Auch der Gründer von LIONS und der erste Generalsekretär dieser Organisation, Melvin Jones (1880–1961), hatte bereits am 14. März 1906 in der Garden City Lodge Nr. 141 in Chicago das freimaurerische Licht erhalten. Das war elf Jahre, bevor er mit anderen Freunden die LIONS-Bewegung ins Leben rief. Jones gehörte dem Freimaurerbund 55 Jahre bis zu seinem Tod an. Auch zwei Mitglieder unter den Gründern des ersten Civitan Clubs in Birmingham, Alabama, waren Freimaurer, nämlich Percy W. Brower (1885–1970), der seit 1906 Mitglied der Avondale Lodge Nr. 476 in Birmingham war, und R. Pink Lawson (1878–1960), dem 1912 in der Abernant Lodge Nr. 646 in Tuscaloosa, Alabama, das freimaurerische Licht erteilt wurde. Einer der ersten fünf Rotarier, der Druckereibesitzer Harry Lyman Ruggles (geb. 1871), war Freimaurer in der Exemplar Lodge Nr. 966 Chicago, Illinois.

Aus dieser Tatsache darf jedoch nicht gefolgert werden, dass die Serviceclub-Organisationen als „Freimaurergründungen" anzusehen seien. Es liegen keine Erkenntnisse vor, dass die Vorhaben der Gründung von den örtlichen Logen oder den jeweiligen Großlogen von Michigan oder Illinois initiiert oder aktiv gefördert worden seien. Es ist aber evident, dass der freimaurerische Geist der Humanität sowie die Forderungen nach Lauterkeit des Charakters und Ehrlichkeit des Handelns die Clubgründer beflügelt haben, diesen Geist in die neuen Clubs hineinzutragen und ihm so eine breitere Basis zu geben.

Der amerikanische Soziologe Murray Hausknecht hat in seinem Werk über „Vereinsmenschen"[5] die in den USA vorkommenden Vereine (ehrenamtlich tätige Vereinigungen) in acht Gruppen geordnet: politische, kulturelle, wirtschaftliche, patriotische, gesellige, kirchliche, bruderschaftliche und bürgerschaftli-

5 Murray Hausknecht, „The Joiners" (dt. Vereinsmenschen), A Sociological Description of Voluntary Association Membership in the United States, N.Y. 1922

che Vereine. Die letzte Gruppe untergliedert er in bürgerschaftlich orientierte Vereine (civic) und wohlfahrtsorientierte Vereine (Serviceclubs). Letztere sind teilweise nur national oder aber international tätig. Die über nationale Grenzen hinaus agierende Gruppe ist Gegenstand unserer Darstellung. Rotary, Kiwanis, LIONS, Civitan, Soroptimist und Zonta sind die international tätigen amerikanischen Serviceclub-Organisationen, die auch in Deutschland über eine nennenswerte Mitgliederzahl verfügen und daher vorgestellt werden. Außerdem werden die europäischen Clubgründungen berücksichtigt, die seit den 20er Jahren aufgetreten sind und heute auch in Deutschland Anhänger haben (Round Table mit seinen Ableitungen und Ambassador).

Im nichtkommerziellen Bereich bedeutet der Begriff „Service" so viel wie Hilfe oder Dienstleistung in ideeller und ergänzend auch in materieller Hinsicht. Er wird vordringlich angewandt auf Dienstleistungen durch karitative Vereinigungen. Der englischen Bezeichnung „non profit" für diese Organisationen entspricht im Deutschen am ehesten der Begriff „gemeinnützig". Tatsächlich besteht im deutschen Steuerrecht die Möglichkeit, Serviceclubs hinsichtlich ihrer Serviceprojekte als gemeinnützig anerkennen zu lassen.

Bei der Charterfeier des ersten Serviceclubs auf deutschem Boden, des „Rotary Klub Hamburg" (nach hanseatischer Tradition wurde Klub mit „K" geschrieben), führte der damalige Direktor von Rotary International, T.C. Thompsen, aus:

„*... Rotary ist nicht eine neue Religion, sondern eine praktische Lehre für das Leben. Rotary verbreitet alte Wahrheiten auf neuem Wege. Für die Rotary Clubs suchen wir als Mitglieder Männer in Führungspositionen – ohne Ansehen ihrer Rasse, Nationalität, Religion und ihrer politischen Meinungen, Männer, die durch ihre Persönlichkeit und ihr Vorbild weite Kreise beeinflussen. Für Rotary gibt es keine Vorurteile. Rotary hebt den Wert des Service hervor (...) Rotary stellt deutlich heraus, dass wir anderen zuerst dienen müssen, dass wir uns bemühen, so viel wie möglich für unsere Mitmenschen in allen Lagen des Lebens zu tun ...*"[6]

6 Günter Graumann, „Memorandum für Rotary in Deutschland zwischen den beiden Weltkriegen", Hameln 1987, Seite 52 f.

Diese Grundsätze wurden von allen in den USA zu Beginn des 20. Jahrhunderts gegründeten Serviceclub-Organisationen mehr oder weniger wörtlich, aber mindestens in voller Tendenz übernommen. Cum grano salis sind sie bis heute gültig, wenn man (außer bei den reinen Frauen-Organisationen) den Ausdruck „Männer“ durch „Männer und Frauen“ (oder angemessener durch „Damen und Herren“) ersetzt.

Die Clubs fanden bald neue Betätigung, denn die sozialen Verhältnisse dieser Zeit waren noch weit entfernt von den heutigen (europäischen) Sozialstaatswirklichkeiten, sodass die Menschen große Not litten, wenn sie schwer krank oder arbeitslos wurden. Um diese Not zu lindern, fühlten sich immer wieder Bürger aufgerufen, denen es gut ging. Dies haben die Serviceclubs mit den Freimaurerlogen, den Odd Fellows, dem B’nai B’rith und verschiedenen anderen Organisationen gemeinsam. Auf christlicher wie auch auf allgemein humanitärer Verpflichtung beruhend entwickelten die Mitglieder der Clubs den Gedanken des „Service to the Community“ (allgemein humanitär-karitative Hilfeleistungen meist im Bereich der eigenen Gemeinde), einen Gedanken, der bis heute trägt und der zu vielen guten Taten der Clubs in aller Welt geführt hat. Unter dem Oberbegriff „Serviceclub“ versteht man heute Organisationen, die meist Bürger der Ober- und Mittelschichten umfassen und zu deren Zielen es auch gehört, karitative Einrichtungen zu unterstützen oder Menschen in besonderen Notlagen zu helfen, vor allem dann, wenn das soziale Netz diese Notlagen nicht auffängt. Dieser Servicegedanke ist konstitutiv für diese Clubform, die unbeschadet dieser Zielsetzung dennoch überwiegend in erster Linie „Gesellschaftsclubs“ sind und sich auch als solche verstehen, was im allgemein üblichen Auswahlprinzip für neue Mitglieder deutlich wird. Er hat aber neben den sozialpolitischen Überlegungen eine weitere Wurzel, die mehr oder weniger deutlich genannt wird. Es ist der Gedanke der christlichen Nächstenliebe. In den Prinzipien von Kiwanis und Civitan wird ausdrücklich die „Goldene Regel“ erwähnt, nach der sich die Clubfreunde in ihrem Verhalten untereinander und zu anderen Menschen richten sollen. Diese Regel besagt „*Verhalte Dich anderen gegenüber so, wie Du möchtest, dass sich diese Dir gegenüber verhalten*" und ist ein wörtliches Zitat aus dem Neuen Testament (Bergpredigt, Matth. 7,12). Gerade auf diesen Zusammenhang verweist auch LIONS in der schon erwähnten Jubiläumsschrift zum 75-jährigen Jubiläum (Seite 97 ff.).

Freundschaft der Mitglieder untereinander ist ebenso ein weiterer wichtiger Standpfeiler der Clubs wie gemeinsame Unternehmungen, in denen allgemeine Weiterbildung durch Vorträge, Veranstaltungsbesuche, kulturelle Veranstaltungen und Ähnliches erfolgt.

Die dritte tragende Säule der Serviceclubs ist die Internationalität. Alle hier vorgestellten Cluborganisationen sind in mehreren Ländern oder Kontinenten tätig und haben das Ziel der weltweiten Verbreitung. Sie wollen damit ganz bewusst einen Beitrag zur Völkerfreundschaft und zur Verständigung von Menschen verschiedener Nationalität und Kultur leisten. Daher finden Migranten in den Clubs oft bereitwillig Aufnahme, sie müssen aber die gleichen Kriterien erfüllen wie die einheimischen Kandidaten. Wichtig für die Mitglieder von Serviceclubs ist ebenfalls, dass sie in möglichst vielen Ländern auf Anhieb „Freunde" finden, die sich in ihrer Freizeit mit den gleichen Zielen und Idealen beschäftigen wie sie selbst. Dabei sind alle Serviceclub-Organisationen bemüht, sich von parteipolitischen oder religiösen Ausrichtungen frei zu halten. Alle in Deutschland tätigen Serviceclubs vertreten das Ideal der freiheitlich-demokratischen, pluralistischen Grundordnung, wie sie das Grundgesetz der Bundesrepublik Deutschland vorsieht. Ähnlich sieht es mit den Schwesterclubs in anderen Ländern aus, die in ihren Heimatländern die gleiche Grundeinstellung fördern. Dies bedeutet natürlich, dass Serviceclubs in autoritär oder diktatorisch geführten Staaten keine Verbreitung finden. Auch in Osteuropa, auf dem Territorium des ehemaligen „real existierenden Sozialismus", haben sich Serviceclubs erst nach dem Untergang der kommunistischen Diktaturen in den neu entstehenden Demokratien entwickeln können. Diese Entwicklung verläuft allerdings sehr stürmisch. Man gewinnt den Eindruck, dass ein großes Nachholbedürfnis für diese Form des ehrenamtlichen Bürgerengagements in ganz Osteuropa und den GUS-Staaten besteht. In den neuen Bundesländern entstanden 1990 nach den ersten freien Wahlen zur Volkskammer der DDR die ersten Serviceclubs, wobei Clubmitglieder aus den alten Bundesländern, die beim Aufbau der neuen Wirtschafts- und Gesellschaftsordnung behilflich waren, das Gedankengut von Serviceclubs von West nach Ost trugen, wo es meist begierig aufgegriffen wurde. Die Serviceclubs haben dadurch viel zur raschen Integration der Menschen in die neue Ordnung beigetragen.

Die Idee der Cluborganisation definiert eine Grundaufgabe. Sie besteht für den einzelnen Club und damit für seine Mitglieder darin, den Rahmen zu schaffen, in dem Menschen sich in ihrer einmaligen Wesensart, nämlich ihres Menschseins im Sinne ihres Bildungsganges, ihrer geistigen Ausprägung und ihrer kulturellen Interessen, eben ihrer Persönlichkeit, aufgeschlossen und tolerant begegnen. Dies geschieht in einer freiheitlichen, nicht hierarchisch bestimmten Gemeinschaft, in der jedes Mitglied freiwillig Aufgaben übernehmen und so das Clubleben mitgestalten kann.

Auf der Ebene des Clubs sind alle Mitglieder gleich, da sie dieselben Ziele anstreben und die gleichen Abzeichen tragen. Unterschiede der Biografie treten in den Hintergrund, wenn man gemeinsam das gleiche karitative Ziel verfolgt. Dienstgrade und berufliche Stellung werden an der Clubgarderobe abgegeben, man begegnet sich ausschließlich auf der Ebene der Clubfreundschaft. Hier ordnet sich auch derjenige ein, der außerhalb des Clubs eine bedeutende geschäftliche oder politische Führungsposition innehat. Insofern haben die Clubs auch eine wichtige gesellschaftliche Funktion für das einzelne Mitglied, das sich dadurch immer wieder der Relativität aller gesellschaftlichen Positionierungen bewusst wird. Gerade im Jahre 2002 bei den großen Naturkatastrophen an Oder und Elbe mit ihren Zuflüssen hat sich dies bestätigt. Herausgehobene berufliche Stellung und hohes gesellschaftliches Ansehen sind für Mitglieder der Serviceclubs kein Hindernis, sich bei karitativen Projekten zu engagieren und das breite Publikum im Rahmen der „Charity-Aktivitäten“ zu bedienen. Da hat der Geschäftsführer seinem Mitarbeiter Kuchen serviert und der Minister seinem Fahrer den Kaffee gereicht, wenn sie an einem Servicestand ihres Clubs zum „Fundraising“ (dem Beschaffen von Geld) eingesetzt waren und sich aktiv in ihren Serviceclub einbrachten. Hilfsbereitschaft und Engagement werden bei allen Serviceclubs höher bewertet als gesellschaftlicher Status. Es entspricht den Clubzielen ebenso wie der alten christlichen Lehre, in der Jesus seinen Jüngern die Füße gewaschen hat. Dies ist beachtenswert, da die meisten Mitglieder von Serviceclubs sich als Angestellte oder Beamte in gehobenen bis höchsten beruflichen Ebenen bewegen oder selbstständig sind. Bei den Serviceaktionen machen alle gleichermaßen aktiv mit, „Freikaufen" mit einem Servicescheck wird in der Regel nicht akzeptiert. So entsteht auf dem Boden des Serviceclubs und seiner Aktivitäten – ähnlich wie bei den Logen der Freimaurer – tatsächlich im Verfolgen der gemeinnützigen Ziele eine „klassenlose" Gesellschaft.

Fast alle Serviceclubs sprechen bei der Suche nach neuen Mitgliedern vor allem „Menschen in Verantwortung" an. Zur Zielgruppe der potenziellen Mitglieder gehören daher in erster Linie Menschen, die in Wirtschaft, Kultur, Verwaltung, Wissenschaft, Militär oder anderen Sektoren leitend tätig sind. Selbstständige, Freiberufler und Künstler runden dieses Spektrum ab. Dabei wird vorgeblich weniger auf materielle Kriterien geachtet als vielmehr darauf, dass die Menschen, die als Mitglied gewonnen werden sollen, in ihren Berufen eine Vorbildfunktion erfüllen, soziales und gesellschaftliches Engagement zeigen und nicht in egoistischer Weise nur den eigenen Nutzen mehren wollen. Für die überwiegende Mehrzahl der Clubmitglieder ist der „Service to the Community" kein Alibi-Feigenblatt, sondern ein echtes Anliegen, das sie mit ganzem Herzen fördern wollen. Nur so erklären sich auch die oft rührenden Aktivitäten, mit denen die Mitglieder und ihre Lebenspartner sich persönlich für karitative Aktivitäten einsetzen. Diese Einsätze sind so vielfältig wie die Begabungen und Neigungen der Mitglieder.

Durch „Fundraising"-Aktivitäten wird das Geld für die Serviceaktionen eingenommen, z.B. mit Glühwein- und Würstchenständen auf Weihnachtsmärkten und Altstadtfesten, Basaren mit selbst gekochter Marmelade, selbst gebackenen Keksen oder gebasteltem Krimskrams, Geschicklichkeitsspielen im Jahrmarktstil, dem Schlagen und Verkaufen von Weihnachtsbäumen, Sing-Wettbewerben aus besonderen Anlässen (z.B. zum Martinstag),

Buchbasaren, Flohmärkten, selbst gestalteten Weihnachtskarten, Go-Cart-Rennen, Seifenkistenrennen und vielen anderen Möglichkeiten, die anderen Menschen Freude machen und für die sie – vor allem für einen „guten Zweck" – bereitwillig Geld ausgeben. Besonders ertragreich sind solche Aktivitäten, wenn die eingesetzten Materialien von Sponsoren kostenlos zur Verfügung gestellt werden.

Für die Clubs haben diese Aktionen eine starke integrierende Wirkung, da gerade die eigene persönliche Leistung zur Entwicklung des Gemeinschafts- und Gruppenerlebnisses führt, auf dem die Identität der Gruppe wächst. Auch sieht man dabei die unterschiedlichen Talente der einzelnen Mitglieder und wie gut diese zu einer größeren Gemeinschaftsleistung führen, wenn man sich gemeinsam bemüht und jeder wirklich sein Bestes gibt. Dem aktiven Service kommt damit eine große integrative Bedeutung für den Club selbst zu. Gelungene Serviceaktivitäten tragen auch zu einem guten Bild des Clubs in der Öffentlichkeit bei, wodurch wiederum seine Anziehungskraft wächst und er leichter die gewünschten Mitglieder gewinnen kann.

Fast allen Cluborganisationen ist eigen, dass es sich nicht schickt, um Aufnahme nachzusuchen. Man kann sich nicht für die Aufnahme bewerben, sondern das künftige Mitglied muss von einem oder zwei Bürgen zur Aufnahme vorgeschlagen werden. Wenn es keinen ernsthaft begründeten Widerspruch gegen die Aufnahme gibt, so kann diese erfolgen. Die Entscheidung für Neuaufnahmen liegt also immer bei der Gruppe. Serviceclubs sind – wie fast alle anderen in diesem Buch vorgestellten Organisationen auch – Kooptationsgemeinschaften, die zur Mitgliedschaft einladen, deren Mitgliedschaft aber nicht rechtlich von Menschen, die gerne Mitglied wären, erzwungen werden kann.

Ursprünglich waren die Serviceclubs reine Herrenclubs. Seit 1921 bildeten sich auch welche, die ausschließlich – meist in verantwortungsvollen Positionen tätige – Frauen aufnahmen, so Soroptimist und Zonta. Seit Mitte der 80er Jahre des 20. Jahrhunderts haben sich die meisten Cluborganisationen, die bisher nur Männer aufnahmen, auch für Frauen geöffnet, sodass sich heute in den meisten Organisationen neben reinen Herren- und reinen Damenclubs auch gemischte Clubs finden. Im Gegenzug öffnete zumindest der ursprüngliche Damenclub Zonta die Satzung für die Aufnahme von Männern. Diese Entwicklung hat sich in Deutschland ohne rechtlichen Druck als eine Folge der beruflichen Veränderungen entwickelt, die gerade den Frauen wesentlich mehr Chancen eröffnet als in früheren Jahrzehnten. In den USA klagten einige Frauen die Aufnahme in einen Herrenclub ein, was ihnen auch gelungen ist. In Deutschland beschloss 1987 Kiwanis als erste Serviceclub-Organisation die Öffnung zur Aufnahme von Frauen, noch bevor diese Regelung auch in den USA eingeführt wurde. Den Clubs ist diese Entwicklung in der Regel gut bekommen. Das Potenzial geeigneter, engagierter Mitglieder konnte durch die Aufnahme von Frauen erheblich ausgeweitet werden. Wachstum war in fast allen Organisationen die Folge der Öffnung, obwohl auch einige sehr konservative ältere Herren aus Protest aus ihren Clubs austraten. Interessanterweise lehnt Round Table, die Cluborganisation mit dem niedrigsten Durchschnittsalter, die Aufnahme von Frauen konsequent ab. Die Frauen der Tabler haben deshalb unter dem Namen „Ladies Circle“ eigene Clubs gebildet, die die Aufnahme von Männern konsequent ablehnen.

Viele Vorurteile der Öffentlichkeit, bei den Serviceclubs handele es sich um „elitäre“ Zirkel, die ein abgehobenes Eigenleben entwickeln, lassen sich in der Clubwirklichkeit nicht verifizieren. Die Clubabende und sonstige Veranstaltungen sollen den Mitgliedern Freude machen. Sie wollen sich entspannen, Freunde und Bekannte treffen oder neue Menschen kennen lernen. Sie wollen einmal zweckfrei über den Tellerrand des eigenen beruflichen Umfeldes hinausblicken und sehen, was Menschen, die wie sie in Verantwortung stehen, in ganz anderen Bereichen an Herausforderungen bewältigen müssen und mit welchen Problemen sie in ihren jeweiligen Branchen oder Berufsgruppen zu kämpfen haben. Unterschiedliche Berufsgruppen begegnen sich auf dieser Clubplattform und können miteinander Erfahrungen in einer Weise austauschen, wie dies bei fast keiner anderen gesellschaftlichen Veranstaltung möglich ist. Das setzt bei den einzelnen Mitgliedern eine gewisse Diskussionskultur sowie ein erhebliches Maß an Toleranz und menschlicher Neugier voraus. Schon aus diesem Grund ist nicht jeder Mensch geeignet, Mitglied eines Serviceclubs zu werden. Die Mitglieder werden von den Clubs zwar „ausgewählt", aber die Organisationen wissen sehr wohl, dass sie deshalb nicht „etwas Besseres" sind. Sie sind sich darüber im Klaren, dass ihnen mit der Verleihung einer Mitgliedsnadel nicht eine neue Form des Adels oder der Elitezugehörigkeit verliehen wird. Die Mitgliederzahlen sind in der Regel nicht beschränkt, aber oft dürfen von einer Berufsgruppe nur ein oder zwei Mitglieder dem Club angehören, sodass sich von daher automatisch eine gewisse Obergrenze ergibt. Diese Regelung rührt daher, dass man sich in den Business Clubs, aus denen die ältesten Serviceclubs hervorgegangen sind, möglichst keinen Wettbewerb machen wollte. Sie wurde beibehalten, um zu verhindern, dass der Club zu einem berufsorientierten Stammtisch verkümmert. Die Vielfalt der Berufe und Tätigkeiten bereichert das Clubleben und sichert für alle Mitglieder interessante Kontaktmöglichkeiten. Sie gestattet ein vielseitiges Programm und gewährleistet ein breites Netzwerk als Basis für die Serviceaktivitäten des Clubs.

Der Aufbau der Serviceclub-Organisationen erfolgt weitgehend nach dem gleichen Prinzip. Die kleinste Einheit ist der jeweilige lokale Club, der 15 bis 100 Mitglieder umfassen kann. Jeweils fünf bis 15 Clubs werden in einer regionalen Einheit zusammengefasst, um den Zusammenhalt zu stärken, bei gemeinsamen regionalen Projekten die Kräfte zu bündeln, allgemeinen Erfahrungsaustausch zu betreiben und die Freundschaften untereinander und clubübergreifend zu stärken. Diese Einheiten werden unterschiedlich benannt: Area, Region, Division, Distrikt und Provinz. Wenn die Zahl der Clubs eine bestimmte Zahl (in allen Serviceclub-Organisationen unterschiedlich) erreicht, wird eine nationale Gliederung gebildet, die meist Distrikt oder Union genannt wird. Diese bildet einen eigenen Vorstand und wird korporatives Mitglied der internationalen Organisation gleichen Namens. Sehr große Organisationen haben Deutschland in mehrere Distrikte aufgeteilt, die aber durch eine gemeinsame Klammer zusammengehalten werden. Die „Gouverneure" (Governor) dieser Distrikte bilden einen „Gesamt-Governor-Rat".

Die Bezeichnungen der Führungsfunktionen entsprechen bei

den in den USA gegründeten Organisationen meist den dort üblichen Bezeichnungen und sind daher in Deutschland gewöhnungsbedürftig. Der erste Vorsitzende heißt meist „Governor", sein Vorgänger „Past Governor" (Vorjahres-Vorsitzender) und sein Nachfolger „Governor elect" (gewählter Vorsitzender). Diese drei Personen bilden in der Regel mit dem Schatzmeister („Treasurer") und dem Sekretär („Secretary") den geschäftsführenden Vorstand. Die jeweiligen Sprecher der Divisionen („Lieutenant Governor") gehören zum erweiterten Vorstand eines Distriktes. Die große Zahl der Amtsträger ist im Wesentlichen darauf zurückzuführen, dass alle ehrenamtlich tätig sind und somit die Arbeit auf viele Schultern verteilt werden muss. Bei den meisten Serviceclubs werden die Ämter nur ein Jahr ausgeübt, bei einigen zwei und bei Ambassador sogar drei Jahre. Wiederwahl ist in der Regel nicht oder nur einmal vorgesehen und angesichts der zeitlichen Belastungsdimension auch kaum gewünscht. Dadurch soll verhindert werden, dass eine dominante Persönlichkeit, die über mehrere Jahre im Amt ist, den Club zu sehr nach ihren persönlichen Vorstellungen prägt. Dieses Rotationsprinzip hat sich offenbar bei allen Organisationen bewährt und wird daher bis heute beibehalten. Ein Amt in einem Serviceclub ist zwar ein „Ehrenamt", aber es bedeutet auch, Arbeit und Verantwortung zu übernehmen. Für „Pöstchenjäger" ist nur wenig Platz. Im Vordergrund stehen das Engagement und die Begeisterung, der Sache und den angestrebten Zielen zu dienen, und nicht der persönliche Ehrgeiz, ein „Pöstchen" zu haben. Diese Haltung ist schon deshalb Allgemeingut, weil die meisten Mitglieder von Serviceclubs im Berufsleben selbstständig sind oder herausgehobene Positionen bekleiden.

Berühmte Mitglieder in Serviceclubs

Die Frage nach berühmten oder prominenten Mitgliedern wurde von den Clubs sehr unterschiedlich beantwortet. Während einige Ehrenmitglieder nannten, die in sehr prominenten Positionen standen oder stehen, weigerte sich beispielsweise Rotary, einzelne Mitglieder besonders hervorzuheben. Schließlich müsse jeder, der für den Club vorgeschlagen würde, in seinem heimischen Umfeld eine gewisse Prominenz haben. Alle hier erwähnten Organisationen führen überdies nur einfache Mitgliederdateien, die nicht auf Ruhm und Ehre sortiert werden.

So bleibt nur eine Aufzählung, die mehr oder weniger unvollständig ist. Von den bisherigen Bundespräsidenten sind Roman Herzog, Richard von Weizsäcker und Walter Scheel Mitglied bei Rotary, Theodor Heuss war LIONS und Johannes Rau war Ehrenmitglied beim LIONS Club Wuppertal gewesen. Horst Köhler gehört keinem Club an. Von den bisher sieben Bundeskanzlern war kein einziger Mitglied eines Serviceclubs. Bei den bisherigen Bundesministern hat Rotary sehr deutlich die Nase vorn mit den zehn Ministern Jochen Borchert, Hans-Dietrich Genscher, Manfred Kanter, Ignaz Kiechle, Klaus Kinkel, Otto Graf Lambsdorff, Günter Rexrodt, Heinz Riesenhuber, Edzard Schmidt-Jortzig und Christian Schwarz-Schilling; die Bundesminister Hans Eichel und Manfred Stolpe sind LIONS-Mitglieder. Die Ministerpräsidenten Wolfgang Böhmer, Erwin Teufel, Ole von Beust und Georg Milbrandt sind Mitglied bei Rotary. Die früheren Ministerpräsidenten Kurt Biedenkopf und Siegmar Gabriel gehören LIONS an. Von den Bundesvorsitzenden einer großen Partei war nur Björn Engholm in einem Serviceclub, und zwar bei Kiwanis. Auch in den Parlamenten sitzen Angehörige der Serviceclubs: LIONS gibt die Zahl (fraktionsübergreifend) mit 30 Bundestagsabgeordneten an, die anderen Serviceclubs nennen weder Zahl noch Namen. Dr. Otto von Habsburg, langjähriger Europa-Abgeordneter, ist Mitglied des Kiwanis-Clubs Kempten. Die obigen Namensnennungen sind unvollständig, weil die Clubs dazu keine Statistiken veröffentlichen. Die Abgeordneten müssen in den biografischen Angaben des Bundestages Vereinsmitgliedschaften nicht bekannt geben, so kann nicht ermittelt werden, wie viele Serviceclubmitglieder direkten Einfluss auf die Gesetzgebung haben. Angesichts der hehren Zielsetzungen der Serviceclubs wäre es wünschenswert, wenn möglichst viele Menschen, die solche Ziele durch Mitgliedschaft unterstützen, diese auch in ihrem täglichen Leben verwirklichen und in die politische Arbeit im Bundestag und in den anderen Parlamenten einbringen würden, um die gesetzlichen

Grundlagen unseres Gemeinwesens stärker an ethischen Werten, die in allen Serviceclub-Organisationen hochgehalten werden, orientieren zu können. Allerdings laufen gerade viele der üblichen politischen „Spielchen" nach Regeln, die den edlen Zielen der Serviceclubs diametral entgegengesetzt sind.

Aus dieser sicherlich unvollständigen Nennung von Namen kann vielleicht auch geschlossen werden, dass der Terminplan von Politikern für Mitgliedschaften in einem Serviceclub nur sehr wenig Raum lässt. Dabei könnte ihnen gerade die regelmäßige Beschäftigung mit den Aufgaben in einem Serviceclub wichtigere Erkenntnisse für ihre Regierungs- oder Parlamentsarbeit bringen als die Gespräche mit bezahlten Lobbyisten. Die politisch zweckfreie freundschaftliche Diskussion mit politisch anders denkenden Clubfreunden hätte einen ganz anderen Erkenntniswert und fände auf einer viel ehrlicheren Basis statt als die mit Parteifreunden, Geschäfts-Interessenvertretern oder politischen Gegnern.

Unter den anderen gesellschaftlich wichtigen Gruppen finden sich in allen Bereichen Mitglieder von Serviceclubs. Die meisten Leiter von Bundes- und Landesbehörden gehören einem solchen an. Zahlreiche Landräte und Oberbürgermeister sind Mitglied eines Serviceclubs ebenso wie Vorstandsmitglieder, Geschäftsführer und andere hohe Führungskräfte aus Industrie, Wirtschaft, Verwaltung, Kultur und Medien sowie führende Wissenschaftler, Militärs und Künstler.

An manchen Orten lesen sich Clubverzeichnisse wie das „Who's who?" einer Industrie- und Handelskammer. Hier nehmen heute die Serviceclubs etwa die Stellung ein, die im deutschen Kaiserreich die Freimaurerlogen hatten, aber insbesondere durch die nationalsozialistische Verfolgung verloren haben. Mancher dürfte versucht sein, sich einem Serviceclub anzuschließen, um – wie zu Anfangszeiten der Clubidee – seine geschäftliche Position zu verbessern. Ob dies im Einzelfall erfolgreich sein kann, ist sehr schwer zu sagen, denn natürlich kann Bekanntschaft auch geschäftliche Beziehungen beflügeln. Aber bei längerer Zugehörigkeit zu einem Club offenbart man in Diskussionen, mehr als bei flüchtiger Bekanntschaft, seine Einstellungen und seinen Charakter. Überdies lehnen die Serviceclubs ausnahmslos die

Aufnahme von Menschen ab, die erkennbar aus opportunistischen Gründen Mitglied werden möchten. Diese haben es auch schwer, überhaupt vorgeschlagen zu werden.

Trotz aller Bekenntnisse zur Freundschaft kann kaum erwartet werden, dass eine Gruppe von 40 bis 100 Menschen ein enges Band verbindet. Mitgliedschaft in einem Serviceclub bedeutet immer Mitarbeit und dabei können auch mit den Clubfreunden, mit denen man gerade gute geschäftliche Verbindungen pflegen möchte, schon einmal Misshelligkeiten auftreten. In vielen Fällen schaden diese dem Geschäft mehr, als die gemeinsame Zugehörigkeit zu einem Club zu nutzen vermag. Unter diesen Aspekten kann man sicherlich sagen, dass die Serviceclubs nicht nach den Spielregeln des „kölschen Klüngels" funktionieren. Grundsätzlich gilt dies auch für die in späteren Kapiteln besprochenen Logen, Orden und Verbindungen.

Die Ziele der Serviceclubs

Die Ziele der Serviceclubs sind sehr ähnlich. Alle betonen übereinstimmend vier Grundprinzipien: erstens das Handeln nach ethischen Grundsätzen, die sich alle aus den europäischen Wert- und Moralvorstellungen ableiten. Zweitens Pflege des Freundschaftsprinzips, ohne das keine Gemeinschaft dauerhaft erfolgreich sein kann. Drittens treten sie für das Serviceprinzip ein, demzufolge ihre Clubs anderen Menschen und der Allgemeinheit dienen müssen. Das vierte gemeinsame Prinzip aller Serviceclub-Organisationen ist das der internationalen Verständigung. Es gewann insbesondere vor dem Hintergrund des Ersten Weltkrieges und seiner Schrecken eine besondere Bedeutung. Auch 1990 und in den folgenden Jahren war dies ein wesentlicher Grund für die expansive Ausbreitung in den ehemals kommunistischen Staaten. Weitere Prinzipien finden sich nicht bei allen Organisationen, sondern jeweils nur bei einigen. Die „Goldene Regel" wird beispielsweise nur bei Kiwanis und Civitan erwähnt. Das Prinzip der Frauenrechte spielt dagegen nur bei den Soroptimistinnen und bei Zonta sowie bei den Ladies Circlen eine Rolle.

Dies verdeutlicht die folgende Übersicht:

Prinzip	**RI**	**KI**	**LI**	**CI**	**SI**	**ZI**	**RT**	**LC**
Ethik	x	x	x	x	x	x		
Freundschaft	x	x	x	x	x	x	x	x
Service	x	x	x	x	x	x	x	x
Internationale Verständigung	x	x	x	x	x	x	x	x
„Goldene Regel"		x	(x)	x				
Frauenrechte					x	x		x

Erklärung der Abkürzungen:
RI = Rotary, KI = Kiwanis, LI = LIONS, CI = Civitan, SI = Soroptimist, ZI = Zonta (in Reihenfolge der Gründungsdaten), RT = Round Table (steht auch für die RT-Folgeorganisation), LC = Ladies Circle

Die Mitgliederstärke der einzelnen Organisationen in Deutschland ist in der folgenden Tabelle dargestellt. Leider beziehen sich nicht alle Zahlen auf das gleiche Erhebungsdatum. Dadurch wird die Größenordnung und der prozentuale Marktanteil der jeweiligen Organisation jedoch nicht wesentlich verändert oder gar verzerrt:

Organisation	**Clubs**	**Mitglieder**	**Mitglieder je Club**	**„Markt"-anteil**
LIONS	1.359	45.514	33	40,5
Rotary	914	45.500	49	40,5
Soroptimist	173	5.000	29	4,4
Zonta	120	3.600	30	3,2
Kiwanis	145	3.150	22	2,8
Ambassador	79	1.153	15	1,0
Civitan	7	150	21	0,1
Round Table	222	3.000	14	2,7
Old Table*	208	4.200	20	3,7
Ladies Circle	62	1.000	16	0,9
Tangent **	16	150	9	0,1
	3.305	**112.417**	**34**	**100,0**

* Old Table sieht sich weniger als Serviceclub denn mehr als Stammtisch, unterstützt aber jeweils die Aktivitäten des örtlichen Round Table, da man sich gewissermaßen als „Alt-Herren-Organisation" des jeweiligen RT sieht, zu dem man enge gesellschaftliche Beziehungen unterhält.

** Analoges gilt für Tangent im Verhältnis zu Ladies Circle.

Leider machen die Clubs keine Aussagen über die Altersstruktur, da die Geburtsdaten aus Datenschutzgründen nicht in den Mitgliederverzeichnissen aufgeführt werden können. Auch Auswertungen nach Berufszugehörigkeit und Stand (Beamter, Angestellter, Selbstständiger, Freiberufler) sind nicht möglich, da diese Angaben bei den Cluborganisationen meist nicht vorliegen oder wenig aussagefähig sind.

Die Clubs kamen zu verschiedenen Zeiten nach Deutschland. Bereits vor der nationalsozialistischen Diktatur waren Rotary, Zonta und Soroptimist in Deutschland präsent. Sie mussten aber 1937 die Flagge streichen, da im Zuge der sich verstärkenden Kriegsvorbereitungen für internationale Verständigungsbeziehungen kein Platz mehr war. Nach dem Krieg konnte zumindest Rotary an frühere Strukturen anknüpfen und noch vor irgendwelchen offiziellen Genehmigungen mit dem Wiederaufbau seiner Clubs beginnen. LIONS folgte 1952, Kiwanis 1963 und Civitan erst 1970. Je später die Cluborganisationen nach Deutschland kamen, umso schwieriger war es für sie, neue Clubs zu gründen.

Die nachfolgende Darstellung der einzelnen Serviceclub-Organisationen erfolgt in der Reihenfolge ihres Gründungsdatums (USA) und stellt daher keinerlei Wertung der einzelnen Organisationen dar. Zuvor ein Überblick über die Organisationen:

Herkunft	Gründung	Organisation	Gründ./Europa	Gründ./Deutschland
USA	1905	Rotary	1912	1927/1951
USA	1915	Kiwanis	1963	1963
USA	1917	LIONS	1948	1952
USA	1917	Civitan	1969	1970
USA	1919	Zonta		1930/1952
USA	1921	Soroptimist		1931/1952
GB	1927	Round Table	1927	1952
GB	1928	Ladies Circle	1928	1972
CH	1956	Ambassador	1956	1959
GB	1965	Tangent	1965	1995

Anmerkung: Old Table und Tangent werden hinter Round Table und Ladies Circle besprochen. Clubeigene Jugendorganisationen oder aus dem Club direkt abgeleitete Frauengruppen werden unter dem Namen der Stammorganisationen besprochen, damit die Zusammengehörigkeit erhalten bleibt und die Organisationen nicht durch eine an sich nicht sinngebende formale Regelung auseinandergerissen werden, wie dies z.B. bei einer alphabetischen Aufzählung der Fall wäre.

Rotary International: die Rotary Clubs (RC)

▮ Name: „Rotary" leitet sich davon ab, dass man bei Gründung des ersten Clubs noch kein festes Clublokal hatte, sondern sich reihum, also „rotierend", in den Büros der einzelnen Mitglieder traf. Heute symbolisiert er auch den jährlichen Wechsel aller Führungsämter von der Clubebene bis zum Präsidenten von Rotary International.

Das Zahnrad symbolisiert das Ineinandergreifen unterschiedlicher Kräfte zu einem sinnvollen, erfolgsorientierten Ganzen. Ein einzelnes Zahnrad ist wirkungslos; richtig in ein Uhrwerk oder ein Getriebe eingeordnet, überträgt und verstärkt es die wirksamen Kräfte. So ist es auch in einer Gemeinschaft von Menschen, die ideelle oder materielle Ziele optimal erreichen wollen.

▮ Ziele: Das Ziel, das Rotary International heute in seinen Clubs anstrebt, ist Dienstbereitschaft im täglichen Leben. Man versucht, dem auf folgendem Weg näherzukommen:

- Durch Pflege der Freundschaft als eine Gelegenheit, sich anderen nützlich zu erweisen.
- Durch Anerkennung hoher ethischer Grundsätze im Privat- und Berufsleben sowie des Wertes jeder für die Allgemeinheit nützlichen Tätigkeit.
- Durch Förderung verantwortungsbewusster privater, geschäftlicher und öffentlicher Betätigung aller Rotarier.
- Durch Pflege des guten Willens zur Verständigung und zum Frieden unter den Völkern durch die Weltgemeinschaft berufstätiger Personen, geeint im Ideal des Dienens.

▮ Motto: „Service above self" – Selbstloses Dienen

▮ Zielgruppe: Für die Aufnahme in einen Rotary Club kommen Männer und Frauen ohne Altersbegrenzung in Betracht, wenn sie bereit sind, die Ziele von Rotary aktiv zu unterstützen. Vorausgesetzt wird eine Stellung im Beruf, die Führungsverantwortung verlangt oder zu dieser hinführt. Rotary bildet eine weltanschaulich nicht gebundene, überparteiliche Vereinigung von Frauen und Männern, die sich über alle Grenzen hinweg für humanitäre Hilfe und Völkerverständigung einsetzen. Wedemeyer[7] unterstreicht den Anspruch, der an die Mitglieder gestellt werden soll, mit der Auffassung von Wilhelm Cuno, Gründungspräsident des ersten Rotary Clubs in Deutschland RC Hamburg und früherer Reichskanzler, dass es nicht auf eine große Zahl von Mitgliedern ankomme, sondern auf deren Qualität, und er führt aus, Rotary sei noch immer *„als eine Gemeinschaft führender Persönlichkeiten anzusehen, in der man sich Zeit schenkt zur Pflege der Freundschaft und zum anspruchsvollen Gedankenaustausch“.*[8] Der Nobelpreispreisträger Thomas Mann, Gründungsmitglied im Rotary Club München, sagte 1930 auf einer Convention in Den Haag: „*... Die Aufgabe, Freiheit und Dienst zu vereinen, ist übernational, wie der Rotary Club es ist. In ihm haben sich Männer aller Zungen und Zonen zusammengefunden, ... Männer ... entschlossen, sich ... nicht beirren zu lassen im dienenden Willen zu einer vernünftig-besseren und menschenwürdigen Weltgestaltung.*“[9]

Rotary ist keine geschlossene Organisation, sondern Teil der Gesellschaft. Der Dienst für das Gemeinwesen steht im Mittelpunkt der Arbeit, in denen Führungspersönlichkeiten aus allen Berufs- und Gesellschaftsgruppen zusammentreffen. Die Aufnahme in einen Club erfolgt ausschließlich auf Empfehlung von Mitgliedern. Eine Grundvoraussetzung muss jedoch erfüllt sein: Jeder Kandidat muss die freiheitlich-demokratische Staatsordnung sowie eine pluralistische Gesellschaftsordnung bejahen. Extreme und Fundamentalisten jedweder Couleur haben keine Chance, Mitglied zu werden.

▌**Geschichte:** Rotary wurde am 23. Februar 1905 in Chicago von dem damals 36-jährigen Rechtsanwalt Paul Harris zusammen mit dem Kohlenhändler Sylvester Schiele, dem Großkonfektionär Hiram Shorey, dem Bergbauingenieur Gustavus Loehr und dem Druckereibesitzer Harry Ruggles gegründet. Alle fünf Gründungsmitglieder waren selbstständig und drei kamen aus Familien deutscher Abstammung. Rotary ist somit der weltweit älteste existierende Serviceclub. Man traf sich „rotierend“ in den Ge-

7 Manfred Wedemeyer, „1927–2002 Den Menschen verpflichtet. 75 Jahre Rotary in Deutschland“, Hamburg 2002 (Der Rotarier-Verlag), Seite 13

8 ebd., Seite 13 f.

9 ebd., Seite 54

schäftsräumen der Mitglieder. Einer der ersten Beschlüsse war, bei der Aufnahme neuer Mitglieder darauf zu achten, dass aus jedem Berufszweig nur ein hervorragender Vertreter aufzunehmen ist. Dadurch sollten Unstimmigkeiten auf Grund des beruflichen Wettbewerbs vermieden werden. Freundschaft und die Pflege und Entwicklung geschäftlicher Kontakte waren die treibenden Wünsche von Paul Harris bei der Clubgründung. Zwei Eigenschaften standen bei der Entwicklung der rotarischen Idee im Vordergrund: die Bereitschaft zur Verständigung und die Achtung vor dem Mitmenschen ohne Ansehen seiner Nationalität, Rasse oder Religion. Paul Harris begriff die Gründung des Rotary Clubs auch als eine Reaktion auf die egoistische Kälte des Geld- und Machtstrebens im Amerika der damaligen Zeit. Ihm waren ethische Grundsätze im Geschäfts- wie auch im Privatleben wichtiger. Er sah in Rotary und seinen Bemühungen um Fairness und Zusammenarbeit, Anständigkeit und Humanität einen Gegenentwurf zu den in der damaligen Zeit üblichen Geschäftsgebaren. *„So geht Rotary im Kern auf den Humanismus, auf Menschlichkeit und Menschenfreundlichkeit zurück“.* [10]

Diese Einstellung wurde wenige Jahre später von den Serviceclub-Gründungen unter anderen Namen im Kern übernommen und gehört heute zum festen, identitätsstiftenden Bestandteil aller Serviceclub-Organisationen rund um den Globus.

In den Folgejahren wurden Rotary Clubs in San Francisco und in Oakland gegründet. Hier wurden ab 1909 die wöchentlichen Luncheon-Meetings eingeführt, die bis heute ein typisches Kennzeichen von Rotary sind, denn die meisten anderen Clubs treffen sich nur ein- oder zweimal im Monat. Bei den wöchentlichen Rotarymeetings besteht grundsätzlich Präsenzpflicht. 1910 gründeten 16 Clubs die Nationale Vereinigung der Rotary Clubs und noch im gleichen Jahr wurde Rotary mit der Gründung eines Clubs in Winnipeg (Kanada) international. Im Folgejahr wagte Rotary den Sprung über den Atlantik und gründete Clubs in Dublin, London und Belfast, sodass 1912 eine Umbenennung in „Internationale Vereinigung der Rotary Clubs“ erfolgte. In diesem

10 Wedemeyer, a.a.O., Seite 19

Jahr erschien die erste Ausgabe der Clubzeitschrift „The Rotarian“. Der Erste Weltkrieg erschwerte die Ausdehnung auf den europäischen Kontinent. Erst 1920 wurde der erste kontinentaleuropäische Club in Madrid gegründet.

Ab 1921 gab es Bemühungen, auch in den ehemaligen „Feindstaaten“ des Ersten Weltkriegs Clubs zu gründen. Aber es dauerte bis 1927, bis der Generaldirektor der HAPAG in Hamburg, Wilhelm Cuno, den ersten deutschen Rotary Club in den Räumen des traditionsreichen Überseeklubs zu Hamburg gründen konnte. Im Jahr darauf erfolgten Gründungen in Frankfurt/Main, Köln, München, Dresden, Stuttgart und Berlin. Der Distrikt Deutschland von Rotary International wuchs rasch. Bis zum Frühjahr 1937, als mit dem Rotary Club Krefeld die letzte Charterung vor der Auflösung von Rotary in Deutschland stattfand, war die Organisation auf 43 Clubs mit insgesamt mehr als 1.600 Mitgliedern angewachsen. Die Nürnberger Rassengesetze von 1935 und die bereits vorher erlassenen diskriminierenden Vorschriften gegen Juden führten zu einer Erschütterung des rotarischen Toleranzprinzips. Die überwiegende Mehrzahl der jüdischen Mitglieder kündigte die Mitgliedschaft. Einige Clubs „strichen“ jüdische Mitglieder, was wiederum auch zum Austritt zahlreicher nichtjüdischer Rotarier führte, die in der Streichung einen massiven Verstoß gegen die Prinzipien sahen. 1933 sank die Mitgliederzahl von rund 1.700 auf nur noch 1.200. Viele ehemalige Rotarier emigrierten ins europäische Ausland oder nach den USA, so auch Thomas Mann, der von einer Vortragsreise nach Paris nicht nach München zurückkehrte. Er wurde später in Los Angeles Ehrenmitglied eines Rotary Clubs. Außer diesen Vorkommnissen ließen die Nationalsozialisten die Rotary Clubs bis zum Sommer 1937 relativ ungeschoren. Bis zum Februar 1937 entstanden sogar noch einige neue Clubs und die älteren konnten neue Mitglieder gewinnen. Dann aber verbot der Reichsinnenminister seinen Beamten die Mitgliedschaft bei Rotary und die Reichsleitung der NSDAP untersagte ihren Mitgliedern die gleichzeitige Mitgliedschaft. Obwohl die Mehrheit der Rotarier nicht Mitglied der NSDAP war, beschloss Rotary mit Wirkung vom 15. Oktober 1937 die Auflösung aller 43 reichsdeutschen Clubs. Nach zehn Jahren einer anfangs sehr erfolgreichen Entwicklung und nach langem Widerstand wurde Rotary in Deutschland offiziell aufgelöst, da die Nationalsozialisten keine Organisationen duldeten, die nicht dem Führerprinzip folgten oder sich als Teil eines internationalen Netzwerkes verstanden. In dieser Zeit der NS-Diktatur hat Rotary in Deutschland dunkle Jahre von der anfänglichen Selbstbehauptung über den Versuch der Anpassung bis hin zur Auflösung durchlebt.

Der Gedanke der Freundschaft und die rotarischen Ideale waren zwar in den Herzen der alten Rotarier lebendig und viele bemühten sich, ihre Clubs wieder zu errichten, aber nun stießen sie auf Schwierigkeiten ganz anderer Art. Zu den ohnehin sehr problematischen äußeren Zuständen im vom Krieg zerstörten Deutschland kamen auch erhebliche Vorbehalte der Besatzungsmächte. Überdies ließ die Satzung von Rotary International die satzungsgemäße Anerkennung von Clubs erst nach Gründung der Bundesrepublik zu. So bildeten sich Provisorien aus ehemaligen Rotariern, die sich meist „Club der Freunde", „Club von 1927" (früher Rotary Klub Hamburg), Mittwochsgesellschaft oder ähnlich benannten. Den Namen Rotary durften sie jedoch nicht führen. Am 27. April 1949 wurde in Frankfurt der alte Rotary Club wieder eingesetzt und die Charterurkunde überreicht. Von da an kam es sehr schnell in der amerikanischen, britischen und französischen Zone zur Wiederherstellung der alten und zur Gründung neuer Rotary Clubs. In den Jahren des Wirtschaftswunders folgte eine dynamische Ausbreitung. Nur in der sowjetischen Besatzungszone, der späteren DDR, dauerte es noch weitere 41 Jahre, bis auch hier nach der friedlichen Revolution vom Herbst 1989 der Rotary-Gedanke wieder einkehren konnte. Nach der Wiedervereinigung begann im nunmehr freien Ostteil der Bundesrepublik ein kraftvoller Neuanfang.

▮ **Besondere Serviceleistungen:** Zu den Tätigkeitsschwerpunkten von Rotary International gehören die Polio-Plus-Kampagne zur Ausrottung der Kinderlähmung sowie das weltweit größte private Programm für den internationalen Jugendaustausch.

Im Juni 2002 konnte Rotary melden, dass in Europa die Kinderlähmung besiegt und Europa poliofrei sei. Den Kampf gegen diese furchtbare Krankheit will Rortary so lange gemeinsam mit den Partnern der Anti-Polio-Kampagne, WHO und UNICEF, fortsetzen, bis keine Polio-Infektionen mehr nachweisbar sind. Ein Überwachungskonzept wird danach sicherstellen, dass neu auftretende Infektionen sofort eingedämmt werden können.

Da Völkerverständigung am erfolgreichsten bei jungen Menschen beginnt, hat Rotary sein Schüleraustauschprogramm entwickelt, bei dem möglichst viele junge Menschen aus vielen verschiedenen Ländern ein Jahr im Ausland zur Schule gehen können. In diesem Kulturaustausch sollen die Austauschschüler einerseits das neue Land, seine Bevölkerung und Lebensgewohnheiten kennen lernen, andererseits über die eigene Heimat berichten können. Daher ist es selbstverständlich, dass das Ziel des Austauschs die Erweiterung des eigenen Blickfelds und nicht das Erlangen von Sprachvollkommenheit, Examina, Diplomen oder Graduierungen ist. Im Gastland besuchen die Austauschschüler regelmäßig die Schule (secondary school). In jedem Jahr nehmen etwa 530 deutsche Schüler zwischen 16 und 18 Jahren an diesem Programm teil, auch viele Kinder aus Nicht-Rotarierfamilien.

Der Rotary-Schüleraustausch erfolgt auf Gegenseitigkeit. Jedes Land bzw. jeder Club, der einen Austauschschüler meldet, verpflichtet sich im Gegenzug, einen Austauschschüler aufzunehmen. Rotary Deutschland unterhält einen Schüleraustausch mit zahlreichen Ländern in Europa und Übersee. Während des Aufenthalts im Gastland sorgt der Gastclub für die Austauschschüler und trägt für ihn die Verantwortung. Der Club sucht die Gastgeberfamilien aus und legt die zu besuchende Schule fest. Er bestimmt für den teilnehmenden Schüler einen Rotarier als Berater (Counselor). Dieser ist während des ganzen Jahres fester Ansprechpartner und betreut ihn in Fragen, die in der Gastfamilie nicht zu lösen sind. Damit die gewonnenen Eindrücke nicht so schnell verloren gehen, wurde das ROTEX-Programm (ROTary EXchange = Jugendaustauschprogramm) entwickelt. Es will gewährleisten, dass die Jugendlichen, die nach einem Jahr als Rotary-Austauschschüler aus dem Ausland zurückkommen, ihre vielen positiven Erlebnisse und Erfahrungen mit anderen ehemaligen Austauschschülern teilen. Ebenso sollen sie die ausländischen Austauschschüler, die in ihrem Land weilen, kennen lernen können. In einzelnen Distrikten organisieren ROTEXer auch Deutschlandreisen oder Eurotours und begleiten diese Reisen. Seit Beginn der 50er Jahre haben auf diesem Weg Zehntausende junge Deutsche ausländische Gastfamilien kennen gelernt.

Auch die Leistungsbilanz von Rotary Deutschland kann sich sehen lassen. Die Gesamtsumme aller Leistungen, die die Mitglieder der 914 Rotary Clubs in Deutschland pro Jahr erbringen, liegt deutlich über 18 Millionen Euro, einschließlich der Sachleistungen und Spenden an die Rotary Foundation in den USA. Neben beträchtlichen Mitteln, die direkt für die internationale Katastrophenhilfe aufgebracht wurden, insbesondere für die Opfer des großen Tsunami in Südostasien, des Erdbebens in Pakistan und der Flutkatastrophe in New Orleans, fließt der Großteil der von den Clubs aufgebrachten Mittel in eigene Serviceprojekte vor Ort.

Vielfältig wie die individuellen Leistungen zur Mittelaufbringung sind auch die Zwecke, für die Mittel eingesetzt werden. Im Berichtsjahr erhielt der Bereich Soziales mit 54% mehr als die Hälfte der Spendenmittel. Es folgten die Jugendförderung mit 26%, die Kultur mit 11% sowie Umwelt, Senioren- und Katastrophenhilfe mit zusammen 9%.

39% der Mittel werden im jeweiligen Clubgebiet direkt eingesetzt, 24% in Deutschland, 16% in Europa und 21% in der übrigen Welt. In den letzten Jahren ist der Anteil der Mittel, die in andere Erdteile fließen (vornehmlich in Entwicklungsländer), kontinuierlich gestiegen.

Wenn es sinnvoll ist, arbeitet Rotary auch mit anderen Serviceclubs zusammen. So wurde z.B. in Quedlinburg, das nach der Wiedervereinigung zum Weltkulturerbe avancierte, das „Haus der LIONS und Rotarier“ vollendet. Eine in dieser Größenordnung bisher einmalige Gemeinschaftsaktion der beiden Serviceclub-Organisationen hat den Umbau eines gesamten Fachwerk-Ensembles zu behindertengerechten Wohnungen möglich gemacht. In mehreren Städten beteiligt sich Rotary an den von allen Serviceclubs gemeinsam veranstalteten „Charity-Bällen“, mit deren Erlösen dann größere Projekte unterstützt werden.

▮ **Organisation:** Rotary International ist eine weltanschaulich nicht gebundene, überparteiliche Vereinigung von rund 1,2 Millionen Männern und Frauen aus allen Berufen, die sich für humanitäre Hilfe und Völkerverständigung einsetzen. Sie haben sich weltweit in mehr als 32.462 Clubs mit 1,209 Millionen Mitgliedern in 168 Ländern zusammengeschlossen. Sitz der Hauptverwaltung ist Evanston bei Chicago in den USA.

Zur Finanzlage schreibt die Organisation auf ihrer Website 2004: *„Drei Jahre vor dem 100. Gründungstag von Rotary International sehen die Mitglieder dieses ältesten Serviceclubs der Welt entspannt in die Zukunft: Mit einem Nettovermögen von 98 Millionen US-Dollar, das sich aus Barvermögen, Investmentanlagen sowie dem Gebäude der Hauptverwaltung in Evanston bei Chicago/USA zusammensetzt, ist die Organisation für neue Herausforderungen bestens gerüstet.“*

Rotary International gliedert sich in 34 Zonen und 529 Distrikte mit jeweils rund 50 Clubs. Wegen der großen Zahl von Clubs und Mitgliedern ist Deutschland auf 14 Distrikte aufgeteilt, die gemeinsame Klammern in Form des deutschen Governorrates sowie im „Rotary Magazin“, das auch die österreichischen Distrikte einschließt, haben. Geleitet wird jeder Distrikt von einem für ein Jahr gewählten Governor, der während seiner Amtszeit Mitglied im Deutschen Governorrat ist. Diese Multidistrikts-Organisation stellt das Bindeglied zwischen dem Hauptsitz von Rotary International und dem einzelnen Club dar.

In allen europäischen Ländern gibt es Distrikte von Rotary International. Wenn die Länder klein sind oder erst wenige Clubs existieren, sind mehrere Länder in einem Distrikt zusammengefasst. In großen Ländern bestehen dagegen meist mehrere Distrikte. Die stürmische Entwicklung in Deutschland nach 1990 zeigt die folgende Zahlenreihe:

Jahr	1970	1980	1990	1995	2000	2003	2004	2006
RC	304	462	552	696	782	842	866	920
Mitglieder	11.684	19.127	25.356	31.624	37.387	41.229	42.625	45.500

Frauen können seit 1990 Mitglied in einem Rotary Club werden, sie haben aber bereits seit dem Ersten Weltkrieg bei Rotary International eine eigenständige Organisation: „Inner Wheel“.

Inner Wheel ist die Frauenvereinigung von Rotary International, deren Mitglieder sich aus weiblichen Angehörigen von Rotariern rekrutieren. Auch weibliche Mitglieder von Rotaract sowie aktive und ehemalige Rotarierinnen haben seit neuestem Zugang zu Inner Wheel. Zu Rotary besteht eine enge Bindung, wie der Name und auch das Emblem zeigen – Inner Wheel ist das in das rotarische Rad eingefügte „innere Rad“. Die internationalen und nationalen Verwaltungen von Inner Wheel sind jedoch von Rotary unabhängig. Inner Wheel ist ein weltweiter Serviceclub, der sich drei Zielen verpflichtet fühlt:

- der Freundschaft untereinander,
- dem sozialen Engagement und
- der internationalen Verständigung.

Freundschaft, die Anteilnahme, Solidarität, Dasein und Hinhören beinhaltet, ist in unserer heutigen hochtechnischen Gesellschaft ein seltenes Gut geworden. Inner Wheel bemüht sich, durch ein fürsorgliches Miteinander für Jung und Alt Geborgenheit und Freundschaft wachsen zu lassen, denn für die sozialen Aufgaben ist die Freundschaft untereinander die wichtigste Voraussetzung – sie gibt erst die Kraft für das soziale Engagement.

Soziales Engagement ist für Inner Wheel von Anfang an eine Verpflichtung gewesen und allen Clubs ein großes Anliegen. Nicht die finanzielle Unterstützung steht im Mittelpunkt, sondern das persönliche Einbringen in die verschiedensten Bereichen wie Hospizwesen, Telefonseelsorge, Frauenhäuser, Altenheime, Tafeln und vieles mehr. Inner Wheel Clubs kümmern sich um MS-Betroffene, Kinder, Aussiedler und Obdachlose und sammeln und verschicken Hilfsgüter überall dorthin, wo sie dringend gebraucht werden.

Internationale Verständigung bedeutet nicht nur Aufgeschlossenheit dem Fremden gegenüber (Fremde sind Freunde, denen wir noch nicht begegnet sind), sondern auch humanitäre Hilfe überall auf der Welt, wo Menschen in Not sind. Internationale Kontakte werden per Brief, über das Internet, bei Weltkonferenzen und Treffen mit ausländischen Kontaktclubs gepflegt.

Inner Wheel Clubs treffen sich einmal im Monat in ihrem Clublokal. Bei diesen Meetings werden Vorträge aus eigenen Reihen oder durch Gäste gehalten. Es besteht keine Präsenzpflicht.

Jeder Club ist frei, seine eigenen sozialen Projekte und Aktivitäten zu wählen. Die Mindestzahl der Mitglieder beträgt zwölf.

Die Geschichte von Inner Wheel begann in England. Während des Ersten Weltkrieges hatten die Frauen von Rotariern die sozialen Aufgaben ihrer abwesenden Männer übernommen. Da sie auch später gemeinsam aktiv bleiben wollten, sich nach dem Geist der Zeit aber ein „Herrenclub" nicht für Frauen öffnen konnte, konstituierte sich 1924 der erste Inner Wheel Club in Manchester. Die Idee breitete sich schnell aus, zuerst in England und den Britischen Dominions, dann überall auf der Welt. 1934 schlossen sich die Clubs zur „Association of Inner Wheel Clubs in Great Britain and Ireland" zusammen und daraus wurde 1967 die weltweite Organisation „International Inner Wheel". Zurzeit gibt es in 98 Ländern, auf allen fünf Erdteilen verteilt, über 103.000 Mitglieder.

„International Inner Wheel" ist auch eine von den Vereinten Nationen anerkannte nichtstaatliche Organisation mit beobachtendem Status im Wirtschafts- und Sozialrat. Delegierte von Inner Wheel sind bei den UNO-Zentren in Genf, Wien und New York akkreditiert. Die Clubs sind in Distrikten zusammengefasst und diese der Dachorganisation in England angeschlossen. An der Spitze des internationalen Vorstandes steht die jeweils für ein Jahr gewählte International-Inner-Wheel-Präsidentin (Weltpräsidentin).

Der erste deutsche Inner Wheel Club wurde 1968 in Lübeck gegründet. Zurzeit gibt es in Deutschland 187 Clubs in sieben Distrikten. Seit 1991 hat Deutschland einen nationalen Vorstand, der von der jährlich neu gewählten nationalen Repräsentantin geleitet wird. Die deutsche Mitgliederzahl von Inner Wheel belief sich 2006 auf rund 7.200 in 199 Clubs.

Rotaract (RAC) steht für „Rotary in Action". Es ist eine internationale Organisation von jungen Menschen im Alter zwischen 18 und 30 Jahren aus allen Ausbildungs- und Berufsgruppen, die sowohl in ihrem lokalen Umfeld als auch auf internationaler Ebene wirken wollen. Rotaract wurde in den 60er Jahren von Rotary International gegründet, um die Entwicklung von Verantwortungsbewusstsein, internationalem Geist und ethischen Grundsätzen in der Jugend zu fördern. Das Programm basiert auf den Säulen „Lernen – Helfen – Feiern". Rotaract als selbstständiger

Teil der rotarischen Weltgemeinschaft steht in engen Beziehungen zu Rotary. Das gilt in besonderer Weise für das Verhältnis der Rotaract Clubs zu ihren rotarischen Patenclubs.

1968 wurde der erste Rotaract Club in North Carolina gegründet. Noch im gleichen Jahr kam die Idee auch nach Deutschland: In Marburg (Lahn) wurde der erste deutsche RAC ins Leben gerufen. Die Zahl der Clubs ist bis heute auf über 7.500 mit mehr als 173.000 Mitgliedern gestiegen. In Deutschland bestehen 2006 172 RACs mit mehr als 3.000 Mitgliedern.

Mit den drei Begriffen Lernen, Helfen und Feiern ist die Welt umrissen, für die sich die jungen Menschen interessieren. Natürlich wollen sie feiern, auf Bälle und Partys gehen, im Club und privat. Sie wissen aber auch, dass ihr „Hauptberuf" der des Lernenden ist. Ob in Berufsausbildung oder Studium, im Club bilden sie sich weiter durch Vorträge, Besichtigungen und Diskussionen. In Führungspositionen üben sie sich außerdem dadurch, dass sie im Club Verantwortung übernehmen und sich bewähren können. Vor allem aber werden die jungen Menschen bereits aktiv in das soziale Geschehen einbezogen. Sie lernen, Defizite in der Gesellschaft zu erkennen, und können durch eigenes aktives Mitgestalten dazu beitragen, diese Defizite zu verringern oder gar abzubauen. Durch Interclubveranstaltungen erweitern sie ihren Freundeskreis in andere Städte und Länder, denn Völkerverständigung ist auch bei Rotaract ein ganz wichtiges Ziel.

➤ **Rotarier Verlags GmbH**
Raboisen 30, 20095 Hamburg, Tel.: 0 40/34 99 97-0, Fax: 0 40/34 99 97-17
redaktion@rotarier.de oder info@rotary.de

➤ **Rotary International Zentralvorstand und Generalsekretariat**
One Rotary Center, 1560 Sherman Avenue, Evanstone, IL 60201, USA
Tel.: 0 01/84 78 66 30 00, Fax: 0 01/84 73 28 82 81

➤ **Headquarters Office International Inner Wheel**
Washway Road Sale, Stafford Court, Cheshire M33 7PE UK

➤ **www.rotary.de/**
Über diese Homepage sind alle weiteren Rotary-Websites zu erreichen:
www.rotary.de/<Distrikt-Nr>
www.rotary.de/<Clubname>
www.rotary.de/jugenddienst
www.rotary.org

Kiwanis International (KI)

Name: „Kiwanis“ kommt aus der Sprache der indianischen Ureinwohner von Michigan. „Nunc kee-wanis“ bedeutet so viel wie „Wir wirken zusammen, wir machen aufmerksam, wir sind aktiv“. Diese Worte umschreiben sehr gut die Absichten, das Engagement und das freundschaftliche Zusammenwirken der Kiwanier in ihren Clubs und weltweit. Man beschloss daher, die Organisation Kiwanis zu nennen, nicht zuletzt wohl auch deshalb, weil der Begriff neugierig macht.

Ziele: Kiwanis verfolgt seit seiner Gründung sechs Ziele, die sowohl die Clubs als auch die einzelnen Kiwanier verfolgen wollen:

- Den humanen und geistigen Werten Vorrang vor materiellen zu geben.
- Im täglichen Leben die „Goldene Regel“ zu beachten: „*Behandele die Menschen so, wie Du selbst von ihnen behandelt werden möchtest*“ (Matth. 7,12).
- Soziale Verantwortung und eine ethische Berufsauffassung zu fördern.
- Durch beispielgebendes Verhalten Gemeinsinn zu verbreiten.
- Durch Kiwanis Clubs Freundschaften zu gewinnen, dem Nächsten uneigennützig zu helfen und das Wohl seines Gemeinwesens zu fördern.
- Sich für Gerechtigkeit und Loyalität zu einem freien Staat einzusetzen.

Tolerant, aufgeschlossen, fortschrittlich, aber auch wertkonservativ übernehmen Kiwanier Verantwortung in einer egoistischer gewordenen Gesellschaft. In ihrem gesamten Einflussbereich wirken sie darauf hin, nachfolgenden Generationen eine ökologisch gesunde, ethisch und menschlich intakte Welt weiterzugeben. So ist die Innensicht der Kiwanier auf ihrer Website.

Motto: „We build – Serving the children of the world“ (Der Zusatz wurde erst 2001 ergänzt.)

Zielgruppe: Zielgruppe für die Gewinnung neuer Mitglieder sind Menschen, die in Verantwortung für sich und andere stehen. Kiwanis nimmt Männer und Frauen auf, die als Selbstständige, Freiberufler, Geschäftsführer und Vorstände oder leitende Mitarbeiter in Firmen, Verwaltung, Wissenschaften und Kunst Verantwortung tragen, und ist dabei für alle Menschen offen. Kiwanis ist parteipolitisch und religiös neutral und schließt weder bestimmte Gruppen oder Überzeugungen aus noch bevorzugt man eine bestimmte Richtung. Die Aufnahmegrundsätze sind einfach: Kiwanier kann werden, wer in seinem Beruf oder in seinem gesellschaftlich-sozialen Engagement Anerkennung findet. Die Mitgliedschaft in einem Kiwanis Club erlangt man in der Regel nur auf Vorschlag von Mitgliedern des Clubs durch Zuwahl. Neue Mitglieder werden in der Regel von Clubmitgliedern vorgeschlagen, wobei ein Mitglied die Bürgschaft übernimmt. In Ausnahmefällen können sich aber auch interessierte Menschen, die sich engagieren möchten, bei einem Club um Mitgliedschaft bewerben. Es ist jedoch Angelegenheit der einzelnen Kiwanis Clubs, Aufnahme- und Auswahlkriterien zu bestimmen. Eine allgemeine Vorschrift dafür existiert nicht. Die berufliche Zusammensetzung des Clubs soll möglichst weit gestreut sein. Meist gehören einer Berufsgruppe nicht mehr als zwei Mitglieder an. Bei den Clubabenden lernen sich Menschen mit unterschiedlichsten beruflichen, sozialen und gesellschaftlichen Hintergründen besser kennen und verstehen. Dieser regelmäßige Austausch von Wissen und Erfahrung bietet die Chance, in ständig wechselnder Runde interessante Themen zu diskutieren und damit selbst weiter zu wachsen. Jeder Kiwanier ist aber auch in jedem anderen Kiwanis Club weltweit als Gast und Freund willkommen.

▌**Geschichte:** Am 7. Dezember 1914 gewann der Geschäftsmann Allen Simpson Brown in dem selbstständigen Herrenschneider Joe Prace das erste Mitglied für eine Clubgründung. Nur sechs Wochen später, am 23. Januar 1915, wurde der erste Kiwanis Club in Detroit mit 30 Mitgliedern gechartert. Zunächst war es ein Business Club, wie es zu dieser Zeit viele gab. Die Mitgliederzahl wurde pro Berufskategorie auf vier limitiert, wobei aus jedem der vier Stadtbezirke von Detroit jeweils nur ein Berufsangehöriger (nach Möglichkeit der beste) Mitglied werden sollte. Ziel war es – ähnlich wie bei der Gründung von Rotary –, sich gegenseitig in geschäftlichen Angelegenheiten zu unterstützen und dabei strenge ethische Grundsätze zu beachten. Daher wurde auf die charakterlichen Kriterien mehr Wert gelegt als auf äußere, Status oder Vermögen. Schon nach kurzer Zeit war den Gründern der Geschäftszweck alleine nicht mehr genug. Sie nannten den Club in Anlehnung an freimaurerische Grundsätze „Supreme lodge benevolent order of brothers". Dieser Name war jedoch wegen der Abkürzung „BOB" nicht beliebt und wurde nach längeren Überlegungen 1917 in „Kiwanis" geändert.[11] Der freimauersche Einfluss erklärt sich aus der Tatsache, dass mindestens fünf der Gründungsmitglieder, darunter der erste Clubpräsident Donald D. Johnson, Freimaurer waren. Daher dürfte auch die Wahl des Mottos „Wir bauen" zu erklären sein. Im Jahr der Gründung entstand noch ein zweiter Club in Cleveland, im Folgejahr wurden 29 und im dritten Jahr 43 neue Kiwanis Clubs gegründet. Ende des Ersten Weltkriegs bestanden 156 Clubs. Heute ist Kiwanis in über 100 Ländern der Erde mit mehr als 16.000 Clubs vertreten und hat weltweit mehr als 600.000 Mitglieder (Männer und Frauen aller Altersklassen).

Erst 1962 begann Kiwanis mit der Expansion in weitere Länder, nachdem bis dato nur in den USA und Kanada Clubs bestanden. Zunächst wurden Clubs in Mexiko und auf den Bahamas gegründet, 1963 folgte der Schritt nach Europa. In Wien wurde der erste europäische Kiwanis Club aus der Taufe gehoben, es folgten Basel, Brüssel und Frankfurt/Main. Damit war auch der erste Kiwanis Club auf deutschem Boden gegründet. Deutschland war das achte Land, in dem die Kiwanis-Idee Fuß fasste. Fast 40 Jahre hatten sie sich Zeit gelassen, Wachstum außerhalb den USA anzustreben. Dieser späte Start hat für Kiwanis die Ausbreitung und Mitgliedergewinnung erheblich erschwert. Bis 1990 bestand für Österreich und Deutschland ein gemeinsamer Distrikt, der wegen der stark gestiegenen Mitgliederzahl aus praktischen Erwägungen in die Distrikte Österreich und Deutschland geteilt wurde. Seit dem 1. Oktober 1990 hat Kiwanis einen eigenen Distrikt in Deutschland, der seither stark gewachsen ist und sich erneut in einer Expansionsphase befindet.

11 L.A. „Larry" Hapgood, „Dimensions of Service – The Kiwanis Story", Seite 4 f.

▌**Besondere Serviceleistungen:** Von 1994 bis 2001 wurde mit dem Projekt „IDD“ (Iodine Deficiency Disorder) gemeinsam mit der UNICEF in 80 Staaten der Jodmangel in der Ernährung erfolgreich bekämpft. Über 75 Millionen US-Dollar wurden für diesen Zweck von Kiwaniern in aller Welt mit Charity-Aktionen gesammelt und bereitgestellt, um in Jodmangelländern über 1.500 Anlagen zur Jodierung von Speisesalz anzuschaffen, zu installieren und den Betrieb sicherzustellen. Spendengelder aus Deutschland wurden im Rahmen dieses Programms in der Ukraine, Usbekistan, Benin, Lesotho und Zimbabwe eingesetzt. Jodmangel führt vor allem bei Kindern zu schweren Schäden, indem er das Wachstum behindert und zu geistigen Behinderungen führen kann, unter denen der Mensch sein Leben lang leidet. Kinder, deren Mütter zu wenig Jod mit der Nahrung aufnehmen, werden oft zu früh und mit irreversiblen Schäden geboren. Da Kiwanier überzeugt sind, dass Vorbeugen besser als späteres Heilen ist, haben sie sich für dieses Programm besonders engagiert und erreicht, dass in den betreuten Ländern heute nachhaltig etwa 90% des Speisesalzes ausreichend jodiert wird. Das Programm umfasst auch die Schulung von örtlichem Personal und Unterstützung bei der Aufklärung der Bevölkerung. Selbst in Deutschland kann es – bei falscher Ernährung – zu Jodmangelerkrankungen kommen. Für Diagnostik und Therapie müssen die Krankenkassen jährlich über eine Milliarde Euro aufwenden. Auch hier wirken die örtlichen Kiwanis Clubs aufklärend.

In Europa wurden von der Kiwanis Foundation insbesondere folgende Projekte finanziell unterstützt:

- Bulgarisches Waisenheim und medizinischer Hilfsfonds: Ankauf und Beförderung von Medikamenten und Vitaminen für 840 Kinder in Waisenheimen.
- Das Albanien-Komitee von Norwegen: Beförderung humanitärer Hilfe für Organisationen zur Unterstützung hilfsbedürftiger Familien und deren Kinder in den Dörfern in den Bergen.
- Olympic-St. Petersburg in Russland: Nahrung und elementare Bedarfsartikel für Kinder-Waisenheime.
- Kiwanis Club Ruhr, Deutschland: Herrichtung und Erneue-

rung eines Schiffes, das als Klassenraum und Sozialzentrum für Hunderte von Kindern verwendet wird, deren Eltern auf Binnenfrachtschiffen arbeiten.

- Kiwanis Distrikt Norden: Ankauf und Installation von Maschinen zur Produktion der Kiwanis-Puppen für die Kinder in den Krankenhäusern.
- Kiwanis Distrikt Island/Färöer: Hilfe für Lawinenopfer in einem kleinen Dorf.
- Schwimmendes Krankenhaus für Kinder im ehemaligen Jugoslawien: Unterstützung dieses auf Kinderheilkunde spezialisierten Krankenhauses auf einem Schiff.
- Kinder der Welt, Bukarest/Rumänien: medizinische Hilfe für Kinder mit Infektionskrankheiten.

Der Schwerpunkt der Kiwanis-Serviceprojekte erfolgt seit 2001 unter dem Motto „Serving the children of the world". Im März 2004 wurde zwischen dem Kiwanis International District Deutschland und Power-Child e.V. eine Zusammenarbeit im Interesse der gemeinsamen Zielsetzungen beider Organisationen vereinbart: Dabei stellt Kiwanis dem Power-Child e.V. die Nutzung seiner Netzwerkstrukturen zur Verfügung, um es dem jungen Verein zu ermöglichen, die Öffentlichkeit für die vielfältigen Formen von Gewalt gegenüber Kindern und Jugendlichen zu sensibilisieren und Projekte zu publizieren. Unter anderem wird zurzeit eine engere Zusammenarbeit mit der Power-Child-e.-V.-Onlineberatung angestrebt.

2005 wurde eine Kooperation mit der Yehudi-Menuhin-Stiftung Deutschland aufgenommen, um die mus-e-Projekte zur gewaltfreien musischen Erziehung von Kindern zu unterstützen.

1988 gründete Kiwanis den „Hilfsfonds der Kiwanier in Deutschland" e.V., in dem fast alle Kiwanis Clubs des Distriktes Mitglied sind und auch Einzelpersonen oder Firmen Mitglied werden können. Die ursprüngliche Idee war, in diesem Fond Geld zu sammeln, das bei besonderen Ereignissen schnell und unkompliziert sofort eingesetzt werden kann. Ausgangspunkt der Überlegungen war das Grubenunglück in Borken. 1991 begann das Fundraising und als eine gewisse Summe angespart worden war, änderte Kiwanis die Zielsetzung dahin gehend, dass man nicht für künftige Katastrophenfälle sammeln wollte, sondern bei vorliegenden Problemfällen bereits helfen wollte. Das erste Werk des Hilfsfonds war die Errichtung eines „Kiwanis-Hauses“ im SOS-Kinderdorf Zwickau im November 1993, um „Wendewaisen“ aufzunehmen. Ein zweites „Kiwanis-Haus“ wurde im Juni 1997 in Brandenburg in Zusammenarbeit mit den Gmeiner Kinderdörfern errichtet. Ein drittes Haus hat der Hilfsfonds 2004 für die Lebensgemeinschaft Eichhof GmbH in Much im Bröhltal finanziert. Eichhof ist nicht nur Wohnung, sondern mit seinen Werkstätten auch Arbeitsplatz für schwerstbehinderte junge Menschen. 1999 half der Kiwanis-Distrikt Deutschland die Not von Kindern in einem kosovarischen Flüchtlingslager mit einer Medikamenten- und Fahrzeugspende in sechsstelliger DM-Höhe zu lindern und initiierte den Bau eines Waisenhauses, an dem sich andere europäische Kiwanis-Distrikte beteiligt haben.

Kiwanis Deutschland vergibt jährlich den **„Kiwanis-Preis“**, der freies Bürgerengagement zur Hilfe insbesondere für Kranke und Behinderte ehren soll. Mit der Vergabe dieses Preises sollen besondere karitative Leistungen gewürdigt werden. Dabei wird vor allem auch darauf geachtet, dass es sich um Initiativen handelt, die zum weltweiten Servicethema „Serving the children of the world“ passen. Zum ersten Mal wurde der Preis auf der Convention 1993 in Magdeburg verliehen, der ersten Convention, die eine Serviceclub-Organisation überhaupt in den neuen Bundesländern durchführte, um damit seinen Beitrag zum Zusammenwachsen der Deutschen zu leisten. Kiwanis sah darin eine besondere Interpretation seiner Ziele, durch beispielgebendes Verhalten Gemeinsinn und Loyalität zu seinem Vaterland zu zeigen.

Der Preis war den Initiatoren der Friedensgebete im Herbst 1989 gewidmet und wurde nur unter der Bedingung angenommen, ihn sofort für eine karitative Einrichtung, in diesem Fall ein Frauenhaus in Magdeburg, weitergeben zu können. Da dem damaligen Distriktvorstand die Ehrung der Veranstalter der Friedensgebete sehr wichtig war, stimmte er dieser Bedingung zu.

Jahr	Preisträger	Anerkennung für Engagement für
1993	Domprediger Quast	die Friedensgebete 1989/90 in Magdeburg
1996	Schwester Thaddäa	Waisenkinder
1997	Ehepaar Beckmann	Kinder in Südamerika
1998	Ingeborg Schäuble	Welthungerhilfe
1999	Christiane Herzog	Mukovizidose-Stiftung
2000	Dagmar Berghoff	„terre des hommes"
2001	Dr. Norbert Blüm	„Kindernothilfe"
2002	Dr. Günter Beckstein/Dr. Irene Eppler	„Bündnis Kinder gegen Gewalt"
2003	Renate Schmidt	„Deutschen Kinderschutzbund"
2004	Vera Röttgering	Initiative „Herzenswünsche"
2005	Dr. Lothar Späth	Kinderhilfswerk „Herzenssache" e.V.
2006	Astrid Gercke-Müller	mus-e-Projekte der Yehudi-Menuhin-Stiftung

Nationale oder übernationale Serviceprojekte sind aber nicht der Schwerpunkt der Arbeit von Kiwanis. Die Kiwanier wirken lieber vor Ort als mit Großaktionen in der ganzen Welt. Die meisten Serviceaktivitäten entfalten sie daher im unmittelbaren Umfeld des Clubs. Sie helfen Familien und Menschen in unverschuldeten Notlagen, unterstützen Hilfseinrichtungen für behinderte Kinder, beschützende Werkstätten und ähnliche Einrichtungen. Die Mittel, die sie einsetzen, erarbeiten sie meist mit Charity-Aktionen, z.B. mit Musikveranstaltungen, Jazz-Konzerten, Wettbewerben, Teilnahme an Sommer- oder Altstadtfesten, Flohmärkten und vielen anderen Aktionsmöglichkeiten. Wichtig ist dabei, dass alle Mitglieder des Clubs zusammenwirken – das stärkt Zusammenhalt und Freundschaft.

Für besondere Leistungen vergibt Kiwanis auch intern Auszeichnungen. Zu nennen sind:

„Robert-P.-Connelly-Medaille für Heldenmut": Am 23. September 1966 versuchte der 34-jährige Kiwanis-Freund, eine behinderte Frau zu retten, die auf die Eisenbahngleise gefallen war, als sich ein Schnellzug näherte. Es gelang ihm leider nicht, die Frau noch rechtzeitig von den Gleisen zu ziehen, beide kamen ums Leben. Die Medaille soll nun diejenigen ehren, die ihr Leben aufs Spiel setzen beziehungsweise sich in Gefahr begeben, um das Leben anderer Menschen zu retten. Vorschläge für Ehrungen dieser Art können alle Kiwanis Clubs dem „Board of Trustees" der Stiftung unterbreiten. Das Board muss diese Vorschläge dann prüfen und genehmigen. Mehr als 400 mutige Kiwanier wurden seit Einführung dieser Auszeichnung im Jahre 1968 mit der Medaille geehrt.

„Tablet of Honor": Diese Art Ehrung geht auf das Jahr 1968 zurück. Eine Division oder ein Distrikt ehrt einen Kiwanier oder eine andere Person, die im Sinne ihrer Idee einen besonderen Service geleistet hat, z.B. eine besondere Spende für das IDD-Projekt oder für die internationale Stiftung von Kiwanis. Die auf diese Weise ausgezeichneten Kiwanis-Mitglieder werden während der Eröffnungsfeier der internationalen Convention geehrt, ihr Name wird im „Honors Booklet" eingetragen und erscheint außerdem auf einem Dauerdisplay im internationalen Büro.

„George F. Hixson Fellowship": Wurde 1983 ins Leben gerufen und erinnert an den ersten Präsidenten von Kiwanis International. Die Mitglieder haben die Kiwanis Foundation erheblich unterstützt. Die Medaillenverleihung erfolgt ebenfalls während der Eröffnungsfeier der internationalen Convention, der Name wird auch im „Honors Booklet" eingetragen und erscheint ebenfalls auf dem Dauerdisplay im internationalen Büro.

- **Organisation:** Das Hauptquartier von Kiwanis International ist heute in Indianapolis/Indiana beheimatet. Dort ist neben dem Internationalen Vorstand auch die „Kiwanis Foundation" ansässig, eine Spendensammelstelle, die zahlreiche karitative Projekte, vor allem in Entwicklungsländern, unterstützt und die weltweiten Serviceprojekte organisiert. Diese Stiftung fördert sowohl mehrjährige Großprojekte wie auch zahlreiche kleinere, bei denen sie jeweils die Anschubfinanzierung sichert und Hilfe zur Selbsthilfe in den Vordergrund stellt.

Die wichtigsten Zwecke der Zentrale sind die Ausbildung der jährlich wechselnden obersten Führungskräfte in den Distrikten (Governor) und die Durchführung der jährlichen Welt-Convention. An dieser Jahreshauptversammlung nehmen regelmäßig 12.000 bis 15.000 Vertreter aller mehr als 16.000 Kiwanis Clubs aus rund 100 Ländern teil. Die dritte Hauptaufgabe ist die Unterstützung der Distrikte und Clubs bei administrativen Aufgaben, aber auch bei der Vorbereitung von Serviceaktionen. Im Hauptquartier werden Broschüren, Flyer, Folder und andere Materialien für die einzelnen Aktionen entwickelt, da nicht alle Clubs über eigene Fachkräfte verfügen. Kiwanis International ist als NGO (nichtstaatliche Organisation) bei der UNICEF akkreditiert. Als Botschafter konnte neben anderen der Filmschauspieler Roger Moore gewonnen werden.

Im belgischen Gent besteht ein regionales Servicebüro, das die mehr als 35.000 europäischen Kiwanier betreut. Kiwanis Clubs finden sich in den meisten europäischen Ländern. Nach dem Untergang der kommunistischen Regime in Mittel- und Osteuropa konnte Kiwanis International die Expansionsbemühungen auch auf diese Länder ausdehnen. Kiwanis International bildet dann, wenn flächendeckend für ein Territorium ein Netz von Clubs entstanden ist, einen Distrikt. Solange die Zahl der Clubs zur Distriktbildung nicht ausreicht und wenn dies sprachlich möglich ist, wird auch ein Distrikt mit Clubs aus mehreren Ländern gebildet (z.B. Belgien/Luxemburg, Frankreich/Monaco oder der Distrikt Norden mit den vier skandinavischen Ländern). Derzeit gibt es in Europa folgende Struktur (Stand: 1. September 2006, organisierte Clubs):

Distrikt-Nr.	Länder	Clubs	Mitglieder
1	Österreich	84	2.420
2	Frankreich/Monaco	254	4.962
3	Italien	126	3.492
4	Schweiz (+ Südtirol)	194	6.839
5	Niederlande	109	2.459
6	Island	37	920
7	Norden (Schweden, Dänemark, Norwegen)	75	1.634
8	Deutschland	131	2.983
9	Belgien/Luxemburg	168	3.920
10	Polen	39	697
11	Tschechien/Slowakei	22	312
Clubs ohne Distrikt *		67	1.308
	Europa Föderation von KI	**1.301**	**31.891**

* Clubs unterhalb der Distriktstärke bestehen in den Ländern Estland, Finnland, Georgien, Großbritannien, Litauen, Portugal, Rumänien, Spanien und Ungarn.

Der Distrikt Deutschland ist in 17 Divisionen mit insgesamt ca. 145 Clubs und Gründungsgruppen gegliedert. Der Einzugsbereich eines Clubs ist eine Stadt, ein Landkreis oder ein örtlicher Bereich, der im Namen klar zum Ausdruck kommt. Er gibt sich im Rahmen der internationalen Kiwanis-Satzung und der Distrikt-Regelungen eine eigene Satzung. Der Clubvorstand besteht aus dem jährlich neu zu wählenden Präsidenten, dem vorjährigen Past-Präsidenten, einem oder zwei Vizepräsidenten, dem Sekretär und dem Schatzmeister. Zusätzlich können Beauftragte für wichtige Sachgebiete, wie z.B. Ausbreitung, Serviceaktivitäten, Öffentlichkeitsarbeit, oder andere Sonderaufgaben berufen werden.

Eine Grundvoraussetzung hat jedes Mitglied zu erfüllen: Es muss auf dem Boden des Grundgesetzes stehen und eine freiheitlich-demokratische Staatsordnung sowie eine pluralistische Gesellschaftsordnung bejahen. Extreme und Fundamentalisten jedweder Couleur haben keine Chance, Kiwanis-Mitglied zu werden. Im September 2006 bestehen in Deutschland 145 Clubs (einschließlich der „in Gründung" befindlichen Gruppen), darunter elf reine Frauenclubs: Von den insgesamt über 3.150 Mitgliedern sind 20% Frauen. Damit hat Kiwanis unter den klassischen „Herrenclubs" deutlich den höchsten Frauenanteil.

Jahr	**1990**	**1995**	**2000**	**2001**	**2002**	**2003**	**2004**	**2006**
Clubs	65	90	119	122	122	121	140	145
Mitglieder	1.638	2.207	2.590	2.889	2.826	2.800	3.080	3.150

In den USA und Kanada bestehen neben den Clubs für voll im Berufsleben stehende (oder bereits pensionierte) Mitglieder auch Organisationen, in denen Jugendliche oder in Ausbildung befindliche Menschen bereits in frühen Jahren mit den Kiwanis-Zielen vertraut gemacht werden. In Deutschland wie auch anderen europäischen Ländern werden diese eigenständigen Clubs, die jeweils von einem Kiwanis Club betreut werden, als „Kiwa-Junior-Clubs" bezeichnet. Im Alter von 30 bis 35 Jahren wechseln die Mitglieder von Kiwa Junior in der Regel in einen Kiwanis Club. In einigen Städten haben sich zahlenmäßig starke Junior Clubs auch schon in Kiwanis Clubs umgewandelt, wenn sie die nötige

Mitgliederstärke hatten und sich bei Erreichen des Schwellenalters nicht trennen wollten. Diese Umwandlungen verringern zwar die Zahl der Juniorclubs, erhöhen aber die Zahl der Kiwanis Clubs, sodass dieser Prozess durchaus eine Stärkung der Organisation bedeutet.

Viermal im Jahr erscheinen die „Kiwanis Nachrichten", ein hochwertiges Clubmagazin, in dem nicht nur Neuigkeiten aus den Clubs, dem Distrikt und der Weltorganisation berichtet werden, sondern in dem auch über Serviceprojekte und allgemein interessierende Fragen diskutiert wird. Dieses hat sich im Laufe der letzten zehn Jahre auch zu einem beliebten Werbeträger entwickelt.

➤ Das Distrikbüro von Kiwanis ist nur für interne Aufgaben zuständig.
Anlaufstelle für alle Informationswünsche ist der jährlich wechselnde Distriktsekretär, erreichbar über die ständige E-Mail: distriktsekretaer@kiwanis.de

➤ **Kiwanis International**
3636 Woodview Trace, Indianapolis IN 46268-3196 USA
Tel.: 0 01/31 78 75 87 55, Fax: 0 01/31 78 75 87 90 20 4

➤ **Regional Service-Center Europe von Kiwanis International**
Leiekai 25D, B-9000 Gent
Tel.: 00 32/9/21 67 77 7, Fax: 00 32/9/21 67 77 0

➤ **www.kiwanis.de; www.kiwanis.org**

LIONS International (LI)

▌**Name:** „LIONS" steht für die Initialen des Gründungsmottos der Organisation: „Liberty, Intelligence, Our Nations Safety". Das Motto sollte vor allem den Patriotismus zum Ausdruck bringen, denn bei ihrer Gründung im Ersten Weltkrieg waren die USA gerade auf Seiten der Entente gegen die Kaiserreiche Deutschland und Österreich-Ungarn eingetreten.

▌**Ziele:** LIONS formuliert heute seine Ziele wie folgt:

❍ Den Geist gegenseitiger Verständigung unter den Völkern der Welt zu wecken und zu erhalten.

❍ Die Grundsätze eines guten Staatswesens und guten Bürgersinns zu fördern.

- Aktiv für die bürgerliche, kulturelle, soziale und allgemeine Entwicklung der Gesellschaft einzutreten.
- Die Clubs in Freundschaft, Kameradschaft und gegenseitigem Verständnis zu verbinden.
- Ein Forum für eine offene Diskussion aller Angelegenheiten von öffentlichem Interesse zu bilden, ohne jedoch politische Fragen parteiisch und religiöse Fragen unduldsam zu behandeln.
- Einsatzfreudige Menschen zu bewegen, der Gemeinschaft zu dienen, ohne daraus persönlichen materiellen Nutzen zu ziehen.
- Tatkraft und vorbildliche Haltung in allen beruflichen und persönlichen Bereichen zu entwickeln und zu fördern.

Aus diesen Zielen leiten die LIONS-Mitglieder die Forderung nach ständiger Überprüfung ihres Standortes und ihren Verpflichtungen ab. Es erscheint notwendig, diese Ziele zu verdeutlichen, um sie konsequenter verwirklichen zu können. Internationale Verständigung setzt ein gründliches Kennen der Probleme anderer Völker und persönliche Beziehungen – auch zu den hier lebenden Ausländern – voraus. Sie soll sich nicht in gesellschaftlichen Kontakten erschöpfen, sondern zu gemeinsamem Handeln führen. LIONS Clubs bilden eine internationale Vereinigung; sie wirken daher über die eigenen Clubs hinaus mit anderen Clubs und in der Gemeinschaft aller LIONS zusammen. Wer an der gesellschaftlichen Entwicklung teilnimmt, kann sich von der Politik nicht ausschließen. Staatsbürgerliches Verantwortungsbewusstsein verwirklicht sich sowohl in örtlichen Initiativen als auch in der Mitarbeit an öffentlichen Aufgaben von übergreifender Bedeutung, vor allem dann, wenn diese von anderen nicht oder nicht befriedigend gelöst werden. Dazu gehört auch die Bereitschaft des einzelnen LIONS, sich politisch zu engagieren.

Alles, was zur Klärung und Differenzierung gesellschaftlicher Sachverhalte beiträgt, kann Gegenstand freier Erörterung im Club sein. Bereitschaft zu Freundschaft und Toleranz bietet die Voraussetzung, unterschiedliche, aber fundierte Standpunkte zu gewinnen. Unbeschadet der politischen Aktivitäten ihrer einzelnen Mitglieder können die Clubs oder die Vereinigungen zu konkreten humanitären Problemen öffentlich Stellung nehmen und tätig werden, wenn dies die Redlichkeit fordert, mit der die LIONS-Ziele verfolgt werden. Die 1917 als Leitschnur formulierten ethischen Grundsätze der Organisation interpretieren diese heute so:

- Im Beruf sind Würde, Fleiß und persönliche Integrität zu wahren.
- Im Streben nach Erfolg, Anerkennung und angemessenem Lohn durch irgendwelche Handlungen die Selbstachtung nicht in Frage zu stellen.
- Im Aufbau einer Existenz eine andere nicht zu vernichten.
- Im Verhalten gegenüber den Menschen nicht selbstgerecht zu sein und im Zweifel auch den eigenen Standort kritisch zu überprüfen.
- Freundschaft als Ziel und nicht als Mittel zum Zweck zu betrachten.
- Im Bewusstsein des loyalen Staatsbürgers dem Land alle Fähigkeiten zur Verfügung zu stellen.
- In Not geratenen Mitmenschen mit Tatkraft und persönlichem Mitgefühl geistigen Beistand und, wo notwendig, materielle Hilfe zu leisten.
- Behutsam in der Kritik und freigiebig im Lob, aufzubauen und nicht zu zerstören.

▮ **Motto:** „We serve."

▮ **Zielgruppe:** LIONS spricht alle Gesellschaftsschichten an. Ursprünglich waren die Clubs nur Männern zugänglich, seit 1987 werden auch Frauen aufgenommen, die heute in fast allen deutschen LIONS Clubs als Mitglied tätig sind. Darüber hinaus gibt es mehrere reine Frauenclubs. Die Mitglieder müssen mindestens volljährig, gut beleumundet, charakterlich geeignet und im Beruf bewährt sein. Unter diesen Prämissen kann jedermann/-frau LIONS werden. Eine Grundvoraussetzung ist erforderlich: Jedes Mitglied muss auf dem Boden des Grundgesetzes stehen und eine freiheitlich-demokratische Staatsordnung sowie eine pluralistische Gesellschaftsordnung bejahen. Extreme und Fundamentalisten jedweder Couleur haben keine Chance, Mitglied zu werden.

▮ **Geschichte:** Gegründet wurde LIONS am 7. Juni 1917 in Chicago durch Melvin Jones auf der Basis mehrerer schon existierender

Business Clubs, die sich zu einer Vereinigung unter der Bezeichnung „Association of LIONS Clubs“ formierten, um sich zum Wohle der Gemeinschaft einzusetzen. Jones gehörte seit 1906 einer Freimaurerloge an. Es darf vermutet werden, dass auch ihn deren humanitäres Gedankengut stark beeinflusst hat, den Servicegedanken in die Business Clubs zu tragen. Bereits 1920 wurde der erste LIONS Club in Kanada gegründet und 1926 folgte China als dritte Nation. Rasch folgten Gründungen in Mexiko und in einigen Staaten Südamerikas. Erst nach dem Zweiten Weltkrieg erreichte der „Lionismus“ Europa, als fast gleichzeitig in Genf und Stockholm Clubs gegründet wurden. Zum ersten Mal wehte 1952 auf der Convention von LIONS International auch die deutsche Flagge.

▮ **Besondere Serviceleistungen:** Seit 1925, als Helen Keller die LIONS aufforderte, zu „Rittern der Blinden im Kreuzzug gegen die Dunkelheit“ zu werden, ist der Schwerpunkt für die Charity-Arbeit von LIONS International der weltweite Kampf gegen die Blindheit. LIONS haben den größten Teil von Augenbanken weltweit eingerichtet, Neuland erschließende Forschung nach den Hauptursachen für Blindheit finanziert, Brillen-Recycling-Projekte organisiert und Tausenden von sehbehinderten Menschen dazu verholfen, die Fähigkeiten für ein produktives Leben zu entwickeln. Seit 1990 verfolgt LIONS mit dem Programm „Sight First“ das Ziel, weltweit die Blindheit zu eliminieren. 40 Millionen Menschen sind blind und nach medizinischen Erkenntnissen sind 80% der Erblindungen vermeidbar. LIONS setzt alle Hebel in Bewegung, um die Voraussagen der WHO, dass sich die Zahl der Blinden weltweit in 25 Jahren verdoppeln werde, in ihr Gegenteil zu verkehren. Mit vielen Einzelprojekten versucht LIONS, die Kluft zwischen existierenden und tatsächlich benötigten Gesundheitsfürsorgediensten auf diesem Sektor zu schließen. So brachte die ehrenamtliche, freiwillige Arbeit der Mitglieder für Hunderttausende von Menschen den erlösenden Lichtstrahl.

Ein weiterer Schwerpunkt der LIONS-Arbeit zielt nicht auf behinderte Menschen, sondern auf die Jugend. Unterschiedliche Projekte und Programme helfen Jugendlichen in aller Welt, ihre Potenziale wahrnehmen zu können. Da nicht alle die gleichen Möglichkeiten haben, versucht LIONS, dazu beizutragen, dass möglichst viele jungen Menschen die Chancen erhalten, ihre Persönlichkeit zu entwickeln, ihre Fähigkeiten zu erkennen und zu verwirklichen, um selbstverantwortlich ihr Leben gestalten zu können. Je vielfältiger die Lebensverhältnisse, desto schwieriger wird die Orientierung. Junge Menschen aber brauchen Orientierung, sie brauchen keinen Zwang, aber einen Halt. Sie sollen wissen, dass auch in schwerem Sturm noch ein sicherer Hafen für sie da ist.

Mit dem LIONS-Quest-Programm „Fähigkeiten zum Wachsen“ für Grundschüler und dem Lehrplan „Erwachsen werden“ für Mittelschüler wurde bisher zwei Millionen junger Menschen in 45 Ländern dabei geholfen, die Fähigkeiten und das nötige Selbstwertgefühl zu erlangen, um produktiv und frei von Drogen leben zu können. Mit diesem Programm wurde auch eine deutliche Steigerung der Resistenz gegen Suchtgefahren, insbesondere gegen den Konsum von Drogen, erzielt sowie eine höhere Lernbereitschaft mit steigenden Leistungen, positivem Gruppenverhalten und Abbau von Aggressionen erreicht.

Durch das internationale LIONS-Jugendaustausch-Programm reisen jährlich mehr als 5.000 Jugendliche in ein anderes Land zu Gastfamilien, um die Kultur ihres Landes besser kennen zu lernen. Durch die Veranstaltung internationaler Jugendlager versucht LIONS, jeden Sommer einen Beitrag zur Völkerverständigung zu leisten. An diesen Sommerlagern nehmen auch viele bedürftige oder behinderte Jugendliche teil, für die ohne die Unterstützung seitens einer Serviceclub-Organisation ein solches Lager nur ein Traum bleiben müsste.

Mit dem Programm „Klasse 2000“ zielt die Serviceclub-Organisation auf die Stärkung all jener Faktoren bei Kindern und Jugendlichen, die eine positive Einstellung zur Gesundheit fördern und einem gesundheitsschädlichen Verhalten vorbeugen. Das Programm wird bundesweit durchgeführt und beginnt in der ersten Klasse der Grundschule. Bisher wurden über 60.000 Kinder mit diesem Programm erreicht.

▌**Organisation weltweit:** Rund um den Globus bestehen in fast allen Staaten der Erde insgesamt über 45.000 LIONS Clubs mit mehr als 1,34 Millionen Mitgliedern, die sich in regionale Distrikte verteilt engagieren. Dabei können mehrere Distrikte auch zu einem Multidistrikt zusammengefasst werden (wie z.B. in Deutschland). Oberstes Organ ist die Distriktversammlung, die aus den Delegierten der zum Distrikt gehörenden Clubs besteht. Sie hat die Grundsatz- und Richtlinienkompetenz sowie die für die Funktionsfähigkei einer so großen Organisation unerlässlichen Formalien demokratisch wahrzunehmen. Jährlich wählt sie einen ehrenamtlichen Distrikt-Governor sowie einen Vize-Governor als seinen Stellvertreter und potenziellen Nachfolger. Diesen beiden steht ein Kabinett zur Seite. In einem Multidistrikt bilden die Distrikt-Governors den Governorrat und wählen für ihre Amtszeit einen Governorrats-Vorsitzenden. Oberstes Organ ist die Multi-Distriktversammlung (MDV), die aus den Delegierten aller zu dem Multidistrikt gehörenden Clubs besteht. Ein Distrikt wird in Regionen untergliedert, die sich wiederum in Zonen gliedern. Eine Zone umfasst jeweils vier bis sechs Clubs.

Die Gesamtleitung von LIONS International hat ihren Sitz im LIONS Headquarter in Oak Brook/Illinois. An der Spitze steht der für ein Jahr gewählte International President, sein Amtsvorgänger, der Immediate Past-President, und zwei Vice-Presidents. Diese bilden mit derzeit 33 auf zwei Jahre gewählten Internationalen Direktoren, von denen fünf aus Europa kommen, den ehrenamtlich tätigen Vorstand (Board of Directors). Er bestellt u.a. die hauptamtlich tätigen Mitarbeiter der Verwaltung. Der internationale Kongress (World Convention) setzt sich aus den Delegierten der Clubs aus aller Welt zusammen und tagt jährlich an wechselnden Orten. Diese Delegiertenversammlung ist oberstes Organ von LIONS Clubs International. Sie nimmt den Tätigkeitsbericht des Vorstandes entgegen und wählt die Vorstandsmitglieder. An einer World Convention nehmen in der Regel mehrere 10.000 Teilnehmer teil; sie ist für die gastgebende Stadt ein echtes Großereignis und erfordert eine sehr leistungsfähige Infrastruktur.

▌**Organisation in Europa:** LIONS startete erst nach dem Zweiten Weltkrieg mit Clubgründungen in Europa. 1948 wurden in Stockholm, Genf und Paris die ersten gegründet. Bis 1989 war ganz Westeuropa für LIONS erschlossen. In diesem Jahr der Wende in Europa wurden in Budapest und Posen die ersten Clubs in vormals kommunistischen Ländern gegründet. Bis 2002 folgten LIONS Clubs in allen osteuropäischen Staaten sowie den europäischen Nachfolgestaaten der früheren Sowjetunion wie auch der früheren Bundesrepublik Jugoslawien. Heute ist LIONS in ganz Europa mit einer weiter expandierenden Cluborganisation präsent. Im Januar 2004 gab es in Europa 9.354 Clubs mit mehr als 271.000 Mitgliedern.

Organisation in Deutschland: Am 5. Dezember 1951 wurde in Düsseldorf der erste LIONS Club Deutschlands gegründet. Seither hat der „Lionismus" hier geradezu einen Siegeszug angetreten. Heute bestehen in den 15 deutschen Distrikten 1.359 Clubs (davon 69 reine Frauenclubs und 321 gemischte Clubs) mit mehr als 45.514 Mitgliedern. Die stürmische Entwicklung verdeutlicht die folgende Zahlenreihe:

Jahr	1960	1970	1980	1990	2000	2003	2006
LC	140	374	588	774	1.175	1.267	1.359
Mitglieder	3.263	10.836	18.534	25.590	39.292	42.437	45.514

Der Einzugsbereich eines Clubs ist eine Stadt, ein Landkreis oder ein örtlicher Bereich, der im Namen klar zum Ausdruck kommt. Neue Mitglieder gewinnt er durch Zuwahl. Sie müssen von Clubmitgliedern vorgeschlagen werden und ein Mitglied muss die Bürgschaft für das Neumitglied übernehmen. Es ist Angelegenheit der einzelnen Clubs, Aufnahme- und Auswahlkriterien zu bestimmen. Eine allgemeine Vorschrift dafür existiert nicht. Seine berufliche Zusammensetzung soll möglichst weit gestreut sein. Er gibt sich im Rahmen der internationalen LIONS-Satzung und der Distrikt-Regelungen eine eigene Satzung. Der Clubvorstand besteht aus dem jährlich neu zu wählenden Präsidenten, dem letztjährigen Past-Präsidenten, den Vizepräsidenten, dem Sekretär und dem Schatzmeister. Dazu kommen Beauftragte für Sachgebiete, wie z.B. Activity, Jugend, Leo, Jumelagen, Public Relations usw. Dieses Team hat über die Gestaltung eines in Toleranz und Freundschaft harmonischen Clublebens hinaus die Aufgabe, auf die Erfüllung der LIONS-Ziele durch Initiativen und Aktivitäten des Clubs im Ganzen hinzuwirken.

Die Mitglieder treffen sich regelmäßig zweimal im Monat. Bei ihren Zusammenkünften wechseln Vorträge von Clubfreunden oder Gästen mit anderen Veranstaltungen ab. Zu geeigneten Veranstaltungen sind die Partner der Mitglieder, die Jugend oder die LEOs willkommen. Die meisten Clubs unterhalten freundschaftliche Beziehungen zu Clubs im benachbarten Ausland (Jumelagen), die oft zu interessanten persönlichen Kontakten führen und den Jugendaustausch wesentlich fördern. Elfmal jährlich erscheint das Magazin „Der LION", das jedem Mitglied zugesandt wird.

- **LEO Clubs:** LIONS unterhält eine eigene Jugendorganisation, die nicht nur den Kindern von Mitgliedern offen steht, sondern sich an alle interessierten Jugendliche während ihrer Schul-, Ausbildungs- oder Studentenzeit wendet. In den LEO Clubs arbeiten die Jugendlichen zwischen 16 und 28 Jahren unter der Patenschaft von LIONS mit den Clubs ihrer Region zusammen. In Deutschland arbeiten 173 LEO Clubs mit ca. 2.955 Mitgliedern. Weltweit gibt es in 139 Staaten 5.672 LEO Clubs mit über 141.000 Mitgliedern. Es darf vermutet werden, dass diese Einrichtungen auch einen steten Zufluss neuer Mitglieder für LIONS darstellen, wenn die LEOs das 28. Lebensjahr überschritten haben. Eine automatische Übernahme gibt es jedoch nicht. Jeder ehemalige LEO muss, wie auch jeder Fremde, das Aufnahmeverfahren der LIONS Clubs durchlaufen.

➤ **LIONS Clubs International**
Sekretariat Multi-Distrikt 111 Deutschland, Bleichstraße 3, 65183 Wiesbaden
Tel.: 06 11/99 15 40, Fax: 06 11/99 15 42 0, sekretariat@LIONS-clubs.de

➤ **Hilfswerk der Deutschen LIONS e.V.**
Bleichstraße 1, 65183 Wiesbaden
Tel.: 06 11/99 15 48 1, Fax: 06 11/99 15 48 3

➤ **LIONS Clubs International 300**
22nd Street, Oak Brook, Illinois, 60523-8842, USA

➤ **www.LIONS-clubs.de, www.LIONS.org**

Civitan International (CI)

Name: Der Name leitet sich von dem lateinischen „civitas“ (Gemeinschaft) ab und deutet den hohen Stellenwert des Dienstes gegenüber der bürgerlichen Gemeinschaft an.

Ziele: Civitan will Menschen aus verschiedenen Lebensbereichen und mit verschiedenen Voraussetzungen und Erfahrungen zusammenführen, um so das Verständnis unter den Menschen zu fördern. Kein Mensch soll mit dem einmal Erreichten zufrieden sein, sondern durch Teilnahme an Vorträgen und Diskussionen, Besichtigungen und anderen Gemeinschaftsveranstaltungen die Möglichkeit haben, seine Wissensbasis und seinen Horizont zu erweitern. Die Civitan-Mitglieder wollen mit der Hilfe für Menschen mit sozialen, psychischen oder physischen Problemen das Zusammenleben in ihrer Wohngemeinde verbessern. Der Freundeskreis im Civitan Club gibt Menschen mit unterschiedlichen Talenten, Interessen und Fähigkeiten die Gelegenheit, dies gemeinsam und erfolgreich anzustreben. Civitan Clubs unterstützen weltweit die Special-Olympics-Bewegung für geistig behinderte Sportler.

Zielgruppe: Civitan wendet sich an Männer und Frauen jeden Alters und aus allen Berufen. Besondere soziologische Kriterien werden nicht gefordert. Civitan bietet seinen Mitgliedern vielfältige Möglichkeiten, neue Freunde im In- und Ausland zu gewinnen und geschäftliche Kontakte zu knüpfen.

Geschichte: Der erste Civitan Club wurde 1917 in Birmingham, Alabama durch den Kinderarzt Dr. Courtney W. Shropshire mit einigen Freunden gegründet. Seine beiden Mitgründer Percy W. Brower und R. Pink Lawson waren vorher elf bzw. fünf Jahre Freimaurer. 1932 entstand der erste Civitan Club außerhalb der USA in Ontario (Canada). 1969 folgte der Schritt nach Europa mit Gründung eines Clubs in Oslo. Dank rascher Expansion konnte bereits 1970 der Distrikt Europa von Civitan International gebildet werden. Im gleichen Jahr wurde auch der erste deutsche Club in Hannover gegründet. Seit 1974 öffnen sich Civitan Clubs für die Aufnahme von Frauen. Ab 1991 begann die Gründung von Clubs in Osteuropa: in Ungarn, Rumänien, Estland, Slowakei, Ukraine und Russland.

- **Besondere Serviceleistungen:** Das UAB-Civitan-International-Forschungszentrum an der Universität von Alabama für geistig behinderte Menschen wird mit jährlich einer Million US-Dollar unterstützt. Diese Verpflichtung wurde für 20 Jahre eingegangen, um kontinuierlich Mittel für die Ausbildung von Fachärzten für Behinderte verfügbar zu machen.
- **Organisation weltweit:** Civitan International hat seinen Sitz in Birmingham, Alabama. Weltweit gibt es in 26 Ländern etwa 930 Civitan Clubs mit 27.000 Mitgliedern und etwa 600 Juniorclubs mit 20.000 Mitgliedern. 83,2% der Civitaner leben in den USA und Kanada, knapp 10% in Europa, 6% in Korea und etwas mehr als 1% im Rest der Welt. Über die Hälfte seiner europäischen Mitglieder hat Civitan in Skandinavien. Im April 2004 gab es in Europa 110 Clubs mit insgesamt 2.250 Mitgliedern. Diese gehören insgesamt fünf Distrikten an, von denen drei Norwegen umfassen, daneben gibt es die Distrikte Schweden und Deutschland. Hier ist Civitan nur in einem Bundesland vertreten: In Niedersachsen bestehen acht Clubs mit ca. 150 Mitgliedern. Sechsmal jährlich erscheint das Civitan-Magazin. Um auch jungen Menschen den Civitan-Gedanken nahezubringen, wurde „Junior Civitan“ gegründet. Dieser Zweig der Organisation umfasst hauptsächlich Schüler im Alter von zwölf bis 19 Jahren.

  Um für Hilfsmaßnahmen kontinuierlich Mittel zur Verfügung zu haben, wurde die Civitan Foundation gegründet, die aus Spenden und speziellen Geldbeschaffungsprogrammen gespeist wird. Aus ihren Erträgen werden das Forschungszentrum sowie andere Projekte, die sich weltweit mit erzieherischen, wissenschaftlichen und karitativen Problemen befassen, dotiert.
- **Berühmte Mitglieder:** Calvin Coolidge, Franklin D. Roosevelt, Harry Truman, John F. Kennedy, Bill Clinton (US-Präsidenten) sowie Thomas A. Eddison (Forscher) und John J. Pershing (General)

➤ Ein festes Clubsekretariat existiert in Deutschland nicht.
Der Governor für 2006 ist Civitan International
P.O. Box 130744, Birmingham, Alabama 32213-0744, USA

➤ **www.civitan.de, www.civitan.org**

Zonta

▌Name: „Zonta“ ist der Lakota-Sioux-Sprache entlehnt und bedeutet so viel wie ehrenhaft handeln, vertrauenswürdig und integer sein. Das Zonta-Logo wurde ebenfalls aus Sioux-Symbolen entwickelt. Diese werden als Licht oder Inspiration, Loyalität, Freundschaft und Friede, Schutz und Unterstützung gedeutet, sowie einen Rahmen, der diese Symbole zusammenhält und somit zu gemeinsamem Wirken vereinigt.

▌Ziele: Mit den Begriffen Berufsethos, Freundschaft, Dienst und Internationalität umschreibt Zonta die Zielsetzung seines Bemühens. Zonta fühlt sich dem Dienst am Menschen verpflichtet, insbesondere der Stellung der Frauen in rechtlicher, politischer und wirtschaftlicher Hinsicht.

Die Zontians setzen sich für die Achtung der Menschenwürde, Gerechtigkeit und das Grundrecht auf Freiheit und Frieden für alle Menschen, Toleranz und internationale Verständigung ein. Die Mitglieder von Zonta International (ZI) leisten auf lokaler, nationaler und internationaler Ebene vielfache Hilfen. Dabei spielt der persönliche und ideelle Einsatz des Einzelnen eine entscheidende Rolle.

▌Zielgruppe: Berufstätige Frauen, die in ihrer Stellung Verantwortung tragen, werden auf die Mitarbeit bei Zonta angesprochen. Selbstständige, Freiberuflerinnen, Künstlerinnen sowie leitende Frauen aus Wirtschaft, Verwaltung und Wissenschaft bilden die Zielgruppe, die soziologisch weitgehend identisch mit der Zielgruppe der anderen Serviceclub-Organisationen ist. Altersbegrenzungen gibt es nicht. Die Zahl der Mitglieder ist für die beruflichen Klassifikationen begrenzt. Seit jüngstem sieht die Satzung von Zonta International auch die Mitgliedschaft von Männern vor. Dazu muss man eingeladen werden, eine Bewerbung ist nicht möglich. Grundvoraussetzung ist jedoch: Jedes Mitglied muss das Grundgesetz befürworten und eine freiheitlich-demokratische Staatsordnung sowie eine pluralistische Gesellschaftsordnung bejahen. Extreme und Fundamentalisten jedweder Couleur haben keine Chance, Mitglied zu werden.

Zonta Clubs treffen sich mindestens einmal im Monat zum

geselligen Beisammensein, das oft mit einem Vortrag zu einem aktuellen oder allgemein bildenden Thema, immer aber mit einem gemeinsamen Essen verbunden ist. Gäste werden hierzu gesondert eingeladen.

▮ **Geschichte:** Zonta wurde am 8. November 1919 in Buffalo, N.Y. als erste weibliche Serviceclub-Organisation der Welt gegründet. Die Federführung besaßen die Theaterkritikerin und Feuilletonistin Marian de Forest und die Verlegerin Mary E. Jenkins, die sich als Menschenrechtlerin einen Namen gemacht hatte. Rund 1.200 Zonta Clubs arbeiten heute mit über 34.000 Mitgliedern in 71 Ländern der Erde.

1931 wurde der erste deutsche Zonta Club in Hamburg gegründet und 1937 offiziell wieder aufgelöst. Unmittelbar nach dem Krieg fanden sich die Mitglieder wieder zusammen und 1952 wurde in München der zweite deutsche Club gegründet. Heute existieren auf deutschem Boden 120 Clubs. Insgesamt sind über 3.600 Frauen, davon die meisten in Führungspositionen, in Deutschland Mitglied bei Zonta International. 1992 wurde der erste Zonta Club in den neuen Bundesländern gegründet, dem bisher fünf weitere Gründungen überwiegend in Sachsen und Thüringen gefolgt sind.

▮ **Besondere Serviceleistungen:** Internationale Serviceprojekte im sozialen Bereich werden vor allem in Zusammenarbeit mit den Unterorganisationen der UN durchgeführt. Vorrang haben Projekte, die Mädchen und Frauen zu besseren Lebens- und Arbeitsbedingungen verhelfen. Von 1986 bis 1996 wurden kontinuierlich Selbsthilfeprojekte für Frauen in ländlichen Entwicklungsregionen in Afrika, Asien und Lateinamerika unterstützt. Partner war vor allem die UNIFEM (UN-Fonds für Frauen). Rund 2,4 Millionen US-Dollar wurden für diese Arbeit mobilisiert. Von 1996 bis 1998 gab es mit UNICEF zusammen ein Ausbildungsprojekt für sozial benachteiligte schwarze Mädchen in Südafrika. Dafür konnten international 350.000 US-Dollar eingesetzt werden. Seit 1998 setzt sich Zonta International vor allem gegen die rituelle Genitalverstümmelung von Mädchen in Burkina Faso ein. Auch für dieses Projekt wurden international 350.000 US-Dollar mobilisiert. 1995 startete ein neues, eigenständiges Serviceprojekt, mit dem Zonta International dazu beitragen will, die Gewalt gegen Frauen und Kinder weltweit zu bekämpfen.

Zur Förderung der Ausbildung des (weiblichen) Führungsnachwuchses werden von Zonta International folgende Preise regelmäßig als Leistungsanreiz vergeben:

„Amelia Earhart Fellowship Award" seit 1938 für besondere Leistungen von Frauen im Bereich der Luft- und Raumfahrt. Seit Gründung des Fonds wurden über fünf Millionen US-Dollar an Frauen aus 57 Ländern als Preisgeld vergeben. Dieser Preis war der erste, der weltweit für begabte junge Frauen ausgelobt wurde.

„Young Women in Public Affairs Award" ist eine Auszeichnung für Schülerinnen der gymnasialen Oberstufe und berufsbildenden Schulen, der seit 1990 vergeben wird.

„Jane M. Klausman Women in Business Scholarship Fund" vergibt Stipendien für hochbegabte Studentinnen der Wirtschaftswissenschaften. Der Preis wurde 1996 gestiftet.

Die Union deutscher Zonta Clubs ist ein Zusammenschluss aller den verschiedenen Distrikten zugeordneten Zonta Clubs in Deutschland. Sie unterstützt gemeinsam folgende Serviceprojekte:

„Zonta-Musikpreis": Dieser wird seit 1986 in Zusammenarbeit mit dem Deutschen Musikrat vergeben. Einen weiteren Musikpreis für zeitgenössische Musik vergibt Zonta seit 2002 im Bundeswettbewerb „Jugend musiziert".

Der **„Zonta Sonderpreis"** für Geo- und Raumwissenschaften im Bundeswettbewerb „Jugend forscht" wird seit 1992 vergeben.

Die Vergabe von Preisen an Komponistinnen und Dirigentinnen erfolgt seit 2002 in unregelmäßigen Abständen.

▌**Organisation weltweit:** Der Sitz von Zonta International ist in Chicago/Illinois. Die Organisation ist als NGO mit konsultativem Status bei der UNO seit deren Gründung im Jahr 1945 akkreditiert. Zonta hat Repräsentantinnen in New York, Genf, Wien, Paris und Straßburg.

Zonta arbeitet mit dem Europarat mit folgenden UN-Unterorganisationen zusammen:

- UNESCO UN Educational, Scientific and Cultural Organisation
- UNICEF UN International Children's Emergency Fund

- UNIFEM UN-Development Fund for Women
- ILO International Labour Organisation
- WHO World Health Organisation
- ECOSOC Economic and Social Council

In Deutschland gehört Zonta auch dem Deutschen Frauenrat an. Zonta International gibt unter dem Namen „Zontian“ ein eigenes Magazin heraus.

Organisation in Europa: Zonta ist weltweit in Distrikte eingeteilt. Dabei wurde Deutschland in fünf „Areas“ und Frankreich in drei „Areas“ aufgeteilt, die jeweils unterschiedlichen Distrikten angehören. Dadurch wurde im Unterschied zu den anderen Serviceclub-Organisationen das Sprachprinzip verlassen und die beiden großen Länder in Europa so aufgeteilt, dass mehrere mehrsprachige Distrikte entstanden sind. Die allgemein verbindende Sprache ist Englisch. Zonta Clubs gibt es in fast allen europäischen Ländern: Belgien, Bulgarien, Dänemark, Deutschland, England, Estland, Finnland, Frankreich, Griechenland, Island, Italien, Kroatien, Lettland, Litauen, Lichtenstein, Litauen, Luxemburg, Niederlande, Norwegen, Österreich, Polen, Russland, Schottland, Schweden, Schweiz, Slowakei, Tschechien, Ukraine, Ungarn, Zypern.

Zonta ist demokratisch aufgebaut. Alle Funktionen werden für jeweils zwei Jahre gewählt. Eine Wiederwahl ist in der Regel nicht zulässig. In den Jahren mit ungerader Zahl findet die „International Convention“ statt, die weltweite Hauptversammlung von Zonta International, auf der die jeweiligen Vorstände für die Weltorganisation gewählt und die Richtlinien für die weitere Arbeit abgestimmt und festgelegt werden. Die Vorstandsarbeit erfolgt – wie bei allen Serviceclubs – ehrenamtlich. Außerdem bietet diese Zusammenkunft, die jeweils in einer anderen Metropole stattfindet, die Gelegenheit, andere Zivilisationen und Kulturen aus erster Hand und mit dort einheimischen Freunden kennen zu lernen.

Berühmte Mitglieder: Königin Silvia von Schweden, Simone Veil (ehemalige französische Parlamentspräsidentin), Liv Ullmann (Schaupielerin), Corizon Acino (philippinische Präsidentin), Sally Ride (erste Astronautin) und Elisabeth Rehn (erste finnische Ministerin für Verteidigung)

- Zonta Deutschland hat kein festes Clubsekretariat. Die in den Areas zuständigen Sekretärinnen sind den jeweiligen Internetseiten zu entnehmen.
- Kontaktadresse ist im Allgemeinen:
  Zonta International, 557 West Randolph Street Chicago, IL 60661 USA
  Tel.: 00 1/31 29 30 58 48, zontaintl@zonta.org
- **www.zonta-union.de**
  www.zonta-district27.org
  www.zontadistrict29.org
  www.zonta.org

Soroptimist International (SI)

Name: Der Clubname ist dem Lateinischen entlehnt und zugleich Programm der Organisation „sorores optimae". Der Name signalisiert eine doppelte Bedeutung hinsichtlich des hohen Anspruchs und der Umgangsform untereinander: In diesem reinen Frauenclub treffen sich die besten Frauen ihres Faches und setzen sich dafür ein, „das Beste für Frauen" zu erreichen. Dieser Anspruch ist im Abzeichen, eine echte Jugendstilschöpfung, symbolisiert: Eine junge Frau, dem Betrachter zugewandt, hält das Banner mit der Aufschrift SOROPTIMIST in die Höhe. Von ihr gehen erleuchtende und wärmende Strahlen aus. Eingerahmt wird sie von Eichenlaub und Lorbeer, Symbole für Stärke und Kraft sowie Lohn und Anerkennung. Auch die Farbkombination Blau (Stärke, Treue) und Gelb (Licht) unterstreicht diese Symbolik.

Ziele: Soroptimist International ist eine Organisation für Frauen in verantwortlichen Positionen im Berufsleben. Sie versteht sich als eine weltweite Stimme von Frauen für Frauen. Auf der Basis von internationaler Verständigung und Freundschaft setzt sich Soroptimist International ein: für die Verbesserung der Stellung der Frau; für die Wahrung hoher ethischer Werte im Beruf und in allen Lebensbereichen; für die Menschenrechte für alle Menschen; für Gleichheit, Entwicklung und Frieden.

Soroptimistinnen engagieren sich als Serviceorganisation im lokalen, nationalen und internationalen Umfeld für eine aktive Teilnahme an Entscheidungsprozessen auf allen Ebenen der Gesellschaft. Diese Ziele ähneln weitgehend denen anderer Serviceclubs, allerdings liegt ein besonderer Schwerpunkt auf der Besserstellung der Frauen in aller Welt und in allen Lebensbereichen, ohne auch nur einen Hauch von Suffragettentum zu verbreiten. Die hochgesteckten Ziele sollen weltweit in den Schwerpunktbereichen Menschenrechte und Stellung der Frau, wirtschaftliche und soziale Entwicklung, Bildung und Kultur, Umwelt, Gesundheit sowie internationale Verständigung verwirklicht werden. Soroptimist International verwirklicht seine Ziele durch „Bewusstmachen, Bekennen, Bewegen" (Awareness, Advocacy and Action). Der Club ist parteipolitisch und religiös neutral und bevorzugt keine Richtung. Grundvoraussetzung: Jedes Mitglied muss auf dem Boden des Grundgesetzes stehen und eine freiheitlich-demokratische Staatsordnung sowie eine pluralistische Gesellschaftsordnung bejahen. Extreme und Fundamentalisten jedweder Couleur haben keine Chance, Mitglied zu werden.

Alle Mitglieder sind aufgerufen, gesellschaftliche Vorgänge von politischer Relevanz zu beobachten, einen eigenen Standpunkt zu beziehen und sich einzumischen, um Gesetzgebung und Politik auf lokaler, nationaler und internationaler Ebene zu beeinflussen.

Konsequenterweise hat sich Soroptimist International als eine NGO um einen allgemeinen Konsultativstatus bei ECOSOC, dem Wirtschafts- und Sozialrat der Vereinten Nationen, bemüht. Die Organisation ist mit Repräsentantinnen bei folgenden UN-Unterorganisationen in New York, Paris, Genf und Wien vertreten:

- ECOSOC Wirtschafts- und Sozialrat
- ILO Internationale Arbeitsorganisation
- UNEP UN-Umweltorganisation
- UNESCO UN-Organisation für Erziehung, Wissenschaft und Kultur
- UNHCR UN-Flüchtlingskommissariat
- UNICEF Weltkinderhilfswerk
- UNIDO Organisation für industrielle Entwicklung
- WHO Weltgesundheitsorganisation

Die Europäische Föderation von Soroptimist International (SI/E) ist als NGO beim Europarat in Straßburg vertreten. Die

Rechte und Pflichten, die sich aus dem Konsultativstatus bei den UN-Vertretungen und dem Europarat ergeben, werden von den Soroptimistinnen wirkungsvoll wahrgenommen.

▮ **Zielgruppe:** Berufstätige Frauen, die in ihrer Stellung Verantwortung tragen. Angesprochen werden Selbstständige, Freiberuflerinnen, Künstlerinnen sowie leitende Frauen aus Wirtschaft, Verwaltung und Wissenschaft. Die Zahl der Mitglieder ist für die beruflichen Klassifikationen hart begrenzt: Es wird jeweils nur ein Mitglied pro Berufsgruppe aufgenommen. Und nur wer von Mitgliedern vorgeschlagen und einstimmig gebilligt wird, findet Aufnahme.

▮ **Geschichte:** Soroptimist wurde 1921 in den USA gegründet. Die Organisation breitete sich rasch über die ganze freie Welt aus. 1930 wurde der erste deutsche Soroptimist Club in Berlin gegründet. Während der nationalsozialistischen Diktatur war auch er verboten. Erst 1952 hatte sich das Clubleben in Deutschland wieder so weit gefestigt, dass die Deutsche Union von Soroptimist International installiert werden konnte: Bis 1990 wuchs sie auf 101 Clubs an. Nach dem Zerfall der DDR war es möglich, auch in den neuen Bundesländern Clubs zu gründen. Dort arbeiten bereits bis heute 20 Soroptimist Clubs. Insgesamt bestehen in Deutschland 173 Clubs.

▮ **Besondere Serviceleistungen:** Die Soroptimistinnen setzen sich auf lokaler, regionaler und internationaler Ebene für humanitäre und karitative Projekte ein. Dabei werden nicht nur Spenden gesammelt, sondern auch Finanzmittel durch eigene Clubaktivitäten erwirtschaftet. In den letzten Jahren wurde vor allem ein Hospital in Afghanistan mit 25.000 Euro finanziell gefördert. Als Frauen-Serviceclub engagieren sich Soroptimistinnen schwerpunktmäßig für Frauen-Themen. Ein sehr wichtiges Thema ist die rituelle Genitalverstümmelung in muslimischen Ländern. In Zusammenarbeit mit dem Verein TABU (Dortmund) unterstützen die deutschen Soroptimistinnen Frauen-Selbsthilfegruppen in Kenia. So wurden 2002 von Mitgliedern direkt vor Ort 10.000 Euro eingesetzt und ein Aufklärungsfilm finanziert. Für den gleichen Problemkreis wurden in Benin 15.000 Euro in Verbindung mit dem Verein INTACT zur Unterstützung von Selbsthilfegruppen eingesetzt. Durch diese Hilfe konnten etwa 60% der in Benin tätigen Beschneiderinnen für andere Erwerbszweige umgeschult werden. In Zusammenarbeit mit dem Soroptimist Club Conacry Soleil konnte in Guinea eine ganze Provinz „beschneidungsfrei" gemacht werden.

Weit über 300.000 Euro wurden in mehreren Projekten im Zusammenhang mit der Fluthilfe in Sachsen 2002 mobilisiert. Dabei arbeiteten westdeutsche Soroptimistinnen sehr eng mit ihren Schwesterclubs vor Ort zusammen. So konnte direkt und ohne jede hemmende Bürokratie geholfen werden. Einige größere Projekte wurden dabei in Zusammenarbeit mit einer anderen Serviceclub-Organisation durchgeführt.

Wie praktisch die Arbeiten der „besten Schwestern" angelegt werden, zeigt das Mentoring-Programm zur Förderung junger Frauen als Führungsnachwuchs. Mit einer Anzeige in einer bedeutenden deutschen Wochenzeitung hatte die Deutsche Union von Soroptimist International junge Frauen mit maximal fünf Jahren Berufserfahrung eingeladen, sich für das Programm zu bewerben. Dabei wurde ein sechsmonatiges berufsbegleitendes Mentoring mit hochkarätigen Qualifizierungsseminaren kombiniert, dafür hatten sich 21 erfahrene Clubmitglieder in Führungspositionen zur Verfügung gestellt. Von den 90 Bewerberinnen konnten schließlich 18 ausgewählt werden, die an dem Programm teilnahmen. Auswahlkriterien waren neben der Zielstrebigkeit der Bewerberinnen und der Bereitschaft, Verantwortung zu übernehmen, ihre kommunikativen Kompetenzen, ihr soziales und gesellschaftliches Engagement sowie ihre persönliche Lebenssituation. Alle in das Programm aufgenommenen Frauen waren Anfang 30, hatten einen Hochschulabschluss und waren in qualifizierten Berufen tätig. Nur drei der 18 Teilnehmerinnen hatten Kinder, zwei kamen aus den neuen Bundesländern. Dieses Programm soll zunächst bis 2007 fortgeführt werden.

Auf nationaler Ebene will die Deutsche Union von Soroptimist erstmals im Jahr 2007 einen Preis vergeben, mit dem „Verdienste um die Verbesserung der Stellung der Frau in der Gesellschaft gewürdigt werden sollen". Daneben werden auf Clubebene gesonderte Preise verliehen, so prämiert der Club Lübeck/Bad

Schwartau regelmäßig Studentinnen der FH Lübeck für besondere Leistungen und der Club Erlangen vergab beispielsweise 2003 einen Preis für herausragendes soziales Engagement einer fränkischen Pastorin in einem russischen Gefängnis. Mit dem Erna-Scheffler-Förderpreis würdigt der Soroptimist Club Karlsruhe herausragende wissenschaftliche Leistungen, die Frauen vollbracht haben. Der Preis ist mit 2.500 Euro dotiert und wird alle zwei Jahre vergeben. Der Club Bamberg-Kunigunde vergibt alle zwei Jahre einen mit 5.000 Euro dotierten Förderpreis für junge Wissenschaftlerinnen an der Universität Bamberg.

▮ **Organisation:** Die kleinste Einheit bei Soroptimist International ist der Club, der mindestens 18 Mitglieder haben sollte. Mindestens vier Clubs bilden – meist auf nationalstaatlicher Ebene – eine „Union" (oder Region/Division). Die Union wird von einer jeweils für zwei Jahre gewählten Präsidentin geleitet. Die Welt ist in die Föderationen Großbritannien und Irland, Amerika, Europa und Südwestpazifik aufgeteilt. Das internationale Hauptquartier hat seinen Sitz in Cambridge/GB. Soroptimist Clubs gibt es in 125 Ländern der Erde.

Organisation der Europäischen Union von SI:

gegründet	Anzahl der Clubs	Mitgliederanzahl
1927 Niederlande	100	3.400
1930 Frankreich	138	3.420
1938 Dänemark	70	1.909
1939 Belgien	55	1.697
1939 Norwegen	67	1.948
1950 Schweiz	59	1.920
1950 Italien	136	5.393
1950 Schweden	69	1.800
1952 Deutschland	167	5.000
1953 Finnland	58	1.390
1953 Türkei	35	943
1954 Israel	15	320
1955 Luxemburg	10	316
1958 Österreich	42	1.300
1958 Island	16	490

Organisation der Europäischen Union von SI (Fortsetzung der Tabelle von S. 81):

gegründet	Anzahl der Clubs	Mitgliederanzahl
1960 Griechenland	30	700
1980 Senegal	4	72
1990 Madagaskar	9	165
1991 Elfenbeinküste	3	
1995 Polen	10	240
1995 Kenia	9	
1996 Portugal	6	111
1996 Litauen	10	180
1999 Rumänien	8	152
1999 Ungarn	4	
2002 Bulgarian	8	120
2004 Georgien	5	
2005 Ruanda	5	

Die Europäische Föderation von Soroptimist International umfasst 28 „Unions", meist auf nationalstaatlicher Ebene mit insgesamt rund 1.200 Clubs und rund 33.000 Mitgliedern. Zur europäischen Föderation gehören auch die Clubs im Nahen Osten und in Afrika (825 Clubs mit über 500 Mitgliedern). Ebenso die Übersee-Departments von Frankreich und den Niederlanden. Einzelclubs bestehen in Liechtenstein, Monaco, San Marino, Albanien, Bosnien, Kroatien, Zypern, Tschechien, Estland, Kosovo, Lettland, Moldawien, Russland, Slowakei, Slowenien, Spanien, Ukraine, Ägypten, Benin, Burkina Faso, Ghana, Guinea, Kongo, Mali, Marokko, Niger, Togo und Haiti.

Die Mitgliederzahlen der Deutschen Union von Soroptimist International entwickelten sich in den letzten Jahren positiv, wie die folgende Zahlenreihe zeigt:

Jahr	2000	2001	2002	2003	2004	2005	2006
Mitglieder	3.422	3.700	3.920	4.157	4.420	4.706	ca. 5.000

➤ **Geschäftsstelle der Deutschen Union von Soroptimist International**
Seelhorststraße 51, 30175 Hannover, Tel.: 05 11/28 80 32 6, Fax: 05 11/28 80 32 7

➤ **Soroptimist International Europe**
Rue de Florissant 72, CH-1206 Genf, Schweiz
Tel.: 00 41/22/34 60 88 0, Fax: 00 41/22/78 90 44 3

➤ **Soroprimist International Headquarters Office**
87 Glisson Road, Cambridge, CB1 2HG, United Kingdom
Tel.: 00 44/0 12 23/31 83 3, Fax: 00 44/0 12 23/46 79 51
sorophq@dial.pipex.com

➤ **www.soroptimistinternational.org**
www.soroptimist.org
www.soroptimistEurope.org
www.siswp.org
www.soroptimist.de

Round Table Deutschland (RTD)

▮ **Name:** Der Name erinnert daran, dass sich die Ritter der Tafelrunde des sagenhaften Königs Artus an einem runden Tisch versammelten. Das Abzeichen zeigt die Plätze der Ritter am Tisch, an der Spitze thront Artus. In der Mitte des Abzeichens ist ein nationales Emblem, in Deutschland sind dies drei Eichenblätter. Der runde Tisch zeigt aber auch, dass an dieser Tafel alle gleichberechtigt sind und keiner „oben" sitzt. Auch der jeweils für ein Jahr gewählte Clubpräsident ist immer nur „primus inter pares".
▮ **Ziele:** Round Table ist eine Vereinigung, die Menschen nur innerhalb einer gewissen Altersspanne umfassen will: Mit Erreichen des 40. Lebensjahres erlischt die Mitgliedschaft satzungsgemäß. Diese Regel wird auch streng eingehalten. Dadurch soll die Gefahr der Überalterung gebannt werden, die bei lebenslanger Mitgliedschaft trotz zahlenmäßiger Beschränkung der Mitglieder (z.B. in bestimmten Berufsgruppen) zwangsläufig erfolgt. Auf diese Weise werden regelmäßig wieder Plätze für neue, jüngere Tischmitglieder frei. Diese Regelung hat zu einem Altersdurchschnitt von Anfang 30 und zu einem hohen Maß an Homogenität unter den Tischmitgliedern geführt, was die persönliche Lebenssituation in Beruf und Familie angeht.

Round Table erwartet von seinen Mitgliedern Aufgeschlossenheit und Interesse gegenüber traditionellen und neuen Ideen und Entwicklungen. Ein wesentlicher Teil des Clublebens ist deshalb der Information über die Ursachen und Auswirkungen allgemeiner aktueller Entwicklungen und dem Austausch von persönlichen Berufs- und Lebenserfahrungen der Tischmitglieder gewidmet. Die Auseinandersetzung mit unterschiedlichen Meinungen fördert bei den Mitgliedern eine Form der Toleranz, die Gemeinsamkeiten über Unterschiede stellt und Gräben nicht zuschüttet, sondern Brücken baut. Allerdings fehlt innerhalb des Clubs („Tisches") der Gedankenaustausch über Generationsgrenzen hinweg.

Round Table erwartet von seinen Mitgliedern, sich innerhalb des eigenen Tisches wie auch auf regionaler oder nationaler Ebene in Serviceprojekten zu engagieren. Darin kommt die Überzeugung zum Ausdruck, dass der einzelne Bürger gegenüber der Gesellschaft nicht nur Rechte, sondern auch Pflichten hat. Hohen Stellenwert haben die internationalen Kontakte. Jeder deutsche Round Table hat in den anderen europäischen Ländern jeweils einen Partner-Club. Diese treffen sich einmal im Jahr zum „Euromeeting" (oder auch „Nummern-Treffen" genannt), für das jedes Jahr ein anderer Club als Gastgeber fungiert.

Für das karitative Engagement wird vor allem tätige Hilfe, weniger das Spenden von Geld erwartet. Deshalb gestalten die Tische diverse Aktionen, die geeignet sind, finanzielle Mittel für die Serviceprojekte aufzubringen. Das beginnt mit Auftritten z.B. bei Volksfesten (beliebt sind Glühweinstände) oder e-bay-Auktionen und endet bei der Veranstaltung von Großevents mit namhaften Künstlern oder der Herausgabe von Büchern. Diese Aktivitäten haben überdies eine Gemeinschaft stiftende Kraft und schweißen die Mitglieder zusammen. Round Table sieht sich daher als Serviceclub und nicht als karitative Organisation. Bei Round Table herrscht ein allgemeiner Duz-Komment über Club- und Ländergrenzen hinweg, der oft auch von Old- und Extablern im Umgang mit den aktiven Tablern gepflegt wird.

▮ **Motto:** „Adopt, Adapt, Improve" – das Motto stammt aus einer Rede des Duke of Windsor, in der er junge Männer ermunterte, bewährte Lösungen aufzunehmen, sie aber entsprechend den Anforderungen der Zeit weiterzuentwickeln und zu verbessern.

▮ Zielgruppe: Round Table spricht dieser Intention folgend vor allem junge Männer in Nachwuchspositionen zwischen 18 und 38 Jahren an. Erwartet wird von den Mitgliedern, dass sie an mindestens 60% der örtlichen Veranstaltungen teilnehmen. Die Aufnahme in Round Table geschieht meist durch die Empfehlung eines Mitgliedes und bedarf der einstimmigen Billigung aller anderen Mitglieder des Tisches. Interessierten ohne direkte Kontakte ist es jedoch auch möglich, sich über die Homepage von RTD als potenzieller Aspirant zu bewerben (s.u.). Der Interessent sollte selbstständig oder in verantwortungsvoller Position als Angestellter oder Beamter tätig sein, kann sich aber auch in Ausbildung für eine solche Position befinden. Das Höchstalter für Neuaufnahmen ist auf 38 Jahre begrenzt, die Tabler müssen mit Vollendung des 40. Lebensjahres ihren Club verlassen. Viele schließen sich dann einem anderen Serviceclub an, wobei Kiwanis, LIONS und Rotary bevorzugte Adressen sind. Viele Clubs dieser Organisationen sind von ehemaligen „Tablern" gegründet worden. In den letzten 20 Jahren haben sich aber auch viele Tabler in einem weiterführenden Stammtisch mit der Bezeichnung „OT – Old Table" zusammengefunden, der sich an manchen Orten als weiterer Serviceclub etabliert hat.

Round Table ist eine parteipolitisch und konfessionell neutrale Vereinigung. Jedes Mitglied muss aber auf dem Boden des Grundgesetzes stehen und eine freiheitlich-demokratische Staatsordnung sowie eine pluralistische Gesellschaftsordnung bejahen. Extreme und Fundamentalisten jedweder Couleur haben keine Chance, Mitglied zu werden.

▮ Geschichte: Round Table wurde 1927 in Großbritannien von dem Rotarier Louis Marchesi gegründet, der für junge Männer einen „Vorbereitungsdienst" etablieren wollte, in dem diese sich auf den Dienst in einem Serviceclub (damals bevorzugt Rotary) einstimmen konnten. Seit dem Ende des Zweiten Weltkrieges hat sich Round Table in den meisten Ländern Europas, in Afrika und Asien verbreitet. Der erste deutsche Tisch wurde 1952 in Hamburg gegründet. Nach dem Fall der Berliner Mauer und dem Zusammenbruch der kommunistischen Regime konnten sich in den jungen Demokratien Osteuropas ebenfalls Round Tables etablieren. 1991 schlossen sich die nationalen Round-Table-Organisationen in 47 Ländern zur Dachorganisation „Round Table International" zusammen. Sie hat sich mit anderen Organisationen ähnlicher Zielsetzung wie „APEX" in Australien, „Active 20/30" in den USA und „Kin" in Kanada im „World Council of Young Men Serviceclubs" vereinigt, das sich einmal im Jahr an einem ständig wechselnden Ort trifft. Weltweit gehören über 100.000 junge Männer diesem Bund an.

▌**Organisation:** Die einzelnen „Tische" sind selbstständige Einrichtungen mit einheitlicher Satzung aber eigenem Vorstand, der jährlich neu gewählt wird. Jeder Tisch vereinigt in sich üblicherweise 15 bis 25 Mitglieder aus einer Vielfalt unterschiedlicher Berufe, da von jeder Berufsgruppe nur maximal zwei Angehörige Mitglied sein können. Mehrere Tische einer Region sind zu einem „Distrikt" zusammengefasst. Auf Distriktebene finden regelmäßige Treffen der Clubvorstände statt. Hier werden Aktivitäten in der Region, insbesondere die Ausbreitung, d.h. vor allem die Bildung neuer Tische, besprochen und abgestimmt. Zurzeit bestehen in Deutschland zwölf Distrikte mit insgesamt 222 Tischen. Alle Distrikte zusammen bilden Round Table Deutschland (RTD). Das Präsidium von RTD (National Board) wird gebildet aus dem Präsidenten, dem Vizepräsidenten, dem Schatzmeister und dem I.R.O. (International Relations Officer). Der Beirat (Council) setzt sich zusammen aus den Präsidenten der Distrikte, dem Past-Präsidenten und den (stimmrechtslosen) Referenten. Dazu gehören der P.R.O. (Public Relation Officer oder Pressesprecher), der Herausgeber des Round-Table-Magazins „Echo", der Web-Editor und einige weitere für besondere Aufgaben wie z.B. Expansion.

Die Herzlichkeit und menschliche Großzügigkeit, mit der Tabler in Deutschland und in aller Welt einander begegnen, gehören zu dem Erfahrungshorizont eines jeden Mitgliedes. Oft genug wachsen daraus lebenslange Freundschaften. Und Round Table erleichtert auch so manches Problem im Alltag: So findet man z.B. bei einem Wohnungswechsel in eine noch unbekannte Stadt sofort einen Kreis von Gleichaltrigen vor, von denen man durch die eigene Zugehörigkeit zu Round Table einen Vorschuss an Vertrauen und Unterstützung erwarten darf.

Die örtlichen Tische von Round Table treffen sich alle zwei Wochen zu einem „Tischabend". Dieser beginnt häufig mit einem gemeinsamen Essen und hat in der Regel einen Vortrag aus den eigenen Reihen oder von Gastreferenten im Mittelpunkt. Daneben gehört der „Drei-Minuten-Vortrag" eines Tischmitgliedes zu einem tagesaktuellen Thema und die Abwicklung der Tisch-internen „Regularien" zum normalen Verlauf des Abends. Gelegentlich kommt ein „Ego-Vortrag" hinzu, in dem sich ein neues Tischmitglied vorstellt oder in dem ein älteres Mitglied den Tisch über Veränderungen in seinem persönlichen Umfeld informiert.

Das Clubleben beschränkt sich nicht auf den einzelnen Tisch, sondern führt weit darüber hinaus. In der Vielzahl von Treffen und Veranstaltungen auf regionaler, nationaler und internationaler Ebene lernen sich Mitglieder von Round Table aus unterschiedlichen Regionen, Ländern und Kulturen kennen. Das verbindende Element dabei ist über alle Unterschiede und Grenzen hinweg die Freude an der Begegnung mit anderen Menschen und ihre gemeinsame Grundhaltung. Der gesellige Rahmen dieser Begegnungen und Veranstaltungen und die selbstverständliche Beteiligung auch der Partnerinnen führt zu einer Vielzahl von Kontakten, Verbindungen und Freundschaften, die oft weit über die Zeit der Round-Table-Mitgliedschaft hinausreichen. Round Table gibt ein eigenes Magazin heraus, das viermal im Jahr unter dem Namen „Echo" erscheint.

➤ **Round Table Deutschland hat kein festes Clubsekretariat. Kontakt kann man aufnehmen über die Homepage:**
➤ **www.round-table.de**

Old Tablers Deutschland (OTD)

Name: Der Name deutet an, dass die Mitglieder ehemals „Tabler", also Mitglieder von Round Table waren und die Altersgrenze von 40 Jahren überschritten haben. In anderen Ländern heißen die entsprechenden Clubs „Club 41". In Tablerkreisen werden die Mitglieder von Old Tablers Deutschland liebevoll „Oldies" genannt. Der Club nimmt nur ehemalige Mitglieder von Round Table auf. Sein Abzeichen ist eine endlose Kette, die die Windrose umspannt – ein Symbol für eine weltumspannende Kette der Freundschaft. In der Mitte des Zeichens stehen in Deutschland drei Eichenblätter, international die Weltkugel.

▮ **Ziele:** Das Ziel von Old Table ist laut Satzung der Vereinigung einfach: Erhalt auf nationaler und internationaler Ebene der während der Zeit bei Round Table gewachsenen Freundschaften im Club; Fortsetzung des Round-Table-Gesprächs im Bekenntnis zur Freiheit, Gerechtigkeit, Solidarität und zur Toleranz eingedenk der Tradition abendländischen Bewusstseins; die vorurteilsfreie Unterhaltung und Pflege enger freundschaftlicher Verbindungen zu den Mitgliedvereinigungen von „41 International" mit dem Ziel der Völkerverständigung und die Wahrung freundschaftlicher Beziehungen zu Round Table Deutschland. Old Tablers sieht sich ausdrücklich nicht als eigenständige Serviceclub-Organisation, sondern hauptsächlich als Club zur Pflege von bei Round Table gewachsenen Freundschaften, insbesondere der internationalen. Dabei unterstützen die Mitglieder von Old Tablers die Serviceprojekte der „aktiven" Tabler sowohl ideell als auch durch praktische und finanzielle Hilfe.

Old Tablers kann also ohne Bedenken mit Round Table zusammengefasst werden, wenn auch nicht alle ehemaligen Tabler sich Old Tablers anschließen (oder dazu gebeten werden). Zahlreiche Tabler werden auch zu anderen Serviceclubs (insbesondere zu Kiwanis, LIONS, Rotary) eingeladen und schließen sich aus unterschiedlichsten Gründen, meistens beruflichen oder geschäftlichen, dort an.

▮ **Geschichte:** Am 15. Mai 1945 wurde in Großbritannien die „Association of Extablers Clubs" gegründet, die die Clubs zusammenfasste, die von Extablern an verschiedenen Orten des Landes gebildet worden waren. Fast genau 20 Jahre später gründete der Jurist Dr. Einhart Melzer in Berlin mit „Club 41 Berlin 1" den ersten deutschen Club für Extablers. Am 31. Mai 1969 wurde ebenfalls von Melzer in Berlin eine nationale Vereinigung dieses Clubs unter dem spontan abgeänderten und heute noch gültigen Namen „Old Tablers Deutschland" gegründet. Diese Vereinigung wurde umgehend in den übernationalen Verband von „41 International“ aufgenommen. Mitgliedsclubs bestehen heute in folgenden Ländern:

Europa: Belgien, Dänemark, Deutschland, England/Irland, Finnland, Frankreich, Italien, Niederlande, Norwegen, Rumänien, Schweiz und Zypern, in Kürze auch Polen mit dem ersten OT-Tisch in Gdansk (Danzig).

Außerhalb Europas: Indien, Israel, Mauritius/Seychellen, Neuseeland, Südafrika und Sambia. Die Entwicklung verlief in Deutschland wie folgt:

Jahr	1970	1980	1990	2000	2002	2003	2006
Tische	6	31	103	180	198	204	208
Mitglieder	48	386	1.500	3.100	3.980	4.080	4.200

OTD gibt unter dem Namen „DEPESCHE“ eine eigene Zeitschrift heraus, die fünfmal jährlich in einer Auflage von 5.000 Exemplaren erscheint und ebenfalls über die Schwesterorganisation „Tangent Deutschland“, das weibliche Pendant zu OTD, berichtet.

➤ **Zentrales Sekretariat Old Tablers Deutschland**
Kastellstraße 53, 74080 Heilbronn, Tel.: 0 71 31/20 40 81, Fax: 0 71 31/20 40 83

➤ **www.old-tablers.de**
www.club41international.com

Ladies Circle Deutschland (LCD)

▮ Name: Der Name ist bereits wesentlicher Teil des Programms. Die „Ladies“ sind in der Regel die Ehefrauen von jungen Männern, die Mitglied bei Round Table sind. Sie wollten es ihren Männern gleichtun und schlossen sich zu einem eigenen Club zusammen. Aus einem lockeren Zirkel entstand ein perfekt organisierter Serviceclub. Verbindendes Motto aller Ladies Circle ist „Friendship, Tolerance and Service“.

▮ Ziele: Ladies Circle ist eine internationale Service-Organisation junger Frauen unter 45, die unabhängig von politischen oder religiösen Interessen folgende Ziele verfolgt:

- Förderung und Vertiefung der Kontakte junger Frauen untereinander.
- Weiterbildung durch Vorträge und Besichtigungen.
- Kreative, unbürokratische und schnelle Unterstützung ausgewählter Hilfsprojekte.
- Sich selbstbewusst und sozial engagiert als Teil der Gesellschaft definieren mit moralischer Verpflichtung gegenüber der Allgemeinheit.
- Hilfsbereitschaft untereinander und gegenüber Dritten.
- Aktiv und interessiert für die Belange anderer sein.
- Anerkennung und Würdigung anderer, auch bei unterschiedlichen Auffassungen.
- Bildung und Vertiefung nationaler und internationaler Freundschaften.
- Überparteilich und überkonfessionell handeln.

Junge Frauen engagieren sich für einen guten Zweck und lernen dabei, Toleranz zu üben, andere trotz unterschiedlicher Auffassungen zu würdigen und deren Arbeit in den Projekten anzuerkennen.

Zielgruppe: Mitglied von Ladies Circle können junge Frauen werden, die mit einem Mitglied von Round Table verheiratet oder in anderer Weise liiert sind, beziehungsweise mit einem Ex- oder Old Tabler. Nur im Einzelfall werden von dieser Regel Ausnahmen gemacht.

Geschichte: Anfang der 30er Jahre wurde Ladies Circle in Großbritannien aus der Taufe gehoben, wobei die Herren von Round Table praktisch die Taufpaten für die Gründung des Frauennetzwerkes Ladies Circle waren.

Die einzelnen Mitgliedsländer passen die Regeln in ihren Satzungen den jeweiligen Verhältnissen an. Weltweit ist Ladies Circle mittlerweile in folgenden Ländern mit ca. 25.000 Mitgliedern vertreten: Australien, Belgien, Botswana, Dänemark, Deutschland, Estland, Finnland, Frankreich, Großbritannien, Hongkong, Indien, Irland, Island, Israel, Italien, Kenia, Lettland, Madagaskar, Malta, Mauritius, Nepal, Niederlande, Norwegen, Österreich, Polen, Rumänien, Schweden, Schweiz, Südafrika, USA, Vereinigte Arabische Emirate und Zambia.

1971 startete Ladies Circle Deutschland mit der Gründung des Ladies Circle Mosbach (Charter 1972), aber erst 1991 wurde LCD als Vollmitglied von Ladies Circle International aufgenommen.

Besondere Serviceleistungen: Ladies Circle hat als einen wesentlichen Leitgedanken den Dienst an der Allgemeinheit. Jeder Circle ist verpflichtet, ein geeignetes bereits bestehendes oder sich in Gründung befindliches Serviceprojekt vor Ort, national oder international, finanziell oder mit anderen Mitteln zu unterstützen. Diese Projekte werden von Mitgliedern empfohlen und ausgewählt. Ein einmal als förderungswürdig definiertes Projekt wird in der Regel ein bis zwei Jahre lang unterstützt. Sachspenden oder direkte Hilfe haben einen hohen Stellenwert. Dabei gibt es unterschiedliche Ansatzpunkte:

- Jeder Circle fördert ein oder mehrere regionale Projekte.
- Ladies Circle Deutschland unterstützt ein nationales Projekt.
- Ladies Circle International engagiert sich darüber hinaus für ein internationales Serviceprojekt, das von allen Circles weltweit gefördert wird.

Im Jahr 2001 hat sich Ladies Circle für ein Klinikprojekt in Nepal engagiert. 2006/07 wird zusammen mit den dänischen Ladies ein Waisenhaus in Nepal finanziell unterstützt.

Die Nationalen Service Projekte (NSP) der letzten Jahre waren:

- 1999/2001 Aktions Friedensdorf e.V.
- 2001/2003 Bundesarbeitsgemeinschaft Hospiz e.V.
- 2003/2005 Initiative gegen Genitalverstümmelung bei Frauen und Mädchen in Bukina Faso
- 2005/2007 Kinderhospizverein e.V.

Organisation: Ein Circle hat mindestens zehn und maximal 25 Mitglieder. Zweimal monatlich finden Treffen statt, um sich auszutauschen und Hilfsprojekte durch eigene Aktionen zu unterstützen. Jeder Circle hat seinen eigenen Vorstand (Präsidentin, Vizepräsidentin, Sekretärin, Kassiererin), der jährlich gewählt wird. Dadurch rotieren die Ämter und alle Mitglieder müssen sich auch in der Vorstandsarbeit engagieren.

In Deutschland gibt es 62 Circles mit über 1.000 aktiven Mitgliedern unter 45 Jahren. Die Tendenz ist steigend. Als Nachrichtenblatt dient dem Ladies Circle das Magazin „Echo“, das von Round Table Deutschland herausgegeben wird.

➤ Da es kein festes Sekretariat gibt, ist die Organisation am besten über ihre Homepage zu erreichen.
➤ **www.ladycircle.de, www.ladies-circle.org**

Tangent Club

Name: Tangent deutet an, dass die Frauen auch nach dem Ausscheiden aus dem Club noch in Kontakt, in Berührung bleiben wollen, sowohl untereinander als auch mit dem Ladies Circle, den sie mit 45 Jahren verlassen mussten.

Ziele: Der Tangent Club formuliert seine Ziele wie folgt:

- Förderung und Vertiefung des Kontaktes von Frauen untereinander und Vertiefung ihrer Interessen.
- Freundschaft von Frauen untereinander fördern.
- Hilfsbereitschaft.
- Vertiefung nationaler und internationaler Freundschaften und Beziehungen.
- Wahrung freundschaftlicher Beziehungen zu Ladies Circle, Agora und Pastmembers.
- Überparteilich und überkonfessionell zu sein.

Motto: „Zusammen in Freundschaft“

Zielgruppe: Aufnahme finden Frauen ab 45, die bei Ladies Circle auf Grund der Altersgrenze ehrenvoll ausgeschieden sind. Ebenso Partnerinnen von ehemaligen Round-Tablern und Mitglieder von Old Table sowie Frauen, die am Club interessiert sind und dem jeweiligen eine Bereicherung auf Grund ihrer Persönlichkeit bringen. Vor allem sollen die Frauen die Bereitschaft erkennen lassen, Verantwortung zu übernehmen und sich im Sinne der Clubziele zu engagieren.

Geschichte: Tangent wurde 1965 in Großbritannien und Irland gegründet. Der Tangent Club Deutschland wurde 1995 in Mosbach (Nordbaden) gegründet von Frauen, die das 45. Lebensjahr erreicht hatten und vorher bei Ladies Circle aktiv waren. Ursprünglich nannten sich die Frauen „Club 45", aber im Jahr 2000 übernahmen sie den Namen von der bereits 30 Jahre früher gegründeten englischen Schwesterorganisation.

▮ **Besondere Serviceleistungen:** Es besteht keine Verpflichtung zu Serviceaktionen. Einige Clubs haben aber eigene Serviceprojekte oder unterstützen die lokalen und regionalen Aktivitäten von Ladies Circle.

▮ **Organisation:** In Großbritannien und Irland bestehen 762 Tangent Clubs mit über 17.200 Mitgliedern. Tangent Clubs bestehen in Belgien, Dänemark, den Niederlanden, Norwegen, Spanien sowie in Gibraltar und Malta.

In Deutschland bestehen zurzeit 16 Tangent Clubs mit 150 Mitgliedern. Mindestens drei Frauen können einen neuen Club gründen, wenn eine davon bereits einem Tangent Club angehört oder bei Ladies Circle ausgeschieden ist. Nur mit Genehmigung des Präsidiums von Tangent Deutschland kann von dieser satzungsmäßigen Bestimmung abgewichen werden. Tangent benutzt als Informationsblatt die „DEPESCHE" von Old Table.

➤ Die jeweilige Präsidentin ist zu erreichen über **www.tangent-club.de.**

Ambassador International

▮ **Name:** Ambassador Club ist eine internationale, politisch und religiös unabhängige Vereinigung, der beide Geschlechter angehören. Die Mitglieder sollen sich als Botschafter einer humanitären Wertegesellschaft fühlen und im Rahmen ihrer Möglichkeiten für die Völkerverständigung eintreten. Auf diesen Auftrag jedes einzelnen Mitglieds soll der Clubname hinweisen.

▮ **Ziele:** Über Ziele und Zweck der Ambassador Clubs (ACD) heißt es in der Satzung der Organisation: *„Die Ambassadoren achten die Würde und die Freiheit des Menschen, üben Toleranz, zeigen Mut zur eigenen Meinung und sind bereit, Mitverantwortung für die Gemeinschaft zu übernehmen. Sie pflegen Freundschaft über Grenzen hinweg. Sie unterstützen sich gegenseitig in allen Bereichen des Lebens. In vorurteilsfreier Begegnung, durch offenes Gespräch,* *durch Wissens- und Erfahrungsaustausch und durch gemeinsames Erleben fördern sie Verständnis und Freundschaft auf lokaler, nationaler und internationaler Ebene. Sie beziehen ihre Familien in das Clubleben ein. Ambassadoren sind bereit, sich im sozialen und kulturellen Bereich zu engagieren und sich tatkräftig und aktiv für ein friedliches und freundschaftliches Zusammenleben der Menschen einzusetzen.*"

Die Ambassador-Clubidee ist allgemein gehalten und hat philanthropischen Charakter. Die Idee in ihrer Ganzheit sieht die Form des Serviceclubs in seiner angelsächsischen Prägung nicht vor. Im Rahmen ihrer Ziele bietet der Ambassador Club jedem persönlichen Mitglied Raum, die eigene Persönlichkeit in der Begegnung mit anderen Menschen zu entwickeln und sich freiwillig und uneigennützig einzubringen bei der Förderung des menschlichen Miteinanders, bei der Gestaltung von Aufgaben, die der Club sich selbst stellt, und bei der Hilfe für andere. Die gemeinsame Überzeugung von der Bedeutung übergeordneter ethischer Werte für eine menschliche Gemeinschaft sowie Aufgeschlossenheit, Toleranz und Hilfsbereitschaft im Verhalten und freiwillige Übernahme von Verantwortung mit dem Ergebnis vielfältiger Formen des Clublebens und der Aktivitäten sind die besonderen Kennzeichen des Ambassador Clubs. Sie sind Ausdruck seines ausgeprägten liberalen Charakters, der den Club in seiner eigenen Wahrnehmung von anderen Clubs zumindest in der Stärke der liberalen Ausprägung unterscheidet.[12]

▌**Motto:** „Es gedeihe die Individualität in der Gemeinschaft."

▌**Zielgruppe:** Ambassador ist offen für Damen und Herren, die in verantwortungsvoller Position arbeiten oder solches erkennbar anstreben. Für die angehenden Ambassadoren gibt es keine Alterseingrenzung. In der Regel wird auf den Abschluss einer Berufsausbildung geachtet. Bei Aufnahme von Studenten in einen Jung-Ambassador Club wird ein Abschluss in absehbarer Zeit erwartet. Entscheidendes Auswahlkriterium für die Aufnahme in den Club sind die charakterlichen Eigenschaften der Kandidatin

12 Peter Noack und Helmut Bokemeyer in AC-Dialog 1/2004

oder des Kandidaten. Eine soziologische Auswahl erfolgt nicht. Ebenso erfolgt keine Eingrenzung auf akademische Ausbildung oder eine besondere Stellung in der Gesellschaft oder in der beruflichen Tätigkeit. Die wesentlichen Kriterien sind Zuverlässigkeit und Verlässlichkeit, Verantwortungsbewusstsein dem Menschen und der Umwelt gegenüber sowie die Bereitschaft, sich im Clubleben zu engagieren.

Großer Wert wird allerdings auf ein möglichst breites Berufsspektrum und – wenn auch sehr viel schwieriger – auf ein breites Altersspektrum der persönlichen Clubmitglieder gelegt. Jeder Beruf soll nur einmal in einem regionalen Club vertreten sein, allerdings wird diese Regel nicht streng verfolgt. Als ebenso wichtig wird der Austausch zwischen den Generationen angesehen. Mitglied kann man in der Regel nur auf Vorschlag eines Clubmitgliedes werden. Weitere Bürgen werden nicht verlangt. Wesentliche Daten des Lebenslaufes werden dem regionalen Club bekannt gegeben. Die Aufnahme erfolgt im Allgemeinen durch einstimmigen Beschluss der anwesenden Clubmitglieder auf Vorschlag des Vorstandes. Erwartet wird von den Mitgliedern die Bereitschaft, in ihrem Beruf und in der Gesellschaft nach ihren Möglichkeiten Verantwortung zu tragen; der Wille und die Fähigkeit, aufeinander zuzugehen und Gespräche über nationale, religiöse und weitere Grenzen hinweg zu führen sowie die Meinung eines anderen zu respektieren und die eigene zu hinterfragen, die Absicht, Vertrauen aufzubauen, aus der Freundschaft entstehen kann, und schließlich die Willensbekundung, durch eigene Aktivität und das Einbringen der eigenen Fähigkeiten und Möglichkeiten das Clubleben und die Zielsetzungen des Clubs zu fördern. Der Ambassador Club Deutschland besteht aus Damen-, Herren- und gemischten Clubs.

Bei Interesse an einer Mitgliedschaft kann sich jede Person an ein Clubmitglied wenden oder über den Kanzler (Sekretariat) bzw. den Präsidenten des ACD Kontakt aufnehmen. Die Bitte um Information über Ambassador wird an den jeweiligen lokalen Club-Präsidenten weitergegeben. Der Vorstand des gewünschten regionalen Clubs entscheidet über eine Einladung, wobei Ersteinladungen meist zu einer kulturellen Veranstaltung oder zu einem Vortrag ausgesprochen werden. Die Veranstaltung soll Gelegenheit bieten, den Kandidaten oder die Kandidatin vorzustellen. In der Regel wird vor der Aufnahme ein Gaststatus vereinbart.

Ambassadoren treffen sich einmal im Monat zu einem geselligen Beisammensein. Sie stellen die Freundschaft und die zwischenmenschlichen Beziehungen in den Mittelpunkt ihres Clublebens. In vielen Bereichen werden auch die Familien der Mitglieder mit einbezogen. Grundsätzlich haben die Ambassadoren das Recht, an den Veranstaltungen aller Ambassador Clubs teilzunehmen, wo immer auf der Welt das auch sein möge.

▌**Geschichte:** Ambassador International wurde am 31. August 1956 in Bern von Hans Feuz, Paul Hess und Werner von Niederhäusern gegründet. Er ist der einzige Club, der als nicht in den USA gegründeter Club Menschen ohne Altersbegrenzung anspricht. Die Gründung erfolgte entsprechend dem Geist der Zeit als Herrenclub. Im Oktober 1995 öffnete sich Ambassador durch eine Änderung der Statuten für Frauen. In Deutschland entstanden ab 1959 Ambassador Clubs in Frankfurt, Karlsruhe, Berlin und Wiesbaden, die sich 1961 zum ACD zusammenschlossen. Seither ist der Club ständig gewachsen.

▌**Besondere Serviceleistungen:** Der Ambassador Club ist von seinen Statuten und seiner Anlage her kein Serviceclub angelsächsischer Prägung. Er begrüßt allerdings humanitäre und kulturelle Hilfeleistung im Sinne einer gesellschaftlichen Mitverantwortung. Alle diese Aktivitäten gehen von den regionalen Clubs aus und werden nicht zentral koordiniert. Exemplarisch für die so entstehenden zahlreichen regionalen Initiativen humanitärer und kultureller Art stehen der Spendenaufruf der Ambassadoren zum Elbhochwasser 2002, Benefiz-Konzertveranstaltungen zur Restaurierung von Kunstwerken bzw. zugunsten krebskranker Kinder, Unterstützung begabter Studenten. Großer Wert wird dabei auf den persönlichen Bezug gelegt. So wurden die Spenden anlässlich des Elbhochwassers an Einzelpersonen nach Rücksprache mit Bürgermeistern und Pfarrern bzw. an lokale Organisationen zur Abwendung kultureller Schäden (Gemäldesammlung Dresden, Alpenverein der Sächsischen Schweiz) persönlich übergeben.

▌**Organisation:** Die Organisation besteht aus dem Internationalen Ambassador Club (IAC), den Nationalen Ambassador Clubs

(NAC) sowie den Regionalen Ambassador Clubs (RAC). Der IAC repräsentiert den Ambassador Club. Er setzt Normen, die für alle Clubs verbindlich sind, und er wird durch ein Direktionskomitee geführt, dem der internationale Präsident vorsteht. Das Beschlussorgan des IAC ist die Delegierten-Versammlung aus Vertretern der NAC. Der jeweilige NAC wird durch einen Zentralvorstand geleitet, der durch den Präsidenten und den Kanzler vertreten wird. Der Vorstand wird für jeweils drei Jahre gewählt. Einmalige Wiederwahl ist möglich. Das Beschlussorgan ist die Delegierten-Versammlung mit Vertretern der regionalen Ambassador Clubs.

Heute gibt es Ambassador Clubs in Europa, Asien und Amerika, und zwar in folgenden 23 Ländern: Belgien, Bhutan, Dänemark, Deutschland, Finnland, Frankreich, Großbritannien, Hongkong, Italien, Niederlande, Norwegen, Österreich, Philippinen, Rumänien, Slowakei, Spanien, Schweden, Schweiz, Taiwan, Tschechische Republik, Ukraine, Ungarn und den USA.

Organisation in Deutschland: Der Ambassador Club in Deutschland ist die Dachorganisation der deutschen regionalen Clubs. Diese sind als Mitglieder des ACD in zehn Regionen gegliedert. Die Regionen umfassen vier bis elf Clubs. Ausnahmen bilden die Region Berlin mit zurzeit nur einem Club und die Region Nord mit insgesamt 19 Clubs. Als Sitz des ACD wurde Berlin bestimmt, wo er als eingetragener Verein registriert ist. Dem ACD gehören 2006 79 Clubs an, davon elf Frauenclubs und vier gemischte Clubs sowie zwei Jung-Ambassadoren Clubs in Hamburg und in Lüneburg. Weitere Gründungen befinden sich in Vorbereitung.

Die Mitgliederzahl in Deutschland hat sich wie folgt entwickelt:

Jahr	1961	1973	1980	1995	2000	2003	2004	2005	2006
Club	6	17	34	66	67	76	78	76	79
Mitglieder	250	347	699	1.110	1.140	1.113	1.120	1.143	1.153

Der ACD gibt dreimal jährlich die Clubzeitschrift „AC Dialog" heraus. Diese dient neben der Veröffentlichung von Clubnachrichten dem Vorstand als Mittel der Kommunikation mit den regionalen Clubs und allen Mitgliedern. Dieses Magazin in einer

Auflage von 1.500 Stück ist zugleich ein Diskussionsforum für in der Gesellschaft kontrovers behandelte Fragen. Ein Mitglied des Zentralvorstandes ist als Verantwortlicher für die Öffentlichkeitsarbeit benannt und ist verantwortlich für das Clubmagazin und den Kontakt zur Presse, die zu allen größeren Veranstaltungen eingeladen wird. Daneben wird ein eigener Internetauftritt von dem Internetbeauftragten des Zentralvorstandes gepflegt. Diese Präsenz wird nicht nur zur Information von Interessenten, sondern in zunehmendem Maße auch für die clubinterne Information und Administration genutzt. Insbesondere werden Dokumente (Satzung, Formulare) sowie alle zu archivierenden Unterlagen im Internet abgelegt. Damit soll allen Mitgliedern eine möglichst große Transparenz über das gesamte Clubgeschehen geboten werden.

- Das Clubsekretariat des Ambassador Clubs Deutschland ist angesiedelt beim jeweiligen Kanzler:
  Prof. Dr. Helmut Bokemeyer
  Heidelberger Landstraße 130, 64297 Darmstadt
  Tel.: 0 61 51/51 93 6, Fax: 0 61 51/51 91 1, kanzler@ambassasdor-club.de
- **Ambassador International, Generalsekretariat des IAC**
  Hagrösliweg 12, CH-3612 Steffisburg
  Tel.: 00 41/33/43 78 24 9, Fax: 00 41/33/43 78 21 3, h.pfanner@bluewin.ch
- **www.ambassador-club.de, www.ambassador-inter.com**

2. Industrie-, Wirtschafts- und Business Clubs

Die Industrie-, Wirtschafts- und Business Clubs haben zwar fast alle die gleiche geschäftsfördernde Zielsetzung, unterscheiden sich aber stark in ihrer historischen Entwicklung und regionalen Bedeutung, aber auch in ihrer Zusammensetzung, ihrem Ansehen und vor allem in ihrer lokalen bzw. überregionalen Geltung und Wirkung. Einige teils sehr alte Clubs mit ehrwürdiger Tradition und hohem Ansehen stehen neben Neugründungen, die einem gewissen gesellschaftlichen Wandel Rechnung tragen. Die ältesten deutschen Privatclubs haben ihre Wurzeln noch im frühen 19. Jahrhundert, aber selten eine durchgehende ungebrochene Kontinuität. Wenn man diese als Maßstab nimmt, dürfte der Industrieclub in Düsseldorf der älteste klassische Club auf deutschem Boden sein. Die Wiedervereinigung hat es mit sich gebracht, dass auch in den neuen Bundesländern Wirtschaftsclubs neu oder wieder entstanden sind. Daneben suchen in ganz Deutschland neue Ideen ihren Weg, um Entscheidungsträgern der Wirtschaft in der Vereinsamung der Informationsgesellschaft einen Raum zu schaffen, in dem sie sich sowohl untereinander als auch mit interessanten Leuten aus anderen Branchen, aus Politik, Verwaltung, Kultur und Wissenschaft treffen können. Es werden reine Wirtschaftsclubs vorgestellt, wobei die Wurzeln des ältesten Clubs über 200 Jahren zurückreichen, wenn sie auch von der wechselhaften Geschichte unseres Landes unterbrochen wurden, und deren jüngster nur wenige Jahre alt ist. Mag auch das Flair eines traditionsreichen Wirtschaftsclubs anders sein als das eines sich neu etablierenden Business Clubs, gleich ist in beiden das Bemühen, den Mitgliedern das zu bieten, was sie suchen: eine Begegnungsstätte für Menschen, die sich auch im Club noch über Geschäfte unterhalten möchten. Dazu gehören ein Programm und ein Ambiente, das den Ansprüchen des Publikums entspricht. Dies kann in alten und in jungen Clubs gegeben sein. Das Gründungsdatum alleine sagt wenig darüber aus, ob ein Club für einen Interessenten der „richtige" ist. Er muss dort finden, was er wirklich sucht – und das kann individuell sehr verschieden sein. Zwischen einer Reihe von Clubs bestehen partnerschaftliche Beziehungen, die ein wechselseitiges Besuchsrecht beinhalten können, sodass man auf Reisen vielerorts eine „heimische" Anlaufstelle hat. Dies gilt auch für internationale Partnerschaften, die von den alten (nicht nur) hanseatischen Traditionsclubs in London, aber auch in fast zwei Dutzend anderen kaufmännisch wichtigen Städten auf allen Kontinenten unterhalten werden.

Die Industrieclubs leisten kompetente Unterstützung bei der Herstellung von Kontakten und Geschäften. Letztere sind der Kern für das gesellschaftliche Miteinander. Maßstab ist die Möglichkeit von Kontaktpflege und Geschäftsabschlüssen in angemessener Form und Atmosphäre. Die vertrauensvolle Basis bestehender und zukünftiger Kontakte wird von den Industrieclubs gefördert. Dem hohen Anspruch an die Integrität der Mitglieder trägt auch das bei einigen Clubs seit Jahrzehnten gepflegte strenge Aufnahmeprozedere Rechnung. Ferner werden regionale, teils sogar bundesweite Interessen durch die jeweiligen Clubs vertreten.

Partnerschaftliche Beziehungen bestehen zwischen den folgenden Clubs, deren Beziehungen in vielen Fällen ein gegenseitiges Besuchsrecht umfassen.

- VBKI Verein Berliner Kaufleute und Industrieller e.V. von 1879
- Industrie- und Handelsclub Ostwestfalen-Lippe e.V. Bielefeld
- Club zu Bremen
- Industrie-Club e.V. Düsseldorf
- Westfälischer Industrieklub Dortmund e.V.
- Industrieclub Sachsen e.V. Dresden
- Frankfurter Gesellschaft für Handel, Industrie und Wissenschaft e.V.
- Der Übersee-Club e.V., Hamburg
- Verein Schloss Schönfeld e.V., Kassel
- Der Kieler Kaufmann e.V.
- Wirtschaftsclub Leipzig e.V.
- Kaufmanns-Casino München e.V.
- Export-Club Bayern e.V., München
- Industrieclub Potsdam „Christian Peter Wilhelm Beuth" e.V.

- Wirtschaftsclub im Literaturhaus e.V., Stuttgart
- Industrieclub Thüringen e.V., Weimar

Auch der klassische Business Club, einst in den USA Urmutter von heute großen und kräftigen Serviceclub-Organisationen, findet in Deutschland eine gewisse Renaissance. Business Clubs verfolgen praktisch ausschließlich geschäftliche Zwecke und die gesellschaftlichen Veranstaltungen dienen hauptsächlich der Bildung und Pflege von Beziehungsnetzwerken. Die angesprochenen Zielgruppen sind dabei sehr differenziert, aber sie gehören alle zum unternehmerisch-wirtschaftlichen Bereich und den direkt damit verbundenen Institutionen: ausländische Geschäftsleute, die neu nach Deutschland kommen; Mittelständler in der Region und Spitzenleute der Wirtschaft aus Unternehmen, Verbänden, wirtschaftsrelevanten Institutionen und aus der Politik. Jeder Club hat seinen spezifischen Schwerpunkt. Einige sind offen für ein breiteres Publikum, andere richten sich nur an weibliche Führungskräfte. Einige der Clubs sind ausgesprochen exklusive lokale Institutionen mit teilweise sehr alter Tradition über zwei Jahrhundertwenden hinweg. Diese nehmen zwar neue Mitglieder auf, aber sie stellen sehr spezielle Anforderungen und werben daher nicht offensiv. Andere Business Clubs sind durch Initiative von Wirtschaftsförderungseinrichtungen ins Leben gerufen worden, also von Kammern oder sogar von der öffentlichen Hand, wenn ein ambitionierter Landrat oder Oberbürgermeister den regionalen Unternehmen ein Netzwerk für geschäftliche Kontakte und für den Gedankenaustausch mit Behörden und Politikern ermöglichen wollte. Manche Clubs errichten über Eintrittsgebühren und hohe Beitragsgelder selektive Hürden. Ein „guter“ Club bietet allen Beteiligten eine echte „Win-win“-Situation.

Manch neuer Business Club ist durch die Initiative eines Gastronomiebetriebes entstanden. Dem Club gibt diese Symbiose einen Rahmen, den sich aus eigenen Mitteln nur ganz alte Traditionsclubs leisten können. Der Gastronomiebetrieb hat eine feste Einnahme und einen deutlichen Zuwachs an Stammgästen, die auch außerhalb der Meetings ihr Clublokal nutzen, wenn es vorzeigbare Leistungen bietet.

Clubs, die praktisch nur „Visitenkartenpartys“ veranstalten, haben wir hier nicht aufgenommen, da die Halbwertzeit solcher „Clubs“ oft recht kurz ist. Ebenso sind reine, internetbasierte Clubs nicht besprochen worden, da sie zwar Kontaktplattformen für die Netzwerksbildung sein können, aber der persönliche Charakter eines Clubs fehlt. Leider sind dem Autor nicht alle in Deutschland existierenden Clubs ähnlicher Zielsetzung bekannt geworden. Dem vereinzelt geäußerten Wunsch, nicht aufgenommen zu werden, wurde im Interesse der möglichst näherungsweisen Vollständigkeit nicht entsprochen. Im Übrigen ist nicht erkennbar, warum ein Club, der sich im Internet der Weltöffentlichkeit mit einem eigenen Auftritt präsentiert, in einem der Sachlichkeit verpflichteten Handbuch nicht aufgeführt werden sollte.

Interessenten können an den angegebenen Adressen und Websites weitergehende Informationen und in vielen Fällen auch Mitgliedsanträge anfordern. Die Clubs sind in alphabetischer Reihenfolge ihrer Standorte aufgeführt, bei mehreren Clubs am gleichen Ort nach Anciennität.

BERLIN

VBKI Verein Berliner Kaufleute und Industrieller e.V. von 1879

▮ **Ziele:** Mit seiner Botschaft des Freihandels, des Wettbewerbs, mit seinem Plädoyer für eine offene Gesellschaft und eine marktwirtschaftliche Wirtschaftsverfassung hat der Verein über mehr als ein Jahrhundert Politik und Wirtschaft mitbestimmt. Am Auftrag und der Botschaft des VBKI hat sich wenig geändert. Wie bei der Gründung vor mehr als 125 Jahren ist der Verein Sprachrohr der Wirtschaft, Anwalt unternehmerischer Interessen, Brückenbauer und Mittler, der immer wieder deutlich macht, dass Unternehmertum und Freiheit zusammengehören.

▮ **Zielgruppe:** Die Mitglieder des VBKI sind Unternehmensleiter, Vorstandsmitglieder, Geschäftsführer, Marketingdirektoren, Vertriebsdirektoren, Verkaufsleiter, Inhaber und leitende Mitarbeiter von Unternehmensberatungen und Werbeagenturen.

Der VBKI nennt folgende Gründe, dem Verein beizutreten, die auch umreißen, welche Anforderungen er an Mitglieder stellt:

- An Entscheidungen beteiligt sein und die Zukunft der Stadt mitgestalten wollen.
- Den Verein bei der Verfolgung seiner gemeinnützigen Ziele unterstützen wollen.
- Den Dialog mit Entscheidern aus Politik und Wirtschaft suchen wollen.
- Von Vorträgen, Diskussionen, Seminaren und vor allem von dem fachlichen Gedankenaustausch mit kompetenten Kollegen profitieren.
- Sich branchenübergreifend mit anderen Entscheidern der Wirtschaft austauschen.
- Sich national und international vernetzen und über Partnerclubs Kontakte knüpfen.
- Eigene Kompetenzen weitergeben.
- Spaß haben und mit netten Clubfreunden Feste feiern.
- Teil eines großen Netzwerks sein!

Der VBKI ist eine der traditionsreichsten Netzwerkorganisationen in Berlin und Anwalt unternehmerischer Interessen in der Stadt. Er ist eine Gemeinschaft Gleichgesinnter, die ein starkes Zusammengehörigkeitsgefühl entfalten. Der Jahresbeitrag beträgt zurzeit 317 Euro. Dazu kommt eine einmalige Aufnahmegebühr in doppelter Höhe. Auch eine institutionelle Mitgliedschaft ist möglich. Die Firmenmitgliedschaft kostet 1.500 Euro bei Teilnahme von drei Firmenvertretern beziehungsweise 2.500 Euro, wenn sechs Führungskräfte die Mitgliedschaftsrechte wahrnehmen.

Der VBKI bündelt unternehmerische Kompetenz und verleiht ihr eine Stimme. Darüber hinaus ist er eine Gemeinschaft Gleichgesinnter, nicht nur ein Zweckbündnis. Seine Mitglieder haben Spaß an ihrer Mitgliedschaft und der Begegnung mit sympathischen und interessanten Menschen. Das Gemeinschafts- und Zusammengehörigkeitsgefühl zu stärken ist dem Verein wichtig, deshalb führt er seine Mitglieder auch gesellschaftlich zusammen. Einmal im Jahr feiert der Verein einen rauschenden Ball; darüber hinaus begegnet man sich auf Sommerfesten, Konzerten, Museumsbesuchen und Reisen. Man trifft sich zum Golfturnier, beim Tennis, auf der Segelregatta oder bei Pferderennen. Der

VBKI bezieht Partner und Familie mit ein, denn auch diese sollen sich bei ihrem VBKI wohlfühlen. 2006 hat der Club etwa 1.200 Mitglieder, darunter rund 100 Frauen. Als Mitglied kann man sich bewerben, zwei Bürgen sind Aufnahmevoraussetzung.

▮ Geschichte: Am 6. Oktober 1879 riefen 329 Berliner Unternehmen den Verein Berliner Kaufleute und Industrieller zur Wahrung ihrer Interessen ins Leben. Sie setzten sich für ein sozial und gesellschaftlich verantwortetes Unternehmertum, für den Dialog zwischen Wirtschaft, Wissenschaft und Politik, für Marktwirtschaft, Wettbewerb, Weltoffenheit und Pluralismus ein, bevor das 20. Jahrhundert überhaupt eine Sprache für diese Botschaften fand. Der Erste Weltkrieg warf die Berliner Wirtschaft und mit ihr den Verein weit zurück. Auf Revolution, Reparationen und Inflation folgte eine kurze Blütezeit, die von der Weltwirtschaftskrise brutal beendet wurde. Von den Nationalsozialisten wurde der Verein gleichgeschaltet und zwangsarisiert. Durch Vertreibung jüdischer Unternehmer aus ihrem Verein und ihrer Heimat verlor der Verein zahlreiche Mitglieder.

1948 nahm der VBKI seine Arbeit wieder auf. Mutige Unternehmer um Jakob Dichter erwirkten die Wiederzulassung des Vereins bei den Behörden der Alliierten und arbeiteten hart für den unternehmerischen Wiederaufstieg ihrer Heimatstadt. Dieser war nur in den drei Westsektoren der alten Hauptstadt möglich. Der VBKI wurde auf der freien Insel Westberlin zum Bannerträger der sozialen Marktwirtschaft inmitten des roten Meeres der sozialistischen Planwirtschaft. Er verstand sich auch als Symbol für den Durchhaltewillen der Unternehmen, die diese Stadt nicht aufgeben wollten. Die Wende von 1989/90 erlebte der Verein als Befreiung und Chance, seinen Wirkungskreis auf ganz Berlin und das umliegende Brandenburg auszudehnen und somit einen Beitrag zum deutschen Wiedervereinigung zu leisten.

▮ Förderprojekte: Der VBKI versteht sich auch als Mäzen und Förderer in verschiedenen kulturellen Belangen in seinem Umfeld. Bürgersinn, Solidarität mit Schwächeren und uneigennütziges Mäzenatentum prägen das humanes Gesicht der marktwirtschaftlichen Gesellschaft. Hier fühlt sich der VBKI gefordert. Der Verein will außerhalb des engeren wirtschaftlichen Bereichs Anstöße geben und Hilfe zur Selbsthilfe leisten. Er ist daher mit mehreren Initiativen in Bildung, Wissenschaft, Kultur und Sport in der Stadt präsent. Dabei ist der VBKI kein spendender Anonymus, sondern fordernder Partner, der Eigeninitiative verlangt und unternehmerisches Denken einbringt. Seine Förderleistungen sollen nicht zum Ruhekissen der Dauersubvention degenerieren. Die Projekte des VBKI wirken beispielgebend, er will damit die Bürgergesellschaft motivieren, die gesellschaftliche Anliegen selbst in die Hand zu nehmen und nicht darauf zu warten, dass der Staat alles regelt. Der VBKI hat 2005 z.B. das „Bürgernetzwerk Bildung" initiiert, das an mehr als 90 Berliner Grundschulen in meist schwieriger Lage unterstützend tätig geworden ist. 2006 sind bereits über 1.110 ehrenamtliche Lesepaten an die Schulen vermittelt worden. Dafür wurde von der deutschen Kinder- und Jugendstiftung sogar das Gütesiegel „Ausgezeichnet Schule gemacht" verliehen.

Jugend und Schule – Wirtschaft heißt ein Gemeinschaftsprojekt mit der Berliner Zeitung. Der VBKI initiiert dieses Projekt, da es immer mehr Schulabgängern an der Fähigkeit fehlt, eigenständig und selbstverantwortlich zu arbeiten. Das Projekt will Jugendlichen ein solides Grundlagenwissen über wirtschaftliche Zusammenhänge vermitteln und ihre Fähigkeit fördern, sich ein objektives Bild von politischen, gesellschaftlichen und wirtschaftlichen Entwicklungen zu schaffen.

Bereits seit 2002 unterstützt der VBKI den Sprachenwettbewerb „Kids – fit für Europa". Der Verein plädiert für den Ausbau der Europaschulen und will durch sein Preisgeld in Höhe von 5.000 Euro ein Zeichen setzen. Ziel des 2004 erstmals ausgeschriebenen Wettbewerbs „VBKI-Leistungschule" ist es, Schulen zu finden, die sich in besonderem Maße der Öffnung nach außen, dem Qualitätsmanagement und der Qualitätskontrolle sowie dem Wettbewerb verschrieben haben. Das Programm wird von der FU Berlin mit einem intensiven Auswahlverfahren begleitet. Der VBKI sieht sich gegenüber „seiner" Leistungsschule als potenzieller Partner im gesellschaftlichen Verbund und will auch andere mobilisieren, sich für die Schule zu engagieren. So wurden im Startjahr für eine Oberschule in Friedrichshain Sponsoren und Kooperationspartner aus der Wirtschaft gewonnen.

Im Schuljahr 2004/05 hat der VBKI an zwölf Berliner Grundschulen in sozialen Brennpunktlagen Berlins einen unterrichtsergänzenden Förderunterricht für Kinder aus Zuwandererfamilien ermöglicht. Zentrales Anliegen des Projektes ist die Entwicklung praxistauglicher Fördermodule für in hohem Maße risikobelastete Einwandererkinder aus Familien mit niedrigem Bildungsstandard. Dieses Projekt wurde von der Universität Potsdam begleitet.

Im Jahre 2005 wurden 120.000 Euro für gemeinnützige Projekte bereitgestellt. 2006 wurde dieser Betrag auf über 150.000 Euro erhöht.

➤ **Verein Berliner Kaufleute und Industrieller e.V.**
Ludwig-Erhard-Haus, Fasanenstraße 85, 10623 Berlin
Tel.: 0 30/72 61 08 0, Fax: 0 30 / 72 61 08 30, info@vbki.de
➤ **www.vbki.de**

Berlin Capital Club e.V. (BCC)

▮ **Ziele:** Im Oktober 2001 wurde der Berlin Capital Club gegründet. Gründungspräsident ist Heinz Dürr. Der BCC sieht sich als *„exklusiver Ort, an dem sich die Elite bei bester kulinarischer Versorgung mit Gleichgesinnten austauschen kann"*. Als „Club der Entscheider" möchte er die führenden Persönlichkeiten aus Politik, Wirtschaft, Kultur und Gesellschaft zusammenführen. Die Ausstattung des Clubs zielt auf hohe Ansprüche: Ein Gourmet-Restaurant, eine Zigarren-Lounge mit eigenem Humidor sowie Besprechungsräumen mit bester technischer Ausstattung werden den Mitgliedern geboten. Ein elegant gemütliches Ambiente unter dem Dach des Berliner Hilton Hotels am Gendarmenmarkt bietet die geeignete Atmosphäre für geschäftliche Besprechungen, interessante Begegnungen und informative Veranstaltungen. Zum Programm des Clubs gehören der Gastsprecher-Lunch, bei dem sich prominente Politiker den Fragen der Mitglieder stellen, das Golfturnier im „Golf und Country Club Motzener See" oder Außergewöhnliches wie ein japanischer Kochkurs.

▮ **Zielgruppe:** Neben Führungskräften der Wirtschaft bilden vor allem Diplomaten und hohe Beamte bis hin zu Mitgliedern der Bundesregierung eine Zielgruppe für den „Club der Entscheider":

Der BCC möchte neue Maßstäbe für einen Business Club setzen und die kosmopolitischen Tendenzen in der neuen Bundeshauptstadt intensivieren. Der Club soll zu einem Treffpunkt für Politik, Wirtschaft und Gesellschaft sowie Anziehungspunkt für internationale Investoren werden.

Im November 2003 hat der BCC das 1.000ste Mitglied aufgenommen. Weltweit ist er mit 250 Clubs der „International Associate Club" (IAC)-Kette verbunden, die in allen Wirtschaftszentren der Welt Mitgliedsclubs hat – London, Paris, New York, Moskau und Tokio sind die größten Standorte. In allen aufstrebenden Städten Ostasiens sowie in den Metropolen aller Kontinente gibt es IAC-Partnerclubs, bei denen ein gegenseitiges Besuchs- und Verkehrsrecht besteht. Im deutschen Sprachraum sind derzeit folgende Clubs dem IAC-Netzwerk angeschlossen: Anglo-German-Club e.V. Hamburg, Berlin Capital Club, Berliner Golf und Country Club Motzener See e.V., Der Übersee-Club e.V. Hamburg, Havanna Lounge Bremen, Havanna-Lounge Hannover, ROTONDA Business Club e.V. Köln, Wiegand Sporting Club Berlin, Ananda Club München, Wirtschaftsclub Düsseldorf, Club zum Rennweg Zürich.

Das Management des BCC liegt bei der 1982 in Hongkong gegründeten CCA-Gruppe, die weltweit als führender Entwickler und Betreiber von privaten Business-, Sport-, Country- und Golfclubs gilt. CCA-Chairmann Dieter R. Klostermann ist der geistige Vater dieses Clubkonzeptes, das heute in 16 Ländern mit 30 Clubs und über 70.000 Mitgliedern operiert.

Die Aufnahme in den Berlin Capital Club erfolgt nur auf Empfehlung, im Ausnahmefall auch durch Eigenreferenz. Der Jahresbeitrag beträgt 1.225 Euro, der Aufnahmebeitrag 3.500 Euro. Etwa 20 Frauen bilden innerhalb des Clubs ein „Woman's Business Network". Der Club will als Business Club zwar eine Plattform für geschäftliche Kontakte bieten, reine „Geschäftemacher" sollen aber im Club keinen Platz finden.

➤ **Berlin Capital Club**
Mohrenstraße 30, 10117 Berlin, Tel.: 0 30/20 62 97 6, Fax: 0 30/20 62 97 89
info@berlincapitalclub.de

➤ **www.berlincapitalclub.de, www.iacworldwide.com**

China Club Berlin

Exclusiver Social Club im Asia Look. Der Club wurde am 4. April 2003 eröffnet. Ihm gehören heute etwa 500 Mitglieder an, bei denen es sich überwiegend um Spitzenkräfte aus Wirtschaft und Kultur handelt. Die Mitgliederzahl soll langsam auf maximal 1.000 gesteigert werden. Aufnahme ist nur auf Empfehlung möglich. Der Jahresbeitrag beträgt 1.200 Euro, die Aufnahmegebühr 10.000 Euro.

Ein besonderes Anliegen ist dem Club die Pflege der chinesischen Haute Cuisine. Folgerichtig hat er als Küchenchef einen der weltweit bekanntesten chinesischen Küchenmeister verpflichtet.

➤ **China Club Berlin**
Adlon Palais, Behrensstraße 72, 10117 Berlin, Tel.: 030/20 91 20, Fax: 030/20 91 2-11
member@china-club-berlin.com

➤ **www.china-club-berlin.com**

BIELEFELD

Industrie- und Handelsclub Ostwestfalen-Lippe e.V. (IHC)

▮ **Ziele:** Der Industrie- und Handelsclub Ostwestfalen-Lippe ist eine standespolitische Vereinigung zwischen den Industrie- und Handelskammern auf der einen und den Arbeitgeberverbänden auf der anderen Seite. Die Fortentwicklung der freiheitlichen, sozialen Marktwirtschaft und die Förderung der internationalen Verständigung sind die Zielsetzungen des IHC und bestimmen das gemeinsame Interesse seiner Clubmitglieder. Die Zusammenkünfte des IHC dienen der kritischen Meinungsbildung sowie dem gegenseitigen Verständnis und der Pflege freundschaftlicher Beziehungen.

In seinen „Wirtschaftspolitischen Arbeitskreisen" diskutiert der IHC Problemthemen und nimmt dazu Stellung. Im Arbeitskreis „Unternehmergespräch intern" stellen sich jeweils einzelne Clubmitglieder mit ihrer Unternehmensphilosophie und Branchensituation einem interessierten Teilnehmerkreis vor. Zur Förderung der Internationalisierung der beruflichen Bildung von qualifizierten Studentinnen und Studenten im Bereich der Wirtschaftswissenschaften verleiht der IHC jährlich Förderpreise.

▌**Zielgruppe:** Unternehmer aus Industrie, Handel und Dienstleistung, leitende Führungskräfte aus Wirtschaft, Politik, Kultur und Verwaltung und Freiberufler aus der Region Ostwestfalen-Lippe.

▌**Geschichte:** 1979 wurde er von 39 beherzten Männern um den ersten Präsidenten und heutigen Ehrenpräsidenten Heinz Schürmann gegründet. Er sollte nicht zuletzt eine neue Heimat für die Wirtschaftsjunioren bei der Industrie- und Handelskammer werden, die mit Erreichung des 40. Lebensjahrs ihre Organisation verlassen müssen. Durch Vortrags- und Diskussionsveranstaltungen mit hochkarätigen Referenten aus unterschiedlichsten Bereichen bietet der IHC ein außergewöhnliches Forum zur Meinungsbildung und -äußerung. Ein von den Mitgliedern gewähltes, fünfköpfiges Präsidium zeichnet verantwortlich für ein attraktives Jahresprogramm. Heute zählt der IHC 700 persönliche Mitglieder, darunter auch zahlreiche Frauen.

Der Jahresbeitrag beträgt 275 Euro, ebenso hoch ist die einmalige Aufnahmegebühr. Die Mitgliedschaft kann nur erwerben, wer dem Clubvorstand von einem Mitglied des Clubs vorgeschlagen wird. In einigen Städten Ostwestfalens sind lokale Gruppen des Clubs gegründet worden, um einen engeren Zusammenhalt zu bewirken.

Der IHC hat sein Domizil im clubeigenen Lessinghaus zu Bielefeld. Er hat Partnerclubs in Berlin, Bremen, Dresden, Düsseldorf, Frankfurt/Main, Halle/Saale, Hamburg, Hannover, Kiel, Leipzig und München.

➤ **Clubräume:**
Lessinghaus, Lessingstraße 3, 33604 Bielefeld, Tel./Fax: 05 21/65 31 7
Geschäftsstelle:
Niederwall 51, 33602 Bielefeld, Tel.: 05 21/17 71 11, Fax: 05 21/17 71 61
info@ihc-owl.de
➤ **www. ihc-owl.de**

BONN

American German Business Club Deutschland e.V. (AGBC)

▌**Ziele:** Der AGBC ist eine private gemeinnützige, internationale Organisation. Ihr Ziel ist die Festigung der Beziehungen zwischen den Repräsentanten der in Deutschland ansässigen amerikanischen Unternehmen und den Vertretern der deutschen Wirtschaft. Dazu werden Veranstaltungen in einer gesellschaftlichen, informellen Atmosphäre angeboten, um die persönlichen Beziehungen zu fördern. Diskussionen über nationale und internationale Wirtschaftsthemen sollen den Gedankenaustausch zum Wohl beider Staaten fördern.

▌**Zielgruppe:** Mitglied kann jeder Mensch und jedes Unternehmen ohne Berücksichtigung des nationalen Hintergrundes werden, wenn freier Handel und freier Austausch von Gedanken und Ideen unterstützt werden und man sich einsetzt für eine Verfestigung der Beziehungen zwischen der deutschen und der amerikanischen Wirtschaft.

▌**Geschichte:** Der AGBC wurde 1964 in Bonn von amerikanischen Geschäftsleuten als Luncheon Club gegründet und wuchs bis 1990 langsam auf 200 Mitglieder. Die Mitgliederzahl stieg bis heute auf knapp 1.000 Mitglieder. Neue Clubs entstanden in Leipzig (1992), Berlin (1993), Frankfurt/Main (1994), Kaiserslautern (1995), Düsseldorf, Heidelberg und München (1996), Hamburg (1998) und Karlsruhe (2000). Diese sind heute mit Ausnahme von Berlin Mitglied in der „Nationalen Vereinigung American German Business Club-Deutschland e.V.".

Die Dachorganisation hat ihren Sitz in Bonn und übernimmt Verwaltungs- und Koordinationsaufgaben. Sie fungiert als Kontaktstelle für alle Interessenten am AGBC Deutschland. Zweimal jährlich finden Hauptversammlungen statt, an der Delegierte aus allen Regionalclubs teilnehmen. Ihnen obliegt die Budgetüberwachung sowie die Festlegung der Prioritäten für die praktische Arbeit vor Ort. Die Beiträge sind in den Regionalclubs unterschiedlich. Empfohlen werden von AGBC für Einzelmitglieder 75 Euro und für Firmenmitgliedschaften 150 Euro.

Jeder AGBC hält regelmäßige Zusammenkünfte mit Mittag-

oder Abendessen, Empfängen oder als Stammtisch ab. Schwerpunkt ist dabei die Kontaktanbahnung zu geschäftlichen Interessen. Zu den formellen Veranstaltungen mit Essen werden meist hochkarätige Redner zu einem allgemein interessierenden Thema eingeladen. Daneben finden auch rein gesellige Veranstaltungen statt.

➤ **American German Business Club Deutschland**
Deutschland National Office, Beethovenallee 85, 53173 Bonn
Tel.: 02 28 / 35 14 74/75, Fax: 02 28/36 56 28, national@agbc.de
➤ **www.agbc.de**

BREMEN

Club zu Bremen

Ziele: Der Club zu Bremen verfolgt ausschließlich und unmittelbar den Zweck, die internationale Zusammenarbeit auf allen Gebieten zu pflegen. Er will der Toleranz in allen Bereichen der Wirtschaft, Kultur und Politik und der Verständigung der Völker untereinander dienen. Seine Zwecke verfolgt der Club durch Vorträge und ähnliche Veranstaltungen, wodurch den in Wirtschaft, Wissenschaft und Verwaltung Tätigen eine Stätte lebendigen Gedankenaustausches bereitet werden soll. In geeigneten Fällen macht der Club seine Vortragsveranstaltungen der Öffentlichkeit zugänglich. Durch seine Tätigkeit will er zu einer Lebensordnung beitragen, in der Freiheit und Würde der Persönlichkeit als Sinn und Wert menschlichen Seins und Schaffens gelten.

In den letzten 20 Jahren waren über 300 Referenten bei dem Club zu Gast. Die Namensliste umfasst Bundespräsidenten, Bundes- und Landesminister, andere Spitzenpolitiker, Wissenschaftler, Literaten, Astronauten, Unternehmer und Freiberufler, die jeweils einen hervorragenden Namen tragen und Außerordentliches geleistet haben.

Zielgruppe: Dem Club zu Bremen gehören über 1.000 Persönlichkeiten an, die als Unternehmer, leitende Angestellte, Wissenschaftler, Beamte oder Freiberufler Verantwortung tragen und an gesellschaftlich bedeutsamen Entscheidungen mitwirken. Ferner

sind etwa 135 Unternehmen Mitglied. Auswärtige Gäste können von einem Mitglied des Clubs zu Veranstaltungen eingeführt werden, Bürger des Stadtstaates Bremen können jedoch nur einmal als Gast mitgebracht werden. Wenn sie öfter teilnehmen möchten, sollen sie die Mitgliedschaft erwerben. Neue Mitglieder können nur aufgenommen werden, wenn sie von zwei Mitgliedern, die als Bürgen fungieren, beim Vorstand des Clubs vorgeschlagen werden. Der Mitgliedsbeitrag beläuft sich auf 260 Euro für ein persönliches Mitglied und mindestens 520 Euro für eine Firmenmitgliedschaft.
▮ **Geschichte:** Der Club zu Bremen ist der wohl älteste Club in Deutschland. Im Jahre 1783 wurde die „Gesellschaft Museum" aus der Vereinigung einer älteren Lesegesellschaft sowie einer naturwissenschaftlichen Gesellschaft gegründet. Sie fusionierte 1931 mit der „Bremer Gesellschaft von 1914" zum Club zu Bremen. Dieser musste sich, wie auch andere Gesellschaften dieser Art, unter den Nationalsozialisten auflösen. 1947 wurde jedoch von der britischen Besatzungsmacht die Rekonstituierung des Clubs gebilligt und er konnte seine Tätigkeit als Kommunikations- und Gesellschaftsplattform wieder aufnehmen. 1952 bezog er das heutige Domizil in den Souterraingewölben des Hauses Schütting am Markt zu Bremen, die 2001 renoviert und neu gestaltet wurden.

Der Club unterhält enge Kontakte zu 13 ähnlich strukturierten Industrie- und Wirtschaftsclubs in Deutschland und zu acht ausländischen Clubs.

➤ **Club zu Bremen**
Haus Schütting am Markt, 28195 Bremen, Tel.: 04 21/32 30 94, Fax: 04 21/32 86 16
info@dczb.de
➤ **www.dczb.de**

Industrie-Club Bremen e.V.

▮ **Ziele:** Der 1981 gegründete Industrie-Club Bremen e.V. setzt sich für die Förderung und Unterstützung der Interessen von Gewerbe und Industriebetrieben im Land Bremen sowie den mit Bremen wirtschaftsgeografisch verbundenen Regionen ein. Dort treffen sich heute mehr als 350 Persönlichkeiten aus Bremen, Bremerhaven und der umliegenden niedersächsischen Nachbarschaft. Sie sind an verantwortlicher Stelle in Industrie und Wirtschaft sowie als freiberufliche Dienstleister tätig.

Motto: „Bremen nach vorn!"

Ziele: Der Industrie-Club Bremen leistet kompetente Unterstützung zur Herstellung von Kontakten und zur Geschäftsanbahnung. Die vertrauensvolle Basis bestehender und zukünftiger persönlicher Kontakte wird von ihm gefördert. In den eigenen großzügigen Räumlichkeiten in Bremens Mitte „Am Markt 1" finden die Veranstaltungen und Treffen statt. Vorträge und Diskussionen, der Austausch von Gedanken und Anregungen mit Clubmitgliedern und Gästen, Kollegen und Wettbewerbern, Gleich- und auch Andersdenkenden, Bekannten und Unbekannten aus Wirtschaft, Wissenschaft, Politik, Verwaltung und anderen Ländern machen den Industrie-Club interessant und lebendig.

Zielgruppe: Unternehmer und leitende Angestellte aus Industrie, verarbeitendem Gewerbe, Handel, Banken, Medienwirtschaft und anderen Dienstleistungen sowie Freiberufler insbesondere mittelständischer Prägung aus Bremen und dem verbundenen Wirtschaftsraum des Umlandes sind Schwerpunkt der Zielgruppe. Ein besonderes Anliegen ist dem Industrie-Club dabei die Integration von neu gegründeten jungen Unternehmen. Er will dabei auch bewusst Begegnungsstätte zwischen jungen, neuen, zukunftsträchtigen Branchen und den etablierten Traditionsbranchen sein, denn beide können etwas voneinander lernen, wenn sie zusammenfinden. Für neu Zugezogene entfaltet der Club eine erhebliche Integrationskraft, finden sie doch hier Alteingesessene, die ihnen mit Rat und Tat zur Seite stehen können. Ein besonderes Ereignis ist das jährliche „Roland-Essen" in der traditionsreichen „Oberen Rathaushalle" zu Bremen. Zahlreiche Veranstaltungen des Industrie-Clubs Bremen werden mit verschiedenen Themenbereichen, Vorträgen und Betriebsbesichtigungen wahrgenommen. Jeden letzten Montag im Monat findet das Forum 18:17 statt. Teilnehmer sind in erste Linie neue und „Jungmitglieder" sowie alle Gäste, die sich für den Industrie-Club interessieren. Das Forum 18:17 ist ein lockeres Treffen, bei dem Impulsvorträge und Diskussionsrunden zu unterschiedlichen Themen stattfinden.

Der Austausch, das Kennenlernen neuer Mitglieder und die Kontaktbildung stehen bei diesen Treffen im Vordergrund. Die Resonanz auf die Aktivitäten dieses Kreises hat sich sehr förderlich für Neumitglieder erwiesen. Die Clubräumlichkeiten im Deutschen Haus stehen den Mitgliedern auch für eigene Veranstaltungen zur Verfügung. Der Beitrag beträgt für Einzelmitglieder 350 Euro, für Firmenmitglieder 950 Euro pro Jahr.

Die Zahl der Mitglieder hat sich auf 350 erhöht bei einem Damenanteil von rund 20%. Der Anteil jüngerer Mitglieder ist überproportional gestiegen.

➤ **Industrie-Club Bremen e. V.**
Am Markt 1, 28195 Bremen, Tel.: 04 21/32 01 58, Fax: 04 21/36 49 30 9
info@industrie-club-bremen.de
➤ **www.industrie-club-bremen.de**

Havanna Lounge Bremen

Die Havanna Lounge ist ein Business Club besonderer Art: Wer Mitglied werden möchte, muss Zigarrenraucher sein. Anbahnung und Pflege von Geschäftskontakten, Vortragsabende mit prominenten Gästen und stilvolles Rauchen sind der Zweck der Havanna Lounges. Sie hat ihren Sitz in der besten Lage von Bremen. Umgeben vom berühmten Ensemble des Bremer Marktplatzes mit Roland, dem historischen Rathaus und dem Bremer Dom findet der Gast direkt neben der Bürgerschaft die Räumlichkeiten. Im hanseatischen Ambiente des alten Bremer Börsenhofes bietet die Lounge dem ambitionierten Raucher den stilvollen Rahmen, seinem Hobby zu frönen. Restaurant, Terrasse, Bibliothek, Kaminzimmer, Konferenzraum und Humidor sind die Räume des Havanna Clubs. Etwa 3.400 Liebhaber guter Zigarren sind Mitglied im Club, 10% der Mitglieder sind Frauen. Die Havanna Lounges sind mit 250 Partnerclubs in allen großen Metropolen dieser Erde Mitglied im International Associate Club.

Der Jahresbeitrag beträgt 750 Euro, die Aufnahmegebühr 650 Euro. Jeder Bewerber um die Mitgliedschaft im Club benötigt zwei Bürgen, die ihn empfehlen. Havanna Lounges gibt es in mehreren deutschen Städten. Die Zentrale hat ihren Sitz in Bremen.

➤ **Havanna Lounge Bremen**
Börsenhof A/Am Dom 5, 28195 Bremen, Tel.: 04 21/32 30 03 0, Fax: 04 21/32 30 03 33
➤ **www.havanna-lounge.net**

CHEMNITZ

Industrieverein Sachsen 1828 e. V.

Ziele: Der Industrieverein Sachsen 1828 e.V. fördert den Aufbau des Wirtschaftsstandortes Sachsen durch branchenübergreifende Vernetzung seiner Mitglieder. Er bietet eine Gesprächsplattform zur Wissensvermittlung und der Bündelung von Interessen.

Der Industrieverein Sachsen 1828 e.V. sucht aktiv den Dialog mit der Politik, fördert den wissenschaftlichen und unternehmerischen Nachwuchs in Sachsen und setzt sich für den weiteren Ausbau der sächsischen Infrastruktur ein.

Zielgruppe: Inhaber, Vorstände, Geschäftsführer und leitende Mitarbeiter aus Wirtschaft und Wissenschaft bilden den Mitgliederkreis. Der Erwerb der Mitgliedschaft erfolgt aus dem Industrieverein heraus auf Vorschlag von zwei Vereinsmitgliedern und mit Zustimmung des Vorstandes. Antragsvoraussetzung ist die Vorstellung des Vorgeschlagenen durch eine kurze Darstellung des Geschäftsprofils und eine berufliche Vita. Die Bewerbung um eine Mitgliedschaft ist nicht vorgesehen.

Geschichte: Mit seinen Zielen und Aktivitäten schließt sich der Verein im Wesentlichen der ebenfalls dem Gemeinwohl dienenden Tätigkeit des historischen „Industrievereins für das Königreich Sachsen" von 1828 an. Dieser bewirkte den damals vordringlichen Eisenbahnanschluss von Chemnitz und regte die Gründung der Königlichen Gewerbeschule als Vorläufer der heutigen Technischen Universität Chemnitz an. Am 7. Dezember 2000 wurde der Industrieverein wieder begründet. Ihm gehören fast 100 Firmen an, die durch mehr als 150 Persönlichkeiten vertreten werden.

➤ **Industrieverein Sachsen 1828 e. V.** (im Haus des Fraunhofer IWU)
Reichenhainer Straße 88, 09126 Chemnitz
Tel.: 03 71/53 97 14 82, Fax 03 71/53 97 14 75, info@industrieverein.org
➤ **www.industrieverein.org**

DORTMUND

Westfälischer Industrieklub Dortmund e.V.

▌**Ziele:** Der Westfälische Industrieklub e.V. bezweckt die Förderung der allgemeinen ideellen und wirtschaftlichen Interessen der heimischen Industrie, der Wirtschaft, des öffentlichen Lebens und seiner Mitglieder. Er strebt diese Ziele insbesondere durch Austausch beruflicher Informationen und Erfahrungen, durch Vorträge und gesellschaftliche Veranstaltungen aller Art an.
▌**Zielgruppe:** Die Mitglieder des Westfälischen Industrieklubs sind Inhaber, Vorstände, Geschäftsführer sowie obere Führungskräfte aus Unternehmen aller Größen und wirtschaftsnahen Dienstleistungsunternehmen, der Wissenschaft und der Verwaltung.

Der Club residiert in zentraler Lage Dortmunds. Das Domizil ist im Ambiente klassischer Clubs gestaltet. Das Foyer mit Aperitifbar erreicht man über eine große Freitreppe. Von dort aus sind die einzelnen Vortrags- und Konferenzräume zugänglich, die bis zu 300 Personen Platz bieten. Ein Damen- und ein Bridgezimmer runden das Angebot ab.

➤ **Westfälischer Industrieklub Dortmund e.V.**
Markt 6–8, 44137 Dortmund, Tel.: 02 31/52 10 53, info@westf-industrieklub.de
➤ **www.westf-industrieklub.de**

DRESDEN

Industrieclub Sachsen e.V. (ICS)

▌**Ziele:** Aufgabe des Industrieclubs Sachsen ist es, die wirtschaftlichen, wissenschaftlichen und kulturellen Beziehungen des Landes Sachsen zu fördern. Die Gründung des Industrieclubs ging 1990 von Vertretern der Industrie, des Handels und des Dienstleistungsgewerbes aus. Die Gründungsmitglieder wollten einen Ort der Begegnung für die bekanntesten Vertreter aus Politik, Wirtschaft, Wissenschaft und dem Rechtswesen schaffen.

Weitere Zielsetzung des Clubs ist es, die internationale Zusammenarbeit auf allen Gebieten zu pflegen, den europäischen

Gedanken zu verbreiten, zu vertiefen und damit auch der Toleranz auf allen Gebieten der Kultur und der Verständigung der Völker zu dienen. Er fördert die auf den wirtschaftlichen Wiederaufbau in Sachsen gerichteten Bestrebungen und ist unterstützend dort tätig, wo Dynamik, Weitblick und Mut gefragt sind. Der Industrieclub Sachsen versteht sich als Interessengemeinschaft von Vertretern aus Industrie und Wirtschaft, die über die Grenzen des engen unternehmerischen Umfeldes hinaus ein Netzwerk zwischen Wirtschafts- und Gesellschaftsleben schaffen wollen.

Zielgruppe: Der Club spricht Repräsentanten aus Industrie, Dienstleistung und Gewerbe in Führungspositionen an, die an der Verwirklichung der genannten Ziele interessiert sind und dabei aktiv mitwirken möchten, einen Ort der Begegnung zwischen Wirtschaft und Politik zu schaffen. Neumitglieder müssen zwei Bürgen aus dem Club haben. Der Club hat heute 70 Einzel- und 80 Firmenmitglieder.

Das Domizil des ICS ist das hoch über der Elbe in einem größeren Park gelegene Schloss Eckberg, eines der bedeutendsten architektonischen Bauwerke der Neugotik in Sachsen. Dieser Rahmen gewährleistet die von den Clubmitgliedern gewünschte persönliche Atmosphäre.

Zu den Treffen des Industrieclubs Sachsen werden in regelmäßigen Abständen hochkarätige Referenten eingeladen. Zum Kreis der Gastredner gehörten beispielsweise Professor Kurt Biedenkopf, Helga Breuninger, Joachim Gauck, Steffen Heitmann, Dr. Paul C. Martin, Professor Dr. Paul Mikat, Carl Dieter Spranger und andere Träger bekannter Namen aus Politik und Wirtschaft.

Der Industrieclub Sachsen ist partnerschaftlich verbunden mit Clubs in Berlin, Bremen, Bielefeld, Chemnitz, Düsseldorf, Frankfurt/Main, Hamburg, Kassel, Kiel, Leipzig, München, Potsdam, Saarbrücken und Weimar.

➤ **Industrieclub Sachsen e.V.**
Blasewitzer Straße 41, 01307 Dresden, Tel.: 0351/4504131, Fax: 0351/4504132
info@industrieclub.de

➤ **www.industrieclub.de**

DÜSSELDORF

Industrie-Club e.V. Düsseldorf

▮ **Ziele:** Der Industrie-Club in Düsseldorf ist einer der angesehensten deutschen Clubs. Er wurde 1912 auf Initiative von Heinrich Lueg von den Inhabern der großen Unternehmen an Rhein und Ruhr gegründet, um für hochrangige Gäste dieser Industriellen eine passende Stätte der Begegnung und des Informationsaustausches zu besitzen. Er entwickelte sich rasch zu einer Begegnungsstätte für die Großen aus Industrie, Bergbau, Handel, Banken, Versicherungen und wirtschaftsnahen Dienstleistungen untereinander und den Repräsentanten aus Politik, Verwaltung, Wissenschaft und auch Kultur. Wie vor 90 Jahren führt er auch heute noch die Topentscheider des Rhein-Ruhrgebietes zusammen. In seinen eigenen Räumlichkeiten bietet er das angemessene Ambiente sowohl für vertrauliche Geschäftsbesprechungen als auch für große Vortragsveranstaltungen. Als „Club der Mächtigen" bezeichnete ihn die Rheinische Post zum 90-jährigen Clubjubiläum im Jahr 2002.

▮ **Zielgruppe:** Mitglieder im Industrie-Club sind traditionsgemäß die Inhaber und Vorstände der Topunternehmen des rheinischen Industriegebietes sowie oberste Führungskräfte aus Wirtschaft, Verwaltung und Kultur. Drei Bürgen, die selbst mindestens seit fünf Jahren Mitglied im Club sind, benötigt ein Interessent, um einen Aufnahmeantrag stellen zu können. Sein Alter sollte aber deutlich unter 60 Jahren liegen, damit der Antrag eine Chance hat. Seit den 70er Jahren werden auch Frauen aufgenommen, heute sind es 45 von rund 1.200 Mitgliedern. Der Jahresbeitrag beträgt 450 Euro, die Aufnahmegebühr 1.000 Euro.

Ein besonderes Anliegen des Clubs ist es, durch finanzielle Unterstützung Beiträge für Forschung und Lehre im universitären Bereich zu leisten. So vergibt der Industrie-Club in Zusammenarbeit mit der Heinrich-Heine-Universität jährlich drei Stipendien an Doktoranden sowie einen mit 20.000 Euro dotierten, hochangesehenen Wissenschaftspreis. Ebenso unterstützt der Industrie-Club ideell und materiell die neue Düsseldorf Business School. Partnerclubs bestehen u.a. in Berlin, Bielefeld, Bremen, Frankfurt/Main, Hamburg, Leipzig und München.

Nach dem Zweiten Weltkrieg wurden die partnerschaftlichen Beziehungen zu Clubs mit gleicher Zielsetzung und ebenfalls hohen Ansprüchen in vielen Ländern der Erde aufgebaut, um die eigenen Mitglieder mit einem internationalen Netzwerk zu unterstützen. So hat der Industrie-Club heute Partner in Belgien, Finnland, Frankreich, Großbritannien, Italien, Luxemburg, den Niederlanden, Österreich, Portugal, Schweden, der Schweiz, Spanien sowie in Argentinien, Australien, Bolivien, Brasilien, Chile, Kanada, Mexiko, Neuseeland, Peru und in den USA.

▮ **Geschichte:** Unmittelbar nach Gründung nahm der Club einen großen Aufschwung. Sachkundige Vorträge über die Wirtschaft unter den erschwerten Kriegsbedingungen wurden zu gesellschaftlichen Großereignissen, an denen neben den Wirtschaftsführern auch hochrangige Militärs und Beamte regelmäßig teilnahmen. Der Club selbst spendete 42 modernste Sanitätskraftwagen, die dem schnellen Transport von Verwundeten dienten. Die Revolution von 1918 und die anschließende Besetzung des Rheinlands und des Ruhrgebietes beeinträchtigten auch den Industrie-Club. Erst von 1924 an konnte er sich wieder voll seinem Auftrag widmen. Auch der Zweite Weltkrieg ging nicht spurlos an ihm vorbei. Durch Bomben wurde das Clubhaus schwer beschädigt und ein erheblicher Teil des Inventars und Innenausbaus ging verloren. Nach dem Einmarsch der Amerikaner wurde er 1945 geschlossen. Erst 1948 konnte er wieder eröffnet werden, um in den Jahren des Wirtschaftswunders eine neue Blüte zu erleben.

In über 600 Vortragveranstaltungen wurde den Mitgliedern geistige Anregung gegeben. Auf der illustren Rednerliste finden sich die Namen von Staatsoberhäuptern, europäischen Präsidenten, Reichskanzler Wilhelm Cuno und natürlich die Bundeskanzler Konrad Adenauer und Ludwig Erhard, Minister und Nobelpreisträger. Wer immer für die Bosse an Rhein und Ruhr von Interesse ist (oder werden kann), wird eingeladen, damit sich jeder sein eigenes Bild von den Menschen machen kann, die in der Welt etwas bewegen. Parteipolitik wird dabei jedoch nicht betrieben. Die Vorträge ergeben ein Spiegelbild des Zeitgeistes seit der Gründung des Clubs. Eine Auswahl von Vorträgen aus den Jahren 1948 bis 1999 wurde bereits in einem Band „Offenheit und Öffentlichkeit“

veröffentlicht. Eine wichtige Funktion hat der Industrie-Club heute auch als Mittler zwischen ausländischen Botschaften und der Wirtschaft in Nordrhein-Westfalen, wenn Partner für Großprojekte oder Lieferanten für hochwertige Industriegüter gesucht werden.

➤ **Industrie-Club e.V. Düsseldorf**
Elberfelder Straße 6, 40213 Düsseldorf, Tel.: 02 11/13 90 50, Fax: 02 11/32 74 89
kontakt@Industrie-Club.de
➤ **www.industrie-club.de**

Wirtschaftsclub Düsseldorf

▌**Ziele:** Der Wirtschaftsclub Düsseldorf wurde als exklusiver Gesellschafts- und Business Club am 1. September 2003 gegründet. Er sieht sich als klassischer Club im englischen Sinn, der ein Forum zur Pflege geschäftlicher Kontakte und zur Entwicklung von Synergien ist. Gediegener britischer Stil soll nicht nur das Ambiente, sondern auch den Umgang der Clubfreunde prägen. Von altenglischen Clubs unterscheidet ihn lediglich die Tatsache, dass auch Frauen Mitglied werden können, ohne dass der Untergang des Landes droht. Zur Zielgruppe des Clubs gehören Unternehmer, Vorstände, Geschäftsführer sowie hochkarätige Führungskräfte aus Wirtschaft, Wissenschaft, Kultur und Verwaltung. Er veranstaltet Vorträge, Diskussionsrunden zu aktuellen politischen und wirtschaftlichen Themen, Fest- und Kulturveranstaltungen und bietet Gelegenheiten zu anregenden Gesprächen und neuen Kontakten, denn die Erweiterung des persönliches Netzwerkes eines jeden Mitgliedes ist ein Hauptzweck des Clubs. Dazu sollen Räumlichkeiten und Ambiente nur den Rahmen geben.

Der Wirtschaftsclub befindet sich in der Kö-Galerie und verfügt über einen Restaurant- und Barbereich mit ca. 60 Plätzen, ferner über eine Bibliothek mit umfangreichem Zeitungsangebot und einem offenen Kamin sowie einer Dachterrasse. Er ist ein stilvoller Treffpunkt für private und geschäftliche Anlässe. Die Clubräume können von den Mitgliedern für private oder Firmenveranstaltungen gemietet werden.

▌**Zielgruppe:** Der Mitgliedsbeitrag beträgt 500 Euro pro Jahr für eine Einzelperson. Eine Eintrittsgebühr wird nicht erhoben, wohl aber kann eine mehrmonatige kostenfreie Mitgliedschaft – gewissermaßen auf Probe – dem Mitgliedsantrag vorausgehen. Die an einer Clubmitgliedschaft interessierten Personen erhalten beim ersten Besuch eine Gastkarte. Über die Mitgliedschaft wird durch den Beirat entschieden; bis zur Entscheidung genießt der Antragssteller Gastrecht. Sie berechtigt zur Nutzung der Räumlichkeiten und Einrichtungen des Wirtschaftsclubs Düsseldorf und etwaiger Kooperationspartner sowie zur Teilnahme an Veranstaltungen innerhalb des Clubs wie auch bei den Partnerclubs. Dem Club gehören über 200 Mitglieder an, das Nahziel liegt bei 500 Mitgliedern.

▮ **Partnerclubs:** Partnerschaftliche Verbindungen bestehen auf Gegenseitigkeit zu ROTONDA Business Club, Köln, sowie den Havanna-Lounges in Bremen, Hannover und Zürich.

➤ **Wirtschaftsclub Düsseldorf GmbH**
Königsallee 60c, 40212 Düsseldorf, Tel.: 02 11/86 32 26 86, Fax: 02 11/86 32 26 99
info@wirtschaftsclub-duesseldorf.de

➤ **www.wirtschaftsclub-duesseldorf.de**

FRANKFURT/MAIN

Frankfurter Gesellschaft für Handel, Industrie und Wissenschaft e. V.

▮ **Ziele:** Die Frankfurter Gesellschaft für Handel, Industrie und Wissenschaft will führende Köpfe aus den unterschiedlichsten Bereichen zusammenführen, um sie zu einem offenen Gedankenaustausch zum gegenseitigen Nutzen zu inspirieren.

▮ **Zielgruppe:** Die Gesellschaft erhebt keinen elitären Anspruch. Sie ist aber stolz darauf, dass ihre Mitglieder zur Elite zählen. Die Anzahl der Mitglieder ist auf 600 begrenzt. Sie kommen aus Handel, Banken, Wirtschaft, freien Berufen, Justiz und Verwaltung, Wissenschaft und Kultur. Die Vielfalt der Berufe und Begabungen gibt dem Club die intellektuelle Qualität und die geistige Weite, die ihn für Gebildete anziehend machen.

▮ **Geschichte:** Die Frankfurter Gesellschaft wurde am 13. Februar 1920 von angesehenen Frankfurter Bürgern gegründet. Sie wollten in einer neuen Zeit hervorragende Persönlichkeiten verschiedener Berufe, unterschiedlichen Glaubens und unterschiedlicher politischer Ansichten in einer Bürgergesellschaft versammeln, um im freiheitlichen Geist, fest verwurzelt in demokratischen Überzeugungen, die Ursachen der Dinge zu ergründen und um die im Club gewonnenen Einsichten der Stadt und dem Gemeinwesen dienstbar zu machen. Als Leitspruch wählten sie die Verse aus der Edda (Sammlung altdeutscher Stabreimgedichte aus dem 13. Jahrhundert): *„Wie die Glut zehrt von der Glut, wie der Brand sich entzündet am Brand, so lernt der Mann vom Manne im Gespräch."*

Vorbild war die 1802 in Frankfurt am Main errichtete Casino-Gesellschaft. Sie war eine *„im Aufbruch aus der ständischen Welt"* (Ralf Roth) entstandene Vereinigung. Ihre Mitglieder waren Bürger der Freien Reichsstadt: Kaufleute, Bankiers, Wissenschaftler und Politiker. Sie hatten Einfluss auf das Stadtregiment und auf die Verhandlungen der Paulskirchenversammlung. Die Casino-Gesellschaft trug vieles zu dem blühenden wirtschaftlichen und kulturellen Leben der Stadt bei. Nach ihrem Niedergang schlossen sich viele Mitglieder dem neuen Club an – im Zweiten Weltkrieg musste der Club seine Tätigkeit einstellen. Im Oktober 1947 trafen sich mehrere Universitätsprofessoren, der damalige Oberbürgermeister der Stadt und der Präsident der Industrie- und Handelskammer, um die Frankfurter Gesellschaft wiedererstehen zu lassen. Schon wenige Wochen später, am 2. Dezember 1947, fand die erste Mitgliederversammlung statt. Von diesem Zeitpunkt an wurde der Club wieder *„zum Schnittpunkt geistiger Strömungen übernationaler Art, zu einem Heimatort fortschrittlichen und demokratischen Denkens."* (Frankfurter Allgemeine Zeitung)

Das Clubhaus ist eines der wenigen vollständig erhaltenen, großbürgerlichen Palais in Frankfurt. 1896 für den Kaufmann und Bankier Wilhelm Bernhard Bonn erbaut, ging die „Villa Bonn" 1923 in den Besitz der Frankfurter Gesellschaft für Handel, Industrie und Wissenschaft über.

➤ **Frankfurter Gesellschaft für Handel, Industrie und Wissenschaft e. V.**
Siesmayerstraße 12, 60323 Frankfurt am Main
Tel.: 0 69/72 65 79, Fax: 0 69/97 20 62 33, info@frankfurter-gesellschaft.de
➤ **www.frankfurter-gesellschaft.de**

Wirtschaftsclub Rhein-Main e.V.

Ziele: Der Wirtschaftsclub Rhein-Main wurde im Jahr 1950 von jungen Unternehmern, Freiberuflern und Führungskräften aus der Wirtschaft gegründet. Ziel der Vereinigung war es, mit neuen Ideen und marktnahen Konzepten der wirtschaftlichen Entwicklung neue Impulse zu vermitteln. Vorbild waren die Ideen und das Gedankengut der amerikanischen Junior Chamber of Commerce. Im Gegensatz zu den bestehenden Vereinigungen aus der Vorkriegszeit in Deutschland war es keine ausschließliche Unternehmervereinigung, sondern angestellte Manager und Führungskräfte wurden einbezogen. Daraus entwickelte sich keine reine Interessenvertretung, sondern ein „dritter Ort“ mit absoluter Neutralität in parteipolitischer, sozialer, religiöser und wirtschaftspolitischer Hinsicht, jedoch fest verankert in dem Fundament der jungen deutschen sozialen Marktwirtschaft.

Nicht die gesellschaftlichen Aspekte des Clublebens sind das primäre Ziel, sondern die aktive, verantwortungsvolle Umsetzung neuer marktnaher, unternehmerischer Formen. Die mehr als 2.000 Mitglieder kommen zu über 60% aus der Rhein-Main-Region, rund 40% kommen aus anderen Teilen Deutschlands. Die Beiträge gehören dafür zu den günstigsten unter vergleichbaren Clubs. Der laufende Jahresbeitrag beträgt 80 Euro, die Aufnahmegebühr für Einzelmitglieder 160 Euro. Firmenmitgliedschaften kosten den doppelten Beitrag, für ganz große Unternehmen wird er in Abhängigkeit von der Anzahl der am Clubleben teilnehmenden Manager verhandelt.

Zielgruppe: Ein Schwerpunkt des Clubs ist die gegenseitige Information, das Gespräch im kleinen und großen Kreis. Er versteht sich als Quelle der Anregung und lädt daher regelmäßig führende Persönlichkeiten aus Politik, Wissenschaft, Kultur und Wirtschaft zu Gesprächen ein. Der Wirtschaftsclub Rhein-Main will ein Ort für die politische, wirtschaftliche und philosophische Diskussion sein. Der Austausch von Meinungen und Ideen steht immer im Mittelpunkt. Deshalb ist der Club weltoffen und immer an Neuem interessiert. Interessenten und Gäste sind stets willkommen. Neben den Vortragsveranstaltungen, auf denen beispielsweise auch schon der französische Staatspräsident sowie mehrere deutsche Bundeskanzler sprachen, finden auch Firmenpräsentationen vor Ort statt. Gesellschaftliche und sportliche Großereignisse, z.B. Golfturniere mit großer Besetzung, ergänzen das Programm. Besonders hervorzuheben ist als Clubleistung die „Prognose der 100“, in der die Meinung von 100 Topwirtschaftsführern ausgelotet und veröffentlicht wird – ein erstklassiges Stimmungsbarometer für die deutsche Wirtschaft, ferner der Innovationspreis der Deutschen Wirtschaft.

➤ **Wirtschaftsclub Rhein-Main e.V.,** Sekretariat Christina Arnold
Rathenauplatz 2–8, 60313 Frankfurt am Main, Tel.: 0 69/28 04 93, Fax: 0 69/29 67 43
info@wirtschaftsclub-rhein-main.de
➤ **www.wirtschaftsclub-rhein-main.de**

Women's Business Club Frankfurt (siehe S. 143)

64 Business Club e. V. Rhein-Main-Area

▌**Ziele:** Der Club wurde 1964 als Forum für den Meinungsaustausch über wirtschaftsrelevante Themen sowie als eine Plattform gegründet, auf der sich Kaufleute aller Nationen, die besonders an den deutsch-englischen Wirtschaftsbeziehungen interessiert sind, treffen und Kontakte knüpfen können. Ziel des Clubs ist es, ein Netzwerk von Kontakten bereitzustellen, um die Geschäfte zu fördern. Insbesondere ins Rhein-Main-Gebiet zugezogenen Geschäftsleuten soll geholfen werden, sich schneller in der Umgebung einzufinden.

▌**Zielgruppe:** Die Mitgliedschaft ist offen für Angehörige aller Nationen, wenn sie die Clubziele anerkennen und fördern. Die Sprache ist hauptsächlich Englisch. Der Aufbau persönlicher Beziehungsnetzwerke ist ein Hauptziel. Während der Lunch- oder Dinner-Meetings findet in der Regel ein Gastvortrag über ein aktuelles Thema statt. Zu allen Veranstaltungen, außer zur Jahreshauptversammlung, sind Gäste willkommen. Der Jahresbeitrag beträgt 50 Euro, die Aufnahmegebühr 10 Euro. Mit einigen anderen Business Clubs der Region bestehen Kontakte und Zusammenarbeit bei bestimmten Veranstaltungen von beiderseitigem Interesse. Der Club hat über 100 Mitglieder.

Gelegentlich widmet sich der Business Club 64 auch einer karitativen Aufgabe, wobei er meist mit anderen örtlichen Serviceclubs zusammenarbeitet. Die letzten Projekte galten krebskranken Kindern an der Universitätsklinik Frankfurt sowie dem Verein Lobby e.V., der Obdachlose und Bedürftige unterstützt.

➤ **64 Business Club e.V. Rhein-Main-Area**
Tel.: 0 61 74/63 94 25, chairman@64club.de
➤ **www.64club.de**

HAMBURG

Der Übersee-Club e.V.

Ziele: Im Übersee-Club treffen sich Kaufleute und Führungskräfte aus Wirtschaft, Wissenschaft und Verwaltung. In mehr als 1.100 Vortragveranstaltungen sprachen Persönlichkeiten aus Politik, Wissenschaft und Kultur zu den Mitgliedern des Clubs. Darunter befanden sich Namen wie Friedrich Ebert, Carl Friedrich Goerdeler, John Maynard Keynes, Hjalmar Schacht, Oswald Spengler und Gustav Stresemann vor der Auflösung 1934 und nach 1948 fast alle Bundespräsidenten und Bundeskanzler Deutschlands sowie u.a. Hermann J. Abs, Adolf Butenandt, Gräfin Marion Dönhoff, Charles de Gaulle, Edward Heath, Werner Heisenberg, Alfred Herrhausen, Urho Kekkonen, Teddy Kollek, Siegfried Lenz, François Mitterrand, Josef Kardinal Ratzinger, Annemarie Schimmel und Martin Walser. Die Vorträge sind ein Spiegelbild des Zeitgeistes seit der Gründung des Clubs.

Als herausragende jährliche Veranstaltung wird am 7. Mai der vom Übersee-Club 1950 ins Leben gerufene Übersee-Tag zur Erinnerung an die Verleihung der Hafenrechte an die Stadt Hamburg durch Kaiser Friedrich Barbarossa im Jahre 1189 gefeiert.

Zielgruppe: Mitglieder im Übersee-Club sind traditionsgemäß die führenden Herren und Damen der Hamburger Kaufmannschaft sowie Führungskräfte aus Industrie, Wissenschaft und Verwaltung. Heute hat der Club ca. 2.000 Mitglieder, von denen etwa 10% jünger als 40 Jahre sind. Weitere 10% der Mitglieder sind Damen.

Geschichte: Der Übersee-Club wurde auf Anregung des Bankiers Max M. Warburg am 27. Juni 1922 von Hamburger Kaufleuten und Industriellen gegründet, als die deutsche Wirtschaft nach dem Ersten Weltkrieg weitgehend zusammengebrochen war. Als Zusammenschluss von Wirtschaft und Wissenschaft setzte sich der Club erfolgreich für ein einheitliches Handeln von Wirtschaft und Politik zum Wiederaufbau der internationalen Wirtschaft und für die Weiterentwicklung der traditionellen Beziehungen Hamburgs zu den Märkten der Welt ein.

Zum ersten Präsidenten des Übersee-Clubs wurde der Generaldirektor der HAPAG (Hamburg-Amerika-Paketschifffahrts-AG), Dr. Wilhelm Cuno, der wenige Monate später zum Reichskanzler avancierte, gewählt. Zu Beginn der 30er Jahre stand der Club vor unlösbaren Problemen und stellte 1934 seine Tätigkeit ein. Am 18. Juni 1948 wurde er zeitgleich mit der Währungsreform von Hamburger Kaufleuten mit der gleichen Zielsetzung wie 1922 neu gegründet. Erster Präsident nach dem Krieg wurde der frühere Hamburger Bürgermeister Rudolf Petersen.

Gastvereinbarungen bestehen mit Clubs in der ganzen Welt:

- Deutschland: Berlin, Bielefeld, Bremen, Bremerhaven, Dortmund, Dresden, Düsseldorf, Frankfurt/Main, Kassel, Kiel, Leipzig, Lüneburg, München und Saarbrücken
- Europa: Belgien, Finnland, Frankreich, Großbritannien, Italien, Luxemburg, Niederlande, Österreich, Portugal, Schweden, Schweiz und Spanien
- Amerika: Kanada, Mexiko, USA, Argentinien, Bolivien, Brasilien, Chile und Peru
- Australien: Australien und Neuseeland
- Asien: Hongkong, Indonesien, Japan, Republik Korea und Singapur
- Afrika: Republik Südafrika

➤ **Der Übersee-Club e. V.**
Amsinck-Haus, Neuer Jungfernstieg 19, 20354 Hamburg
Tel.: 0 40/35 52 90 0, Fax: 0 40/35 52 90 10, info@der-uebersee-club.de

➤ **Gastronomie: Betreuung durch das Kempinski Hotel Atlantik**
Tel.: 0 40/35 52 90-20/21, Fax: 0 40/35 17 58; gastronomie@der-uebersee-club.de

➤ **www.der-uebersee-club.de**

Versammlung Eines Ehrbaren Kaufmanns zu Hamburg e.V.

▮ **Geschichte:** Ursprung und Tradition der Versammlung Eines Ehrbaren Kaufmanns reichen, wie schon der Name zeigt, weit in die Geschichte Hamburgs zurück. Bereits im Jahre 1517 wählte die Hamburger Kaufmannschaft – damals vor allem die den Seehandel betreibenden Kaufleute – einen Vorstand, der „alles Notwendige zu des Kaufmanns Nutzen fördern und Nachteile verhüten“sollte. Dazu gehörte die Verteidigung des freien Handels gegen äußere Feinde ebenso wie die Sorge für die Ordnung in den eigenen Reihen. Hinzu kam die Schaffung von Einrichtungen, die dem kaufmännischen Geschäftsverkehr dienten wie etwa die Gründung der Börse im Jahre 1558 und wenig später die Organisation eines eigenen Boten- und Postwesens. Zunehmende Bedeutung erlangte ferner die Vertretung der Interessen der Kaufmannschaft gegenüber dem Stadtregiment. Die Bezeichnung „Versammlung Eines Ehrbaren Kaufmanns“ zeugt von dem Selbstbewusstsein der Kaufmannschaft gegenüber einem „Ehrbaren Rat“ der Stadt.

Auch nachdem im Jahre 1665 aus der Versammlung Eines Ehrbaren Kaufmanns die Commerz-Deputation, die Vorläuferin der Handelskammer, errichtet und gewählt worden war, bestimmte die Versammlung Eines Ehrbaren Kaufmanns noch lange Zeit die Grundsätze und die Richtlinien der Arbeit der Commerz-Deputation. Der Ehrbare Kaufmann blieb bis in die Neuzeit, bis zum Jahre 1933, Wahlkörperschaft der Commerz-Deputation und später der Handelskammer. Aus dieser geschichtlichen Entwicklung erklärt sich der jeweils zum Jahresende der Versammlung Eines Ehrbaren Kaufmanns gegenüber erstattete Bericht des Präses der Handelskammer mit einem Überblick über die wirtschaftliche Gesamtsituation und über die Tätigkeit der Handelskammer. Seit Juni 2003 ist die Vertrauensstelle der Hamburger Wirtschaft zur Bekämpfung der Korruption, mit maßgeblicher Unterstützung der Versammlung Eines Ehrbaren Kaufmanns, in Hamburg aktiv.

➤ **Handelskammer Hamburg,** Geschäftsbereich Recht & Fair Play, Angelika Glomsda
Adolphsplatz 1, 20457 Hamburg, Tel.: 0 40/36 13 83 35, Fax: 0 40/36 13 85 33
angelika.glomsda@hk24.de

Hafen-Klub Hamburg e. V.

Ziele: Zur Hamburger Lebensart gehörte immer auch ein Hauch britischer Kultur. Seit Generationen heißen Kaufleute hier mit Vornamen John oder Henry, man sandte die Jungen nach Bristol, London oder Liverpool, um dort das Überseegeschäft zu lernen. Sie kamen nicht nur mit mehr Erfahrung zurück, sondern auch mit den Eindrücken des way of life der britischen Kaufmannschaft. Dazu gehörten die Annehmlichkeiten eines Klubs. In entspannter, stilvoller Atmosphäre und im Kreise Gleichgesinnter Nachrichten auszutauschen, Geschäftliches zu klären oder Beziehungen zu pflegen – diese Ziele hatten auch die Gründer des Hafen-Klubs, als sie die Vereinigung 1965 gründeten. Rund 750 Mitglieder zählt der Klub heute, wobei der Anteil von Frauen deutlich unter 10% liegt. Kaufleute aus dem Hafen haben hier genauso ein Refugium gefunden wie Vertreter anderer Branchen. Das Besondere: Die Firma wird Mitglied und wählt einen oder mehrere Repräsentanten, die sie im Klub vertreten. Drei Bürgen aus dem Kreis der Mitglieder müssen den Antrag unterstützen, so will es die Satzung. Regelmäßig lädt der Klub zu Vorträgen mit hervorragenden Referenten aus Politik und Wirtschaft ein, an die sich oft intensive Diskussionen anschließen: Ein Erfahrungsaustausch über die Grenzen der verschiedenen Branchen hinweg. Und das alles in einer Atmosphäre, die in Hamburg einmalig sein dürfte: Der Klub liegt direkt an den berühmten St. Pauli Landungsbrücken, zwischen den beiden Kuppeln, die zu einem Wahrzeichen der Hansestadt geworden sind.

Zielgruppe: Der Hafen-Klub steht Hamburger Firmen offen, die hier in exklusiver Atmosphäre Geschäftskontakte knüpfen und eine schöne Aussicht über den Hafen genießen wollen. Die Klubetage steht ausschließlich den Mitgliedern zur Verfügung, die Veranstaltungsetage kann von jedermann genutzt werden. Bei schönem Wetter können die Mitglieder auf der Sommerterrasse auf den Dächern der Landungsbrücken sitzen. Zu Veranstaltungen, wie beispielsweise Weinproben, sind auch die Partner der Mitglieder gern gesehen. Der Hafen-Klub pflegt außerdem insbesondere zum Übersee- und Anglo-German Club gute Kontakte; Hafen-Klub-Mitglieder haben hier automatisch Zutritt.

Außerdem hat er Partnerclubs in den bedeutenden Hafenstädten Bremen, New York, Buenos Aires, Rotterdam und Basel. Die Mitgliederbeiträge belaufen sich auf 310 Euro für den ersten und zweiten Repräsentanten eines Unternehmens und 260 Euro für jeden weiteren. Die Aufnahmegebühr wird nur für den ersten Repräsentanten erhoben und beläuft sich auf 3.700 Euro.

➤ **Hafen-Klub Hamburg e. V.**
Bei den St. Pauli Landungsbrücken 3, 20359 Hamburg
Tel.: 0 40/31 30 00 und 31 79 05 80, Fax: 0 40/31 91 97 1, info@hafen-klub.de
➤ **www.hafen-klub.de**

Anglo-German Club e.V. (AGC)

Der AGC wurde 1948 gegründet. Er sieht seine Hauptaufgabe in der Pflege der deutsch-englischen Beziehungen. Zwischen schweren Clubsesseln, getäfelten Wänden und maritimen Gemälden trifft man Gleichgesinnte zum Austausch oder hört beim „Herrenessen" Vorträge zu Themen aus Wirtschaft, Politik und Kultur. Der AGC ist eigentlich ein Herrenclub, der Frauen jedoch nicht ausschließt. Sie haben zu den Clubräumen ab 12 Uhr Zutritt. Der Club verfügt über insgesamt neun Veranstaltungsräume für bis zu 240 Personen sowie einen parkähnlichen Garten mit Blick auf die Außenalster. Die Räumlichkeiten können angemietet werden. Clubanwärter müssen von einem Mitglied vorgeschlagen und von zwei weiteren unterstützt werden. Neue Mitglieder zahlen einen Aufnahmebeitrag von 766 Euro und einen Jahresbeitrag von 307 Euro. Sonderregelungen gibt es für Firmenmitgliedschaften, Senioren und ausländische Mitglieder. Außerdem wird ein einmaliger Sonderbeitrag in Höhe eines Jahresbeitrags erbeten als Finanzierungsanteil für das Clubhaus. Junioren (20–30 Jahre alt) zahlen einen Jahresbeitrag von 100 Euro. Geöffnet ist der Club montags bis freitags von 11 bis 24 Uhr.

➤ **Anglo-German Club e.V.**
Harvestehuder Weg 44, 20149 Hamburg, Tel.: 0 40/45 01 55 0, Fax: 0 40/44 77 74
Anglo-German@t-online.de

Hanse Lounge

Die Hanse Lounge ist ein Hamburger Business Club mit eigenen exklusiven Clubräumlichkeiten und einer Hausordnung, die an Clubs in London erinnern.

Im Mittelpunkt der Clubphilosophie steht die Begegnung. Sie leitet sich ab aus der Idee der Hanse und der ehrbaren Kaufmannschaft. Das Clubleben wird mit einem breit gefächerten Angebot an Vorträgen von Spitzenkräften aus Politik, Wissenschaft und Wirtschaft, mit Diskussionsrunden sowie Degustationen edler Speisen und Getränke gestaltet und durch ein eigenes Golfturnier sowie Fest- und Kulturveranstaltungen bereichert.

Die Clubräumlichkeiten stehen den Mitgliedern auch für private Veranstaltungen zur Verfügung. Die Hanse Lounge beschränkt sich auf den Standort Hamburg, pflegt aber Kontakt zu gleichgesinnten Clubs. Als Mitglieder sind Damen und Herren gleichermaßen willkommen. Neben persönlichen Einzelmitgliedschaften sind Firmenmitgliedschaften möglich. Wer Mitglied werden möchte, benötigt zwei Bürgen und muss einen schriftlichen Antrag stellen. Bis zur Entscheidung über den Antrag genießt der Antragsteller Gastrecht. Mit Antragstellung wird die Aufnahmegebühr von 1.200 Euro fällig. Der Jahresbeitrag beträgt 650 Euro. Besondere Anforderungen zur beruflichen Stellung werden in der Satzung des Clubs nicht genannt.

➤ **Hanse Lounge**
Neuer Wall 19, 20354 Hamburg, Tel.: 0 40/35 00 43 3, Fax: 0 40/35 00 43 43
contact@hanse-lounge.de

➤ **Verwaltung Hanse Lounge**
Hohe Bleichen 24/26, 20354 Hamburg, Tel.: 0 40/32 50 92 20, Fax: 0 40/32 50 92 12
tvk@hanse-lounge.de

➤ **www.hanse-lounge.de**

Hamburger Business Club (HHBC)

▌Ziele: Der Hamburger Business Club wurde 2002 gegründet. Er fördert und stärkt den Austausch zwischen etablierten Führungskräften der Wirtschaft und jungen Unternehmern. Außerdem stellt er einen angemessenen Rahmen für Begegnungen zur Verfügung. Er fördert aktiv die Kommunikation und Vernetzung zwischen den Mitgliedern. „Geschäfte werden zwischen Menschen gemacht“ lautet die einfache, aber konsequente Clubphilosophie.

Zielgruppe: Unter dem Motto „Tradition trifft Moderne“ verbindet der Hamburger Business Club den Gedanken des Wirtschaftsclubs mit modernem Beziehungsmanagement. Der Club ist offen für Persönlichkeiten, die sich durch eine allgemein anerkannte Spitzenstellung im Beruf auszeichnen. Mitglieder werden von ihren Firmen nominiert und vom Aufnahmeausschuss bestätigt. Sie sollen in ihrer Kernkompetenz für andere Mitglieder interessante und offene Partner sein.

Leistungen: Der HHBC hat eine Innovation im Clubmanagement eingeführt: Die Vermittlung geschäftlicher Kontakte wird als zentrale Leistung gesehen und durch „Moderatoren“ vorgenommen. Als Moderator werden Mitglieder des Hamburger Business Clubs bezeichnet, die sich in besonderer Form ehrenamtlich engagieren. Sie sind Experten für ein bestimmtes Fachgebiet und stellen ihre Kompetenz, ihre Erfahrung und ihr Netzwerk anderen Mitgliedern uneigennützig zur Verfügung. Wenn ein Mitglied geschäftliche Kontakte sucht, so übernimmt der Moderator die Rolle, geeignete Clubmitglieder anzusprechen und die Interessenten zusammenzuführen. Derzeit sind über ein Dutzend Clubmitglieder als Moderatoren tätig.

Der Club hat über 600 Mitglieder, deren Durchschnittsalter unter 40 Jahren liegt, aus zahlreichen Firmen aller Wirtschaftsbereiche. Etwa die Hälfte der Mitglieder sind Geschäftsführer, rund ein Zehntel Vorstandsmitglied einer Aktiengesellschaft. 17% der Mitglieder sind Frauen. Der Jahresbeitrag beträgt 600 Euro und die Aufnahmegebühr 2.000 Euro. Bei Firmen- und Partnermitgliedschaften gelten reduzierte Beiträge.

➤ **Hamburger Business Club**
Alter Wall 40, 20457 Hamburg, Tel.: 040/4210710, Fax: 040/42107171
post@hhbc.de

➤ **www.hhbc.de**

Vereinigung für Frauen im Management e.V. (FIM)

Ziele: Zweck des 1987 in Hamburg gegründeten Vereins ist der Einsatz für die Gleichstellung der Frau insbesondere im Bereich des Managements sowie die Verbesserung ihrer Akzeptanz in Führungspositionen durch überregionale Bildungs- und Informationsveranstaltungen. Dazu gehört auch die Kontaktpflege in allen Bereichen der Wirtschaft, Politik und Institutionen.

Zielgruppe: FIM spricht beruflich engagierte Frauen in Fach- und Führungspositionen sowie Selbstständige mit unterschiedlicher Ausbildung (meistens Akademiker), die in unterschiedlichen Fachrichtungen in allen Branchen der Wirtschaft tätig sind, an. Der Club bietet den Mitgliedern einen fach- und branchenübergreifenden Erfahrungsaustausch, ein Netzwerk weiblicher Führungskräfte, Freiberuflerinnen und Unternehmerinnen, eine Kooperationsbörse, eine Plattform für Information, Kommunikation, Erfahrungsaustausch sowie vielfältige Geschäftschancen.

Geschichte: FIM wurde 1987 gegründet. Heute bestehen Regionalgruppen in Berlin, Düsseldorf, Hamburg, Hannover, Frankfurt/Main und München. FIM hat ca. 120 Mitglieder, der Jahresbeitrag beläuft sich auf 154 Euro, Aufnahmegebühren werden nicht erhoben.

➤ **Vereinigung für Frauen im Management e.V.**
Golfstraße 7, 21465 Wentorf, Tel./Fax: 0 40/53 23 83 7, info@fim.de

➤ www.fim.de

HANNOVER

Industrie-Club Hannover e.V. (ICH)

Ziele: Der Industrie-Club Hannover will neben der Mitwirkung an den Wahlen zu den berufsständischen Vertretungen vor allem über Fragen der wirtschaftlichen, sozialen und kulturellen Entwicklung informieren. Der ICH soll ein Forum für einen freien und offenen Austausch von Meinungen und Erfahrungen sein und daneben natürlich auch eine Basis für freundschaftliche und geschäftliche Kontakte unter den Mitgliedern bereitstellen.

Monatlich finden mindestens eine Vortragsveranstaltung mit einem hochkarätigen Redner, eine Werksbesichtigung sowie gelegentlich gesellschaftliche Veranstaltungen statt. Das Clubhaus steht auch für Veranstaltungen der Mitgliedsfirmen zur Verfügung.

Zielgruppe: Unternehmer, Vorstände und Geschäftsführer von Industrieunternehmen in Niedersachsen mit Schwerpunkt in der Region Hannover.

Geschichte: Der Industrie-Club Hannover e.V. gehört zu den traditionsreichsten Wirtschaftclubs in Deutschland. Er wurde 1887 als „Fabrikanten-Verein" gegründet. Heute ist er ein Forum für die Vorstände und leitenden Mitarbeiter der rund 200 Mitgliedsunternehmen.

Leistungen: Zur Stärkung des Wissenschaftsstandorts unterstützt der Industrie-Club Hannover die Universität Hannover bei ihrem Projekt, besonders begabte, leistungsfähige Studierende durch die Erstattung der ab dem WS 2006/07 zu entrichtenden Studienbeiträge (1.000 Euro/Jahr) auszuzeichnen. Rund 30 Mitgliedsunternehmen haben schon fast 250.000 Euro für dieses Projekt zugesagt.

➤ **Industrie-Club Hannover e. V.,** Haus der Hannöver'schen Industrie
Schiffgraben 36, 30175 Hannover, Tel.: 05 11/81 50 71, Fax: 05 11/81 39 89
info@industrieclub-hannover.de

➤ **www.industrieclub-hannover.de**

Havanna-Lounge Hannover

Die Havanna Lounge ist ein Business Club besonderer Art: Wer Mitglied werden möchte, muss Zigarrenraucher sein. Anbahnung und Pflege von Geschäftskontakten, Vortragsabende mit prominenten Gästen und stilvolles Rauchen sind der Zweck der Havanna Lounge. Sie hat ihren Sitz in der besten Lage von Hannover. Gegenüber dem Opernhaus findet der Gast das Quartier der Lounge im Georgspalast. Restaurant, Terrasse, Bibliothek, Kaminzimmer, Konferenzraum und Humidor sind die Räume des Havanna Clubs. In der AWD-Arena verfügt der Havanna Club Hannover über ein weiteres Domizil. Etwa 3.400 Liebhaber guter Zigarren sind Mitglied im Club, 10% der Mitglieder sind Frauen.

Die Havanna Lounges sind mit 250 Partnerclubs in allen großen Metropolen dieser Erde Mitglied im International Associate Club.

Der Jahresbeitrag beträgt 750 Euro, die Aufnahmegebühr 650 Euro. Jeder Bewerber um die Mitgliedschaft im exklusiven Club benötigt zwei Bürgen, die ihn empfehlen. Havanna Lounges gibt es in mehreren deutschen Städten. Die Zentrale hat ihren Sitz in Bremen. Weitere Lounges befinden sich in Berlin, Bremen, Düsseldorf und auf Sylt.

➤ **Havanna-Lounge Hannover**
Georgstraße 36, 30159 Hannover, Tel.: 05 11/30 69 34 5, Fax: 05 11/30 69 34 6
Info@hl-hannover.de
➤ **www.hl-hannover.de**

HEIDENHEIM

Wirtschaftsclub Ostwürttemberg e. V. (WCO)

▮ **Ziele:** Der Club steht der Industrie- und Handelskammer Ostwürttemberg in Heidenheim nahe und pflegt engen Kontakt zu den Wirtschaftsjunioren (WJ). Anders als bei den WJ gibt es im Wirtschaftsclub keine Altersgrenze. Wirtschaftsjunioren können nach Erreichen der Altersgrenze von 40 Jahren durch einfache Erklärung Mitglied im WCO werden.

Der Wirtschaftsclub ist ein Zusammenschluss von Unternehmern, Führungskräften und anderen natürlichen Personen, die sich für die Fortentwicklung der freiheitlichen, sozialen Marktwirtschaft einsetzen. Die Clubmitglieder wollen untereinander einen intensiven Erfahrungsaustausch bewirken, Gedanken und Meinungen austauschen sowie freundschaftliche Beziehungen anknüpfen und pflegen. Der Club strebt den Kontakt mit anderen Gruppen der Gesellschaft an, ohne Rücksicht auf deren politischen, sozialen oder religiösen Standpunkt. Eine der Aufgaben ist die Unterstützung der Arbeit und der Veranstaltungen der Wirtschaftsjunioren bei der IHK Ostwürttemberg.

▮ **Zielgruppe:** Alle Personen, die sich mit der Zielsetzung des Wirtschaftsclubs identifizieren und die im Jahr ihres Beitritts das 40. Lebensjahr vollendet haben, können die Mitgliedschaft beantragen. Der Vorstand entscheidet über die Aufnahme. Er ist berechtigt, einen Antrag auf Aufnahme ohne Angabe von Gründen abzulehnen.

➤ **Wirtschaftsclub Ostwürttemberg**
Ludwig-Erhard-Straße 1, 89520 Heidenheim
Tel.: 0 73 21/32 41 71, Fax: 0 73 21/32 41 69
wcogs@wirtschaftsclub-ostwuerttemberg.de
➤ **www.wirtschaftsclub-ostwuerttemberg.de**

KASSEL

Verein Schloss Schönfeld e. V.

▌**Ziel:** Der Verein im Schloss versteht sich als Forum der freien Aussprache zwischen Wirtschaft, Politik, Wissenschaft und Kunst. Symposien oder Gast-Vorträge sollen den Mitgliedern Informationen aus erster Hand bieten. Der Verein will Wissenschaft und Kultur der Region fördern. Die Sanierung des Schlosses war sein erstes Projekt in diesem Bestreben.

▌**Zielgruppe:** Voraussetzung für die Mitgliedschaft im Verein Schloss Schönfeld ist die Kompetenz, durch private Initiative Angelegenheiten des öffentlichen Lebens bewegen zu können. Angesprochen werden Persönlichkeiten aus Wirtschaft und Kultur der Region, die an einem lebendigen Clubleben und Aktivitäten von hoher Qualität interessiert sind.

▌**Geschichte:** Schloss Schönfeld wurde 1777 von dem Grafen Schönfeld als Familienwohnsitz errichtet. Es wurde bald gesellschaftlicher Mittelpunkt in der kurhessischen Residenz, in dem auch die deutschen Romantiker im Kreis der Geschwister Brentano und der Brüder Grimm ihre geistvollen Diskurse pflegten. Während der napoleonischen Besetzung kultivierte König Jérôme französisches Lebensgefühl auf „Napoleonshöhe“: Er ließ 1809 Schloss Schönfeld „aufpolieren“ und feierte hier glanzvolle Feste. Unter Kurfürst Wilhelm II. erlebte das Schloss seine zweite bedeutende Bauphase und erhielt die heutige Gestalt. Mit dem Glanz der Kaiserzeit verblasste auch der Glanz des Schlosses, bis

Kasseler Bürger es vor dem gänzlichen Verfall bewahrten. 1989 wurde der Verein Schloss Schönfeld von Privatpersonen aus der Geschäftswelt, aus Industrie und Kultur gegründet mit der Aufgabe, das Schloss zu sanieren und einer neuen Nutzung zuzuführen. Heute ist Schloss Schönfeld Treffpunkt für einen anregenden Meinungsaustausch zwischen Wirtschaft, Wissenschaft, Kunst und Presse. Der Westflügel des Gebäudes bleibt dem Clubleben vorbehalten. Die anderen Räumlichkeiten können für die verschiedensten Veranstaltungen von Interessenten angemietet werden. Ferner finden in den Räumen des Schlosses Stadtempfänge, Presseempfänge, Pressekonferenzen und Bürgerveranstaltungen statt.

➤ **Verein Schloss Schönfeld e. V.**
Bosestraße 13, 34121 Kassel, Tel.: 05 61/28 50 74, info@verein-schoenfeld.de
➤ **www.verein-schloss-schoenfeld.de**

Wirtschaftsclub Kassel e.V.

▮ **Ziel:** Der im Jahr 2004 gegründete Wirtschaftsclub Kassel verfolgt das Ziel, den Wirtschaftsstandort Kassel durch das Zusammenführen von Persönlichkeiten aus den Bereichen Wirtschaft, Politik, Wissenschaft und Kultur zu fördern. Dazu dienen Vortragsveranstaltungen und Diskussionsforen zu aktuellen Themen mit regionalem Bezug. Darüber hinaus bietet der Wirtschaftsclub Kassel die Möglichkeit des informellen Gedankenaustausches und des Networkings bei einem regelmäßig stattfindenden Club-Stammtisch.
▮ **Zielgruppe:** Unternehmer sowie Fach- und Führungskräfte aus dem Bereich der gewerblichen Wirtschaft und der freien Berufe sowie Künstler und Politiker aus der Region Kassel. Das Mindestalter von natürlichen Personen sollte in der Regel 40 Jahre betragen.

Die Mitgliedschaft verpflichtet zur aktiven und regelmäßigen Teilnahme an den Veranstaltungen des Wirtschaftsclubs Kassel. Auch eine passive Förder-Mitgliedschaft ist möglich.

➤ **Wirtschaftsclub Kassel e.V.,** Stefan Meister, c/o Meister AG
Fuhrmannsbreite 22, 34125 Kassel, Tel.: 05 61/98 799-12, Fax: 05 61/98 799-37
info@wirtschaftsclub-kassel.de
➤ **www.wirtschaftsclub-kassel.de**

KIEL

Der Kieler Kaufmann e. V.

Ziel: Der Verein will durch die ideelle Unterstützung seiner Mitglieder einen Beitrag leisten zur Förderung der Wirtschaft in Schleswig-Holstein. Dieser Zweck soll erreicht werden durch freiwilligen Zusammenschluss und gemeinsame Arbeit von Persönlichkeiten des wirtschaftlichen Lebens in Schleswig-Holstein, insbesondere im Wirtschaftsraum Kiel. Der Verein ist parteipolitisch, weltanschaulich und religiös neutral.

Zielgruppe: Grundsätzliche Voraussetzung für die Mitgliedschaft im „Kieler Kaufmann" ist, dass es sich um eine Persönlichkeit handelt, die in ihrem Bereich Träger von Verantwortung ist. Mitglied kann man nur werden, wenn man von einem Mitglied zur Mitgliedschaft vorgeschlagen wird und der Vorstand zustimmt.

Geschichte: Der Verein „Kieler Kaufmann" gehört zu den traditionsreichen Clubs in Deutschland. Der Verein hatte alle Ministerpräsidenten des Landes Schleswig-Holstein sowie zahlreiche Bonner und Berliner Kabinettsmitglieder als Referenten zu Gast. Der Verein verfügt über ein eigenes Clubhaus, das im englischen Landhausstil eingerichtet ist. Dieses sind ein Restaurant und ein Hotel angeschlossen, beide sind verpachtet.

Der Jahresbeitrag beläuft sich auf 475 Euro. An Stelle eines Eintrittsgeldes erwirbt das neue Mitglied einen Anteilsschein über 750 Euro. Dieser wird nicht verzinst und ist bei Ausscheiden rückzahlbar.

➤ **„Der Kieler Kaufmann"**
Niemannsweg 102, 24105 Kiel, Tel.: 04 31/88 89 69 90, Fax: 04 31/88 89 69 99
➤ **Sekretariat:** Tel.: 0 43 40/89 46, Fax: 0 43 40/98 96, info@der-kieler-kaufmann.de
➤ **www.der-kieler-kaufmann.de**

KÖLN

ROTONDA Business Club e. V.

▌**Ziele:** Zweck des 1999 gegründeten Clubs ist es, für seine Mitglieder aus Handel, Wirtschaft, Verwaltung und dem Dienstleistungsbereich eine Stätte der Begegnung untereinander und mit Dritten insbesondere aus der Politik zu bilden. Der Satzungszweck wird insbesondere durch die Bereitstellung und Unterhaltung einer Begegnungsstätte verwirklicht, die Organisation von wirtschaftsbezogenen informativen Veranstaltungen, Angeboten von Fortbildungsmaßnahmen, das Bereithalten aktueller Informationen durch Tages- und Fachpresse sowie neue Medien und die enge Zusammenarbeit mit anderen wirtschaftsorientierten Organisationen.

▌**Zielgruppe:** Mitglied des Vereins können natürliche und juristische Personen werden. Als Kriterien gelten eine leitende Tätigkeit, ein guter Leumund. Zur Aufnahme erwünscht ist die Empfehlung eines Mitglieds, erforderlich die Bürgschaft eines Vorstandsmitglieds. Der Jahresbeitrag beträgt 750 Euro, die Aufnahmegebühr 250 Euro.

Das umfangreiche Veranstaltungsprogramm spricht mit aktuellen Themen aus Politik, Wirtschaft und Kultur Geist, Körper und Seele gleichermaßen an. Wöchentlich findet eine Veranstaltung statt, die in der Regel mit einem Imbiss oder auch einem mehrgängigen Menü verbunden ist, sodass jedes der über 700 Mitglieder bei der Vielzahl des Angebotes etwas Interessantes und seine Bedürfnisse Ansprechendes finden kann. Der Club tagt im einzigen kreisrunden Bürogebäude der Domstadt, das mit dem „Kölner Architekturpreis 2000“ ausgezeichnet wurde.

➤ **ROTONDA Business Club e. V.**
Salierring 32, 50677 Köln, Tel.: 02 21/99 77 50 0, Fax: 02 21/99 77 55 5
business-club@rotonda.de

➤ **www.rotonda.de**

LEIPZIG

Wirtschaftsclub Leipzig e. V.

▌**Ziele:** Der Club wurde am 4. März 1993 in Leipzig gegründet. Er ist eine politisch und religiös unabhängige Vereinigung von Führungskräften aus Industrie, Handel, Wissenschaft, Kunst und Politik. Der Club veranstaltet u.a. Fachvorträge und Symposien zu verschiedenen Themen, die der Orientierung und dem Informationsaustausch über in- und ausländische Wirtschaftsverhältnisse dienen.

▌**Zielgruppe:** Die personelle Zusammensetzung soll sein vorrangiges Ziel, die wirtschaftliche und kulturelle Entwicklung in Mitteldeutschland zu fördern, verwirklichen helfen. Darüber hinaus will der Wirtschaftsclub Leipzig führenden Persönlichkeiten des wirtschaftlichen, geistigen und politischen Lebens ein Kommunikationsforum – auch auf gesellschaftlicher Ebene – bieten. Der Club steht jedermann offen, der in Handel, Industrie, Wissenschaft, Kunst oder Politik tätig ist. Mitglieder des Clubs können nur natürliche Personen werden. Über die Aufnahme ordentlicher Mitglieder entscheidet der Beirat. Jedes Mitglied des Clubs kann geeignete Personen zur Aufnahme vorschlagen. Der Beirat kann nur dann die Neuaufnahme beschließen, wenn zwei Gründungsmitglieder oder zwei dem Club länger als drei Jahre angehörige Mitglieder die Neuaufnahme befürworten.

Der Club unterhält partnerschaftliche Beziehungen zu anderen führenden deutschen Wirtschaftsclubs und es besteht die Möglichkeit, diese Partnerclubs zu besuchen. Der Mitgliedsbeitrag beträgt zurzeit 350 Euro jährlich.

➤ **Wirtschaftsclub Leipzig e. V.**
Karl-Rothe-Straße 4, 04105 Leipzig, Tel.: 03 41/58 01 10, Fax: 03 41/58 01 11 3
mailto@wirtschaftsclub-leipzig.de

➤ **www.wirtschaftsclub-leipzig.de**

MANNHEIM

Business Club Rhein-Neckar (BC-RN)

Ziele: Der Club verfolgt das Motto „Business pur". Erfahrungsaustausch, Kooperation und Kapitalvermittlung sind die drei tragenden Säulen der Clubidee. Man trifft sich monatlich, isst miteinander und spricht über Geschäfte, vor allem darüber, wie man sich gegenseitig geschäftlich unterstützen, Preisvorteile einräumen und sonst helfen kann. Oft sind diese Treffen mit einem hochkarätigen Vortrag verbunden.

Das Forum bietet direkte Kontakte zwischen Kapitalsuchenden und Kapitalgebern, die die Chancen bei Banken oder Venture-Capital-Gesellschaften erheblich verbessern sollen. Über 80 dem Business Club persönlich bekannte Berater (Unternehmensberater, Anwälte und Wirtschaftsprüfer) stehen dem Interessenten für die Beantwortung vertraulicher Fragen zur Verfügung und können durch den Club vermittelt werden.

Zielgruppe: Der Club mit über 450 aktiven oder passiven Mitgliedsunternehmen wurde 1994 von dem Unternehmer Heinrich Graeff zusammen mit dem Management des Hotels Maritim gegründet, wo er auch tagt. Unternehmen, die Mitglied im BC-RN werden möchten, werden zu drei Veranstaltungen eingeladen und können dann ihren Aufnahmeantrag stellen. Der Clubvorstand entscheidet über die Aufnahme. Der Beitritt ist mit einem jährlichen Beitrag von 220 Euro verbunden. Für jedes weitere Mitglied eines Unternehmens wird ein jährlicher Beitrag von 130 Euro fällig.

Neben der Teilnahme an den monatlich stattfindenden Clubveranstaltungen und an Geschäftskontakten bietet der Club als Leistung: Eintrag auf der Homepage mit Firmenlogo, kurze Unternehmensdarstellung und Kontaktadressen, Präsentation vor allen Mitgliedern, Konditionsvorteile von Mitgliedern für Mitglieder, Nutzung der Adressdatenbank sowie Vergünstigungen bei Telefon, Mobilfunk, Mietwagen, Tanken und Autokauf.

➤ **Business Club Rhein-Neckar**
Büro 5, B5, 20, Tel.: 0621/1819890, Fax: 0621/3972045, büro5@businessclub-rn.de

➤ **www.businessclub-rn.de**

MÜNCHEN

Kaufmanns-Casino München e. V.

▌**Ziele:** Das Kaufmanns-Casino München e.V. bezweckt die Förderung des geistigen, geselligen und kulturellen Lebens unter seinen Mitgliedern. Im Mittelpunkt des Clublebens steht ein kulturelles Programm sowie Vorträge hochkarätiger Referenten über Politik, Wirtschaft und Wissenschaft. Die regelmäßigen Clubtreffen, die der Diskussion und der Gemeinsamkeit dienen, werden ergänzt durch fachkundig geführte Besuche von Ausstellungen und Betriebsbesichtigungen, lockere Cocktailabende, große Diners und Schwarz-Weiß-Bälle sowie von zahlreiche, saisonal ausgerichtete Sportveranstaltungen.

▌**Zielgruppe:** Die Clubmitglieder sind Unternehmer, Geschäftsführer, leitende Angestellte, Angehörige freier Berufe sowie Wissenschaftler. Neuaufnahmen erfolgen nur durch Empfehlung von Mitgliedern. Dabei ist eine im weitesten Sinne kaufmännische Tätigkeit erwünscht, eine entsprechend hohe Reputation Voraussetzung.

Für junge Kaufleute und solche, die es erst noch werden wollen, gibt es eine Juniorengruppe. Die Altersgrenzen hierfür liegen zwischen 18 und 30 Jahren. Diese Juniorengruppe organisiert sich selbst und führt neben der Teilnahme am allgemeinen Programm auch eigene Veranstaltungen durch.

▌**Geschichte:** Das Kaufmanns-Casino München e. V. wurde 1832 gegründet und ist somit die älteste gesellige Vereinigung von Kaufleuten in Deutschland. Die Zahl der Mitglieder beläuft sich auf 490, davon etwa 25 Damen. Weitere 170 Junioren sind Mitglieder im eigenen Juniorenclub. Witwen früherer Mitglieder gehören dem Club auch weiterhin als außerordentliche Mitglieder an und behalten so ihren gewachsenen Freundeskreis auch über den Tod des Partners hinaus.

➤ **Kaufmanns-Casino München e. V.**
Odeonsplatz 6, 80539 München, Tel.: 0 89/29 92 94, Fax: 0 89/29 86 28
Sekretariat@kaufmanns-casino.de

➤ **Juniorengruppe:** mail@junioren-kc.de

➤ **www.kaufmanns-casino.de**

Export-Club Bayern e.V.

▌**Ziele:** Der Export-Club Bayern zählt zu den führenden Wirtschaftsclubs in Deutschland. Seine Zielsetzung ist es, ein Forum für die Vermittlung und Pflege internationaler Kontakte zu bieten. Er unterstützt seine Mitglieder, indem er Impulse gibt, Informationen vermittelt und ein Netzwerk guter Beziehungen zur Verfügung stellt. Im Zeitalter zunehmender Globalisierung sieht er für seine Aufgaben, aber auch für seine Mitglieder besondere Herausforderungen. Dafür das Rüstzeuge an die Hand zu geben ist eine der wesentlichen Aufgaben des Clubs, der im Bundesland mit dem höchsten Exportanteil ansässig ist.

▌**Zielgruppe:** Mitglieder des Export-Clubs Bayern sind Unternehmer, Firmeninhaber, Vorstandsmitglieder und Geschäftsführer aus Unternehmen aller Größenordnungen. In den Juniorenkreis werden hoffnungsvolle Führungs-Nachwuchskräfte aufgenommen. Der Club zählt etwa 700 Mitglieder, darunter eine große Zahl Frauen. Etwa 170 Mitglieder haben den Status „Junior". Durch diese Integration des Führungsnachwuchses sichert der Export-Club bereits den Mitgliederbestand von morgen.

▌**Geschichte:** Der Export-Club Bayern wurde 1948 gegründet. Fester Bestandteil des Programms sind die monatlichen Vortragsveranstaltungen und die regelmäßigen Arbeitskreise zu relevanten Themen der Wirtschaft und Kultur, oft in Verbindung mit einem Clubabend oder einem Abendessen, z.B. im Hotel Vier Jahreszeiten Kempinski oder im Münchner Künstlerhaus am Lenbachplatz. Das Highlight eines jeden Jahres ist der festliche Große Ball im Hotel Bayerischer Hof in München, bei dem junge Leistungsträger aus dem Handwerk sowie von „Jugend forscht" und „Jugend musiziert" ausgezeichnet werden. Auf regelmäßigen Exkursionen gewinnen deutsche und ausländische Studenten aller Fachrichtungen gemeinsam neue Einblicke. Außerdem organisiert der Export-Club Bayern speziell für die Junioren die regelmäßige Inforunde „Junioren fragen" und Kamingespräche, bei denen die Nachwuchskräfte renommierte Gesprächspartner aus Politik, Wirtschaft und Wissenschaft befragen können.

Mitglied im Export-Club kann jeder werden, wenn er die Ziele des Clubs unterstützt. Der Jahresbeitrag für ein Einzelmitglied liegt bei 160 Euro, für eine Firmenmitgliedschaft je nach Firmengröße ab 350 Euro. Junior-Mitglieder bezahlen nur 50 Euro Jahresbeitrag. Aufnahmegebühren erhebt der Exportclub nicht. Das Clubmagazin „ECCE" erscheint einmal jährlich.

➤ **Export-Clubs Bayern e. V.**
Max-Joseph-Straße 5, 80333 München, Tel.: 0 89/55 17 85 60, Fax: 0 89/55 17 85 66
info@export-club.org
➤ **www.export-club.org**

Woman's Business Club

Ziele: Der Woman's Business Club möchte Kontakte knüpfen, ausbauen und pflegen; Erfahrungen und Informationen austauschen und sich so gegenseitig unterstützen; Tipps, Strategien und Erfolgskonzepte aus erster Hand erfahren und voneinander lernen; miteinander Geschäfte machen und den Nachwuchs fördern.
Zielgruppe: Der Business Club ist bewusst branchenübergreifend organisiert nach dem Motto „Vielfalt bereichert und macht stark". Das Frauen-Netzwerk umfasst zwischenzeitig Frauen aus vielen Branchen, u.a. E-Commerce, Organisation, Design, Training, Architektur, Handel, Werbung, EDV, Finanzen, Unternehmensberatung, Medien, Entwicklungspolitik, Leasing, Maschinenbau, Recht, Reisen, Medizin, Grafik, Fotografie, Pharmazie, Sprachen, PR, Psychologe, Wein, Automobil, Internet, Bekleidung und Kunst.
Geschichte: Der Woman's Business Club wurde 1996 von Monika Scheddin als eine Plattform für Unternehmerinnen, Freiberuflerinnen und Angestellte in (künftigen) Führungspositionen gegründet. Es bestehen Clubs in München und Frankfurt/Main.

Der lokale Jour fixe findet alle zwei Monate statt. Darüber hinaus initiieren die Mitgliedsfrauen lokale Treffen in Eigenregie. Der Jahresbeitrag zum Woman's Business Club beträgt 150 Euro, für die Aufnahme sind einmalig 500 Euro zu entrichten.

➤ **WOMAN´s® Business Akademie GmbH**
Albanistraße 6, 81541 München, Tel.: 0 89/44 71 72 75, Fax: 0 89/44 71 72 76
info@WOMANs.de
➤ **www.womans-business-club.de**

NÜRNBERG

Business Club Nürnberg e.V. (BCN)

Ziel: Der Club wurde 2002 von Unternehmern und Managern aus den Bereichen Industrie, Bank, Versicherung und Dienstleistung gegründet, er versteht sich als Kontaktbörse für den Mittelstand. Der Zusammenschluss von vorwiegend mittelständischen Unternehmen und Unternehmern der Region Nürnberg ist offen für Persönlichkeiten aus Politik, Kultur, Sport und Wissenschaft.

Der BCN will gegenüber dem weit verbreiteten Anspruchsdenken den Leistungsgedanken stärken: Übernahme von Verantwortung für sich und andere, Stärkung des Durchsetzungsvermögens, Umgehen mit Siegen und Niederlagen. Insbesondere will er auch den Leistungsgedanken im Sport fördern, vor allem bei Sportarten, die nicht unmittelbar im Fokus der Öffentlichkeit stehen. Dies soll auch ein Beitrag zur Stärkung des Images der Stadt Nürnberg als traditionsreiche Sportstadt sein.

Zielgruppe: Mitglied im BCN kann jede natürliche und juristische Person werden, wenn sie dem Selbstverständnis des Clubs entspricht. Der Antrag auf Mitgliedschaft muss von zwei Clubmitgliedern befürwortet werden, Scientology-Mitglieder können nicht Mitglied im BCN werden. Jedes Mitglied verpflichtet sich zur Zahlung einer Basisfinanzierung für den BCN und zum Kauf eines Werbepaketes der unterstützten Initiative. Repräsentative Mitglieder aus Politik, Sport, Kultur und Wissenschaft können beitragsfrei gestellt werden.

Der Jahresbeitrag für ein Einzelmitglied beträgt 500 Euro. Eine Eintrittsspende wird mindestens in gleicher Höhe erwartet. Firmenmitgliedschaften sind nach Beschäftigtenzahl gestaffelt und betragen 1.000 bis 2.000 Euro pro Jahr. Ein Teil des relativ hohen Beitrags wird für Zwecke der Sportförderung, die dem Club ein ganz besonderes Anliegen ist, eingesetzt.

➤ **Business Club Nürnberg e.V.**
Flachsröststraße 57, 90475 Nürnberg, Tel.: 09 11/83 21 00, Fax: 09 11/83 21 29
bernhard.keltsch@t-online.de

➤ **www.bcn-nuernberg.de**

OSNABRÜCK

Wirtschafts- und Industrie-Klub Osnabrück (WIKO)

▮ **Ziele:** Der WIKO bietet ein Forum, auf dem etablierte Führungskräfte mit neuen Mitgliedern ins Gespräch kommen und junge Wirtschaftszweige mit traditionellen Branchen. Er vereint drei Generationen unter einem Dach: im Alter von unter 40 bis über 90 – persönliche Erfahrungen und aktuelles Wissen vom Wirtschaftswunder bis zum World Wide Web. Der WIKO ist weder partei- noch wirtschaftspolitisch aktiv, weder karitativ tätig noch kulturell fördernd. Dafür gibt es andere Vereine, Arbeitskreise, Berufsverbände und Serviceclubs. Viele Mitglieder sind dort ebenfalls engagiert.

Der WIKO setzt auf Innenwirkung: gegenseitiges Verstehen und voneinander Lernen, geschäftliche und gesellschaftliche Kontakte knüpfen, Bekanntschaften pflegen, Freundschaft schließen. Wirtschaftliches Interesse sowie kaufmännisches Engagement sind keine Frage des Alters – die großen Themen bleiben oft die gleichen.

▮ **Zielgruppe:** Die Mitglieder des Clubs kommen aus Industrie und Bauwirtschaft, aus Spedition und Handel, aus der Welt der Finanzen, Technologien, Dienstleistungen, Information und Kommunikation, aus Verbänden und Institutionen, die der Wirtschaft nahestehen, oder bekleiden führende Positionen in Wirtschaftsprüfung und -recht, in Unternehmens- und Steuerberatung, in Forschung und Lehre der Wirtschafts-, Rechts- oder Naturwissenschaften. Im WIKO kommen Menschen zusammen, die vieles miteinander verbindet: die fachliche Kompetenz im Gespräch unter Führungskräften, die Tradition von bewährten Formen gesellschaftlichen Umgangs und beruflicher Fairness, die Regeln und Normen eines „guten Kaufmanns" sowie das gegenseitige Vertrauen durch die Gemeinsamkeit im Tragen von Verantwortung.

Das Programm ist vielfältig. Vortragsveranstaltungen, Betriebsbesichtigungen und Brancheneinblicke, gesellige Veranstaltungen und ein monatlicher Stammtisch stehen neben sonstigen Themen auf dem Kalender. Der Club hat etwa 145 Mitglieder.

Interessenten können sich auch selbst um eine Mitgliedschaft bewerben. Der Jahresbeitrag beträgt 80 Euro.

Geschichte: Dieser Club geht bis ins Jahr 1939 zurück, als mehrere Osnabrücker Unternehmer die Erschwernisse der kommenden Kriegswirtschaft erkannten und eine gemeinsame Basis zur Meisterung der Probleme suchten. Am 4. März 1940 rief der Fabrikant Wilhelm Karmann monatliche Zusammenkünfte von Industriellen aus Osnabrück zur Pflege von Kontakten ins Leben. Die Mangel- und Kriegswirtschaft bedingt andere Formen der Kontaktpflege, als sie zu Friedenszeiten üblich waren. Ab 1943 fanden die „Industrieabende" u.a. wegen der Bombenangriffe immer unregelmäßiger statt. Osnabrück und seine Wirtschaft erlitten massive Verluste durch die Bombardierungen. Bereits im April 1945 trafen sich unmittelbar nach dem Schweigen der Waffen die Herren des „Karmann-Stammtisches" wieder, um Wege aus der trostlosen Lage zu suchen und gegenseitige Hilfe abzustimmen. Etwa 300 Osnabrücker Industriebetriebe waren durch Kriegseinwirkungen zerstört oder schwer beschädigt. Dieser Gesprächskreis von Unternehmern entwickelte Initiativen für Instandsetzung und Wiederaufbau der Werke und Arbeitsplätze.

➤ **Wirtschafts- und Industrie-Klub Osnabrück**
Sekretariat: „Haus der Industrie", Verband der Metall- und Elektroindustrie
Industrieller Arbeitgeber-Verband Osnabrück-Emsland e.V.
Bohmter Straße 11, 49074 Osnabrück, Tel.: 05 41/77 06 80, Fax: 05 41 / 77 06 82 7
info@wiklub-os.de

➤ **www.wiklub-os.de**

POTSDAM

Industrieclub Potsdam „Christian Peter Wilhelm Beuth" e.V.

Ziele: Der wiederbelebte Club will für die wirtschaftliche Entwicklung und die zahlreichen Initiativen und Projekte in den jungen Bundesländern ein informelles Begegnungs-, Kompetenz- und Koordinierungszentrum schaffen, das die industrielle Entwicklung mit den kulturellen und wissenschaftlichen Potenzialen in der Metropolenregion verbindet. Dabei steht der Industrieclub Potsdam in der Tradition von Weltoffenheit und Toleranz für neue Wege im Miteinander.

Zur Beschleunigung dieser Entwicklung bedarf es neben der noch anhaltenden Unterstützung von außen einer offensiven Vermarktung aller Leistungen der Region. Dazu gehören neben wettbewerbsfähigen Erzeugnissen und Dienstleistungen auch die hervorragenden Ergebnisse aus Wissenschaft, Bildung und Kultur. Diese bilden in ihrer Gesamtheit die Basis der regionalen Identität. Der Anstoß für diese Initiative kommt aus der brandenburgischen Industrie und entspricht dem Wunsch nach eigenem Engagement im Hinblick auf eine gemeinsame Vermittlung positiver Signale, welche die Leistungsfähigkeit der Region angemessen widerspiegeln.

▮ **Zielgruppe:** Der Industrieclub „Christian Peter Wilhelm Peter Beuth" e.V. versteht sich als Forum der zahlreichen wirtschaftlichen, kulturellen Initiativen, Vereine und Institutionen in den neuen Bundesländern. In dem Club können Seminare, Workshops, Tagungen, Lesungen und künstlerische Veranstaltungen stattfinden. Hier nutzen Projektgruppen mit zeitlich begrenzter Aufgabenstellung sowie Arbeitsgemeinschaften mit ähnlicher Zielsetzung die Infrastruktur des Hauses im unmittelbaren Umfeld der Hauptstadt Berlin für ihre Arbeit.

Der Club hat sich einen eigenen Juniorclub angegliedert, in dem etwa 40 Nachwuchsführungskräfte und Jungunternehmer sowie Freiberufler Mitglied sind. Das Höchstalter der Junioren ist auf 35 Jahre begrenzt.

▮ **Geschichte:** Das Begegnungszentrum fühlt sich den Zielen und der gesellschaftlichen Dimension des „Vereins zur Beförderung des Gewerbefleißes in Preußen von 1821" verpflichtet. Dieser war von Christian Peter Wilhelm Beuth zusammen mit den Brüdern Humboldt, mit Schinkel, Schadow und Repräsentanten aus Wirtschaft, Wissenschaft und Kultur gegründet worden, um ein Milieu zu schaffen, das die dynamische Entwicklung der Region vorantreiben konnte.

Die Aktivitäten des 100 Jahre bestehenden Vereins führten u.a. zur Gründung der Technischen Universität Berlin, der Fachhochschule für Technik und Wirtschaft, des Deutschen Instituts für Normung e.V. und des Berliner Kunstvereins. Er prägte Bauhaus und Werkbund und veranstaltete die ersten Gewerbeausstellungen. Beuth und sein Verein trugen entscheidend dazu bei, dass in wenigen Jahren die belebenden Prinzipien des Wettbewerbs und des Leistungsvergleiches über Konkurrenzflucht und Geheimniskrämerei siegten.

➤ **Industrieclub Potsdam „Christian Peter Wilhelm Beuth" e.V.**
Weinbergstraße 20, 14469 Potsdam, Tel.: 03 31/23 33 99 0, Fax: 03 31/23 33 99 9
info@industrieclub-potsdam.de
➤ **www.industrieclub-potsdam.de, www.junioren-industrieclub.de**

STUTTGART

Wirtschaftsclub im Literaturhaus e.V.

▮ **Ziele:** Der Wirtschaftsclub im Literaturhaus ist ein gemeinnütziger Verein. Als Verein ist er offen für Mitglieder aus Wirtschaft, Politik und Kultur. Er ist parteipolitisch und wirtschaftlich unabhängig und unterstützt das Literaturhaus Stuttgart durch Spenden und durch eine öffentliche Jahresveranstaltung zu einem bedeutenden Wirtschaftsthema. Darüber hinaus fördert der Club den schriftsprachlichen Ausdruck für Nachwuchskräfte aus Wirtschaft und Medien durch geeignete Projekte.

Ziel seiner Arbeit ist es, künstlerische und kulturelle Themen in kleinem Kreis erlebbar und für Kunst- und Kulturschaffende die Wirtschaft begreifbar zu machen. Eingebettet wird dies in gesellschaftliche Ereignisse, die es den Teilnehmern erlauben, persönliche Beziehungen aufzubauen und bestehende weiter zu pflegen. Der Club versteht sich als Ort der literarischen Begegnung, als Bühne des neugierigen Austausches zwischen Wirtschaft und Literatur. Dazu lädt der Club regelmäßig führende Experten zu aktuellen Themen ein.

▮ **Zielgruppe:** Die Mitglieder setzen sich aus den unterschiedlichsten Wirtschafts- und Kulturbereichen zusammen. Allen gemein ist das gemeinsame Interesse am Austausch von Wissen, interessanten Gesprächen und das Ziel, ein Bekenntnis für die Literatur in Stuttgart zu bezeugen. Für die Mitgliedschaft werden sowohl bedeutende Persönlichkeiten aus Wirtschaft, Kultur, Politik und Gesellschaft als auch engagierte Nachwuchskräfte vorgeschlagen und persönlich angesprochen.

Um sowohl die Unterstützung des Literaturhaus-Vereins zu erreichen als auch die programmatischen Inhalte des Wirtschaftclubs hochwertig zu entwickeln, ist der Club auf die Spendenbereitschaft seiner Mitglieder angewiesen. Er bittet daher bei der Aufnahme um eine einmalige Spende für das Literaturhaus in Höhe von 1.000 Euro. Der persönliche Mitgliedsbeitrag beläuft sich auf 200 Euro, der Firmenbeitrag auf 600 Euro jährlich. Die Beiträge werden nach Angabe des Clubs ohne Abzüge vollständig und ausschließlich für die Aktivitäten des Clubs verwendet.

Zu jeder Veranstaltung (außer der Mitgliederversammlung) sind die Ehepartner der Mitglieder als Gäste willkommen.

➤ **Wirtschaftsclub im Literaturhaus e. V.**
Breitscheidstraße 4, 70174 Stuttgart, Tel.: 07 11/47 92 90 3, Fax: 07 11/47 92 90 5
info@wirtschaftsclub-literaturhaus.de
➤ **www.wirtschaftsclub-literaturhaus.de**

WEIDEN

Wirtschaftsclub Nordoberpfalz

▮ **Ziele:** Der Wirtschaftsclub Nordoberpfalz hat sich die Aufgabe gestellt, die Mitarbeiter in den Betrieben und die breite Öffentlichkeit über die aktuellen regionalen wirtschafts und gesellschaftspolitischen Fragen aus Unternehmersicht zu informieren. Explizites Ziel des Wirtschaftsclubs ist es, gegenseitiges Verständnis zu fördern und zu festigen. Deshalb suchen die Mitglieder des Wirtschaftsclubs den Kontakt und das offene Gespräch mit allen gesellschaftlichen Gruppen und Institutionen.

Das zweite Hauptziel ist die Unterstützung und Förderung der regionalen Zusammenarbeit wirtschaftlich und politisch Verantwortlicher und Institutionen zur Stärkung der Identifikation mit dem Wirtschaftsstandort und Lebensraum Nordoberpfalz. Der Zusammenhalt der Unternehmer und leitenden Führungskräfte soll durch regelmäßige Veranstaltungen und gegenseitige Informationen und Kontakte gefördert werden und durch ein gemeinsames überregionales, nationales und auch internationales Auftreten zu einer positiven Entwicklung der Region beitragen.

Der Wirtschaftsclub Nordoberpfalz ist unabhängig. Er ist nur seiner selbstgewählten Aufgabe verpflichtet. Er umfasst Unternehmern und unternehmerisch tätige Personen aus allen Bereichen der regionalen Wirtschaft. Im März 1977 wurde der Wirtschaftsclub gegründet. Er ist einer von 40 Informationskreisen der Wirtschaft in Bayern. Mitgliederstand per 31. Dezember 2006: 142 Mitgliedsunternehmen.

➤ **Wirtschaftsclub Nordoberpfalz,** c/o AOK Bayern Direktion Weiden
Bahnhofstraße 13, 92637 Weiden/Oberpfalz, Tel.: 09 61/40 31 00, Fax: 09 61/40 35 10 0
kontakt@wnopf.de
➤ **www.wnopf.de**

WEIMAR

Industrieclub Thüringen e. V.

▮ **Ziele:** Der Club verfolgt ausschließlich und unmittelbar den Zweck, die internationale Zusammenarbeit auf allen Gebieten zu pflegen, den europäischen Gedanken zu verbreiten und zu vertiefen und damit auch der Toleranz auf allen Gebieten der Kultur und der Verständigung der Völker zu dienen. Er will die Bestrebung fördern, die der wirtschaftlichen Weiterentwicklung in Thüringen dienen, und unterstützend dort tätig werden, wo Dynamik, Weitblick und Mut gefragt sind.

▮ **Zielgruppe:** Vertreter aus Industrie und Wirtschaft sowie Persönlichkeiten des öffentlichen Lebens, die Verbindungspunkte zwischen Wirtschaft und Gesellschaft schaffen wollen. Die Mitgliederzahl ist auf derzeit rund 300 gestiegen, wobei insbesondere die vielfältige Zusammensetzung der Mitglieder aus Wirtschaft, Kultur und Politik das Clubleben bereichert.

Der Club bietet in regelmäßigen Abständen im stilvollen Ambiente des berühmten Weimarer Hotel Elephant Vorträge von Persönlichkeiten aus Wirtschaft und Gesellschaft an. Oft werden die interessanten Vorträge von einem kulturellen Rahmenprogramm begleitet.

Darüber hinaus gibt jeder Clubabend die Gelegenheit, in den Gewölben des „Elephantenkellers" Erfahrungen auszutauschen und auch über geschäftliche Entwicklungen zu sprechen. Der Club hat zurzeit 300 Mitglieder aus 160 Thüringer Firmen und Institutionen der verschiedenen Branchen.

➤ **Industrieclub Thüringen e. V.**
Hotel Elephant, Markt 19, 99423 Weimar, Tel.: 0 36 43/80 26 42, Fax: 0 36 43/80 26 14
Industrieclub-thueringen@web.de

➤ **www.industrieclub-thueringen.de**

3. Freimaurerei

Zu den eigenartigsten Organisationen unserer zivilisierten Gesellschaften können sicherlich die Logen der „Freimaurer" gerechnet werden. Die Kaiser Wilhelm I. und Friedrich II., die Könige Friedrich II. (der Große) von Preußen und Wilhelm I. von Württemberg, mehrere englische Könige und der erste US-Präsident Georg Washington sowie zahlreiche seiner Nachfolger, Giuseppe Garibaldi und Simon Bolivar, Marschall Leberecht von Blücher und der preußische Heeresreformer Gerhard Johann Scharnhorst, Goethe, Lessing, Mozart gehörten ebenso zum Bund der Freimaurer wie Gustav Stresemann, John Wayne und Sir Winston Churchill. Staatsmänner, Wissenschaftler, Wirtschaftsführer, Dichter und Komponisten fanden und finden sich in den Freimaurerlogen wie auch ganz „normale" Menschen, die in bürgerlichen Berufen ihren alltäglichen Geschäften nachgehen. Ebenso sitzen Konservative, Sozialisten, Fortschrittliche und Liberale, Christen, Muslime, Juden und Angehörige anderer Bekenntnisse ohne Zank und Streit friedfertig in den Logen nebeneinander, denn Streitgespräche über Politik und Religion werden aus gutem Grund gemieden. Es gibt wohl keine andere Organisation, in der Angehörige aller Berufsstände so brüderlich auf gleicher Ebene miteinander umgehen und aller Standesunterschiede und Statussymbole entsagen, wie dies in der Freimaurerei der Fall ist. Nur eine Spezies findet man nicht: Diktatoren und Absolutisten oder Fundamentalisten jedweder Couleur. Diese bekämpfen die Freimaurerei ob ihrer unabhängig-liberalen Grundeinstellung, wo immer sie können.

Geschichte der Freimaurerei

Die heutige Form der Freimaurerei geht auf die vor rund 300 Jahren in London existierenden Logen zurück, von denen sich 1717 vier Logen zu einer Großloge zusammenschlossen. Das Wort „Loge" (engl. lodge) leitet sich ab von Logia, lateinisch für Hütte. Gemeint waren damit die Hütten der Bauleute, die oft jahrzehntelang an den großen Domen und Kathedralen bauten, und für ihre Unterkünfte neben der Baustelle Holzhäuser errichteten, in denen sie Zusammenkünfte und Baubesprechungen abhielten. In Mitteleuropa bezeichnete man sie folgerichtig als „Bauhütten". Im Altschottischen war aus logia „luge" geworden und in einer alten Urkunde von Aberdeen (wohl aus dem 13. Jahrhundert) findet sich ein Bericht über einen Streit zwischen sechs „masownys of the luge".[1] Schon im 13. und 14. Jahrhundert wurde in Schottland die Gemeinschaft der am Bau tätigen Steinmetzen als „Loge" bezeichnet. Der Name des Versammlungsraums wurde also auf die Gemeinschaft der Versammelten übertragen. Wie aber kamen die Mitglieder der Loge zum Namen „Freimaurer"?

In der Mitte des 18. Jahrhunderts versuchte man, die Freimaurerlogen als Nachfahren der mittelalterlichen Ritterorden darzustellen. Die intensiven Forschungsarbeiten der Freimaurerhistoriker, insbesondere auch die Arbeiten der Forschungsloge „Quatuor Coronati" haben aber zweifelsfrei ergeben, dass die Freimaurerlogen aus den mittelalterlichen Bauhütten des alten Englands hervorgegangen sind. Das Wort „Freimaurer" ist eine etwas freie Übersetzung des englischen Wortes „freemason". Dieser Begriff bezeichnete nicht den eigentlichen Maurer, sondern „mason" ist die Bezeichnung für den Steinmetz, also den Handwerker, der die Steinblöcke behaut, damit sie optimal in den Baukörper eingefügt werden können. Vor allem diejenigen, die den „freestone" bearbeiteten, also den Eck- oder Schlussstein, der den krönenden Abschluss des Gewölbes bildet, mussten hoch qualifiziert sein und genossen ob ihrer Fertigkeiten hohes Ansehen. Der Begriff „Freemason" ging auch auf die Mitglieder der frühen Logen über, die nicht mehr Steinmetzen waren, sondern andere Berufe ausübten, sich aber der Logengemeinschaft anschlossen oder ihr über ihre Tätigkeiten eng verbunden waren. Dies lag im Interesse beider Seiten. Die auf diese Weise zusätzlich gewonnenen Mitglieder der Loge zahlten Beiträge an die Zunft und konnten andererseits deren Privilegien wahrnehmen. Da die Bauhütten auch die Hinterblie-

1 Eugen Lehnhoff, Oskar Posner, Dieter A. Binder, „Internationales Freimaurerlexikon", München 2000, erweiterte und überarbeitete Neuauflage, Seite 533

benen, Invaliden und Veteranen ihres Standes unterstützten, waren sie auf Einnahmen angewiesen. Als das Bauvolumen der Kirchen deutlich abnahm, wurde das Geldaufkommen kleiner als die Zahl der Ansprüche. Für eine gewisse Zeit konnte die Aufnahme von Berufsfremden dieses Dilemma abschwächen. Etwa um 1700 gab es in den Logen praktisch keine Steinmetzen mehr, sondern nur noch „spekulative Maurer", die die alten Gebräuche der Maurer beibehielten und mit Hilfe der Bauwerkzeuge eine sehr plastische Symbolsprache für ihre Weltsicht und ihre Morallehre entwickelten, die in der profanen Sprache doch wohl zu revolutionär geklungen hätte, denn man lebte noch im Absolutismus. Mit Hilfe dieser typisch freimaurerischen Methodik konnten sich auch die Gedanken der Aufklärung sehr rasch verbreiten.

Bauhütten gab es nicht nur in England, sondern in ganz Europa. Sie haben auch alle ein und dieselbe Wurzel: den Benediktinerorden, der sich seit seiner Gründung besonders den Künsten widmete. Als erhabendste Kunst galt bereits im frühen Mittelalter die Baukunst, die Errichtung großer Kathedralen zur Ehre und zum Ruhm Gottes. Die Benediktiner pflegten diese Kunst und entwickelten sie weiter. Fast alle großen Bauten des Mittelalters wurden von Benediktinermönchen errichtet. Die Mönchbruderschaften wanderten von Land zu Land und da sie dem Papst unterstanden, hatten sie in ganz Europa freies Geleit. Sie waren die wichtigsten Ausbilder der Bauhandwerker und übernahmen in der Regel die planerischen und konstruktiven Arbeiten, während die ausführenden Arbeiten von Laienbrüdern übernommen wurden. Die Bauleute waren bruderschaftlich organisiert. Im ausgehenden Mittelalter wurden zunehmend auch Menschen in die Bauhüttenbruderschaften aufgenommen, die aus anderen Berufen kamen. Diese Entwicklung fand in England und auf dem europäischen Festland statt. In deutschen Landen gab es Bauhütten in Köln, Wien, Augsburg und Zürich (bzw. Bern), die alle der Haupthütte zu Straßburg untergeordnet waren. Die Bauhüttenordnung wurde von Kaiser Friedrich III. 1459 privilegiert und von allen seinen Nachfolgern bestätigt, bis sie auf dem Reichstag von 1771 aufgehoben wurde. Ein Teil ihrer eigentümlichen Sitten, Gebräuche und symbolischen Lehren leben in der Freimaurerei fort. Die Bauhüttentradition war in allen Ländern Europas in etwa die gleiche; man bezeichnet diese als „Werkmaurerei". Diese Bauhütten hatten im Laufe der Jahrhunderte bestimmte Erkennungszeichen entwickelt, in die die Gesellen bei ihrer Freisprechung eingeweiht wurden. Für die Meister gab es besondere Zeichen, die nur diese kannten. Damit war es möglich, sich bei fremden Bauhütten zu legitimieren, wenn man wanderte und Arbeit suchte.

Die heutige Freimaurerei geht jedoch eindeutig auf die Überlieferungen in England und Schottland zurück. Im 17. und 18. Jahrhundert wurden immer mehr Adelige und Gelehrte als fördernde Mitglieder in die Reihen der Logen aufgenommen, die ihren Charakter als Bauhütten verloren hatten. Da die Beschäftigung mit philosophischen Fragen an Bedeutung gewann, bezeichnete man diese neue Form der Freimaurerei als „spekulative Freimaurerei", im Unterschied zu der „operativen Maurerei" der Werkmaurer.

Um 1390 erfolgte die Abfassung des „Regius"-Manuskriptes. Dieses beschreibt in 794 paarweise gereimten Versen die Übertragung der Wissenschaft von der Geometrie auf den Bau durch Euklid (Masonry genannt), die Einführung der Kunst der Masonry in England durch König Athelstan, die Darlegung der Pflichten der Bauleute in 15 Punkten und die Schutzheiligen der Bauleute in Deutschland (die Vier Gekrönten – Quattuor Coronati) als Vorbilder für jeden guten Steinmetzen. Dann wird als abschreckendes Beispiel die Legende vom Turmbau zu Babel erzählt. Es folgen Kapitel über die „sieben freien Künste" sowie das Verhalten in der Kirche und in der Gesellschaft. Man geht davon aus, dass das Manuskript zur Unterweisung der Lehrlinge und Gesellen diente.

1459 wurde die Brüderordnung der Steinmetzen von Straßburg privilegiert. Aus 1599 datieren die ältesten erhaltenen Logenprotokolle der Loge „Mary's Chapel" in Edinburg. Sie ist aus der Bauhütte an der Marienkirche entstanden und soll bereits um 1600 auch spekulative Freimaurer in ihren Reihen gehabt haben. In der Großloge von Schottland gilt sie als die älteste Loge und führt daher die Matrikel-Nr. 1. 1641 erfolgt die erste protokollierte Aufnahme eines nicht der Zunft Angehörigen zum Maurer: Der

Generalquartiermeister der schottischen Armee, Robert Moray, wird in die Loge Mary's Chapel aufgenommen. 1646 wird Elias Ashmole in die Loge zu Warrington aufgenommen. Er gehörte zu den größten Gelehrten seiner Zeit und war auch Rosenkreuzer (im klassischen Sinne des Pastors Johann Valentin Andreae). Sein Wirken führte zu einer Durchdringung der Freimaurerei mit rosenkreuzerischen Gedanken, die auf eine Generalreform der gesamten Gesellschaft und insbesondere der Kirche zielten, da vielen die lutherische Reformation nicht weit genug gegangen war.

1717 erfolgt schließlich die Gründung einer Großloge in London, zu der sich vier Logen zusammenschlossen. Dem Herzog von Montagu als neuen Großmeister missfiel die alte „gotische" Konstitution und er beauftragte Reverend Dr. James Anderson mit der Ausarbeitung einer neuen Konstitution. Diese wurde 1723 nach längerer Beratung beschlossen und gilt seither für die Großloge von England. Im gleichen Jahr legte Anderson auch die „Alten Pflichten" vor, die seither das Grundgesetz aller regulären Freimaurerlogen der Welt sind.

Die freimaurerischen Gedanken breiteten sich schnell aus. Als erster Deutscher wurde Graf Albrecht Wolfgang von Schaumburg-Lippe 1725 in die Loge „Rummer and Grapes", eine der vier Londoner Gründerlogen, aufgenommen. 1728 übernahm er die Herrschaft in Schaumburg. Bei einem Tischgespräch machte Friedrich Wilhelm I. von Preußen abfällige Bemerkungen über die Freimaurer. Graf Albrecht Wolfgang bekannte sich als Freimaurer und widersprach dem König. Dem anwesenden preußischen Kronprinz Friedrich imponierte diese Haltung so sehr, dass er später dem Grafen gegenüber erklärte, er wünsche Freimaurer zu werden, was wenig später geschah. In einer Geheimaktion in der Nacht vom 14. auf 15. August 1738 wurde Friedrich im Gasthof Korn zu Braunschweig von einer Delegation der Hamburger Loge „Absalom" das freimaurerische Licht erteilt. Dies dauerte bis vier Uhr in der Früh, da drei Rituale hintereinander abgearbeitet wurden. Friedrich wurde das Licht erteilt, wurde danach zum Gesellen befördert und anschließend zum Meister erhoben. Das war ein sehr ungewöhnliches Verfahren, aber durchaus den Umständen angemessen. Auf Schloss Rheinsberg gründete er die Schlossloge und später die Große National-Mutterloge „Zu den drei Weltkugeln", die in Preußen zahlreiche Tochterlogen initiierte und heute noch besteht.

Die zweite Hälfte des 18. Jahrhunderts brachte einen großen Aufschwung für die Freimaurerei. Die meisten Fürsten in Deutschland schlossen sich dem Freimaurerbund an. Freimaurer zu sein wurde fast eine Mode. Viel bedeutender war jedoch, dass sich zahlreiche große Gelehrte, Komponisten und Schriftsteller für die Freimaurerei interessierten, dem Bund beitraten und ihn durch ihre Werke bereicherten. So ist Mozarts Oper „Die Zauberflöte" eine Umschreibung der Loge und der Aufnahmebedingungen und Lessings „Nathan der Weise" ist das freimaurerische Schauspiel par excellence. Noch heute wird dem Publikum eindringlich die freimaurerische Lehre der Toleranz gerade in Religionsfragen durch dieses Stück nahegebracht. Durch das Werk Goethes, der zum Johannisfest 1780 in der Weimaraner Loge „Amalie" aufgenommen wurde, zieht sich freimaurerisches Gedankengut wie ein roter Faden. Der Erfolg und die Ausbreitung zeigten schon bald ihre Schattenseiten: Abenteurer und Hochstapler traten auf den Plan. Neue, teils abstruse Systeme bildeten sich. Da die Zeit gärte, man stand am Vorabend der Französischen Revolution wie auch der Amerikanischen Unabhängigkeit, hatten die Gründer abenteuerlicher „Orden" Hochkonjunktur. Verirrungen der freimaurerischen Ideale führten zur „Strikten Observanz" und zu den „Illuminaten". Beide bestanden nur kurze Zeit, schadeten dem Ansehen der Freimaurer aber enorm. Geschäftemacher vom Schlag des Hochstapler „Graf" Cagliostro (vulgo ein Kammerdiener namens Balsamo) zogen von Ländchen zu Ländchen und verkauften „Hochgrade", z.B. der selbst erfundenen „ägyptischen Maurerei". Gegen Ende des 18. Jahrhunderts war dieser Spuk aber wieder vorbei, nicht ohne viel Unrat zu hinterlassen, aus dem bis heute immer wieder antifreimaurerische Thesen oder reißerische Romane mit Millionenauflage gebastelt werden. Auch Nationalsozialisten und Kommunisten bedienten sich gerne dieser historischen Rumpelkammern, um Argumente gegen die Freimaurerei zu suchen und nach ihrem eigenen Ungeist verdreht zu verwenden.

Von ernsterem Kaliber war dagegen der erste Bannfluch, den Papst Clemens XII. 1738 in der Bulle „In eminente" aussprach und der alle Freimaurer unter die Strafe der Exkommunikation stellte. Auf Malta, im Vatikan und in Schweden wurde Freimaurerei mit dem Tode bedroht. In den Niederlanden wurde sie daraufhin verboten und in Frankreich und Österreich wurde sie gar nicht weitergegeben. Papst Benedict XIV. bestätigte 1751 diese Bulle, was in Spanien sogar zu Todesurteilen und Galeerenstrafen für Freimaurer führte. Mehrere Päpste folgten diesen Urteilen bis 1894. Als Grund für die Verurteilung waren immer zwei Punkte angegeben worden. Erstens die „Staatsgefährlichkeit" und zweitens wurde die Freimaurerei als „Sekte" abgestempelt. Dies hinderte allerdings vor allem in Italien, aber auch in Frankreich Männer der katholischen Kirche nicht, selbst in den Freimaurerbund einzutreten. Die Mitgliederzahlen in den katholischen Ländern Italien und Frankreich waren meist höher als im überwiegend protestantischen Deutschland.

Im 20. Jahrhundert wurde diese Einstellung relativiert. In einem langen, intensiven Diskussionsprozess differenzierte sich das Verdammungsurteil seitens der katholischen Kirche erheblich. Im heute gültigen Codex von 1983 ist nur noch ein generelles Verbot für Mitgliedschaft in Vereinigungen enthalten, die tatsächlich gegen die Kirche arbeiten. Die Freimaurerei ist nicht erwähnt. Ein Kirchenkampf seitens der Freimaurer wäre mit den eigenen Grundsätzen der Toleranz unvereinbar. In der Praxis ist zumindest in Deutschland seit Jahrzehnten zu beobachten, dass die römische Kirche Freimaurer nicht mehr verfolgt oder offen diskriminiert.

Die Frage, ob ein Christ Freimaurer sein darf, wird von Seiten der evangelischen Kirche in einer Schrift des für diese Fragen beauftragten Friedrich-Wilhelm Haack eindeutig bejaht: „*… Freimaurerei hat niemals Religion sein wollen. Gegenteilige Darstellungen beruhen entweder auf Unkenntnis oder auf Feindseligkeit … Die Freimaurerei unserer Tage hat mit Religion nichts zu tun. Da sie jedoch aus christlichem Boden gewachsen ist, lassen sich Berührungspunkte im ethischen Bereich fast überall aufweisen.*"[2]

2 Friedrich-Wilhelm Haack, „Freimaurer", 6. Aufl. München 1980, Seite 41 ff.

Was ist Freimaurerei?

Nach diesem fast 200 Jahre andauernden (aber vergeblichen) Kampf gegen die Freimaurerei durch eine der angesehensten moralischen Institutionen der Welt stellt sich die Frage, was Freimaurerei denn eigentlich ist. Warum muss man einen Menschen nur wegen seiner Zugehörigkeit zum Bund der Freimaurer auf die Galeere oder gar aufs Schafott schicken? Die Frage ist umso dringender, als die Freimaurer behaupten, sie bildeten keine Sekte, Freimaurerei sei keine Religion, auch keine Ersatzreligion und sie kämpften gegen niemandes religiöse Überzeugung. In den „Alten Pflichten“[3] finden sich die maurerischen Grundsätze, aus denen auszugsweise zitiert wird:

1. *„Der Maurer ist als Maurer verpflichtet, dem Sittengesetz zu gehorchen; und wenn er die Kunst recht versteht, wird er weder ein engstirniger Gottesleugner noch ein bindungsloser Freigeist sein … sie (die Maurer, der Verf.) nur zu der Religion zu verpflichten, in der alle Menschen übereinstimmen.“*
2. *„Der Maurer ist ein friedliebender Bürger des Staates, wo er auch wohne oder arbeite.“*
3. *„Die Loge ist der Ort, wo die Maurer zusammenkommen und arbeiten. Daher nennt man dann jene Versammlung oder gehörig eingerichtete Gesellschaft von Maurern eine Loge.“*
4. *„Jedes Vorrecht unter Maurern gründet sich allein auf wahren Wert und persönliches Verdienst …“*
5. *„Die Maurer sollen … rechtschaffen arbeiten. Der erfahrendste Geselle soll zum Meister … gewählt werden. … Niemand soll einen Bruder um seinen Wohlstand beneiden, ihn verdrängen oder ihm seine Arbeit wegnehmen. … Alle Maurer auf dem Bau sollen … den Meister nicht im Stich lassen, ehe das Werk nicht vollendet ist.“*
6. *Vom Betragen nach geschlossener Loge: „… Auch sollt ihr nichts tun oder sagen, das verletzen oder eine … freie Unterhaltung unmöglich machen könnte. … Deswegen dürfen*

3 „Die alten Pflichten von 1723“ in neuer Übersetzung herausgegeben von der Großloge AFuAMv.D., Bauhüttenverlag, Hamburg 1982

keine … Streitgespräche über Religion, Nation oder Politik in die Loge getragen werden.“

Neben diesen „Alten Pflichten“ gelten noch die „Alten Landmarken“, die im Wesentlichen besagen, dass jeder, der sich um Zulassung bemüht, an einen Schöpfergott und die Unsterblichkeit der Seele glauben soll. Ferner muss er ein freier Mann von gutem Ruf sein. Er darf nicht nach seiner religiösen Überzeugung oder politischen Einstellung befragt werden. Jede Loge kann selbstständig über Aufnahme oder Ablehnung eines Bewerbers entscheiden, sie ist nicht weisungsgebunden. Die „Kugelung“ über die Aufnahme erfolgt geheim. Über alle inneren Angelegenheiten sowie die Erkennungszeichen ist strenge Verschwiegenheit zu bewahren. Angesichts dieser Grundsätze ist es heute verwunderlich, dass so schweres Geschütz gegen die Freimaurer aufgefahren wurde.

Im 18. Jahrhundert war es gerade in bürgerlichen Kreisen üblich, sich eine alte Legende über die Familie zuzulegen, oder, wenn dies nicht möglich war, doch wenigstens über die Vereinigung, der man angehörte, Altehrwürdigkeit ableiten zu können. So wurden die abenteuerlichsten Legenden erfunden, um die Freimaurerei auf die Essener, die alten Griechen oder die Ägypter zurückführen zu können. All dies ist nicht seriös belegbar. Auch eine direkte Weiterführung der Templer über Freimaurerei in Schottland bis in unsere Zeit ist mehr Dichtung als Wahrheit. Die Entwicklung erfolgte in den hier dargestellten Bahnen. Aber auch diese sind spannend genug, umfassen sie doch die ganze Geschichte Europas seit dem frühen Mittelalter.

Die Lehre der Freimaurer

„Der Bund der Freimaurer bildet eine Vereinigung von Männern, die in Form brüderlicher Gemeinschaft sittliche Veredelung, Menschenliebe und harmonische Ausbildung von Gemüt und Verstand erstreben.“[4] Diese kurze Definition über den Freimaurerbund zeigt sehr klar sein Hauptziel. Der einzelne Freimaurer ist bestrebt, an seiner

4 Die Satzungen werden zitiert nach Lehnhoff, Possner, Binder, „Freimaurerlexikon“, Seite 311

eigenen Selbstveredelung zu arbeiten, wobei die brüderliche Gemeinschaft hilfreich sein kann und soll. Die Große Loge von Preußen „Royal York genannt zur Freundschaft" sieht als Hauptaufgabe der Logen „*… die innere Arbeit derselben an der Veredlung und sittlichen Vervollkommnung ihrer Mitglieder*". Moderner und präziser fasst dies die „Großloge der Alten Freien und Angenommenen Maurer von Deutschland" in ihrer Verfassung vom 13. Mai 1994 zusammen: „*In den Mitgliedslogen der Großloge arbeiten Freimaurer, die in bruderschaftlichen Formen und überkommenen rituellen Handlungen menschliche Vollkommenheit erstreben. In Achtung vor der Würde jedes Menschen treten sie ein für die freie Entfaltung der Persönlichkeit und für die Brüderlichkeit, Toleranz und Hilfsbereitschaft und Erziehung hierzu. Glaubens, Gewissens- und Denkfreiheit sind den Maurern höchstes Gut.*"

Diese Zitate umreißen, was Freimaurerei ist: zunächst eine Lehre von Toleranz und Brüderlichkeit. Man kann eine besondere Auslegung der Bergpredigt in ihr sehen, denn sie bietet die Praxis für das allgemeine Gebot „Liebe Deinen Nächsten wie Dich selbst". Diese Aufforderung bedeutet im Umkehrschluss, dass man andere nicht lieben kann, wenn man sich nicht selbst liebt, nicht selbst annimmt. Um sich selbst wirklich lieben zu können, muss man sich zunächst erkennen. Eine der Grundlehren der Freimaurer lautet: „Erkenne Dich selbst!" Der Volksmund weiß, dass Selbsterkenntnis der erste Weg zur Besserung ist. Dies beherzigt auch der Freimaurer. Er lernt bereits im Lehrlingsgrad, den „rauen Stein" zu bearbeiten. Dieser Ausdruck ist Symbol für den Menschen, wie er von Natur aus ist. Durch sittliche Handlungen muss er sich verbessern, indem er die „Ecken der Unvollkommenheit" abschlägt, den Stein also so herrichtet, dass er in den Bau eingefügt werden kann. Dieses Sinnbild soll umschreiben, dass der Mensch seine Selbsterziehung so weit treibt, dass er ein gutes, hilfreiches, tragendes Glied der Gesellschaft wird.

Das Wesen des Freimaurerbundes besteht in der Einheit von leitender Idee, tragender brüderlicher Gemeinschaft und vertiefendem symbolischem Erlebnis. Als Glieder eines ethischen Bundes treten die Freimaurer für Menschlichkeit, Brüderlichkeit, Toleranz, Friedensliebe und soziale Gerechtigkeit ein. Als Gemeinschaft brüderlich verbundener Menschen ist die Loge Übungsstätte dieser Werte und als Symbolbund dient die Freimaurerei der Verinnerlichung von Idee und Gemeinschaft. Hierin liegt ihre Besonderheit gegenüber allen anderen Zusammenschlüssen. Freimaurerei ist weder Religion noch Kirche. Sie will vielmehr Menschen der verschiedensten Weltanschauungen und religiösen Überzeugungen im Bewusstsein verbindender Werte auf der Grundlage einer gemeinsamen Symbolsprache zusammenschließen. Die Zugehörigkeit zu einer Konfessionsgemeinschaft ist kein Hindernis für die Mitgliedschaft im Freimaurerbund; ebenso wenig behindert der Freimaurerbund die Religionsausübung seiner Mitglieder. Die Terminierung freimaurerischer Veranstaltungen nimmt weitgehend Rücksicht auf die üblichen Zeiten der Gottesdienste und Messen.

Zur Beschreibung ihrer Arbeiten bedient sich die Freimaurerei einer Symbolik, die weitgehend die Werkzeuge und Arbeitsweisen der Werkmaurer verwendet. Durch diese plastische Sprache werden auch sehr komplexe Zusammenhänge leichter verständlich. Freimaurer sagen, sie bauen am Tempel der Humanität. Diese Metapher umschreibt das Wirken für eine humanere, gerechtere, den Bedürfnissen aller Menschen genügende Gesellschaft. Bevor man aber nun abhebt, um sich als Gutmensch oder sogar Bessermensch feiern zu lassen, wird man immer wieder auf die eigenen Ecken der Unvollkommenheit hingewiesen und erkennt, was man selbst noch an sich verbessern muss. Das hervorstechendste Phänomen einer gut funktionierenden Freimaurerbruderschaft ist zweifellos der sehr vertraute und vertrauliche Umgang miteinander. In seiner Loge darf der Freimaurer alles sagen, in ernsten Diskussionen innerste Gedanken offenbaren. Er kann sicher sein, dass diese die Bruderrunde nicht verlassen. Das schlimmste Vergehen eines Maurers ist der Bruch der Verschwiegenheit, der Wortbruch, der darin besteht, das, was ihm ein Bruder anvertraut hat, auszuplaudern. Dieses Arkanprinzip macht zum einen die Freimaurerlogen unangreifbar, zum anderen aber recht unmodern in einer Gesellschaft von Plaudertaschen und Dauer-Talkrunden. Gerade darin liegt aber eine ihrer großen Stärken, geht doch der Maurer *„seinen Weg, ohne auf den*

Lärm der Welt zu achten", wie es in einem Logen-Text heißt. Ebenso wie er sich nach dem gleichen Lehrtext „*von der Sklaverei der Vorurteile*" befreien soll. Die Freimaurerei ist kein Geheimbund, wie ihre Gegner oft mutmaßten. Geschichte, Wesen, Ziele, Satzung und Namen der Vorstände von Großlogen und Logen sind öffentlich zugänglich. Selbst die Rituale finden sich in vielen öffentlichen Bibliotheken. Trotzdem halten die Freimaurer an der Verschwiegenheit über die Einzelheiten ihres Brauchtums fest. Dieses Schweigen schützt das Erlebnis und stiftet Vertrauen. Wenn es überhaupt so etwas wie ein „Geheimnis der Freimaurer" gibt, so ist es dieses Empfinden des Einzelnen bei seiner Aufnahme und anderen rituellen Arbeiten. Emotionale Erlebnisse lassen sich nur unvollkommen in Worte fassen, weshalb es besser ist, darüber zu schweigen, statt sie zu profanieren. Deshalb werden ja Dichter, die sehr gefühlvoll schreiben können, allgemein verehrt. Da die wenigsten Freimaurer zu dieser Kategorie von Menschen gehören, schweigen sie lieber. Ein plastisches Beispiel gibt ein Zeitzeuge, der als junger Freimaurer an der Gründung der Vereinigten Großloge von Deutschland am 19. Juni 1949 in der Paulskirche teilnahm. Er, ein ehemaliger Offizier, stand bei der Kettenbildung Hand in Hand neben einem belgischen Bruder, der ihn nach der Arbeit wie selbstverständlich nach Brüssel einlud. Dies berührte ihn tief, besonders als der Belgier ihm sagte: „*Du musst Dich mit dem Gedanken befreunden: Du bist nicht Freund, Du bist nicht Parteigenosse, Du bist Bruder und hast heute etwas von dem erlebt, was wir das Geheimnis der Freimaurer nennen.*"[5] – Die unaussprechliche, tiefe Menschlichkeit zwischen Männern, die noch vor wenigen Jahren Feinde waren. Was würde es bedeuten, wenn alle Menschen so fühlen, denken und handeln könnten?

Diese wenigen Beispiele ließen sich durch viele weitere ergänzen, es käme aber keine andere Lehre dabei heraus. In drei Gradstufen wird dieses Wissen vertieft und von verschiedenen Seiten beleuchtet. Freimaurerisch kurz gefasst heißt dies: „*Schau in Dich,*

5 Erhard Knöfler, „Erlebnisbericht", in: 240 Jahre Freimaurerei in Hannover 1745–1986, Freimaurerloge „Friedrich zum weißen Pferd", Hannover 1986, Seite 11

schau um Dich, schau über Dich!" Der Mensch soll sich erkennen, aber auch seine Mitmenschen und seine Umwelt und schließlich Gott, seinen Schöpfer, den „Großen Baumeister aller Welten", wie das freimaurerische Symbol für die letzte, oberste Instanz lautet. Dies ist nicht ein religionsfeindliches neues Gottesbild, sondern ein gemeinsamer Nenner für Gläubige aller Religionen. Wer immer an ein höchstes Wesen glaubt, das die Welt erschaffen hat, kann in dieser Formel seinen Gott erblicken. So sind Freimaurer nicht religionsfeindlich, sondern sie sind eine wahrhaft ökumenische Geistesbewegung im weitesten Sinn, können doch auf dieser Basis nicht nur Christen, sondern auch Juden, Muslime und Angehörige aller Religionen gemeinsam eine Kulthandlung feiern, in der jeder seinen Gott verehren kann und keiner verletzt sein muss. Auch sind Fälle bekannt, wo Menschen, die sich von ihrer Kirche oder ihrem Glauben getrennt hatten, durch die Beschäftigung mit der Freimaurerei wieder zurückgefunden haben.

Die Grundlehre der Freimaurer ist die, dass der Mensch frei sei und dass alle Menschen gleichwertig seien, sich in der Gesellschaft also auf gleicher Ebene, auf gleicher Augenhöhe begegnen können. Freimaurerische Ideen lieferten daher den Slogan für die Französische Revolution „Freiheit – Gleichheit – Brüderlichkeit!". Mit der Revolutionsdurchführung hingegen hatten die Freimaurer nichts zu tun, was von zahlreichen Zeitzeugen bestätigt wird. Es gab um 1790 in Paris 65 Logen, die sehr unterschiedlich zusammengesetzt waren. Sie schwärmten für die Freiheit und die Gleichheit vor dem Gesetz, aber sie waren auch treue Bürger ihres Landes. Zahlreiche Freimaurer mussten im Zuge der Revolution Frankreich verlassen und ins Exil gehen, andere kamen in den Wirren, als nur noch der jakobinische Terror regierte, selbst unter die Guillotine.

Anders war die Situation in Amerika. Hier hatte sich, wie auch in anderen britischen Kolonialgebieten, die Freimaurerei nach 1723 schnell ausgebreitet. Ein großer Teil der amerikanischen Rebellen waren Freimaurer, aber auch die meisten englischen Gouverneure und hohen Beamten gehörten dem Freimaurerbund an. George Washington wurde nach seinem Sieg über die Engländer zum ersten Präsidenten der USA gewählt und leistete seinen Amtseid auf die Bibel seiner Loge. Bei der Grundsteinlegung des Capitols 1793 erschien Washington mit seinem Freimaurerschurz und führte die Zeremonie nach freimaurerischem Ritus durch. Das ist der einzige derartige Staatsakt, der mit solchen Attributen überliefert ist. In den USA nahm die Freimaurerei einen raschen Aufschwung und erreichte 1930 eine Mitgliederzahl von über 3,3 Millionen in mehr als 16.500 Logen. In den folgenden Jahrzehnten machte sich die Konkurrenz der Serviceclubs, die überwiegend auf Initiativen von Freimaurern zurückgingen, deutlich bemerkbar. Dennoch sind die USA das Land mit dem absolut und prozentual höchsten Freimaureranteil an der Bevölkerung weltweit.

Wie wird man Freimaurer?

Wer sich für die Aufnahme in eine Freimaurerloge interessiert, muss selbst die Initiative ergreifen und sich bei einer Loge als Interessent melden. Er wird dann nach maurerischem Brauch „Suchender" genannt. Der Suchende muss die Kriterien eines „freien Mannes von gutem Ruf" erfüllen. Grundsätzlich kann jedermann Freimaurer werden. Einer besonderen beruflichen Stellung oder eines bestimmten Vermögens bedarf es nicht.

Durch den regelmäßigen, mehrfachen Besuch von Gästeveranstaltungen kann der Suchende prüfen, ob er die Ziele der Loge und die Inhalte der Freimaurerei persönlich akzeptiert und unterstützen möchte. Die Loge lernt den Suchenden kennen und die Brüder können sich einen Eindruck machen, ob der Suchende in ihren Kreis „passt". Wenn dies der Fall ist und der Suchende einen Aufnahmeantrag stellt, erfolgt ein so genanntes „Aufnahmegespräch" mit einem oder zwei Beauftragten der Loge. Danach wird in der Loge demokratisch durch die „Ballotage" abgestimmt. Bei dieser auch „Kugelung" genannten Prozedur erhält jeder Stimmberechtigte eine weiße und eine schwarze Kugel. Wenn er für die Aufnahme stimmen will, wirft er die weiße, bei einer Ablehnung die schwarze. Dieser Vorgang erfolgt geheim. Nur wenn ein Suchender die notwendige Stimmenzahl erhält, kann eine Aufnahme erfolgen. Die Freimaurerloge ist – wie die Serviceclubs, Orden und Korporationen – eine Gemeinschaft, die Mitglieder nur durch Zuwahl aufnimmt. Niemand kann sich in eine Freimaurerloge „einkaufen".

Freimaurerei und Burschenherrlichkeit

Ein besonderes Kapitel wurde im frühen 18. Jahrhundert geschrieben. Die Freimaurerei entfaltete auch an den Universitäten eine große Zugkraft. Im Jahr 1743 wurde in Halle die erste rein studentische Freimaurerloge „Zu den drei Rosen" gegründet. Es folgten Logen in Jena und in Göttingen, wo es mehrere Studentenlogen gab. In der Folgezeit wurden fast in allen Universitätsstädten Logen gegründet, die überwiegend aus Studenten und Dozenten bestanden. Wesentliche Triebfeder dafür war das freiheitliche Denken und die humanitäre Grundeinstellung der Freimaurer, die in völligem Gegensatz zu dem „Pennalismus" stand, der bei den alten Landsmannschaften eingerissen war. Gerade das demokratische Konventsprinzip, das heute praktisch bei allen Verbindungen maßgeblich ist, kennzeichnete die akademischen Logen. Teilweise bildeten sich diese als ein geheimer, innerer Engbund innerhalb der alten Landsmannschaften. Aus diesen akademischen Logen entwickelten sich die verschiedenen studentischen Orden, z.B. die Amicisten (1771 in Jena), die Unitisten (1774), die Constantisten (1777) und die Harmonisten (1777, alle in Halle). Von den Letztgenannten ist ein Ritual erhalten, das fast deckungsgleich mit den noch heute gebräuchlichen freimaurerischen Ritualen ist.[6] Diese Orden existierten nur ein oder zwei Jahrzehnte und wurden dann durch andere Verbindungsformen, aus denen sich die Corps, die Burschenschaft und die neuen Landsmannschaften (CC) entwickelten, abgelöst. Sie brachten für diese aber zwei sehr wesentliche neue Elemente, nämlich die Freiwilligkeit des Beitritts (in den alten „Nationes" war man Pflichtmitglied) und das Prinzip des Lebensbundes. Der letzte Ausläufer der studentischen Orden waren die „Gießener Schwarzen", die nichts mehr mit der Freimaurerei zu tun hatten, obwohl auch zahlreiche Mitglieder später Freimaurer wurden.

6 Karl Hoede, „Burschen heraus – zur Erinnerung an den Ursprung der alten Burschenherrlichkeit", Bauhüttenverlag, Frankfurt/Main o.J., Seite 50 ff.

Freimaurerei in Deutschland

Auch in Deutschland nahm die Freimaurerei im 19. Jahrhundert einen beträchtlichen Aufschwung. In mehren deutschen Staaten bildeten sich eigene Großlogen, die teilweise nach unterschiedlichen freimaurerischen Lehrarten arbeiteten. Allein in Preußen arbeiteten drei Großlogen, daneben gab es die Großloge von Hamburg, die Große Landesloge von Sachsen, den Eklektischen Freimaurerbund (Frankfurt), die Großloge zur Eintracht (Darmstadt), die Großloge zur Sonne (Bayreuth), die Symbolische Großloge von Deutschland, den Freimaurerbund zur aufgehenden Sonne und die Großloge „Deutsche Bruderkette" in Leipzig. Dies war nicht nur eine räumlich-territoriale Zersplitterung, sondern diese Großlogen bearbeiteten auch inhaltlich unterschiedliche Lehrarten. Im Kern sagten zwar alle das Gleiche, waren alle Brüder, aber in den Nuancen zeigten sich doch Unterschiede. Dennoch mag es damals bereits als Fortschritt gesehen werden, dass es nicht in jedem der 35 Gliedstaaten des deutschen Reiches eine eigene Großloge gab, sondern sich mehrere Großlogen schon auf Logen in mehreren Ländern stützen konnten. Die Zersplitterung in rund ein Dutzend Großlogen führte vor allem in der Weimarer Republik zu Unterschieden in der Deutlichkeit der Ablehnung des Nationalsozialismus. Nach 1945 wurde bedauert, dass man vor 1933 nicht mit einer Stimme haben sprechen können. Aber es ist kaum anzunehmen, dass eine deutliche Ablehnung der Hitler'schen Thesen durch alle Freimaurer diese Diktatur auch nur im Ansatz hätte verhindern können.

Die Verbotszeit unter den Nationalsozialisten

Eine vorsichtige Hochrechnung ergab für 1933 einen Bestand von rund 80.000 Freimaurern im damaligen Deutschen Reich. Die Freimaurerei war den Nationalsozialisten ein Dorn im Auge. Offiziell griffen sie die Logen an, weil diese auch jüdische Mitglieder hatten, tatsächlich aber missfiel ihnen die gesamte Zielsetzung, die geistige Unabhängigkeit, die demokratische Verfassung und die Internationalität des Freimaurerbundes insgesamt. Daher wurde die bereits vor 1933 betriebene Hetze gegen Freimaurer mit der „Machtergreifung“ verstärkt. Mit dem Gesetz über die Wiedereinführung des Berufsbeamtentums schufen sie sich ein wohlfeiles Instrument, um die Logen hart zu treffen, denn es war fortan den Beamten untersagt, Mitglied einer Loge zu sein.

Zunächst versuchten die Großlogen, sich in „Deutsch-Christliche Orden“ umzubenennen, um den Verfolgungen zu entgehen. Dies hatte aber nur einen kurzfristigen Entlastungseffekt. Die Symbolische Großloge und der Schottische Ritus, die beiden jüngsten Großlogen in Deutschland, entschlossen sich zu einem sehr geschickten Schachzug. Sie „schläferten“ ihre Logen ein. Das hatte gegenüber einer Auflösung den Vorteil, dass sie die Großloge jederzeit entweder ins Ausland verlegen oder wieder eröffnen konnten. Für die Nationalsozialisten war wichtig, dass sie nicht mehr in Deutschland tätig waren. Die Symbolische Großloge von Deutschland verlegte tatsächlich ihren Sitz nach Israel. Während die beiden nur drei Jahre alten Großlogen sich einfach verabschieden konnten, hatten die großen traditionsreichen Logenverbände erhebliche Vermögenswerte – man denke nur an die großen, prachtvoll eingerichteten Logenhäuser aus dem 19. Jahrhundert. Das Bemühen richtete sich darauf, diese nach Möglichkeit dem Zugriff der Nationalsozialisten zu entziehen. Alle Winkelzüge und Anstrengungen blieben letztlich ohne Erfolg. Den Großlogen blieb nur die Auflösung, der die einzelnen Mitgliedslogen folgten. Nur die Großloge von Hamburg hatte eine Auslandsloge in Valparaiso (Chile). Dorthin verlegte sie ihren Sitz und konnte somit während des gesamten Dritten Reiches ihre umfangreichen Auslandskontakte weiter pflegen. Von dort aus konnte sie nach dem Krieg die Arbeit in Hamburg wieder fortsetzen. Einzelne Einrichtungen, so das Freimaurerkrankenhaus in Hamburg, wurden einem gemeinnützigen Verein übertragen. Bis zum Sommer 1935 hatten alle Freimaurereinrichtungen in Deutschland aufgehört zu bestehen. Mit der Ausgabe vom 8. August 1935, fast genau 198 Jahre nach Gründung der ersten deutschen Freimaurer-Loge in Hamburg, verkündete der „Völkische Beobachter“, eine der größten NS-Zeitungen, das Ende der Freimaurerei in Deutschland. Der Lohn der früheren Zurückhaltung war also die völlige Auslöschung des freimaurerischen Lebens in der Diktatur. Damit endete für prominente Freimaurer aber nicht die Verfolgung. 238 Freimaurer wurden aus Deutschland vertrieben, 57 kamen in Konzentrationslager und 62 wurden von den Nationalsozialisten ermordet, unter ihnen der Gewerkschaftsführer Wilhelm Leuschner, der zu den Verschwörern des 20. Juli 1944 gehörte. Man schätzt, dass im aktiven Widerstand gegen den Nationalsozialismus etwa 1% der deutschen Freimaurer beteiligt waren.[7]

Der Neubeginn nach dem Naziterror

Von den 80.000 Freimaurern des Jahres 1933 fanden sich 1945 nur mehr 5.000 deutsche Freimaurer, um auf den Trümmern des vierfach besetzten Landes erste Schritte zur Reaktivierung zu erwägen. Eine kurze Wiederbelebung erfuhr die Freimaurerei in der sowjetisch besetzten Zone. Einigen Logen gelang es, von den Sowjets zunächst die Lizenzierung für den Wiederbeginn zu erhalten, in Leipzig waren es drei, in Dresden zwei und in Cottbus, Jena, Weimar und Meiningen jeweils eine Loge. Zum Johannisfest 1946 nahmen in Dresden 134 Brüder aus vormals 14 Logen teil. Im Spätherbst 1946 wurde dieses aufkeimende Logenleben aber beendet. Die sowjetische Besatzungsmacht und die deutschen Kommunisten hatten kein Interesse an dem Wiedererstehen der ihnen wesensfremden Freimaurerlogen, die auch in der Sowjetunion ausgemerzt worden waren. Durch den Verlust der preußischen Provinzen ostwärts von Oder und Neiße (Schlesien, Ostpreußen, Pommern, Danzig) und dem Verbot der Logen in der DDR verloren vor allem die ehemals preußischen Großlogen die Mehrzahl ihrer Mitgliedslogen. Auch die Großloge von Sachsen erlitt sehr starke Verluste.

In den Westzonen war in Stuttgart bereits im September 1945 eine Sammelloge („Furchtlos und Treu") von Brüdern verschiedener freimaurerischer Lehrarten gegründet worden. In der britischen und französischen Zone regte sich freimaurerisches Leben erst etwas später. Der unermüdlichen Aufbauarbeit des Großmeisters der bayerischen Landesgroßloge, Dr. Theodor Vogel, gelang es

7 Lehnhoff, Posner, Binder, a.a.O., Seite 224

schließlich, am 19. Juni 1949 in der Paulskirche zu Frankfurt die Gründung der Vereinigten Großloge von Deutschland durchzuführen. Dazu fanden sich Logen aus fast allen ehemals bestehenden kleinstaatlichen Großlogen zusammen. Im Einzelnen waren dies:

42 Logen der Großen Nationalen Mutterloge „Zu den drei Weltkugeln"
35 Logen der Großloge von Preußen, genannt Royal Yorck zur Freundschaft
34 Logen der Großloge „Zur Sonne"
18 Logen der Großloge von Hamburg
14 Logen der Großen Mutterloge des Eklektischen Freimaurerbundes
7 Logen der Großen Freimaurerloge „Zur Eintracht"
5 Logen der Symbolischen Großloge von Deutschland
4 Logen der Großen Landesloge von Deutschland
4 Logen der Großen Landesloge von Sachsen
1 Loge des Freimaurerbundes „Zur aufgehenden Sonne"
10 Logen, die nach 1945 neu gegründet worden waren.

Insgesamt hatten sich 174 Logen diesem ersten großen Einigungswerk der deutschen Freimaurerei angeschlossen, um der Zersplitterung, die sich vor 1933 so verheerend ausgewirkt hatte, endlich ein Ende zu machen. 1958 wurde die Magna Charta der deutschen Freimaurer verabschiedet und am 14. September des gleichen Jahres wurden die „Vereinigten Großlogen von Deutschland – Bruderschaft der deutschen Freimaurer" gegründet. Die „Große Landesloge von Deutschland – Freimaurerorden" schloss sich dieser Einigungsbewegung an. 1970 erfolgte endlich die Sammlung aller regulärer maurerischen Kräfte unter einem gemeinsamen Großlogendach, als sich die Große National-Mutterloge „Zu den drei Weltkugeln", die neu gebildete „Provinzialgroßloge der britischen Freimaurer in Deutschland" sowie die „American-Canadian Provincial Grand Lodge" in die „Vereinigte Großlogen von Deutschland" (VGL) integrierten.

Seither werden die Deutschen Freimaurer nach außen von einer einzigen Großloge, der VGL vertreten, die zu allen regulären Großlogen auf der Erde maurerische Beziehungen unterhält. Praktisch bedeutet dies, dass jeder deutsche Freimaurer, der in einer Loge unter der Obedienz der VGL von Deutschland arbeitet, weltweit Besuchsrecht in jeder regulären Freimaurerloge hat. Auch in den Staaten Osteuropas und in Russland sind die Logen wieder erstanden.

Die Entwicklung der regulären Freimaurerei in Deutschland von 1737–2003 verdeutlicht die folgende Übersicht:

Zeitraum	Logengründungen
bis 1800	94
bis 1850	167
bis 1900	171
bis 1914	113
bis 1933	132
bis 1950	20
bis 1990	175
bis 2000	37
bis 2004	23
gesamt	**1.032**

Insgesamt wurden seit 1737 1.029 Freimaurer-Johannis-Logen in Deutschland gegründet, von denen 2003 noch 514 in Arbeit standen. In den rund 260 Logengründungen nach dem Zweiten Weltkrieg sind auch die englischen sowie amerikanisch-kanadischen Logen in Deutschland enthalten, von denen in 2003 noch rund 45 arbeiteten. Die Hälfte aller ehemals existierenden Logen in Deutschland ist im Laufe der Zeit wieder geschlossen worden. Zurückzuführen ist dies zum größten Teil auf die Verfolgung durch die Nationalsozialisten, das Verbot unter den Kommunisten in der DDR und auf die erheblichen Gebietsverluste nach dem Ersten und Zweiten Weltkrieg. Nach 1990 konnten in den neuen Bundesländern Logen wiederbelebt werden, was nach 55 Jahren Unterbrechung und der in der Verbotszeit erfolgten Negativpropaganda nicht leicht fiel. Dennoch fand die Botschaft der Freimaurer neue Anhänger, was die Zahl der Neugründungen zeigt. Die Gründung einer Loge ist zwar eine Vereinsgründung, aber sie bedarf auch freimaurerischer Voraussetzungen, die nicht immer leicht zu erfüllen sind. Die Wiederbelebung der Freimaurerei an ihren alten Standorten in Brandenburg, Mecklenburg-Vorpommern, Sachsen, Sachsen-Anhalt und Thüringen, wo unter dem Terror Hunderte freimaurerischer Lichter erloschen waren, wäre ohne ein sehr großes Engagement von Brüdern aus Westdeutschland unmöglich gewesen. Da Freimaurerlogen nicht einfache Idealvereine, sondern initiatorische Gemeinschaften sind, bedarf es nicht nur einer bestimmter Anzahl von Freimaurermeistern, sondern auch einer gewissen Zeit, bis aus der Gründungsgruppe (Kränzchen oder Deputationsloge) eine vollkommene Loge werden kann. Diese Aufbauarbeit leisteten Freimaurer aus den bestehenden Logen, die teilweise beruflich in den neuen Bundesländer wirkten, über Monate, teilweise über mehrere Jahre, als sie regelmäßig zum Logenaufbau an die neuen Wirkungsorte fuhren.

„Blaue“ und „rote“ Freimaurerei

Diese Unterscheidung hat weder etwas mit Alkoholkonsum noch mit politischer Grundrichtung zu tun. Vielmehr rührt sie von den bei den Ritualen vorherrschend gebrauchten Farbbändern, an denen die Logenabzeichen getragen werden. Unter „blauer“ Freimaurerei versteht man die allgemeine Maurerei zu Ehren Sankt Johannes des Täufers. Einige Logen haben als Schutzpatron auch Johannes, den Evangelisten. Diese auch „Johannislogen“ genannten Freimaurerlogen bearbeiten in der Regel drei Gradstufen: die des Lehrlings, Gesellen und Meisters. Damit ist nach Meinung vieler Freimaurer auch alles gesagt und abgehandelt.

Viele Freimaurer waren mit den drei Graden nicht zufrieden und suchten nach weiterer Erkenntnis in der Freimaurerei. Diese wurde angeboten in so genannten „Hochgradlogen“, auch „Andreaslogen“ oder „Schottische Logen“ genannt. Da diese häufig die Farbe Rot verwenden, teilweise auch ihre Arbeitstempel ganz mit rotem Stoff ausschlagen, nennt man sie „rote“ Logen oder „rote“ Freimaurerei. Ein Teil dieser Systeme wird auch in Deutschland bearbeitet.

Eine Freimaurerloge ist „regulär“, wenn sie einer Großloge angehört, die von der englischen Großloge, der United Grand Lodge (UGL), in London anerkannt ist. Dies bedeutet jedoch nicht, dass die UGL eine irgendwie geartete „Vorgesetztenrolle“ gegenüber den anderen Großlogen hätte. Sie ist einfach die älteste Großloge und hat historisch viele andere Großlogen vor allem in den ehemals zum Britischen Empire gehörenden Ländern und Kontinenten ins Leben gerufen. Dies bedingte, dass die nicht von ihr initiierten Großlogen sich um ihre Anerkennung bemühten und freiwillig die dazu erforderlichen Bedingungen anerkannt haben. Die Tatsache der Regularität bedeutet, dass man im mit Abstand größten Freimaurerbund der Welt stets und überall als besuchender Bruder willkommen ist. Das hat natürlich für viele international tätige Menschen einen großen Reiz und gewisse Vorteile. Eine irgendwie geartete Abhängigkeit oder gar Weisungsbefugnis gegenüber den einzelnen Großlogen besteht von keiner Seite und in keiner Richtung.

Die Anerkennung ist ein gegenseitiger Vertrag, in dem sich die ausländische Partnergroßloge verpflichtet, alle ihre Mitgliedslogen nach den „Alten Pflichten“ von 1723 arbeiten zu lassen und die alten „Landmarken“ zu respektieren. Praktisch bedeutet dies vor allem, dass sie sich auf den „Großen Baumeister aller Welten“ (GBAW) berufen und in allen rituellen Logenarbeiten die Bibel auflegen und aufschlagen.

Neben den rund 500 regulären Logen der VGLvD gibt es etwa drei Dutzend Logen, die als „irregulär“ anzusehen sind. Es handelt sich um folgende Obedienzen:

- Frauen-Großloge von Deutschland (16 Logen)
- HUMANITAS – Freimaurergroßloge für Frauen und Männer in Deutschland (12 Logen)
- Orden „Droit Humain“ (2 Logen)
- Großorient von Deutschland (3 Logen)
- Souveräne Großorient von Deutschland SGOvD (7 Logen und Zirkel)
- Großorient von Frankreich GOdF (7 Logen)
- Großorient von Luxemburg GOL (2 Logen)

Dieser Bereich ist in starker Bewegung; allein während der Zeitspanne zwischen Materialsammlung und Abfassung dieses Textes gab es eine Großlogenspaltung, eine Neugründung und zwei Umfirmierungen. Eine deutliche Expansion ist bei der Frauen-Großloge zu beobachten, die in mehreren Städten Neugründungen in Arbeit hat. Hier zeigt sich ein analoges Bild zu den Serviceclubs, wo der Zuwachs oft wesentlich durch die Gründung von Frauenclubs bestimmt wird. Dies ist ein gesellschaftlich sicheres Indiz für das ständige Vorrücken von Frauen in Führungspositionen. Der Gesamtbestand der gemischten Logen entspricht etwa dem Zuwachs an regulären Freimaurerlogen im Zeitraum 1999 bis 2004.

Berühmte Freimaurer

Immer wieder wird nach „großen Namen" in den einzelnen Bünden gefragt. Die Freimaurerei hatte und hat viele Brüder, die sehr prominent waren oder sind. Allein 14 der 50 Präsidenten der Vereinigten Staaten von Amerika zählen dazu, die letzten waren Lyndon B. Johnson und Gerald Ford. Von den deutschen Bundesministern der Nachkriegszeit war mindestens Thomas Dehler bekennender Freimaurer und hat im Dritten Reich dafür auch ein Berufsverbot hingenommen. Der erste Ministerpräsident von Baden-Württemberg, Reinhold Maier, war seit 1924 Mitglied des Freimaurerbunds, ebenso sein Justizminister Gotthilf Schenkel. Holger Börner, ehemaliger hessischer Ministerpräsident, war nicht nur beruflich ein „Mann vom Bau", er gehörte auch dem Bund der Freimaurer (AfuAM und AASR) an. Von lebenden Freimaurern wird traditionsgemäß ihre Mitgliedschaft nicht öffentlich mitgeteilt, es sei denn, sie geben dies selbst bekannt. Bemerkenswert erscheint, dass der Versuch von Reichskanzler Gustav Stresemann[8], zu einer Aussöhnung mit Frankreich zu kommen, nicht zuletzt deshalb so erfolgreich verlief, weil er und sein Ver-

8 Stresemann war 1923 in der Berliner Loge „Friedrich der Große" und Briand war in die Loge „Le Trait d'Union de Saint Nazaire" aufgenommen und später zu der Loge „Les Chevalier du Travail" affiliiert worden. Beide erhielten 1926 den Friedensnobelpreis. In einem Essay über „Maurertum und Menschheitsbau" schrieb Stresemann: „Der Mensch soll in jedem Moment seines Denkens und Handelns von der Überzeugung sich tragen lassen, dass er eine Mission auf Erden zu erfüllen hat, dass ihm Kraft gegeben ist, zur Veredlung des Menschheitsbaus beizutragen …"

handlungspartner Aristide Briand Freimaurer waren. Sie handelten im gleichen Geist der Menschlichkeit, wobei Stresemann einer „regulären" (3WK) und Briand einer „irregulären" (Grand Orient) Großloge angehörten. Die Einigung zwischen Deutschland und Frankreich bewirkten schließlich Konrad Adenauer und Robert Schumann. Beide waren zwar keine Freimaurer, aber sie handelten aus gleichem Geist und gehörten katholischen Studentenverbindungen an. Zweifellos kann gerade in der Politik der Geist von Humanität und Menschlichkeit besser zum Tragen kommen, wenn die Verantwortlichen eine Überzeugung haben, die fest auf sittlichen Grundsätzen wurzelt und weniger auf ideologischem Utopismus jedweder Art. Gerade bei dem notwendigen brüderlichen Diskurs zwischen den großen Kulturbereichen unseres Globus kann die Freimaurerei eine große Hilfe sein, da sie vorbehaltlos jede ethische Grundhaltung gelten lässt und selbst keine Dogmen vertritt.

„Hier gelten nicht Einfluss, nicht Reichtum und Sterne" heißt eine Zeile in einem oft gesungenen Freimaurerlied. Da sich Freimaurer „auf gleicher Ebene" begegnen, interessiert es relativ wenig, welchen Rang ein Bruder bekleidet. Dennoch ist es immer von einem gewissen Interesse für Außenstehende zu wissen, wer sich in einer Gesellschaft bewegt. Bei einem Bund, der fast 300 Jahre alt ist, kann man im Laufe der Zeit erhebliche Unterschiede feststellen. Während vor 250 Jahren zahlreiche gekrönte Häupter und ihre ersten Minister dem Freimaurerbund angehörten, waren es damals auch die führenden Philosophen und Wissenschaftler, hohe Staatsbeamte und Militärs. Die Emanzipation der bürgerlichen Gesellschaft in Europa seit der Aufklärung, wie auch diese selbst, ist aber sehr wesentlich von Freimaurern beeinflusst worden.

Die Vereinigten Großlogen von Deutschland – Bruderschaft der deutschen Freimaurer (VGLvD)

Normalerweise gibt es in jedem Land eine reguläre Großloge. In Deutschland gibt es deren fünf, die sich alle, unter einem gemeinsamen Dach arbeitend, gegenseitig anerkennen. Dieser Zusammenschluss ermöglicht es, dass Freimaurer mit sehr unterschiedlichen Traditionen in einer einzigen von der Großloge von England akzeptierten Loge zusammengefasst werden. Dies wurde erreicht, weil man die beiden altpreußischen Großlogen sowie die beiden neuen Provinzialgroßlogen der Alliierten und die 1949 als Sammelbecken aller zersplitterten Freimaurergruppen neu erstandene Großloge der Alten Freien und Angenommenen Maurer bestehen ließ und darüber eine neue Großloge schuf, die „Vereinigten Großlogen von Deutschland – Bruderschaft der deutschen Freimaurer“. Heute gliedert sich die VGLvD wie folgt:

1. „Großloge der Alten Freien und Angenommenen Maurer von Deutschland“ mit 256 Logen und rund 9.000 Mitgliedern
2. „Große Landesloge der Freimaurer von Deutschland“ mit 100 Logen und fast 3.600 Mitgliedern
3. Große National-Mutterloge „Zu den drei Weltkugeln“ mit 40 Logen und rund 950 Mitgliedern
4. „Amerikanisch-Canadische Großloge in Deutschland“ mit 36 Logen und rund 3.000 Mitgliedern
5. „Großloge der Britischen Freimaurer in Deutschland“ mit 17 Logen und 1.200 Mitgliedern

Insgesamt gibt es in Deutschland heute rund 17.750 Freimaurer. Diese Zahl ist rund ein Viertel der vor dem Terror der Nationalsozialisten in Deutschland arbeitenden Freimaurer und beinhaltet noch rund 3.200 Angehörige der englischen und amerikanisch-kanadischen Großlogen in Deutschland, die logenrechtlich zur deutschen Großloge gehören. Dies beleuchtet deutlich, wie stark die Freimaurerei unter den Nachwirkungen der Verfolgungen und dem Weiterbestehen nazistischer und kommunistischer Vorurteile leidet.

Die drei deutschen Großlogen arbeiten nach deutschen Ritualen, wobei es den AfuAM-Logen freigestellt bleibt, nach den neu gestalteten Ritualen der Großloge der AFuAM oder nach ihren überlieferten Ritualen der Vorkriegszeit zu arbeiten. Die Große Landesloge und die Großloge 3WK bearbeiten ihre traditionellen Rituale. Die britischen Freemasons arbeiten nach dem englischen Emulation-Ritual und die amerikanisch-kanadischen Logen nach einem US-Ritual. Dadurch ist es für einen Freimaurer in Deutschland sehr reizvoll, im eigenen Land an freimaurerischen Arbeiten in mehreren unterschiedlichen Ritualen teilnehmen zu können, um zu erleben, was „Einheit in der Vielfalt" praktisch bedeutet. Dabei muss er wenigstens in größeren Städten keine große Reise machen, sondern lediglich an einem anderen Wochentag sein Logenhaus aufsuchen. Er kann dann selbst erleben, wie sich in unterschiedlichen äußeren Formen und unterschiedlichen Sprachen der gleiche Inhalt offenbart.

➤ **Großmeisteramt VGLvD**
Emser Straße 10, 10719 Berlin, Tel.: 0 30/86 14 79 6, Fax: 0 30/86 21 16 4
vglvd@freimaurer.org
➤ **www.freimaurer.org**

Die Großloge der Alten Freien und Angenommenen Maurer (AFuAM)

Die Großloge der Alten Freien und Angenommenen Maurer von Deutschland ist ein Zusammenschluss von Freimaurerlogen und die größte freimaurerische Körperschaft. In ihrer Bruderschaft lebt die Überlieferung früherer deutscher Großlogen fort. Die Großloge ist nicht konfessionell ausgerichtet, sondern bekennt sich zur so genannten humanitären Freimaurerei, die Menschen aller Religionen und Bekenntnisse achtet und zu Mitgliedern aufnimmt. In ihren Reihen vereint sie Männer aller Religionen und unterschiedlichster Herkunft. Sie sieht sich in der Tradition des Humanismus und der Aufklärung und in diesem Erbe eine Verpflichtung für Gegenwart und Zukunft. In der „Arbeit am rauen

Stein" wird nicht nur das Bemühen um Selbstveredlung gesehen, sondern immer auch die Arbeit für und in der Gesellschaft. Gerade das Zusammentreffen von Männern mit verschiedenen weltanschaulichen, religiösen und politischen Überzeugungen prägt die Vielfalt und die Lebendigkeit des Freimaurerbundes. Auf dem Fundament brüderlicher Toleranz wollen die Mitglieder ihren Blick weiten und „am Tempel der Humanität bauen".

Die Freimaurer der AFuAM bekennen sich zu den auf Würde, Freiheit und Selbstbestimmung des Menschen ausgerichteten Traditionen ihres Bundes. Dieses Erbe zu bewahren und es angesichts der Herausforderungen der Gegenwart in Denken und Handeln neu zu bestimmen ist wichtigster Inhalt freimaurerischer Arbeit. Damit zieht die AFuAM zugleich die Konsequenz aus der deutschen Geschichte des 20. Jahrhunderts, aus der sie hervorgegangen ist. Im Bewusstsein eigener Identität wirkt sie mit anderen Großlogen im Rahmen der „Vereinigten Großlogen von Deutschland" zusammen und fühlt sich als Bestandteil einer weltumspannenden Gemeinschaft.

Die AFuAM öffnet sich kontroversen Ideen und lässt Mitglieder jeder gesellschaftlichen Herkunft zu. Auf der Basis der von ihr vertretenen Überzeugungen erfüllt sie den Auftrag der „Alten Pflichten", Menschen in brüderlicher Eintracht zu verbinden, die sich sonst fremd geblieben wären. Worauf Freimaurer auch immer ihre Überzeugung zurückführen, entscheidend allein ist, wie sich ihr Bekenntnis zum Menschen im Leben bewährt:

„Die Freimaurer der AFuAM sind durch ihr gemeinsames Streben nach humanitärer Geisteshaltung miteinander verbunden, sie bilden keine Glaubensgemeinschaft. Sie ehren im Weltenbau, in allem Lebendigen und im sittlichen Bewusstsein des Menschen ein göttliches Wirken voll Weisheit, Stärke und Schönheit. Dies alles verehren sie unter dem Sinnbild des Großen Baumeisters aller Welten."[9]

Die Großloge der Alten Freien und Angenommenen Maurer von Deutschland verleiht in unregelmäßigem Rhythmus zwei bedeutende Preise, um herausragende Persönlichkeiten zu ehren.

9 So ausdrücklich formuliert in Artikel 3 der freimaurerischen Ordnung, dem Grundgesetz der Großloge

Den „Kulturpreis Deutscher Freimaurer“ haben bisher erhalten: Max Tau (1966), Erich Kästner (1968), Siegfried Lenz (1970), Golo Mann (1972), Peter Huchel (1974), Winfried Dotzauer (1978), Otto Friedrich Bollnow (1980), Johannes Mario Simmel (1981), Yehudi Menuhin (1982), Lew Kopelew (1983), Otmar Alt (1991), Rainer Kunze (1993), Arno Surminski (2001), Fritz Pleitgen (2004).

Der „Humanitäre Preis Deutscher Freimaurer“ wurde verliehen an: Hermann Gmeiner (1969), Schülergruppe Amnesty International, Duisburg (1971), Theodor Binder (1973), Helga Einsele (1976), Arnold Dannemann (1979), Der Weiße Ring (1982), Karlheinz Böhm (1986), Gyula Horn (1992), Walter Farmer (1997), Dresden Trust (1999).

Die AFuAM gliedert sich in die Distriktlogen Baden-Württemberg, Bayern/Sachsen, Berlin/Brandenburg, Bremen, Hamburg, Hessen/Thüringen, Niedersachsen/Sachsen-Anhalt, Nordrhein-Westfalen, Rheinland-Pfalz/Saar und Schleswig-Holstein/Mecklenburg-Vorpommern. Bemerkenswert ist, dass für die Freimaurer in den neuen Bundesländern keine eigenen Distriktlogen gegründet wurden, sondern eine Integration in die bestehenden Distriktverbände erfolgte. Die AFuAM gibt das Magazin „Humanität“ heraus, das zehnmal jährlich erscheint und auch von Nichtfreimaurern abonniert werden kann.

➤ **Großmeisteramt AFuAM**
Emser Straße 12/13, 10719 Berlin, Tel.: 0 30/86 42 20 34, Fax: 0 30/86 42 20 54
kanzlei@freimaurerei.de
➤ **www.freimaurerei.de**

Die Große Landesloge der Freimaurer von Deutschland – Freimaurerorden (GLLFvD)

Die „Große Landesloge der Freimaurer von Deutschland – Freimaurerorden“ verfolgt das Ziel, durch die persönliche Entwicklung ihrer Mitglieder einen gesellschaftlichen Beitrag zu mehr Menschlichkeit, Toleranz und Nächstenliebe zu leisten. Dies geschieht durch brüderliche Gespräche sowie freimaurerische Arbeiten und die Vermittlung von Symbolen und Allegorien. Entscheidend ist, dass es kein für die Mitglieder verbindliches Dogma gibt. Verbindlich für alle Mitglieder ist lediglich die Basis der christlichen Wertvorstellungen als Grundlage des persönlichen Handelns. Die Entwicklung des Einzelnen vollzieht sich unter Nutzung der Vielfalt der Ansichten und sozialen Hintergründe der Mitglieder einer Loge. Im Mittelpunkt aller Gespräche und freimaurerischen Arbeiten steht der Mensch ohne besonderes Ansehen seiner beruflichen Stellung, seiner sozialen Herkunft oder seines Vermögens. Von den Mitgliedern wird nur erwartet, dass sie „freie Männer" im Hinblick auf ihre Willensentscheidungen und „von gutem Ruf" im Hinblick auf Vorstrafenfreiheit sind.

Die Lehrart der Großen Landesloge ist auf das Christentum gegründet. Unter Christentum ist nicht die Zusammenfassung bestimmter Glaubensartikel zu verstehen, sondern die Lehre Jesu Christi, wie sie in der Heiligen Schrift enthalten ist. Die Bibel bleibt die unerschütterliche Grundlage der Ordenslehre; sie ist die Hauptquelle des Bekenntnisses und das höchste auf dem Altar liegende maurerische Licht. Mit anderen Worten: Die Große Landesloge versteht das Bekenntnis zu Gott dogmenfrei und in ihrer Bruderkette finden sich Christen aller Konfessionen. Auch Männer, die keiner Gemeinde angehören, sich aber zum Christentum bekennen, können Mitglied in der Großen Landesloge werden.

Zielgruppe für den Freimaurerorden ist – wie bei allen Freimaurerlogen – der „freie Mann von gutem Ruf". Da die Beschäftigung mit den freimaurerischen Inhalten ein Mindestmaß an persönlicher Reife der Mitglieder erfordert, ist es nahe liegend, dass die Zielgruppe mit dem Ende des zweiten Lebensjahrzehntes beginnt und eine Altersbeschränkung nach oben entfällt. Auch eine besondere gesellschaftliche Stellung wird nicht gefordert. Unter den Mitgliedern finden sich vielmehr Angehörige aller Berufsgruppen (Handwerker, Angestellte, Beamte sowie Selbstständige und Freiberufler aus allen gesellschaftlichen Schichten). Obgleich den Frauen ein bedeutender Stellenwert im Denken und Handeln der Freimaurer eingeräumt wird, werden sie traditionell nicht als Mitglieder in den Logen zugelassen.

Die GLLFvD wurde im Jahr 1770 von Johann Wilhelm Kellner von Zinnendorf, dem Generalstabsmedicus und damit höchstem Sanitätsoffizier Preußens, gegründet. Hintergrund war seine persönliche Unzufriedenheit mit den damaligen Inhalten der Freimaurerei seit der Gründung der Großloge von London im Jahr 1717. Aus Schweden übernahm Zinnendorf daher die Akten des noch heute so genannten „Schwedischen Systems", das sich in zehn in sich geschlossene, gleichwohl aufeinander aufbauende Erkenntnisstufen gliedert.

In den letzten 20 Jahren konnte die GLLFvD einen deutlichen Mitgliederzuwachs feststellen. Hatte sie 1980 noch 2.600 Mitglieder, so stieg diese Zahl bis 1990 auf rund 3.000 und im Jahr 2007 sind es rund 3.600 Mitglieder. Zunehmend kommen neue Kontakte auch über die Website zustande. „Zirkelkorrespondenz" heißt das monatlich erscheinende Mitteilungsblatt der GLLFvD, das nur den Mitgliedern zugestellt wird.

Die Freimaurerei widmet sich auch stark dem karitativen Bereich sowie der Förderung und Unterstützung kultureller Tätigkeiten. Meist handelt es sich dabei um direkte persönliche Hilfe oder kleine Projekte, sodass eine Aufzählung unübersichtlich würde. Im Unterschied zu vielen Serviceclubs wirkt die freimaurerische Caritas mehr im Stillen – man hilft, zieht aber keinen werbewirksamen Nutzen daraus. Dies entspricht der christlichen Grundorientierung der Großen Landesloge. Besonders erwähnenswert ist in diesem Zusammenhang die Zinnendorf Stiftung. Vor 15 Jahren wurde von der Großen Landesloge der Freimaurer von Deutschland in Hamburg ein Wohn- und Pflegeheim für schwerstpflegebedürftige jüngere Menschen errichtet, das körperlich stark behinderte Menschen mit den Grunderkrankungen Multiple Sklerose, Muskelschwund, Querschnittslähmungen und anderen unheilbaren Nerven- und Muskelleiden beherbergt. Die Zinnendorf Stiftung bietet ihren Schutzbefohlenen in persönlich ausgestatteten Appartements die der Schwere ihrer Behinderungen angemessene umfangreiche Pflege und sorgt darüber hinaus für die Integration in Gruppenarbeiten, Teilnahme an Musikveranstaltungen, Mitwirkung am Kreativkreis und Durchführung von Ausflugsfahrten und kleinen Urlaubsreisen. Dies wird vor allem durch das ständige finanzielle Engagement der Logenbrüder ermöglicht. Ein Förderverein mit regelmäßigem Spendenaufkommen sichert mittelfristige Vorhaben, um den Schwerstbehinderten eine menschenwürdige Lebensperspektive zu ermöglichen. Das Wohn- und Pflegeheim trägt den Namen des Ordensgründers Johann Wilhelm Zinnendorf. Er ist das Leitbild des Ordens in humanitärer, christlicher Verantwortung.

Die Große Landesloge führt zu Recht den Untertitel Freimaurerorden, denn sie ist nicht wie die AFuAM von unten aufgebaut, sondern hierarchisch von oben. Die Grade I bis III bilden – wie überall in der Freimaurerei – die „Johannisloge". Darauf folgen die Grade IV bis VI, die „Andreasloge", und die Grade VII bis X im „Kapitel". Darüber steht das „Höchste Ordenskapitel von Deutschland", dem sämtliche „Tempelmeister" angehören. Tempelmeister sind Inhaber des X. Grades mit einer besonderen Auszeichnung, dem „Roten Kreuz".

Oberhaupt des gesamten Freimaurerordens ist der Ordensmeister, der von den Tempelmeistern auf Lebenszeit gewählt wird. Im Übrigen ist der Aufbau des Ordens zweistufig: Der Landes-Großmeister, der Großbeamtenrat und die Hauptversammlung haben ihre Zuständigkeiten ebenso wie die Provinziallogen. Dem Landesgroßmeister sind sowohl die Johannes- wie auch die Andreaslogen unterstellt. Die Übernahme von Leitungsfunktionen in den Logen ist an die Inhaberschaft bestimmter Erkenntnisstufen gebunden. So kann Logenmeister einer Johannisloge nur werden, wer bereits Andreasmeister ist. Diese Organisation zeigt, dass in der GLLFvD die Erkenntnisstufen in die Organisation fest eingebunden sind, was ein wesentlicher Unterschied zur AFuAM ist.

➤ **Groß-Sekretariat der GLLFvD**
Peter-Lenné-Straße 1–3, 14195 Berlin, Tel.: 0 30/84 17 16 0, Fax: 0 30/84 17 16 17
info@freimaurerorden.org.

➤ **www.freimaurerorden.org**

Große National-Mutterloge „Zu den drei Weltkugeln" (GNML3WK)

Die Große National-Mutterloge „Zu den drei Weltkugeln" ist die älteste Großloge in Deutschland. Sie wurde am 13. September 1740 auf Geheiß des Preußenkönigs Friedrich II. unter dem Namen „Aux trois Globes" in Berlin gegründet und hat seither, abgesehen von der Unterbrechung durch den Nationalsozialismus, kontinuierlich bestanden. Friedrich II. war im August 1738 in Braunschweig als Freimaurer aufgenommen worden. Bereits in den kommenden Jahren wurden Tochterlogen in Meiningen, Frankfurt/Oder, Breslau, Dresden und Neuchâtel gestiftet. Im Jahre 1744 nahm die Loge den Namen „Große Königliche Mutterloge zu den drei Weltkugeln" an.

1765 geriet sie unter den Einfluss der so genannten „Strikten Observanz" (= unbedingter Gehorsam), die vom Freiherrn von Hund gegründet worden war. Diese „Strikte Observanz" unterstellte u.a. die Existenz von „Geheimen Oberen". Alles in allem gereichte diese Verbindung der Freimaurerei vielfach zum Nachteil, da sie insbesondere in der nationalsozialistischen Ära die Grundlage für Anfeindungen darstellte. Dabei ist es Tatsache, dass man sich bereits 1780 von diesem Irrweg löste, was 1782 auf einem Konvent der „Strikten Observanz" in Wilhelmsbad nochmals „offiziell" erfolgte. Seit dieser Zeit arbeitet die GNML3WK auch nicht mehr in Hochgraden, sondern in rituell gefassten Erkenntnisstufen. 1796 wurde die Großloge mit ihren Tochterlogen unter königliches Protektorat gestellt.

Das 19. Jahrhundert war geprägt von der Gründung neuer Großlogen, wobei im Wesentlichen noch auf die Zugehörigkeit zu einer christlichen Religionsgemeinschaft bestanden wurde. Gegen Ende des 19. Jahrhunderts schließlich gehörten nur noch die GNML3WK und die GLLFvD zu denjenigen, die eine solche Zugehörigkeit für zwingend notwendig erachteten. Die GNML3WK behielt diese Forderung bis 1964 bei. Bis 1878 hatte sie über 180 Logen mit insgesamt 13.499 Mitgliedern gegründet. 1899 verlieh der König von Preußen den drei altpreußischen Großlogen – und somit auch der GNML3WK – die Rechte juristischer Personen.

Nach dem Ersten Weltkrieg wurde das Logenleben durch verunglimpfende Anfeindungen seitens deutschvölkischer Gruppierungen beeinträchtigt. In diese Jahre fiel aber auch ein starker Zuspruch von Interessierten und Suchenden; so wird u.a. Gustav Stresemann als Freimaurer aufgenommen. Damals vereinte die GNML3WK 169 Johannis- und 88 Schottenlogen mit einer Mitgliederzahl von 22.869 Freimaurern. Darüber hinaus waren 50 evangelische Geistliche in den Mitgliederlisten der GNML3WK verzeichnet.

Die kommenden Jahre waren, wie in allen Logen, geprägt von dem Kampf ums Überleben, die Nationalsozialisten waren der Freimaurerei alles andere als gut gesinnt. In totalitären Regimen ist kein Platz für Aufklärung, Toleranz und Freiheitsgedanken. Auf verschiedenen Wegen wurden Gespräche mit einflussreichen Nationalsozialisten gesucht. Es sollte keine Anstrengung unterlassen werden, die Logen vor einem Verbot zu retten. Ein Versuch, am 11. April 1933 durch eine beantragte Satzungsänderung bei den NS-Machthabern die bisherige GNML3WK in einen „Nationalen Christlichen Orden Friedrich der Große" umzubenennen, wurde keiner Antwort gewürdigt. Mitte des Jahres 1934 drohten die Nationalsozialisten mit der Zwangsauflösung. Deshalb beschlossen die restlichen Freimaurerlogen am 16. Juni 1935 die „Selbstauflösung" und vollzogen diese innerhalb eines Monats. Das Vermögen und die Immobilien der GNML3WK wurden eingezogen.

Trotz Repressionen und über alle Verbote hinweg blieben sich von 1935 bis 1945 die Freimaurerbrüder verbunden und trafen sich regelmäßig in unverfänglichen Lokalitäten – dies allerdings oftmals in Anwesenheit von Beamten der Geheimen Staatspolizei.

Nach dem Zweiten Weltkrieg fand bereits 1946 die Wiedereinsetzung der GNML3WK in Berlin statt, allerdings beschränkt auf den amerikanischen Sektor. Im damaligen westdeutschen Gebiet bestanden 1949 zwei Großlogen, die „Große Landesloge der Freimaurer von Deutschland" und die „Vereinigte Großloge der Freimaurer von Deutschland". Der Letzteren schlossen sich 47 Tochterlogen der GNML3WK an.

Seit 1963 ist die GNML3WK Mitglied der Vereinigten Großlogen von Deutschland – Bruderschaft der Freimaurer. Durch den Fall der Mauer konnten ehemalige Tochterlogen wieder installiert und Rechtsansprüche geltend gemacht werden (in der DDR war die Freimaurerei ebenso wie im Dritten Reich verboten). Insgesamt gehören heute 41 Logen zur GNML3WK, davon zwölf in den neuen Bundesländern.

Die GNML3WK bearbeitet die drei Johannisgrade (Lehrling, Geselle, Meister). Darüber hinaus hatte sie früher so genannte „Hochgrade". Diese werden seit etwa 1790 nicht mehr bearbeitet. In den letzten 200 Jahren wurden nach dem III. Grad nur noch die Erkenntnisstufen IV bis VII bearbeitet. Die Stufe IV wird als „Allgemeine altschottische Loge" bezeichnet, der Grad als „Schottenmeister". Die Stufen V bis VII werden im „Inneren Orient" erteilt. Neben der Großlogenversammlung besteht unter dem Vorsitz des Großmeisters ein „Bundesdirektorium", dem ausschließlich die Inhaber der höchsten Erkenntnisstufe angehören. Auch zum Großmeister, dem Vorsitzenden des Logen-Vorstandes, oder seinem Stellvertreter kann nur gewählt werden, wer auf der höchsten Erkenntnisstufe steht. Dieses Bundesdirektorium ist die „Regierung" der GNML3WK, es führt die Geschäfte und wacht über die Einhaltung der Gesetze. Die Führung der gesamten Großloge ist also den Inhabern der VII. Erkenntnisstufe vorbehalten.

Die 40 Tochterlogen der GNML3WK bestehen in Arnsberg, Bad Kreuznach, Bad Salzuflen, Berlin (14), Bonn, Brandenburg, Braunschweig, Bremen, Düsseldorf, Eberswalde, Frankfurt/Main, Frankfurt/Oder, Gera, Güstrow, Hamburg, Hannover, Helmstedt, Krefeld, Luckau, Magdeburg, Meiningen, Neuruppin, Perleberg, Potsdam, Prenzlau, Remscheid, Soest, Torgau und Wernigerode. In diesen Logen arbeiten etwa 1.000 Brüder.

➤ **Große National-Mutterloge „Zu den drei Weltkugeln"**
Heerstraße 28, 14052 Berlin, Tel.: 0 30/30 42 80 6, Fax: 0 30/30 57 10 6
kontakt@3wk.org

➤ **www.3wk.org**

Amerikanisch-Canadische Großloge in Deutschland (ACGL)

Die Freimaurerei ist eine Bruderschaft und keine Religion. Als eine brüderliche Organisation mit dem Ziel, bereits „gute" (ehrenhafte) Männer zu verbessern, respektiert die Freimaurerei die religiösen Überzeugungen jedes einzelnen Mitgliedes. Die Freimaurerei vertritt keine theologische Lehre und verkündet keine Wege zur Erlösung. Genau genommen ist sie auch nicht der Auffassung, dass viele gute Taten eine Erlösung garantieren. Die Freimaurer sind sich verbunden in ihrem Verlangen, der Menschheit zu dienen. Obwohl sie Heime für ihre Mitglieder und Ehefrauen unterstützen, steht ein Großteil der freimaurerischen Leistungen allen Menschen zur Verfügung. 1990 spendete die amerikanische Freimaurerei mehr als 525 Millionen US-Dollar und mehr als 58% davon sind der allgemeinen Bevölkerung zugute gekommen.

Die Freimaurerei ist eine offene und keine geheime Gesellschaft. Versammlungen von Freimaurern werden öffentlich bekannt gegeben, ihre Gebäude sind als solche gekennzeichnet, deren Logen sind im Telefonbuch zu finden und sie tragen Ringe und Anstecker, die ihre Mitgliedschaft bekunden. Die Freimaurer haben eine Tradition, bestehend aus handwerklichen Geheimnissen und Gesetzen, von den Maurermeistern geerbt, die die Kirchen und Ähnliches während des Mittelalters errichtet haben. Die einzigen „Geheimnisse", die immer noch zur Freimaurerei gehören, sind die Passwörter, die Erkennungszeichen und die veranschaulichende symbolische Umschreibung moralischer Lehren.

Die Freimaurerei steht allen Männern mit gutem Charakter und Glauben an Gott offen. Niemand wird auf Grund von Rasse, Religion oder gesellschaftlicher Zugehörigkeit diskriminiert. Zahlreiche Angehörige der amerikanischen Streitkräfte in Europa waren Freimaurer. Da sie für längere Zeit dienstlich in Übersee von ihren Mutterlogen getrennt waren, bildeten Amerikaner, Kanadier und Briten in Deutschland nach altem freimaurerischem Soldatenbrauch so genannte „Feldlogen". Unmittelbar nach dem Zweiten Weltkrieg bildeten sich (wie bereits nach dem Ersten Weltkrieg) „Square and Compass Clubs" in allen deutschen Regionen mit großer alliierter Truppen-Konzentration. Im Juli 1946 wurde ein solcher Club in Frankfurt in die erste US-Militärloge in Deutschland umgewandelt. Da dies unter der Jurisdiktion der Großloge von Oregon stattfand, erhielt die Loge den Namen „Oregon-Military-Lodge U.D.“. Heute ist sie mit Matrikel-Nr. 936 Mitglied der ACGL und somit der VGLvD. 1947 folgten Logengründungen in Berlin und Stuttgart. 1954 erfolgte die erste Gründung einer US-Militär-Loge, der Loge Galilei zu Kaiserslautern, unter der Jurisdiktion der AFuAM. An allen großen amerikanischen und kanadischen Standorten in Südwestdeutschland und Bremerhaven gründeten die US-Amerikaner insgesamt 39 Logen. Davon arbeiten heute noch 28 in Deutschland und eine in Monaco. Durch den starken Abzug amerikanischer Truppen wurde auch eine Reihe von Standorten geschlossen, an denen amerikanischen Logen bestanden. Sie wurden in der Regel mit anderen Logen der ACGL zusammengelegt.

ACGL-Logen arbeiten an folgenden Standorten: Aschaffenburg, Ansbach, Bad Heilbrunn, Bamberg, Berlin, Bremerhaven, Frankfurt/Main, Fürth, Gießen, Hanau, Heidelberg, Hilden, Kaiserslautern, Kehl, Kitzingen, Lahr, Mannheim, München, Pirmasens, Schweinfurt, Stuttgart, Ulm, Vilsek, Wiesbaden, Worms, Würzburg und Monaco.

➤ **American Canadian Grand Lodge**
Kruppstraße 134, 60388 Frankfurt/Main, Tel.: 0 69/41 02 52, Fax: 0 69/41 04 13
ACGLMASON@t-online.de

➤ **www.acgl.de, www.freimaurer.org**

Großloge der Britischen Freimaurer in Deutschland (GLBFG)

Die „Großloge der Britischen Freimaurer in Deutschland“ geht zurück auf die britischen Feldlogen, die von den Freimaurern unter den in Deutschland stationierten britischen Soldaten gegründet wurden, als sich abzeichnete, dass sich ihre Anwesenheit über längere Zeit erstrecken würde. Bereits 1946 entwickelten sich freimaurerische Zirkel in Bünde (Westfalen), Düsseldorf und in Hamburg.

Da eine organisierte, international anerkannte Form der Freimaurerei in Deutschland bis zur Gründung der VGLvD nicht existierte, war die Mitarbeit britischer Brüder in den sich wieder konstituierenden deutschen Logen offiziell unmöglich. Zahlreiche Gesuche an die UGL of England, die Gründung von Logen unter englischer Obedienz zu erlauben, wurden abschlägig beschieden, um die Verhältnisse nicht für die Zukunft zu komplizieren. Erlaubt wurden jedoch informelle Arbeiten, die so genannte „Lodge of Instruction“, die Übungszwecken und der Vertiefung maurerischen Wissens dienten.

Mit der Gründung der VGLvD beziehungsweise ihrer Vorläuferorganisation entstand die Möglichkeit, reguläre Logen unter deutscher Obedienz zu gründen. Als erste entstand im März 1957 die „New Absalom Lodge“ in Düsseldorf mit der Matrikel-Nr. 841. Der Name ist eine Reverenz an die erste reguläre Loge auf deutschem Boden, Absalom Nr. 1, 1732 in Hamburg gegründet. Bis 1962 entstanden in rascher Folge sechs weitere Logen, die unter der damaligen Vereinigten Großloge AFuAM als britische Distriktloge zusammengefasst wurden. Und hieraus entstand schließlich die Provinzialgroßloge der Britischen Freimaurer in Deutschland, die im Juli 1963 in Hannover feierlich konstituiert wurde. Vier weitere Logengründungen folgten in den Jahren 1963 und 1964. Sowohl die BFG als auch die ACGL waren zu dieser Zeit bereits im Senat der VGLvD vertreten, jedoch nicht als Vollmitglieder.

1970 erfolgte die Aufnahme als gleichberechtigte Partnergroßloge und dementsprechend die Umwandlung in die „Große Landesloge der Britischen Freimaurer“ im Jahr darauf. In den 70er Jahren wurden drei neue Logen gegründet. Da die Namensgebung insbesondere im Verkehr mit ausländischen Großlogen zunehmend als unglücklich empfunden wurde, nahm die Großloge 1979 ihren heutigen Namen „Großloge der Britischen Freimaurer in Deutschland“ an.

Die Rückverlegung vieler britischer Militäreinheiten nach Großbritannien brachte einige Logen in den 90er Jahren in existenzielle Schwierigkeiten, die durch Gewinnung neuer Mitglieder überwunden wurden. Auch das wachsende Interesse deutscher Brüder an der britischen Freimaurerei trug zur Stabilisierung des Mitgliederbestandes bei. So konnten 2002 zwei neue Logen eröffnet werden: Southern Star Nr. 1025 in München und Thistle & Saltire Nr. 1040. Die Letztere ist insofern einmalig in Deutschland, als sie nicht nur an zwei Orten arbeitet (Osnabrück und Berlin), sondern auch ein schottisches Ritual pflegt. Dagegen arbeiten alle anderen 15 Logen in der GLBFG nach dem englischen Emulation-Ritual.

Britische Logen bestehen in Berlin (2), Bielefeld, Bonn, Celle, Düsseldorf, Hamburg, Hannover, Herford, Mönchengladbach (2), München, Münster/Westf., Osnabrück (2), Paderborn und Werl. Hiervon waren die Logen in Hamburg (Anglo-Hanseatic Nr. 850) und Bonn (Bond of Friendship Nr. 890) von Beginn an ein Gemeinschaftsunternehmen deutscher und britischer – in Hamburg auch dänischer – Brüder. Die insgesamt 17 Logen haben ca. 400 aktive Mitglieder, jedoch ist die Zahl der jetzt wieder in Großbritannien lebenden Brüder, der so genannten Non-Residents, erheblich höher.

Die Angehörigen der GLBFG haben auch die Möglichkeit, weiterführende Grade zu bearbeiten. Dies geschieht in dem Kapitel des „Royal Arch“, der sich in Deutschland als „Oberstes Großkapitel der Maurer vom königlichen Bogen von Deutschland“ bezeichnet.

➤ **www.freimaurer.org**
➤ **www.gl-bfg.com**
➤ **www.grandyorkrite.de**

Die weiterführenden Grade

Einige freimaurerische Systeme bearbeiten auch Gradstufen, die über den III. Grad „Meister“ hinausgehen. Diese werden heute als weiterführende Grade (neuerdings auch als „vertiefende“ Grade) bezeichnet, früher nannte man sie Hochgrade. Dieser Begriff wurde aufgegeben, weil er (vor allem von Kritikern) missverständlich gedeutet wurde. Einige Logen in der Großloge AfuAM lehnen weiterführende Grade kategorisch ab, andere stellen es ihren Meistermaurern frei, auch in den „roten“ Logen mitzuarbeiten. Da diese oft ein viel größeres Einzugsgebiet als die „blauen“ Logen haben, erscheint es vielen Freimaurern reizvoll, sich auch einer solchen Loge anzuschließen

In der zweiten Hälfte des 18. Jahrhunderts entstanden zahlreiche Hochgradsysteme, von denen heute nur noch wenige bearbeitet werden. Da damals einige Hochgrade einen zweifelhaften Hintergrund hatten und im Wesentlichen der Geschäftsanbahnung dienten, kam das ganze System in Verruf und verschwand schon wenige Jahre nach seiner Gründung sang- und klanglos in der Versenkung. Der erwähnte Hochstapler Cagliostro ist in diesem Zusammenhang als unrühmliches Beispiel zu nennen. Da die meisten damaligen Hochgradsysteme heute nicht mehr relevant sind, werden sie hier nicht besprochen. Weiterführende Literatur findet sich am Ende des Buches.

Die altpreußischen Großlogen, die Große National-Mutterloge und die Große Landesloge haben an Stelle von Hochgraden eigene Erkenntnisstufen entwickelt, die in den selbigen fest integriert sind und bei diesen vorgestellt wurden.

Der freimaurerische Orden Alter und Angenommener Schottischer Ritus (AASR)

In der humanitären Freimaurerei erfolgt in Deutschland eine strikte Aufgabenteilung. Während die „Großloge der Alten Freien und Angenommenen Maurer“ nur die drei Johannesgrade der symbolischen Loge bearbeitet und keine eigenen Hochgrade pflegt, bearbeitet der „Alte und Angenommene Schottische Ritus“ nur die weiterführenden Grade. Die ersten drei Grade bearbeitet er nicht, um nicht in eine falsch zu deutende Konkurrenzsituation zur AFuAM zu kommen. So regelt es der Kooperationsvertrag zwischen beiden Obedienzen. Dadurch ist eine völlige Unabhängigkeit zwischen symbolischer und schottischer Maurerei gegeben.

Das bedeutendste weiterführende Gradsystem in Deutschland ist der „Alte und Angenommene Schottische Ritus vom 33. und letzten Grad". Der Orden umfasst 32 Grade, auf die ein 33. Grad aufsetzt, der als Oberster Rat fungiert, den Orden führt und die Außenvertretung zu den anderen Obersten Räten der Welt wahrnimmt. Das Lehrgebäude ist mit dem 32. Grad abgeschlossen. Bearbeitet werden jedoch heute nur noch vier Grade: der 4., 18., 30. und 32. Grad. Seit Herbst 2006 wird das neu gefasste Ritual der Grade 13 und 14 ebenfalls bearbeitet, wobei den Initianten der Grad eines „Auserwählten Maurers" erteilt wird. Die übrigen Zwischengrade werden nur „mitgeteilt", während die genannten in einer rituellen Tempelarbeit erteilt werden. In den AASR können nur Freimaurermeister aufgenommen werden, die tatsächlich einer „blauen" Loge angehören. Mit dem Ausscheiden aus der „blauen" Loge erlischt auch zwangsläufig die Mitgliedschaft im Ritus.

Der AASR historisiert Ereignisse. Er geht von Ereignissen im Alten Testament zu solchen im Neuen Testament und kommt schließlich zum Rittertum des Mittelalters. Er schreitet fort vom Bau des Salomonischen Tempels bis zum Kampf für die Menschenrechte. Eine freiheitliche, gerechte Ordnung soll begründet werden, die den ganzen Erdkreis umfasst. Die Erfahrungen und Erkenntnisse, die in der freimaurerischen Arbeit gewonnen werden, sollen nicht nur dem Einzelnen, sondern auch der Gesellschaft dienen. Das friedliche Miteinander aller Menschen soll gefördert werden. Die Losungen des AASR lauten „Ordo ab Chao" und „Deus meumque jus".[10] Die Grade des AASR befassen sich mit folgenden Lehrinhalten, wobei nur die Grade vorgestellt werden, die auch tatsächlich bearbeitet werden:

Der 4. Grad des „Geheimen Meisters" ist die Verpflichtung,

10 Die lateinischen Wahlsprüche bedeuten „Ordnung aus dem Chaos" und „Gott und mein Recht". Es handelt sich um eine lateinisierte Übersetzung des französischen Wappenspruchs der englischen Könige „Dieu et mon Droit".

schweigend zu handeln. Nicht Worte, Taten soll der Freimaurer vollbringen. Er lehrt, wie wichtig es ist, Opfer zu bringen, notfalls für seine Überzeugung auch das eigene Leben einzusetzen. Der Grad ist ein Hohelied auf Pflichterfüllung und aktives Handeln.

Der Initiant wird aufgefordert, zwischen institutioneller Macht und persönlicher Autorität zu entscheiden. Auf Erstere zu pochen wird als schlechter Führungsstil, der Erwerb persönlicher Achtung als erstrebenswert dargestellt. Der Maurer soll lernen:

- gerecht gegen sich selbst und nachsichtig gegenüber anderen zu sein,
- in der Pflichterfüllung mit gutem Beispiel voranzugehen,
- Aufgaben wahrzunehmen, die ihn besonders fordern, aber nicht überfordern.

Der 18. Grad des „Ritters vom Rosenkreuz" ist ein sehr christlich geprägter Grad, der die Nächstenliebe als wichtigste Tugend behandelt. Der Initiant erlebt, wie zuerst Glaube und Liebe erlöschen und wie er durch die Kraft der Hoffnung wieder zum Licht zurückgeführt wird. So erkennt er den wahren Wert von Hoffnung, Glaube und Liebe. Auf seiner Wanderung findet er einen geheimnisvollen kubischen Stein, den „lapis philosophorum", den er für die weitere Reise mitnimmt. Dabei fühlt er sich mehr als Getragener denn als Tragender. Am Ende der Reise entfaltet sich der Stein und verwandelt sich in ein Rosenkreuz, dem Symbol der alles überwindenden Liebe. Er erkennt, dass nur die Liebe zu Gott und den Menschen Erlösung und Rettung bringen kann.

Der Rosenkreuzergrad gilt vielen Eingeweihten als eines der schönsten Erlebnisse in der Freimaurerei. Er symbolisiert in reicher Formensprache die Errettung des Menschengeschlechtes aus der Finsternis und die Überwindung aller Mühsal durch das rosenumwundene Kreuz. Ein weiteres sehr beliebtes Ritual dieses Grades ist die „Agape", das Liebesmahl, bei dem im Bruderkreis schweigend das Fleisch des Lammes gegessen wird.

Der 30. Grad des „Ritters Kadosch" symbolisiert den Untergang des Templertums und den Sieg der Gewissensfreiheit. Diese kann nur aus der Freiheit des Urteils erwachsen, das wiederum Wissen voraussetzt. Die vorhergehenden Grade haben dem Kadosch-Ritter alle notwendigen Kenntnisse vermittelt. Da der Grad aufruft, Vergeltung für die Ermordung des letzten Templergroßmeisters Jaques de Molay zu nehmen, haben Kritiker der Freimaurerei daraus eine Verschwörung gegen Thron und Altar gemacht, was völlig an der Aussage des Grades vorbeigeht. Mit der „Rache der Freimaurer" ist gemeint, alles Denkbare zur Verhinderung von Unrechtssystemen zu tun. Der Gedanke einer physischen Rache, der völlig unfreimaurerisch wäre, wird ausdrücklich im amerikanischen Ritual durch das Gebet „Nicht an uns ist es zu sühnen, Dein ist die Vergeltung, oh Herr!" verworfen.

Der 32. Grad des „Meisters des Königlichen Geheimnisses" fasst die gesamte Lehre noch einmal zusammen. Die Ziele bestehen in der Verpflichtung zur Gerechtigkeit, zum abwägenden Urteil in allen Fragen und zum Ausgleich bei divergierenden Meinungen.

In den Zwischengraden werden diese Kernlehren jeweils variiert und vertieft. Dabei hat der Ritus-Maurer die Möglichkeit, mit den wesentlichen Inhalten aller Weltreligionen vertraut zu werden. Anhand von ausgewählten Beispielen aus der Weltgeschichte erfährt er, wie wichtig die Befolgung des Sittengesetzes ist und dass es vor allem auf sein Streben nach dessen Durchsetzung ankommt.

Die so genannte „schottische Maurerei" hat tatsächlich nichts mit Schottland zu tun. Sie verarbeitet teilweise die Templerlegenden und alles, was in Frankreich mit Templern in Verbindung gebracht wurde, und erhielt den Namen „Ecosais" (schottisch). Die Legenden dazu sind unerheblich, da historisch nicht verifizierbar. Der AASR wurde in seiner heutigen Form 1801 in Charlston/USA gegründet und breitete sich seither über die ganze Welt aus. In allen Staaten der Erde darf nur jeweils ein Oberster Rat des AASR existieren; Spaltungen werden nicht anerkannt. Durch diese Bindung an die Grundregeln und das Brauchtum ist dessen Bestand weltweit gesichert. Alle Oberste Räte leiten sich von Charlston her, sie sind souverän, d.h., sie unterstehen, ähnlich wie die regulären Großlogen, keiner anderen maurerischen Obedienz.

Am 10. Februar 1930 wurde der Oberste Rat von Deutschland in Berlin gegründet. Installiert wurde er vom Obersten Rat der Niederlande. Schon dieses Datum besagt, dass er in keinerlei Verbindung zu den früheren Hochgradsystemen (z.B. „Strikte Observanz", Gold- und Rosenkreuzer und Ähnliche: umstrittene Systeme, die vor über 200 Jahren die Kritiker erregten) in Verbindung zu bringen ist. Unter den Nationalsozialisten vertagte der AASR, sodass er nach dem Krieg nicht neu gegründet werden musste.

Der AASR arbeitet heute in Deutschland mit 50 Perfektionslogen, auf denen sich wie eine Pyramide die höheren Grade aufbauen. Die Mitgliederzahl der Logen beträgt seit einigen Jahren konstant etwa 1.750. Angesichts des relativ hohen Durchschnittsalters bedeutet dies, dass sich der AASR ständig regenerieren kann.

➤ **Oberster Rat für Deutschland des AASR**
Sigmaringer Straße 18, 10713 Berlin, Tel.: 0 30/86 00 88 53, Fax: 0 30/86 00 88 56
ORD.Berlin@aasr.net
➤ **www.aasr.net**

Die Maurer vom Königlichen Bogen (Royal Arch)

Der Royal-Arch-Grad (Königliches Gewölbe) ist in den angelsächsischen Ländern ein wichtiger „Hochgrad“. Er wird erstmals 1743 in einem Protokoll erwähnt. 1813 wurde bei der Vereinigung der Großlogen in England festgelegt, dass zur Freimaurerei nur die Grade Lehrling, Geselle und Meister sowie der Royal Arch gehören sollten. Lange Zeit konnten nur abgehende Stuhlmeister diesen Grade erhalten. Heute wird er Freimaurermeistern, die mehrere Jahre im III. Grad gearbeitet haben, verliehen.

Der R.-A.-Grad dient dem Bau eines Idealtempels zum Ruhm des Allmächtigen Baumeisters aller Welten (Legende vom zweiten Tempelbau). Das Wirken britischer Freimaurer in Deutschland hat auch die in England arbeitenden Systeme weiterführender Grade nach Deutschland gebracht.

Heute arbeiten in Deutschland zwölf Mark-Meister-Logen und darauf aufbauend elf Royal-Arch-Mariner-Logen (RAM).

➤ **Großkapitel und Großkonzil von Deutschland**
Goerdelerstraße 2a, 65197 Wiesbaden, Tel.: 06 11/72 47 40 8
webmaster@grandyorkrite.de
➤ **www.grandyorkrite.de**

Die feminine Freimaurerei

Die Freimaurerei entwickelte sich aus den Steinmetzbruderschaften als ein Männerbund. Nach den „Alten Pflichten" von 1723 sind Frauen von der Mitgliedschaft ausgeschlossen: „*The Persons admitted Members of a Lodge must be good and true Men, freeborn, and of mature and discreet Age, no bondmen, no women, no immoral or scandalous men, but of good report.*"

Da die freimaurerische Denkungsart, also Humanität und Toleranz, das Eindringen in die freimaurerische Symbolwelt, die karitative Tätigkeit sowie die Bemühungen zur Persönlichkeitsentwicklung Frauen ebenso anspricht wie Männer, mochten viele von ihnen nicht mehr einsehen, warum Frauen die freimaurerische Arbeit verwehrt werden sollte. Im Laufe der letzten 100 Jahre ist die Emanzipation der Frau in vielen Bereichen verwirklicht worden. Daher wurde auch von den Freimaurern selber eine Öffnung ihrer Logen für Frauen gefordert. Diese Bestrebungen gab es schon im 18. Jahrhundert (z.B. im so genannten „Mopsorden"). Sie hatten aber keinen Bestand und wurden in seriöser Form erst gegen Ende des 19. Jahrhunderts verwirklicht.

Die Frage wird gelegentlich zum Angriffspunkt für die Gegner der Freimaurerei. Dies sind aber oft nur vordergründige Polemiken, da die Freimaurerei es nicht ablehnt, wenn sich Frauen freimaurerisch betätigen. Es gibt für sie zahlreiche Möglichkeiten, sich ihr in der einen oder anderen Form zu nähern. Jede Frau hat auf dem Gebiet der Freimaurerei die Möglichkeit, sich ein Aktionsfeld zu wählen, das ihren Neigungen entspricht. Die Aussage „Frauen sind von der Freimaurerei ausgeschlossen" ist falsch. Die Großlogen der regulären Freimaurerei lehnen allerdings die Aufnahme von Frauen in ihren Logen ab, ebenso wie die Großlogen der femininen Freimaurerei die Aufnahme von Männern in ihren Logen ablehnen. Auf Tagungen, z.B. der Forschungsloge „Quatuor Coronati", nehmen aber sowohl Freimaurer als auch Freimaurerinnen teil.

In den rein maskulinen Logen sind die „Schwestern", so werden in den meisten Logen die Ehefrauen der Brüder genannt, nicht aus der Gemeinschaft ausgeschlossen. Bei der Aufnahme eines neuen Mitglieds wird diesem von alters her ein Paar weiße Frauenhandschuhe geschenkt, um die Verbundenheit der Loge mit der neuen

Schwester auszudrücken. Hierüber schrieb Goethe am 23. Juni 1780 an die ihm nahestehende Frau von Stein: „*Ein geringes Geschenk, dem Aussehen nach, wartet auf Sie, wenn Sie wiederkommen. Es hat aber das Merkwürdige, dass ich's nur einer und nur ein einziges Mal in meinem Leben schenken kann.*" Den Schwestern bleiben in den maskulinen Logen jedoch die rituellen Arbeiten und die internen Beratungen verschlossen. Aber der Tempel öffnet sich den Schwestern zur Jahresendfeier oder zum Schwesternfest. Bei den Logenreisen ins In- und Ausland sind Schwestern dabei. Sie werden zu Vorträgen eingeladen. Darüber hinaus engagieren sich die Schwestern bei den karitativen Aufgaben. Die Vielfalt der Möglichkeiten gestattet es der Frau durchaus, am freimaurerischen Leben ihres Mannes aktiv teilzunehmen. Um daran teilzuhaben, stehen in Amerika den Frauen und Töchtern zahlreiche parallele Vereinigungen von Freimaurerangehörigen (Eastern Star, Order of the Rainbow – Rainbow Girls, Job's Daughters u. a.) zur Verfügung.

In Deutschland haben Frauen 1982 begonnen, eine eigene freimaurerische Organisation mit einer ganzen Reihe von Logen in Deutschland aufzubauen. Die „Frauen-Großloge von Deutschland" (FGLvD) ist ein Zusammenschluss von Freimaurerlogen, die ausschließlich Frauen aufnehmen und zu ihren Arbeiten zulassen. Dies geschieht ohne Ansehen von beruflicher Stellung, Alter, Konfession oder politischer Richtung. Die FGLvD hat ihren Sitz in Berlin. Ihre Arbeitsweise und Ziele entsprechen denen der maskulinen Freimaurerei: „*Das einende Element unserer freimaurerischen Frauengemeinschaft besteht in der Wertschätzung menschlicher Begegnung und gegenseitiger Anregung – in der Offenheit für unsere Zeit, für ihre positiven und negativen Erscheinungen und im Interesse an den Dingen unserer Welt. Die Loge ist das Zentrum der geistigen Arbeit, Stätte der Begegnung und Ort ernster Besinnung, an dem mit Hilfe von Symbolen und rituellen Handlungen unverlierbare Werte und menschliche Ideale über bloße theoretische Erkenntnisse hinaus zum Erlebnis gebracht werden. Das Ergebnis von alldem ist auch Selbsterkenntnis. Durch gemeinsames Bemühen in der schwesterlichen Gemeinschaft der Loge wollen wir unsere Ziele erreichen.*"[11]

11 Aus der Website der Frauengroßloge www.freimaurerinnen.de

Der hohe Stellenwert, den feminine und maskuline Freimaurerlogen der Abwesenheit des natürlichen sexuellen Spannungsfeldes bei der Gruppenarbeit zuordnen, wurde und wird nicht von allen freimaurerisch Interessierten geteilt. So genannte „gemischte Logen", die gleichzeitig Männer und Frauen als Mitglieder haben, sind nach freimaurerischen Grundsätzen von der regulären Freimaurerei nicht anerkannt, d.h., der Besuchsverkehr zu diesen Logen und ihren Vereinigungen ist von der United Grand Lodge für alle ihre Obedienzen untersagt.

Die femininen Großlogen Europas haben einen eigenen Dachverband, das „Centre de Liaison International de la Maconique feminine" (CLIMAF). Diesem gehören die femininen Großlogen aus Belgien (ca. 5.000 Mitglieder), Deutschland (ca. 260), Frankreich (ca. 20.000), Italien (ca. 450), Portugal (nicht bekannt), der Schweiz (ca. 800) und Spanien (ca. 120) an.

Die Frauen-Großloge von Deutschland (FGLvD)

Die Frauen-Großloge von Deutschland (ehemals Großloge „Zur Humanität") ist ein Zusammenschluss von Freimaurerinnenlogen. Sie hat ihren Sitz in Berlin. Ihr gehören derzeit 16 feminine Logen in Berlin (1949 Gründungsjahr), Bielefeld (2007), Düsseldorf (1982), Wetzlar (1982), Mannheim (1982), Köln (1992), Wiesbaden (1995), Reutlingen (1996), Ingolstadt (1998), Hannover (1999), Fürth (2000), Dortmund (2000), Darmstadt (2001), Essen (2003), Osnabrück (2003) und Göttingen (2004) an. In diesen Logen arbeiten insgesamt etwa 260 Freimaurerinnen. Freimaurerische Arbeitskreise für Frauen mit dem Ziel einer späteren Logengründung bestehen in Aachen, Dresden, Kaiserslautern, München und Trier, weitere sind in Bremen und Hamburg in Vorbereitung.

Die erste Loge der FGLvD in Berlin arbeitete von 1949 bis 1982 unter dem Protektorat der Großloge AFuAM, also der größten regulären Großloge in Deutschland. 1982 wurde von diesen auch das Gründungsritual für die zwei in Westdeutschland entstandenen

Freimaurerinnen-Zirkel durchgeführt, die Stuhlmeisterinnen wurden eingesetzt und ihnen jeweils der Logenhammer übergeben.[12] Seither gehen die Freimaurerinnen ihren eigenen Weg als Frauenbund. Mit dem Zugewinn der Erfahrungen anderer Frauen aus mehr als drei Generationen absolvieren sie ihren Initiationsweg mit Wagnis und Vertrauen in die eigene Entwicklung.

Auf den Tagungen des Forums Masonicum oder der Forschungsloge Quatuor Coronati sowie bei vielen öffentlichen Veranstaltungen finden jedoch intensive Diskussionen über alle Fragen statt, in die sich Freimaurerinnen und Freimaurer gemeinsam einbringen. Großen Wert legen die Freimaurerinnen auf die Feststellung, dass sie eine feminine, nicht aber eine feministische Freimaurerei pflegen und eine von Frauen getragene Tradition weitergeben.

Die Freimaurerinnen sind heute stolz auf den mit großer Kreativität gefundenen Weg, was sich auch in den zunehmenden Neugründungen von Frauenlogen niederschlägt. Alle Frauenlogen arbeiten in den Logenhäusern der Freimaurer. Die Loge ist das Zentrum der geistigen Arbeit, Stätte der Begegnung und Ort ernster Besinnung, an dem mit Hilfe von Symbolen und rituellen Handlungen unverlierbare Werte und menschliche Ideale über bloße theoretische Erkenntnisse hinaus zum Erlebnis gebracht werden. Deshalb widmen sich die Logen vor allem der rituellen Arbeit. Das Ergebnis dieser Arbeit ist Selbsterkenntnis und Persönlichkeitsentwicklung in einer Gemeinschaft. Die Entwicklung ritueller Kompetenz eröffnet dabei auch neue Horizonte im Alltag. Im freimaurerischen Ritual und der Logenstruktur stoßen Frauen auf einen Erfahrungsraum, in dem die Entfaltung des Individuums geradezu gefordert wird.

Für interessierte Frauen bieten alle Logen und Arbeitskreise regelmäßige Gästeabende an. Dort werden Vorträge gehalten, die sich mit Themen aus der freimaurerischen Arbeit beschäftigen, des Weiteren bieten sie interessierten Frauen Gelegenheit, in persön-

12 Monika Lanik und Helga Widmann, „Frauen und Freimaurerei: Feminine Freimaurerei in Deutschland im Spiegel ihrer Entwicklung", in: Jahrbuch Quatuor Coronati Nr. 40/2003, Seite 103–119

lichen Gesprächen zu prüfen, ob das Interesse an der humanistischen und spirituellen Bewegung ausreicht, sich in diesen Bund initiieren zu lassen. Das einende Element der freimaurerischen Frauengemeinschaft besteht in der Wertschätzung menschlicher Begegnung und gegenseitiger Anregung, in der Offenheit für die Fragen der Zeit und im Interesse an den Dingen dieser Welt.

Jahr	1980	1990	2000	2004	2007
Frauenlogen	1	11	11	15	16
Mitglieder	40	210	210	260	310

➤ **Frauen-Großloge von Deutschland**
Emser Straße 12/13, 10719 Berlin, Kontakt@freimaurerinnen.de
➤ **www.freimaurerinnen.de**

Die gemischte Freimaurerei

Bünde mit freimaurerischen Formen, die Frauen aufnehmen, hat es zumindest auf dem europäischen Kontinent seit dem 18. Jahrhundert immer wieder gegeben. In Frankreich entstand 1742 der „Orden der Glückseligkeit", der eine Parodie auf die Freimaurerei war. Aus ihm entwickelten sich der „Orden der Ritter und Nymphen von der Rose", die „Gesellschaft der Genossen der Penelope" und andere mehr oder minder obskure Gesellschaften, an denen Männer und Frauen teilnehmen konnten. Die weiblichen Mitglieder wurden „Cousinen" oder „Freundinnen" tituliert. Nach kurzer Zeit verschwanden diese Vereinigungen wieder. Nach Deutschland verirrte sich diese Ausartung vor allem in Gestalt des „Mopsordens" (um 1745), der aber bereits 1748 in Göttingen verboten wurde. Wenn auch freimaurerische Formen nachgeahmt wurden, so hatten all diese kurzlebigen Gründungen wenig mit Freimaurerei zu tun. Gegen Ende des 18. Jahrhunderts bildete sich in Frankreich mit regulären Freimaurer-Logen die Adoptionsmaurerei. Die letzte französische Königin Marie Antoinette hatte Beziehungen zu diesem Kreis, dessen Wirken sich im Allgemeinen zwischen symbolischen Zeremonien, Wohltun und schönen Festen bewegte. Im Wirbel der Französischen Revolution versanken all diese galanten Bildungen, die außer in den von Frankreich kulturell beeinflussten Ländern nirgends Fuß fassen konnten. In England, dem Stammland der Freimaurerei, hat es nie Adoptionslogen oder etwas Ähnliches gegeben.

Die Adoptionslogen umfassten die drei Grade Lehrling, Geselle und Meisterin. Neben den in den Ritualfunktionen agierenden „Schwestern" wirkte ein Bruder der patronisierenden Loge. Das Ritual ist hinreichend im Internationalen Freimaurerlexikon beschrieben.[13] Unter Napoleon kam die Adoptionsmaurerei nochmals zur Blüte, verschwand dann aber bis 1907, als die Grand Loge de France wieder eine Adoptionsloge gründete. Der Grand Orient de France schloss sich dem an. In Deutschland spielte die Adoptionsmaurerei keine Rolle. In Amerika entstanden statt Adoptionslogen eigenständige Frauenorganisationen, die oft von den Ehefrauen der Freimaurer ins Leben gerufen wurden, so z.B. der Eastern Star, die Job's Daughters, The Order of the Rainbow und andere. Gemischte Freimaurerlogen bekamen erst eine gewisse Bedeutung, als am 14. März 1893 George Martin und Maria Deraismes die erste Loge weltweit gründeten, die sowohl Männer als auch Frauen als Mitglieder akzeptierte. Daraus entwickelte sich der heute weit verbreitete „Ordre Maçonique Mixte International Le Droit Humaine".

Die irregulären Logen haben sich auf internationaler Ebene folgende Dachverbände geschaffen:

CATENA

Am 11. Juli 1961 wurde der internationale Dachverband „International Masonic Union CATENA" (lat. Kette) aus der deutschen Großloge für Männer und Frauen HUMANITAS, dem österreichischen Freimaurer-Orden „Humanitas" sowie der Nederlandse Grootloge de Gemengde Vrijmetsslelarij gebildet. Die CATENA akzeptiert nur solche freimaurerische Vereinigungen als Mitglieder, die CATENA-Besucher beiderlei Geschlechtes in ihren Logen zulassen und die bereit sind, innerhalb von CATENA sowohl mit Brüdern als

13 Eugen Lehnhoff, Oskar Posner, Dieter A. Binder, „Internationales Freimaurerlexikon", München, überarbeitete und erweiterte Ausgabe von 2000, Seite 51 f.

auch Schwestern zusammenzuarbeiten. CATENA, beim Vereinsregister in Mainz eingetragen, wird von einem Curatorium geleitet, in das die Mitgliedsgroßlogen jeweils maximal drei Delegierte für drei Jahre entsenden. Die Verkehrssprache ist Englisch. Zur CATENA gehören heute Obedienzen in Deutschland, Großbritannien, Frankreich, Österreich, Schweden, Tschechien und Brasilien.

➤ Le Terras 15, S.C.I., 15 Rue du terras, F-13002 Marseille, info@catena.org

➤ **www.catena.org**

C.L.I.P.S.A.S.

Die Vereinigung „Centre de Liaison et d'Information des Puissances maçonnique signataires de l'Appel de Strasbourg" wurde 1961 auf Initiative des Grand Orient von Belgien (Franc-Maçonnerie) gegründet. 54 Mitglieder haben sich ihr angeschlossen. Es wird, unabhängig von den „Alten Pflichten", eine als liberal[14] und adogmatisch bezeichnete Freimaurerei angestrebt. Die C.L.I.P.S.A.S. wird von der Großloge von England nicht als reguläre Freimaurerloge anerkannt, weil sie in einigen Punkten von den Anderson'schen „Alten Pflichten" abweicht. Dazu gehören die Frauenfrage wie auch wichtige Regeln in der rituellen Arbeit, insbesondere die Frage des Großen Baumeisters aller Welten, dessen Bekenntnis die C.L.I.P.S.A.S. freistellt. In der C.L.I.P.S.A.S. haben sich irreguläre Großlogen vereint, um ebenfalls eine internationale Verbindung aufbauen zu können. Ihre Mitgliedslogen sind in ca. 40 Ländern der Erde vertreten, von denen viele zum ehemaligen französischen Kolonialreich gehören. Die weit überwiegende Mehrzahl der Großlogen in aller Welt gehört aber den regulären Systemen an.

➤ **www.clipsas.org**

14 Es ist ungewöhnlich, dass eine Großloge besonders betont, „liberal" zu sein, da damit die anderen Großlogen „illiberal" erscheinen müssen. Eine solch apodiktische Klassifizierung ist der Freimaurerei an sich wesensfremd. Die Freimaurerei gilt im politisch-gesellschaftlichen Sinne geradezu als Verkörperung klassisch liberaler Denkweise. Dem Beobachter stellt sich die Frage, ob die Preisgabe der „Alten Pflichten" die Vereinigung so weit verändert, dass der Begriff Freimaurerei nicht mehr angewendet werden sollte. Dies ist jedoch

R.E.F.O.R.M.

Der „Ring Europäischer Freimaurer(innen) – Organisation zur Reform des Maurertums (e.V.)" wurde 1996 ins Leben gerufen. Unabhängig von System und Loge kann jeder Freimaurer, also neben den Freimaurerinnen auch die Mitglieder der maskulinen oder gemischten Logen, Mitglied werden. Die Vereinigung soll die Verständigung zwischen den verschiedenen freimaurerischen Systemen herbeiführen und Reformen begünstigen.

➤ **www.fm-europe.org**

SIMPA

Am 4. Dezember 1998 wurde in Brüssel auf Initiative verschiedener Großoriente und Großlogen zur Verbesserung der Zusammenarbeit das zentrale Sekretariat für Kommunikation und interobedienziellen Austausch irregulärer Obedienzen „SIMPA" (Secrétariat International Maçonnique des Puissances Adogmatiques) eingerichtet. Die Gründungsakte unterzeichneten 27 Obedienzen. Sie verpflichten sich, unter allen Umständen die Menschenrechte zu respektieren. Einigende Prinzipien sind Gewissensfreiheit, gegenseitige Toleranz, Freiheit, Gleichheit und Brüderlichkeit.

➤ Place Simonis 19, BE-1081 Bruxelles, Tel.: +32 24 10 72 15, Fax: +32 24 10 73 35
secretariat@simpafm.org

➤ **www.simpafm.org**

nicht Gegenstand unseres Handbuches, sodass diese Frage auch nicht weiter vertieft wird. Auch der Begriff „adogmatisch" kann nicht für eine Großloge allein beansprucht werden, da sich Freimaurerei gerade von allen anderen Mysterienbünden und Geistesschulen dadurch abhebt, dass sie keine Dogmen errichtet. Auch die Großloge von England kennt keine Dogmen. Die Tradition, nur Männer in den Logen aufzunehmen, folgt nicht einem Dogma, sondern einer pragmatischen Tradition. Die Anerkenntnis eines „GBAW" ist nicht dogmatisch, sondern die allgemeine Grundlage, ohne die zahlreiche Rituale und die gesamte Fixierung auf ein allgemeines Sittengesetz problematisch, wenn nicht gar unmöglich werden. Da der Begriff „Freimaurerei" keinen Warenzeichenschutz genießen kann, bleibt der UGL nur der Weg, sich über die Anerkennung der „Regularität" von Plagiaten abzugrenzen. Ihre Liberalität wird dadurch nicht tangiert.

Großlogen-Zugehörigkeit der gemischten Logen in Deutschland

In Deutschland arbeiten 32 gemischte Logen der folgender Großlogen:

Großloge	Logen
Droit Humaine	3
Humanitas – Großloge für Frauen und Männer	13
Souveräner Großorient von Deutschland	3
Grand Orient de France	4
Groß-Orient von Luxemburg	2
Grand Loge Mixte de France	1
Unabhängige Logen (ohne GL-Zugehörigkeit)	6

Dass auch französische und eine Luxemburger Großloge Tochterlogen in Deutschland haben, liegt daran, dass die geringe Zahl der hierzulande arbeitenden Logen nicht zur Gründung einer eigenen Großloge ausreicht oder dass diese Logen in französischer Sprache arbeiten wollen bzw. Gründungen französischer Freimaurer in Deutschland sind.

„HUMANITAS" – Freimaurergroßloge für Frauen und Männer in Deutschland

Am 25. Oktober 1959 spaltete sich die Loge „Goethe zum flammenden Stern" in Frankfurt/Main vom „Orden Droit Humain" ab und bildete gemeinsam mit Logen in München, Mainz und Mannheim die „HUMANITAS – Freimaurergroßloge für Frauen und Männer in Deutschland". Diese weiht Frauen und Männer ohne Rücksicht auf Stand, Rasse, Nationalität, Religionsbekenntnis und politische Meinung in die Freimaurerei ein. Die „HUMANITAS" arbeitet nach demokratischen Prinzipien, d.h., alle Vorstände werden auf allen Ebenen durch die Mitgliederversammlung demokratisch gewählt. Heute arbeiten ihre zwölf Mitgliedslogen in Hamburg (2), Karlsruhe (2), Frankfurt/Main, Mannheim, Saarbrücken, München, Berlin (2) und Leipzig. Die Gesamtmitgliederzahl beläuft sich 2006 auf 190 Schwestern und Brüder.

Die Großloge „HUMANITAS“ ist Gründungsmitglied im internationalen Großlogenverband CATENA. Außerdem hat sie sich der C.L.I.P.S.A.S. angeschlossen, bekennt sich aber zum Unterschied von dieser ebenfalls zu einem „Großen Baumeister aller Welten“. Offizielle Kontakte zur regulären Freimaurerei in Deutschland bestehen dagegen nicht.

- humanitas@gemischte-freimaurerei.org
- **www.gemischte-freimaurerei.org, www.clipsas.org**

Der „Orden Droit Humain“

Die Wurzeln des „Orden Droit Humain“ gehen bis 1880 zurück, als einige Logen aus dem Obersten Rat von Frankreich ausschieden und eine schismatische neue Großloge bildeten. In einer dieser abtrünnigen Logen wurde der Feministin Maria Deraismes das Licht erteilt. Ihr reges Wirken führte zur Gründung mehrerer gemischter Logen, sodass 1893 die „Großloge Droit Humain“ gebildet werden konnte.

Erst als sich um 1910 anlässlich eines Theosophenkongress in Paris die Führerin dieser Bewegung, Annie Besant, für den „Droit Humain“ interessierte und Mitglied wurde, begann die Ausbreitung in andere Länder, zunächst nach Großbritannien und Indien, in das Stammland der Theosophie. Im „Orden Droit Humain“ arbeiten Männer und Frauen in völliger Gleichberechtigung in der gleichen Loge zusammen. Dabei wird die Förderung und Weiterentwicklung individueller Werte erstrebt, ohne dass kulturelle oder religiöse Ansichten aufgegeben werden müssen. Ziel ist die Förderung einer Gemeinschaft von Männern und Frauen mit humanistischer Geisteshaltung, in der individuelle und kulturelle Unterschiede respektiert werden. Der „Orden Droit Humain“ hat im Laufe der Zeit zahlreiche Abspaltungen erleben müssen, woraus teilweise neue Systeme entstanden, die größtenteils bald wieder erloschen sind.

Mit der regulären Freimaurerei hat der „Orden Droit Humain“ keinerlei Verbindung, da die Großloge von England den Orden nicht regularisiert.

Der „Orden Droit Humain“ ist heute in mehr als 60 Ländern der Erde verbreitet. Die Mitgliederzahl wird mit 40.000 weltweit angegeben. In Deutschland bestehen zwei Logen dieses Systems, und zwar in Neustadt a. d. Weinstraße und in Freiburg. Andere sind ausgeschieden und gehören heute der „HUMANITAS“ an.

➤ **www.droit-humain.org**

Der Souveräne Groß-Orient von Deutschland (SGOvD)

Der Souveräne Groß-Orient von Deutschland ist das unabhängige und autonome freimaurerische Organ der ihn konstituierenden Logen, die in den drei symbolischen Graden Lehrling, Geselle und Meister arbeiten. Die Freimaurer in den Logen des Souveränen Groß-Orients von Deutschland genießen volle Gewissensfreiheit; ihre Unantastbarkeit ist garantiert.

Grundlage sind die „Alten Pflichten“ von Anderson aus dem Jahre 1723 in einer unserer Zeit entsprechenden Übersetzung. Es ein Bund freier, unbescholtener Männer und Frauen, die sich in dem Streben nach Sittlichkeit und Recht ihrem eigenen Gewissen verpflichtet fühlen. Er verzichtet auf Bekenntnisse und Lehrmeinungen bzw. politische oder religiöse Weltanschauungen. Dogmen sind seinem Wesen fremd. Darum wird niemandem vorgeschrieben, welche religiösen, wissenschaftlichen und sonstigen Vorstellungen er vom Weltganzen, seiner Entstehung und seinem Sinn haben soll. Dies ist ausschließlich Sache des Einzelnen, seine Gewissensfreiheit wird uneingeschränkt respektiert.

Keinem rechtschaffenen Menschen wird wegen seines Geschlechts, seiner Nationalität, seiner Religion bzw. seiner kulturellen, ethnischen oder sozialen Herkunft die Mitgliedschaft verweigert.

Der SGOvD wurde am 19. April 2003 in Frankfurt/Main gegründet und erhielt das freimaurerische Licht im Oktober des gleichen Jahres durch fünf adogmatische Groß-Logen und Groß-Oriente aus Europa. Zu ihm gehören Logen in Düsseldorf, Bremen, Brüssel, Freiburg i. Br. und Adelaide, Australien an. Darüber hinaus bestehen zurzeit Zirkel in Dortmund und Mannheim.

➤ **SGOvD (eV) c/o Hans-Joachim Naber (Alt-Großmeister)**
Werdohler Landstraße 297, 58513 Lüdenscheid, info@sgovd.org
➤ **www.sgovd.org**

Der Großorient von Luxemburg (GOL)

Der Großorient von Luxemburg wurde 1959 gegründet und nimmt seit 1982 sowohl Männer als auch Frauen auf. Er arbeitet in französischer, deutscher und niederländischer Sprache. Ihm gehören insgesamt neun gemischte Logen und eine Männerloge an. Diese haben ihren Sitz in Luxemburg (4), Belgien (3), Niederlande (1) und Deutschland (2 in Bonn und Heidelberg).

➤ sekretär@loge-carpediem.de
➤ **www.loge-carpediem.de, www.gol.lu**

Der Großorient von Frankreich (GOdF)

Der Großorient von Frankreich ist die älteste und bedeutendste Großloge in unserem Nachbarland. Sie unterhält keine maurerischen Beziehungen mit der United Grandloge of England (UGL), gilt daher als „irregulär". Hier findet sie Erwähnung, weil auch mit vier Logen in Deutschland vertreten ist. Diese arbeiten in Baden-Baden, Duisburg und Saarbrücken (2).

➤ **Grand Orient de France**
16, rue Cadet, F-75009 Paris, Tel.: +33 14 52 32 09 2, webmaster@godf.org
➤ **www.godf.org**

Unabhängige Freimaurer-Logen

In Deutschland arbeiten neben den in Großlogen organisierten Logen auch noch unabhängige, so genannte „souveräne" Logen. Insgesamt sind es derzeit sechs, drei davon nehmen Männer und Frauen auf, drei weitere nehmen nur Männer auf.

➤ **www.loge-carpediem.de**

4. Das studentische Verbindungswesen

In dieser Zusammenstellung dürfen die Korporationen nicht fehlen. Es handelt sich bei ihnen um eine der ältesten Organisationsformen männerbündlerischen Lebens. Ursprünglich hatten sie ganz andere Zielsetzungen und Ausprägungsformen als diejenigen, mit der sie uns heute begegnen. Der wichtigste Unterschied zwischen den Studentenverbindungen und den Serviceclubs und Logen ist das Eintrittsalter. Während die Korporationen Studenten meist in den Anfangssemestern (also im Alter von 19 bis etwa 23 Jahren) aufnehmen, kann man als Student meist noch nicht Mitglied in einem der hier genannten Clubs oder in den Logen werden. Zwar existieren in vielen Universitätsstädten auch LEO-, Rotaract- oder Kiwa-Junior-Clubs, aber diese sind doch völlig anders strukturiert als die Korporationen, die vor allem das Lebensbundprinzip bewahren und sich dadurch erheblich von den Clubs unterscheiden. Bei denen erlischt die Mitgliedschaft oft mit Verlassen der Hochschule, weil es am neuen Wohnort keinen eng verbundenen Club gibt. Satzungsmäßig ist zwar auch bei Logen, Orden und Serviceclubs eine Aufnahme mit Erreichen der Volljährigkeit möglich, aber in der Praxis werden fast nur Menschen aufgenommen, die fest im Berufsleben stehen und dort sogar eine führende Position innehaben. Dies trifft natürlich auf Studierende ebenso wenig wie auf andere in Ausbildung stehende Menschen zu.

Die studentischen Korporationen werden aber in diesem Buch vorgestellt, weil sie Menschen für ihr ganzes Leben an sich binden und weil starke historische Zusammenhänge zwischen den Korporationen und z.B. den freimaurerischen Orden des 18. Jahrhunderts bestehen. Ferner ist zu beobachten, dass ein erheblicher Teil der Korporationsstudenten sich in späteren Jahren auch einem Club oder einer anderen Bruderschaft anschließt. Vielerorts bestehen auch Zirkel, Stammtische und Kränzchen ehemaliger Korporierter.

Das allgemeine Urteil bezüglich dieser Verbindungen ist heutzutage meist negativ besetzt. Aus dem alten Brauch, Mensuren mit scharfer Klinge zu fechten, dem Tragen von Couleurbändern und Mützen und einem übermäßigen Biergenuss, den man den Studenten unterstellt, werden oft ohne weiteres Nachdenken oder Sammeln von Informationen abwertende bis diskriminierende Urteile gefällt. Man orientiert sich möglicherweise an Heinrich Manns Roman „Der Untertan“, 100 Jahre alten Karikaturen des Simplizissimus oder mancher Darstellung aus einem deutschen TV-Krimi, nur nicht am Charakter und der Lebenswirklichkeit einer heutigen studentischen Verbindung an unseren Universitäten und Hochschulen. Diese sind überdies in ihren Zielsetzungen sehr unterschiedlich. Neben christlichen Verbindungen gibt es solche, die keine besondere Bindung zur Kirche haben. Sportlich orientierte Verbindungen wie Akademische Vereine der Ruderer, Segler, Flieger und Turner stehen neben musikalischen Korporationen. Neben clubähnlichen Verbindungen ohne Farben, Mensuren oder sonstigen Korporationsattributen wie „Chargenwichs“, Pekeschen, Humpen mit Wappen, eigenen Fahnen, Bändern, Mützen oder Zipfeln stehen die Traditionsbünde, die all dies oder wenigstens Teile davon pflegen, schätzen und in Ehren halten.

In einer Gesellschaft, die sehr offen ist, wenn es um multikulturelle Duldsamkeit geht, sollte man nicht nur vor dem Fremden, sondern auch vor dem in der eigenen Nation über Jahrhunderte gewachsenen Brauchtum Achtung haben und es zumindest tolerieren. Bevor die einzelnen Dachverbände vorgestellt werden, sei noch einmal an den Ausspruch Friedrichs II. erinnert, der sagte, in seinem Königreich Preußen könne *„jeder nach seiner Façon selig werden“*.

Es begann im frühen 12. Jahrhundert ...

Die Geschichte der studentischen Korporationen ist eng verbunden mit der Geschichte der europäischen Universitäten. Die Universität zu Bologna ist die älteste des Abendlandes. Sie ging aus privaten Schulen der freien Künste und des Rechts hervor und wurde als erste europäische Universität 1119 in Bologna gestiftet. Zu ihr wurden aus allen Ländern Europas junge Adelige gesandt, um sich dort zielgerichtet nach den Wünschen ihrer Landesherren ausbilden zu lassen, wobei die juristische Bildung im Vordergrund stand.

Es folgten Universitätsgründungen in Paris, Prag (1348), Wien (1356) und Krakau (1364). Zwar lag die Mehrzahl der Universitäten des Mittelalters innerhalb der Grenzen des „Heiligen Römischen Reiches Deutscher Nation", aber dieses Kaiserreich bestand aus einer Vielzahl von weltlichen und geistlichen Fürstentümern, die meist nicht nach einem einheitlichen Willen regiert wurden. Die Studenten der einzelnen Gliedstaaten fanden sich an den Hochschulorten in einer Korporation zusammen. Dies lag nicht nur an der dem Menschen eigenen Neigung, sich gesellig zu verbinden, sondern entstand oft aus der Notwendigkeit, sich gegenseitig zu unterstützen. Vor Erfindung des Buchdrucks waren Bücher eine seltene Kostbarkeit. Den Bursen, den Wohngemeinschaften der Studenten, war in der Regel eine Bibliothek angegliedert. Sie hatten den Charakter eines Kollegienhauses, das unter der Obhut eines akademischen Lehrers stand und den Scholaren eine Heimstatt bot. Außerdem waren die Studenten oft sehr knapp bei Kasse, sodass sie in der Burse (von der sich der Begriff „Bursch" ableitet) ein erschwingliches Unterkommen finden konnten. Die Notwendigkeit des Zusammenschlusses ergab sich auch zur Abdeckung jedweder Rechtsunsicherheit, zur Durchsetzung der Gruppeninteressen sowohl gegenüber der Universität wie auch gegenüber dem gastgebenden Landesherrn. So bildeten sich schon zu Beginn der Universitätsgeschichte landmannschaftlich gegliederte Organisationen unter den wenigen Dutzend Studenten in Bologna, so genannte „Nationes". Bei den folgenden Universitätsgründungen waren die Verhältnisse sehr ähnlich, sodass sich ebenfalls Bursen und Nationes bildeten, in denen die Studenten ihre Interessenwahrung gegenüber jedermann wahrnehmen konnten. Diese Verbindungen entwickelten sehr schnell Spielregeln, nach denen das Gemeinschaftsleben geregelt wurde. In ihnen sind Vorläufer des späteren Comments zu sehen, der heute teilweise noch im studentischen Brauchtum erhalten ist, das aber nur noch den Korporierten bekannt ist.

Da die meisten Studenten aus adeligen Häusern stammten, waren sie Waffenträger. Sie konnten mit Degen und Schwert umgehen, was auch häufig notwendig auf den Reisen von und zum Studienort war. Um sich gegen Wegelager und Räuber verteidigen zu können, waren Wehrhaftigkeit und Gemeinschaft quasi eine Lebensversicherung für den Reiseweg. Diese über mehrere Jahrhunderte gegebene Grundvoraussetzung hat zweifellos eine Grundprägung studentischer Verhaltensweise ergeben, die bis in das 18. und sogar 19. Jahrhundert wirksam war, uns heute aber eher fremd vorkommen mag.

Im 16. Jahrhundert erfolgte eine Reihe von Universitätsgründungen; beginnend mit der Philipps-Universität Marburg, der ersten reformierten und rein landsherrlichen Universität in Deutschland. Mit der Zahl der Universitäten wuchsen jedoch nicht die Studentenzahlen. Um 1600 gab es in Deutschland insgesamt rund 8.000 Studenten. Der Dreißigjährige Krieg brachte überdies erhebliche Rückschläge. Um 1800 waren die mitteldeutschen Universitäten in Halle, Jena und Leipzig mit jeweils über 1.000 Studenten die größten Universitäten im Reich. Die viertgrößte Universität jener Zeit war die hannoversche Neugründung in Göttingen. Nur wenige hundert Studenten hatten so traditionsreiche Universitätsstädte wie Greifswald, Kiel, Königsberg, Breslau, Marburg, Gießen, Heidelberg, Erlangen und Tübingen. Die Universitäten stellten einen erheblichen Wirtschaftsfaktor für die jeweiligen Städte dar. Zu dieser Zeit gab es bereits 40 Universitäten im Deutschen Reich und an allen, außer in Österreich, existierten Landsmannschaften und Orden.

Im 18. Jahrhundert entwickelte sich ein neuer Verbindungstyp, der Studentenorden. Diese Orden hatten stark freimaurerische Züge. Sie lehnten vor allem den bei den Nationes eingerissenen Pennalismus ab. In der Mitte des 18. Jahrhunderts verbreiteten sich mit der Aufklärung die freimaurerischen Ideale auch unter Professoren und Studenten. Es entstanden an den Universitäten Freimaurerlogen, in denen sowohl Professoren als auch Studenten Mitglied waren, ebenso wie angesehene Bürger und Offiziere, so in Halle, Jena und Göttingen. In den Freimaurerlogen standen die Professoren mit ihren Studenten auf gleicher Stufe, da Gleichheit des Ranges ja ein wesentliches Kennzeichen unter Freimaurern ist. Dies war wohl der Grund, dass schon bald keine Studenten mehr in die Logen aufgenommen wurden. So bildeten 1771 Studenten der Jenenser Landsmannschaft der Mosellaner den Amicisten-Orden. Daneben bildeten sich die Orden der Constantisten, Unitisten und Harmonisten sowie mehrere nur lokale Orden. Die Studentenorden veränderten das Verbindungswesen grundlegend. Während die Mitglieder der alten Landsmannschaften nach Verlassen der Universität keinen Kontakt mehr zu dieser oder ihren Kommilitonen hatten, waren die Orden auf lebenslange Verbindung angelegt. Sie führten das Lebensbundprinzip ein. Auch schafften sie das größte Ärgernis der alten Verbindungen, den Pennalismus, ab. Dieser bedeutete die oft willkürliche Herrschaft der Älteren über die Jüngsten. An seine Stelle trat die Erziehung nach sittlichen Grundsätzen und engem Zusammenhalt. Die lockeren Bestimmungen der Nationes wurden durch eine feststehende Konstitution, die willkürlichen Sitten durch einen festgefügten Comment ersetzt. An der Spitze der Orden stand ein Senior oder Logenmeister, der jährlich vom Konvent neu gewählt wurde. Die Orden pflegten wie die Freimaurerlogen die Arkandisziplin, d.h., sie hatten über alle inneren Angelegenheiten ihres Bundes Verschwiegenheit zu wahren. Im Zuge der Französischen Revolution politisierten sich die Orden und gerieten dadurch zunehmend in Gegensatz zu den alten Landsmannschaften, aber auch zur Obrigkeit. 1793 verbot der Regensburger Reichstag alle geheimen Studentenverbindungen, womit im Wesentlichen die Orden getroffen wurden. Bis 1812 konnten sich Orden an der Universität Wittenberg halten, dann wurde der letzte aufgelöst.

Wenn auch die Organisation der Orden von den Universitäten verschwand, so blieb doch als ihr wesentliches Erbe die Reformierung der Verbindungsform. Die neuen Verbindungen nannten sich zuerst Kränzchen, dann Landsmannschaft und schließlich Corps. Sie setzten sich landsmannschaftlich zusammen, hatten aber die Freiwilligkeit des Beitritts, die Organisation, das Lebensbundprinzip und die Konstitution, den Comment, von den Orden übernommen. Feste Regeln und Orientierung an sittliche Normen und der Ehre wurden allerdings von den sich neu bildenden Verbindungen ohne direkte freimaurerischen Bezüge übernommen und waren somit hauptsächlich prägend für das Verbindungswesen der Neuzeit. Die ältesten heute noch bestehende Corps wurden zu dieser Zeit gegründet, z.B. Guestfalia Halle 1789 und Onoldia Erlangen 1798.

Die Befreiungskriege gegen Napoleon brachten eine große vaterländische Begeisterung, die vor allem auf die Bildung eines handlungsfähigen, geeinten deutschen Staates zielte. In dem Freicorps Lützow kämpften zahlreiche Studenten aus Halle, Jena, Leipzig, Greifswald und anderen Städten. Nach dem Krieg gingen sie an ihre Universitäten zurück und trugen den Gedanken der deutschen Einheit dorthin. In Jena schlossen sich die bestehenden Landsmannschaften und Corps zur allgemeinen Burschenschaft zusammen. Ihr erster Senior kam von dem Corps „Vandalia", dessen Mitglieder überwiegend aus Mecklenburg kamen. Das Corps trug rote Pekeschen mit schwarzem Kragen, der mit goldenem Eichenlaub bestickt war. Aus dieser Farbkombination ließ er eine Fahne für die neue Burschenschaft nähen: rot-schwarz-rot mit goldenem Eichenlaub auf dem schwarzen Mittelstreifen. Als 1817 auf der Wartburg die Allgemeine Deutsche Burschenschaft gegründet wurde, nahm sie diese Farben an.

Der Gedanke der Reichseinigung konnte den souveränen Regionalfürsten nicht gefallen. So wurden die Burschenschaft und ihre Fahne verboten. Auf dem Hambacher Fest von 1832 und während der bürgerlichen Revolution von 1848 wehte Schwarz-Rot-Gold als Fanal der Freiheit. Die Nationalversammlung in der Paulskirche, die überwiegend aus Alten Herren der Verbindungen bestand, erklärte sie zur deutschen Fahne. Obwohl diese Revolution niedergeschlagen wurde, bestand von da ab an deutschen Hochschulen die Koalitionsfreiheit, d.h., die Verbindungen konnten sich frei entfalten. So entwickelte sich in der zweiten Hälfte des 19. Jahrhunderts das heute noch vorhandene reichhaltige Verbindungsleben, das für jedes Interesse die passende Verbindung hatte. Der allgemeine wirtschaftliche Aufschwung nach der Reichsgründung von 1871 brachte auch eine deutliche Stärkung der Korporationen. Die Studentenzahlen stiegen bis 1914 auf rund 80.000 an, was zu einem großen Aufschwung für die Korporationen führte. 1912 schlossen sich die Corps, Landsmannschaften, Burschenschafter und Turnerschaften in Marburg zum Waffenring zusammen. Der Erste Weltkrieg brachte einen heftigen Rückschlag für die Korporationen, da eine große Zahl der Studenten zu den Waffen eilte.

Nach dem Zusammenbruch des Kaiserreiches versuchten kommunistische Gruppierungen, die Macht an sich zu reißen. Sie bildeten nach sowjetischem Vorbild Arbeiter- und Bauernräte. Da die militärischen Kräfte der Reichswehr zu schwach waren, diese schnell niederzuwerfen, wurden auch studentische Freikorps gebildet, in denen manchmal die ganze Aktivitas einer Verbindung kämpfte. Darin mag ein Grund für den Hass linksextremer Menschen bzw. „linker" Studenten gegenüber den studentischen Verbindungen liegen.

1921 wird mit dem Erlangener Verbändeabkommen eine eigene Ehrengerichtsbarkeit geschaffen. In der Weimarer Republik war nicht nur das Duell, sondern auch das Schlägerfechten verboten. Auf Mensurtagen mussten also Wachen aufgestellt werden, um keine unangenehmen Überraschungen zu erleben.[1] Durch die Inflation von 1923 verarmten viele bürgerliche Familien. Dennoch konnten die Korporationen ihre Geltung an der Hochschule wahren, bis 1933 die Nationalsozialisten die Macht übernahmen und die Lichter der Freiheit in Deutschland erloschen.

Die Korporationen unter der nationalsozialistischen Diktatur

Die Nationalsozialisten waren gegenüber den Korporationen im Prinzip negativ eingestellt, hatten aber teilweise ein ambivalentes Verhältnis. Die „alten Kämpfer", die mit Mehrheit den nichtakademischen Schichten des Volkes angehörten, lehnten Korporationen grundsätzlich ab, weil sie darin eine Klasseneinrichtung der Akademiker sahen, die ihrem egalitären Selbstverständnis widersprach. Ein weiterer sehr gravierender Widerspruch zum Nationalsozialismus ergab sich aus dem Konventsprinzip praktisch aller Korporationen. Der Konvent, die Versammlung aller aktiven Bundesbrü-

1 Wilhelm Benscheid, „Studentisches Fechten im Dritten Reich und in der Zeit des Wiederbeginns nach dem Krieg", in: Einst und Jetzt Jahrbuch 1986, Seite 75

der, ist das höchste Organ der Verbindung. Verbindungen sind von alters her in ihrem inneren Aufbau echte Demokratien, die nicht nur ihre Vorstände (Chargierten) regelmäßig wählen, sondern auch alle wichtigen Entscheidungen (z.B. Neuaufnahmen, Dimissionen und Ausschlüsse) besprechen und demokratisch entscheiden. Das widersprach dem Führerprinzip der Nationalsozialisten diametral. Daher wurde kurz nach der Machtergreifung 1933 per Erlass in allen Korporationen das „Führerprinzip" eingeführt, nach dem alle Entscheidungsmacht beim Verbindungs-„führer" lag. In den Jahren 1933 bis 1936 wurde eine teilweise sehr widersprüchliche Studentenpolitik betrieben, immer aber verfolgten die Nationalsozialisten das Ziel, die Korporationen zu liquidieren und die Studenten zum Eintritt in den Nationalsozialistischen Deutschen Studentenbund (NSDStB) zu bewegen. Die akademische Jugend dieser Jahre hatte kein einheitliches Verhältnis zum Nationalsozialismus. Viele Studenten wollten nach Dienst in der Hitlerjugend, im Reichsarbeitsdienst und (nach 1936) in der Wehrmacht nicht auch noch im Studium nach dem Dienstplan einer Parteiorganisation leben. Daher hatten die Korporationen trotz übler Hetze in den Parteizeitungen immer noch einen großen Zulauf.

Da einige führende Funktionäre des NSDStB wie auch der Reichsstudentenführer selbst Korporationsstudenten waren, wurden die Verbindungen mit einer gewissen Toleranz behandelt und der Verbindungsbetrieb konnte bis 1935, an manchen Hochschulen bis 1937 und in Ausnahmen sogar bis 1938 relativ ungestört weiterlaufen. Allerdings wurden 1933 bereits die jüdischen Korporationen ausnahmslos verboten.

Die meisten Korporationen waren recht vermögend. Sie hatten vor allem in ihren großen, repräsentativen Korporationshäusern, die oft zwischen 1870 und 1914 errichtet worden waren, ein erhebliches Vermögen. Dieses drohten die Nationalsozialisten zugunsten des NSDStB einzuziehen, wenn die Verbindungen sich weigerten, mit diesem zu kooperieren. Viele Verbindungen beschlossen daher, um der Enteignung zu entgehen, in ihrem Haus „Kameradschaften" zu bilden, die zwar organisatorisch dem NSDStB angehörten, aber materiell und vor allem inhaltlich von den Altherrenvereinen der Korporationen unterstützt wurden.

In fast allen studentischen Dachverbänden finden sich Korporationen, die von sich aus eine Kameradschaft bildeten, in die fast die gesamte Altherrenvereinigung eingetreten ist. Die Korporation hielt auch engen Kontakt zur Kameradschaft und brachten dieser den Comment und die alten studentischen Traditionen nahe. Zahlreiche Kameradschaften führten auf diese Weise praktisch das Verbindungsleben fort. In anderen Fällen, vor allem dann, wenn die Kameradschaft nicht von einem traditionsbewussten Altherrensohn, sondern einem überzeugten Nationalsozialisten geführt wurde, bestanden keine oder nur sehr begrenzte Kontakte zwischen den Alten Herren und der Kameradschaft, eine Zuordnung von Kameradschaft zu bestimmten suspendierten Verbindungen konnte dann nicht vorgenommen werden.

Vielerorts waren Tradition und Comment stärker als der Autoritätsanspruch des NSDStB. So blühten ab 1938 entgegen den Anordnungen der Partei an mehreren Hochschulen unter dem Deckmantel der Kameradschaften getarnte Verbindungen wieder auf. Bis zum Jahr 1944 konnten so an vielen Hochschulen noch Mensuren (Waffengänge beim Fechten) gefochten werden. Auch wenn dies unter größter Geheimhaltung geschehen musste, so war die Neigung der Studenten, sich auch unter den politischen Gefahren diesem Risiko auszusetzen, relativ groß. Natürlich hing dies auch sehr von der weltanschaulichen Einstellung der Studenten und ihrer Elternhäuser ab. Den Altherrenschaften, die dieses Treiben unterstützten, kam es vor allem darauf an, ihre korporationsstudentischen Ideale, ihre Einstellungen und ihr Brauchtum, vor allem aber den bundesbrüderlichen Zusammenhalt über die Zeit der Diktatur zu retten und zu erhalten. Besonders ausgeprägt war dies bei den Corps sowie bei den Landsmannschaften und Burschenschaften, vereinzelt auch bei anderen, meist schlagenden Verbindungen. Dazu zählten damals auch noch viele Verbindungen, die heute das Mensurfechten aufgegeben haben.

Einige Corps des Weinheimer Senioren Convents (WSC) stellten ihren corpsstudentischen Betrieb überhaupt nicht um oder ein. Besonders bemerkenswert ist, dass es ihnen gelang, den Fechtbetrieb über Jahre aufrechtzuerhalten und Mensuren zu schlagen. Agronomia Halle focht noch bis 1938, Saxo-Thuringia München bis 1937 und Borussia Danzig bis 1936. Besonders renitent war in dieser Beziehung das Darmstädter Corps Obotritia, dessen letzter Mensurtag am 26. Februar 1938 stieg, die Gegenpaukanten (Paukanten: auf Mensur fechtende Studenten) stellten Darmstädter Burschenschaften. Das Corps Hannoverania Hannover kann noch für das Wintersemester 1941/42 Mensuren nachweisen, wobei die Gegenpaukanten vom Corps Normannia und der Burschenschaft Altgermania gestellt wurden. Demnach haben also zu diesem Zeitpunkt mindestens drei hannöversche Korporationen, deren Mitglieder überwiegend an der Tierärztlichen Hochschule studierten, entgegen dem ausdrücklichen „Führerbefehl" noch Mensuren geschlagen. Auch von dem Corps Saxonia Berlin wurden 1942 noch Mensuren berichtet. Die jungen Kameraden der Kameradschaft „Theodor Körner", die aus vier WSC-Corps in Berlin gegründet worden war, schwenkten zu alten Traditionen über und trugen ein schwarzes Band mit silberner Perkussion, vereinzelt fochten sie Verabredungsmensuren.[2] Andere Corps stellten die Schlägermensur auf das Fechten mit leichtem Säbel um. Mit diesem wurden keine scharfen Mensuren geschlagen. Das Corps Hannovera Hannover bildete selbst die Kameradschaft „Werner von Siemens". Hier wurde von den Kameradschaftsangehörigen das Band offen über der Zivilkleidung getragen.[3] Besonders geschickt waren die Aktiven des Corps Delta Aachen. Sie zogen selbst eine Kameradschaft auf und hielten engsten Kontakt zu ihrer Altherrenschaft. So entstand eine feste Verbindung zwischen dem alten Corps und der Kameradschaft.

Beim KSCV, dem Verband der Corps an den Universitäten, verlief die Entwicklung analog, selbst in der Reichshauptstadt Berlin. Unter der Tarnbezeichnung „Gemeinschaft Studierender an der Militärärztlichen Akademie Berlin" führte das Corps Suevo-Borussia von 1937 bis 1944 einen vollständigen Corpsbetrieb einschließlich der Bestimmungsmensur. Da Gegenpaukanten fehlten, wurde 1941 sogar ein zweites Corps Neo-Marchia gestif-

2 „Einst und Jetzt", 5. Band – Jahrbuch des Vereins für corpsstudentische Geschichtsforschung, Seite 86 ff.

3 Bericht des Zeitzeugen Dr.-Ing. Willfried Eckelmann, Hannovera, Hannover

tet.[4] In Bonn bildeten mehrere Corps gemeinsam die Kameradschaft „Yorck von Wartenburg“. Bis 1944 wurde scharf gefochten, wobei die Gegenpaukanten von Kameradschaften der früheren Landsmannschaften und Burschenschaften kamen. Bereits im Wintersemester 1945/46 wurde in eingeschränktem Unfang der Corpsbetrieb wieder aufgenommen. In Freiburg bildete sich im Januar 1936 der Waffenring aus einer Burschenschaft, einer Landsmannschaft und drei Corps. Diese führten getarnt den Verbindungsbetrieb einschließlich der Bestimmungsmensur bis 1944 fort. Nach verschiedenen Auseinandersetzungen bildete sich in Göttingen im Haus des Bismarck-Corps Hannovera die Kameradschaft Freiherr vom Stein 1940 intern in eine Korporation um, die auch in Freiburg und Bonn auf Mensur bestand. Sie sammelte sich bereits im Wintersemester 1945/46 wieder und bildete die Keimzelle für die Wiedereröffnung der Corps Hannovera, Bremensia und Teutonia-Hercynia. An der Universität Leipzig wurde aus vier Corps die Kameradschaft Markgraf von Meissen gebildet. Diese focht von 1942 bis Dezember 1944 zahlreiche Bestimmungsmensuren, wobei die Gegenpaukanten von anderen Leipziger Kameradschaften kamen. In Marburg wurde mit der Kameradschaft Carl Allmenröder (gebildet aus drei Corps) im Teutonenhaus von 1940 bis 1944 scharf gefochten. Auch hier war die Bezeichnung Kameradschaft nur Tarnung, intern galt die alte Teutonen-Konstitution. In München nutzte die Kameradschaft Prinz Eugen das Haus des Corps Suevia. Obwohl zunächst auf NS-Kurs, wandelte sich die Kameradschaft 1940 intern in eine Korporation um und focht ab Wintersemster 1943/44 auch wieder Bestimmungsmensuren (meist in Würzburg). In Münster wurde bis 1943 scharf gefochten, und zwar von einer Kameradschaft, die aus dem „Verband der Vereine deutscher Studenten“ (VVDSt (KV)) gebildet wurde, sowie von der Kameradschaft Friedrich Harkort, die intern die Tradition des Corps Rheno-

4 Dr. Erich Bauer, „Die Kameradschaften im Bereich des Kösener SC“, in: Einst und Jetzt, Jahrbuch des Vereins für corpsstudentische Geschichtsforschung 1956, Seite 19 ff. Dort finden sich auch die Informationen zu den weiteren Hochschulstädten, die hier genannt werden.

Guestfalia fortführte und sich überwiegend aus Angehörigen der Studentenkompanie zusammensetzte. In Tübingen führten mindestens vier Kameradschaften getarnte Verbindungen weiter, und zwar einmal die des Corps Franconia (Kameradschaft Theodor Körner) und andere Kameradschaften, die der Burschenschaften Germanis und Derendingia sowie der schwarzen Verbindung Saxonia. Als jedoch der Sicherheitsdienst von den Mensuren Wind bekommen hatte und eine Untersuchung einleitete, wurden diese vorsorglich Ende 1943 eingestellt. Die Universität Würzburg entwickelte sich zur Hochburg des Waffenstudententums im Dritten Reich. Von den zehn Kameradschaften, die es 1944 gab, waren acht getarnte Verbindungen. Hinter dieser Deckung konnten die Burschenschaften Germania, Arminia und Adelphia, die Corps Bavaria, Guestfalia, Moenania und Rhenania sowie die Landsmannschaft Teutonia ihre Tradition weiterführen.

Diese Beispiele zeigen, dass die Entwicklung an den verschiedenen Hochschulen unterschiedlich verlaufen ist. Das war auch stark abhängig von den Personen, die als Kameradschaftsführer fungierten, aber auch von der jeweiligen Universitäts- und Studentenbundsleitung. An den meisten der hier nicht genannten Hochschulen entwickelte sich das Kameradschaftsleben im Sinne der Nationalsozialisten oder die Kameradschaften kamen nach wenigen Jahren wieder zum Erliegen, vor allem auch, weil die Studenten fehlten.

Von der Nachkriegszeit bis heute

Als 1944 an den meisten Universitäten durch die Kriegseinwirkungen, insbesondere durch den sich ständig verschärfenden Luftkrieg über den deutschen Städten der Lehrbetrieb eingestellt werden musste, war auch kein Raum mehr für korporatives Leben. Alle waffenfähigen Studenten und Dozenten waren zu ihren Truppenteilen oder zum Volkssturm oder so genannten „Volksgrenadierdivisionen“ einberufen worden. Nach der Kapitulation am 8. Mai 1945 konnten auch die Universitäten nicht sofort den Lehrbetrieb wieder aufnehmen. Erst zu Beginn des Wintersemesters 1945/46 wurde er in vielen Instituten wieder aufgenommen. Die Studenten, auch die Soldaten, soweit sie nicht in Gefangenschaft geraten waren, kamen nun zu ihren Verbindungshäusern zurück. Zunächst waren alle Organisationen verboten. Die Kameradschaften waren als Teil des NS-Studentenbundes von der Militärregierung aufgelöst worden und Neugründungen waren kategorisch verboten. Aber die Studenten, die unter dem Deckmantel der Kameradschaft die Verbindung weitergeführt hatten, kamen zusammen und konnten feststellen, dass auch in der Zeit größter Not das viel beschworene Band der Freundschaft hielt. Man unterstützte sich gegenseitig, so gut es ging, man hielt Kontakt, tauschte Informationen aus, sammelte Adressen, beobachtete die Entwicklung an den Hochschulen und entwickelte ein loses Gemeinschaftsleben. Wie schlimm die Verhältnisse waren, erhellt eine Erhebung des Studentischen Hilfswerkes von 1947, der zufolge 55% der Studenten an Hungerödemen und 25% an chronischer Tuberkulose litten. Dennoch mussten alle erstmalig Immatrikulierten zur Beseitigung von Trümmern und für den Wiederaufbau der Hochschule in Hannover 600 Stunden unbezahlten „Ehrendienst“ leisten.[5] Für die britische Besatzungszone wurde erst im Januar 1948 durch die Verordnung Nr. 122 die Möglichkeit eröffnet, wieder studentische Verbindungen zu gründen.

Viele Studenten hatten sich auf den Neubeginn vorbereitet und so konnten die Wiedergründungen erfolgen. Stark umstritten war die Frage der Pflichtmensur, insbesondere die ehemaligen Soldaten waren sehr gespalten in dieser Frage. Alle Verbindungen strichen die unbedingte Satisfaktion aus ihren Satzungen. Soweit an der Mensur festgehalten wurde, war dies nur die Bestimmungs- oder Verabredungsmensur. Die Satzungen wurden bei vielen Verbindungen den Anforderungen des Grundgesetzes, das vor seiner Verabschiedung in den wesentlichen Punkten schon bekannt war und intensiv diskutiert wurde, angepasst. So konnten bis zu den frühen 50er Jahren viele Verbindungen und die meisten Dachverbände restituiert werden. Allerdings hatten die Korporationen den früheren Einfluss an der Hochschule verloren.

5 1866–1991 – 125 Jahre Corps Hannovera an der Universität Hannover, Hannover 1991, Seite 71

Die Entwicklung in der DDR

Restituierungen von Korporationen waren allerdings nur in den Ländern der drei Westzonen, die sich 1949 zur Bundesrepublik Deutschland vereinigten, möglich. In der sowjetischen Besatzungszone der späteren DDR konnten sich die studentischen Verbindungen nicht wieder bilden. Sie erschienen den Sowjets als ein bürgerliches Relikt, das beim Aufbau des Sozialismus nur Probleme machen würde. Vor allem störte die Sozialistische Einheitspartei (SED), die aus der Vereinigung von SPD und KPD hervorgegangen war, die Tatsache, dass die Korporationen eigene Wertvorstellungen hatten, die nicht zum sozialistischen Weltbild passten. Sowohl die traditionellen Corps, Landsmannschaften und Burschenschaften als auch die katholischen Cartellvereine oder der ökumenisch-christliche Wingolfsbund erschienen den Kommunisten gleichermaßen suspekt. Sogar die musisch orientierten Sängerschaften oder die sportlich aktiven Turnerschaften durften sich im sozialistischen Staat nicht wieder bilden. Für die SED-Sozialisten war die Freie Deutsche Jugend (FDJ), der Jugendverband der Partei, die einzig legitime Form studentischen Gemeinschaftslebens. Pluralistische Korporationen sollten ihr Weltbild nicht stören.

Aber die Kraft der Tradition und die ideellen Werte, die das studentische Leben seit Jahrhunderten begleiteten, waren wiederum stärker als die Engstirnigkeit der Staatspartei. Bereits Ende der 60er Jahre gab es an einzelnen Hochschulorten in der DDR wieder studentische Verbindungen. Natürlich konnte eine offene Konfrontation mit der Staatsmacht nicht einmal angedacht werden. Aber ähnlich wie in den als NS-Kameradschaften getarnten Korporationen die Intentionen der Gestapo unterlaufen wurden, so fanden Studenten in der DDR Wege, sich vor den allgegenwärtigen Augen und Ohren der Stasi zu schützen. Unter dem Dach der christlichen Studentengemeinden fanden sich Studenten zusammen, die altes deutsches Volksgut pflegen wollten. Sie sangen nicht nur Volks- und Heimatlieder, sondern vor allem auch alte Studentenlieder. Lieder von Kneipen und Wein, von Burschenherrlichkeit und fröhlichem Studentenleben hatten zweifellos in der sozialistischen Mangelwirtschaft noch eine stärkere Funktion als in der satten Welt der Bundesrepublik. Das alte Sprichwort „*Wo man singt, da lass Dich ruhig nieder, böse Menschen haben keine Lieder*" bewahrheitete sich erneut. Studenten, die sich beim gemeinsamen Gesang eigentlich illegaler Lieder gefunden hatten, feierten auch andere Anlässe gemeinsam. Es entstanden Freundschaften, die auch über das Studium hinaus hielten. Aus einigen dieser Sanges- oder Seminargruppen entwickelten sich langsam, aber sehr konsequent „richtige" Verbindungen, die aber nicht offiziell werden durften. Es waren gewissermaßen studentische Geheimbünde, ähnlich wie zur Zeit der Restauration nach 1819 oder wie an den Gymnasien zur Kaiserzeit. Dabei gingen die teilnehmenden Studenten ein großes Risiko ein. Verbindungsmitglieder, die der Staatssicherheit bekannt wurden, mussten mit Relegation von der Universität rechnen, möglicherweise auch mit Haftstrafen. Dennoch wurden die Verbindungen gegründet und sogar in Band und Mütze Farben getragen. Die Beschaffung von Bändern und Mützen hatte das staatliche Planungsamt nicht vorgesehen. Privatinitiative löste diese Fragen. Alte Couleurartikel standen in hohem Kurs. Kommersbücher existierten lange nicht, sie wurden – wie im Mittelalter – handschriftlich kopiert. Erst in den 80er Jahren erschien ein kleines Kommersliederbuch offiziell in der DDR, natürlich mit einem stark verkleinerten, politisch DDR-korrekten Inhalt. Kontakte zu Verbindungen in der Bundesrepublik bestanden damals offiziell nicht. Die Fechtwaffen wurden aus Armierungsstahl selbst hergestellt und Drahtkörbe dienten als Ursprungsmaterial für Paukmasken.

Im Jahr 1965 wurde in Dresden die Cimbria gegründet, die die Farben Schwarz-Gold-Rot annahm, und ein Jahr später die christliche Burschenschaft Salamandria mit den Farben Violett-Weiß-Rot. Beide haben die Wende von 1989 überstanden. 1976 gründete sich in Magdeburg die christliche Verbindung Ottonia mit den Farben Blau-Rot-Weiß, die heute dem Wingolfsbund angehört. In den 80er Jahren bildeten sich farbentragende Verbindungen in Jena, Leipzig, Halle, Erfurt, Greifswald und Tharandt. 1986 traten bei einem Kommers in Schmiedefeld (Erzgebirge) erstmals Korporationen in Erscheinung. 1987 wurde auf der Rudelsburg ein Kommers veranstaltet, an dem 18 Personen teilnahmen. 1988 traf man sich zum Kommers in Saaleck gegenüber der Rudelsburg, weil diese selber nicht zur Verfügung stand. Erst im Jahr 1989 beim dritten Kommers auf der Rudelsburg trafen sich über 100 Teilnehmer, darunter auch sieben westdeutsche Studenten. Über diesen Kommers gibt es einen Bericht der Stasi, den ein Teilnehmer ins Internet gestellt hat. Aus diesem wird auszugsweise zitiert, um darzustellen, unter welcher Beobachtung die Studenten standen.

„Insgesamt nahmen ca. 120 Personen an dem Treffen teil. Die Teilnehmer wurden aufgrund ihres Alters (zwischen ca. 28 und 45 Jahren) als überwiegend ehemalige Studenten bzw. als Dozenten und Professoren charakterisiert. Es handelt sich um Personen aus Halle, Leipzig, Jena, Greifswald, Magdeburg und Dresden. Des weiteren sollen 7 Personen aus Würzburg/BRD, die sich als Mitglieder des ‚Studentenbundes Alemania' zu erkennen gaben, teilgenommen haben, über die keine weiteren Angaben vorliegen. Bisher ist nicht bekannt, durch wen die Einladung erfolgte.

In Vorbereitung des Treffens waren … gedruckte Einladungen (Druckgenehmigungsnummer III-18-210 LpG 541/89) verschickt worden, auf denen das Treffen als ‚Allianzkommers Rudelsburg 1989' bezeichnet wurde.

Den Angaben des Objektpersonals zufolge verlief das Treffen entsprechend dem auf der Einladung gedruckten Ablaufplan. Die Teilnehmer reisten am 20.5.1989 im Zeitraum zwischen 12.00 Uhr und 15.30 Uhr am Objekt der Rudelsburg an."

Es folgen Angaben über die Verkehrsmittel einschließlich den Flößen auf der Saale.

„Die Teilnehmer trugen zum Teil historische Studentenbekleidung bzw. einzelne Teile davon wie Westen, Studentenmützen und bunte Schärpen. Außerdem wurden 3 Fahnen mitgeführt. Nach vorliegenden Angaben soll es sich dabei um je eine rot-gelb-blaue und hellblaue Fahne gehandelt haben, zu deren Bedeutung keine Aussage getroffen werden kann. Das Entrollen der Fahnen war durch den Objektleiter untersagt worden, was durch die Teilnehmer akzeptiert wurde."

Es folgen Mitteilungen über den Zeitverlauf bis zum Beginn des Kommerses:

„Im Zeitraum von 18.00 Uhr bis gegen 1.00 Uhr wurde der in der Einladung bezeichnete Allianzkommers durchgeführt, wobei al-

te Studenten- und Trinklieder gesungen, Studentenmützen verliehen und Gespräche geführt wurden. Nach bisher vorliegenden Erkenntnissen wurden keine Gespräche zu aktuellen politischen Themen geführt bzw. feindlich-negative Aktivitäten unternommen. Die Teilnehmer seien seriös und diszipliniert in Erscheinung getreten."

Es folgen Angaben zur Übernachtung, Frühschoppen und eine Fahrt nach Jena: „*... wurden von den Teilnehmern ca. 700 Liter Bier konsumiert. ... Das Treffen wurde im Ort Saaleck in geringem Umfang und in Bad Kösen nicht öffentlichkeitswirksam. Die erforderlichen Maßnahmen zur weiteren Präzisierung des inhaltlichen Verlaufs, zur Herausarbeitung der Hintergründe und Organisatoren sowie zur Personifizierung der Teilnehmer des Treffens werden fortgesetzt. ... Zur Charakterisierung und Aufklärung der Mitglieder bzw. Aktivitäten der Arbeitsgemeinschaft ‚Freundeskreis Studentische Kulturgeschichte' des Kulturbundes an der MLU Halle wurden die entsprechenden Maßnahmen eingeleitet. Es wird nachberichtet.*

Leiter der Bezirksverwaltung – Schmidt – Generalmajor"[6]

Der Kommers wurde bei der Stasi offenbar als Chefsache behandelt, obwohl keinerlei politische Absichten zu erkennen waren und keine Unruhe gestiftet wurde. Interessant ist die Tarnung der Verbindung als „Freundeskreis Studentische Kulturgeschichte", und dies innerhalb eines offiziellen Verbandes, nämlich des Kulturbundes der DDR. Glücklicherweise fiel ein halbes Jahr nach diesem Ereignis die Mauer und die im Stasi-Bericht angekündigten Maßnahmen konnten keine langfristigen negativen Auswirkungen auf die betroffenen Teilnehmer und Organisatoren nach sich ziehen. Noch heute wird alljährlich der Rudelsburger Allianzkommers jeweils am Wochenende nach Pfingsten gefeiert. Derzeit gehören diesem Freundschaftsbund 14 Verbindungen an, die alle vor der Wende in der DDR gestiftet waren. Als letzter Bund wurde 2003 die im März 1989 gegründete dachverbands-

6 Auszug aus dem Sachstands-Bericht des Ministeriums für Staatssicherheit (MfS) BstU 000148/149, Henner Huhle, „Zu dieser Zeit – kaum zu glauben (DDR)", in: Jahrbuch für corpsstudentische Geschichtsforschung „Einst und Jetzt", Nr. 36, 1991, Seite 229 ff.

freie Burschenschaft Gaudea zu Köthen in die Allianz aufgenommen.[7]

Der Stasi war allerdings entgangen, dass sich bereits im Juli 1989 der akademische Fechtmeister Henner Huhle aus Köln[8] in Halle und Leipzig mit Couleurstudenten erste Paukstunden abhielt. Er unterstützte die Studenten bei der Gründung der Akademischen Fechtgemeinschaft Halle-Leipzig, aus der die heutige Landsmannschaft im CC Saxo-Afrania Leipzig hervorgegangen ist. Im Juli 1990 gründete diese mit der Landsmannschaft Saxonia und der Burschenschaft Plessavia den Leipziger Paukring, der am 22. September 1990 den einzigen Mensurtag in der DDR veranstaltete. Fechtunterricht hatte der Fechtmeister Henner Huhle aus Köln erteilt.[9] An diesem Tag wurden acht scharfe Partien gefochten. Aus Westdeutschland waren rund 200 Waffenstudenten angereist, deren ältester 80 Jahre alt war, um dieses einmalige Ereignis zu begleiten. Heute blüht an den mitteldeutschen Hochschulen wieder ein reges Verbindungswesen und zahlreiche Bünde sind nach fast 70-jähriger Verbotszeit wieder an ihre alte Alma Mater zurückgekehrt, an der sie vor über 100 Jahren gegründet wurden. Der Geist der akademischen Burschen-Freiheit hat somit über zwei Diktaturen in Deutschland gesiegt.

Der Aufbau einer studentischen Verbindung

Korporationen sind im Allgemeinen alle nach dem gleichen Schema aufgebaut. Während des Studiums ist das Mitglied aktiv, d.h., es ist verpflichtet, an den Veranstaltungen des Bundes teilzunehmen. In den ersten beiden Semestern muss sich das neue Mitglied natürlich in den Bund einleben. Dies nennt man die „Fuxenzeit“, weil die Neumitglieder als „Fux“ (auch Fuchs) bezeichnet werden. Dieser Ausdruck ist seit Jahrhunderten gebräuchlich und geht auf derbe Gebräuche des Mittelalters zurück, als der Neuling über

7 Volta, Frank, www.gds-web.de/nachr_2003.htm

8 Persönliche Mitteilungen von Herrn Huhle, auch berichtet im Jahrbuch für corpsstudentische Geschichtsforschung „Einst und Jetzt“ 1992

9 Henner Huhle, „Die präwendalen Couleuriker“, 2006

(symbolische) tierische Vorstufen sich zum akzeptierten Menschen entwickeln musste, um in die Gemeinschaft aufgenommen zu werden. Dabei kann als verbindender Stoff auch Bier eine gewisse Rolle spielen, was bei den verschiedenen Bünden sehr unterschiedlich ist. In dieser Zeit ist der Besuch der Fuxenstunde verpflichtend. In dieser lernt das neue Verbindungsmitglied alles Wichtige über die Geschichte des Bundes, über die Entwicklung des Universitäts- und Verbindungswesens in Deutschland sowie über den Comment. In schlagenden Verbindungen kommt der Fechtunterricht dazu. Nach meist zwei Semestern, wenn der Fux gezeigt hat, dass er des Bundes würdig ist, wird die Fuxenzeit durch die „Burschung" abgeschlossen. Dazu gehört in einer schlagenden Verbindung auch die erste scharfe Partie, d.h., der Student steht zum ersten Mal auf Mensur. Nach bestandener Probe wird er in einer würdigen Feier zum „Burschen" ernannt, bei farbentragenden Verbindungen erhält er statt des meist zweifarbigen Fuxenbandes nun das in der Regel dreifarbige Burschenband, das ihn ein Leben lang begleiten und bei Verbindungsveranstaltungen bekleiden wird. Nun kann er auch Ämter in seinem Bund übernehmen, denn Verbindungen sind Vereine, die sich selbst verwalten. Diese Verwaltung ist Aufgabe der Aktivitas, die den Burschenkonvent bildet. Folgende Ämter sind zu bekleiden: „Senior" (Vorsteher), „Consenior" (Vertreter des Seniors und Fechtwart), „Subsenior" (Sekretär), Kassenwart und „Fuxmajor" (Fuxenlehrer). Während dieser Aktivenzeit ist es sinnvoll, im Verbindungshaus zu wohnen. Das trägt erheblich zur Gemeinschaftsbindung bei. Praktisch alle alten Verbindungen nennen ein Verbindungshaus ihr Eigen. Oft wurden diese noch im 19. Jahrhundert errichtet und haben daher einen besonderen Charme und ein traditionsträchtiges Ambiente. Neben dem Festsaal, in dem die großen Veranstaltungen des Bundes stattfinden, ist oft ein weiterer Versammlungsraum vorhanden. Schlagende Verbindungen benötigen noch einen Fecht- oder Paukraum, auf dem der Fechtunterricht stattfindet. Ein Dutzend oder mehr Zimmer, in denen Aktive wohnen können, sowie mehrere Studierzimmer mit aktueller Handbibliothek vervollständigen das Korporationshaus. Es ist das Zentrum des studentischen Lebens – fast so wie eine moderne Burse. Bei vielen Verbindungen wird im Haus auch ein regelmäßiger Mittagstisch angeboten. Die Teilnahme ist für die Aktiven meist Pflicht. Das Essen in den Verbindungshäusern entspricht qualitativ durchaus dem Essen in einem guten Gasthaus, ist aber meist preislich günstiger als in der Mensa. Zuschüsse der Altherrenschaft machen dies möglich.

Nach durchschnittlich vier Aktivensemestern und Ableistung der nötigen Pflichten, vor allem dann, wenn es auf das Examen zugeht, wird man inaktiviert: Die Verpflichtungen werden geringer, die Burschenrechte bleiben voll erhalten. Nach dem Studium erfolgt in der Regel die „Philistrierung", man wird „Alter Herr" (AH). Bei Frauenverbindungen, die es seit einigen Jahren auch wieder gibt, heißt man dann meist „Hohe Dame". Früher nannten Studenten die Akademiker im Beruf „Philister", was wohl daher kommt, dass die Väter die Söhne gerne vor den Strängen warnen, über die sie selbst einst gerne geschlagen haben. Da Verbindungen in fast allen Fällen das „Lebensbundprinzip" haben, bleiben die Alten Herren bis an ihr Lebensende Mitglied ihres Bundes. Sie können an allen Veranstaltungen teilnehmen und bleiben so jeweils in Kontakt zu ihrer Verbindung und zu ihren alten Studienfreunden, die über das ganze Land, heute oft über die halbe Welt verstreut sind. Die Alten Herren sind in der Altherrenvereinigung (AHV) zusammengeschlossen. Diese ist meist ein gemeinnütziger eingetragener Verein, der vor allem die Aufgabe hat, die Aktivitas zu unterstützen und das Korporationshaus zu unterhalten. Die Korporationshäuser haben den Status eines Studentenwohnheimes. Sie bieten Zimmer, die von den eigenen Bundesbrüdern nicht belegt sind, auch Studenten an, die nicht dem Bund angehören. Auf diese Weise können auch neue Bundesbrüder gewonnen werden. Im Übrigen kann jedes Mitglied der Verbindung bei Besuch am alten Studienort auch auf dem Haus übernachten, wenn ein Zimmer frei ist.

Neben den verbindungsbezogenen Altherrenvereinigungen gibt es auch auf der Ebene des Verbandes, dem die Verbindung angehört, überregionale Zusammenschlüsse der Altherrenschaften. Diese bilden örtliche oder regionale Stammtische, denen sich jedes Mitglied einer Altherrenschaft anschließen kann. Man trifft sich in der Regel einmal im Monat oder im Quartal in einem bestimmten

Lokal, selbstverständlich in Couleur, so man Farben trägt, und hält die Verbindung untereinander. Aktive und Inaktive, die die Heimatstadt besuchen, sind natürlich immer willkommen, bringen sie doch Grüße von der alten Alma Mater. In kleineren Städten finden sich solche Stammtische auch verbandsübergreifend auf der Ebene des Waffenringes (Zusammenschluss aller schlagender Verbindungen) oder aller Couleurstudenten. Diese Stammtische haben durchaus auch den Charakter von Clubs, sind aber nicht den Serviceclubs vergleichbar. Man hält Kontakt, pflegt Freundschaft und unterstützt den Verbindungsnachwuchs mit Rat und Tat.

Korporationen beanspruchen einen Teil der Freizeit des Studenten. Vielen wird vorgeworfen, dabei würden die Studenten ihre Zeit verbummeln. Das mag im Einzelfall vorkommen. Häufiger sind jedoch die Fälle, in denen der Konvent das überfällige Vorexamen anmahnt und auf planmäßigen Studienfortgang drängt. Das Korporationsleben soll in der Freizeit stattfinden, die natürlich auch Studenten haben. Wer für eine Klausur zu lernen hat, wer in einem Examen steht oder eine Hausarbeit abschließen muss, kann immer von den Verbindungsverpflichtungen befreit werden. Bei allen Bünden gilt der Grundsatz, dass das Examen der Kneipe vorgeht. Viele Verbindungen zeichnen besondere Leistungen im Studium aus. Auf Verbandsebene findet sogar ein gewisser Wettstreit statt, welcher Korporation einmal im Jahr die Auszeichnung eines Bundesbruders verliehen werden kann. Die Corpsverbände haben dafür sogar eine eigene Auszeichnung, die Klinggräff-Medaille, prägen lassen, deren Verleihung mit einem stattlichen Geldpreis aus der Verbandskasse verbunden ist.

Als Positivum der Verbindungen wird von vielen Personalchefs gesehen, dass die jungen Menschen bereits gelernt haben, Verantwortung zu übernehmen. Wer dies in einer Verbindung geübt hat, auch im Kontext mit den immer notwendigen Abstimmungen auf den Konventen, der wird auch im Beruf kein Drückeberger oder Duckmäuser sein. Er ist möglicherweise teamfähiger als ein junger Mensch, der diese Erfahrung nicht gesammelt hat. Wer beides, Studium und Korporation, erfolgreich unter einen Hut gebracht hat, hat meist Sozialkompetenz gelernt und weiß seine Zeit richtig einzuteilen.

Schließlich kann es gerade in unserer Zeit nicht als negativ angesehen werden, dass eine Verbindung den Zugang zu nützlichen Beziehungen eröffnet. Wer in der Altherrenschaft seines Bundes oder Verbandes als tüchtiger junger Mann bekannt ist, kann einen solchen Kontakt auch beruflich nutzen. Dabei ist kein Anspruch geltend zu machen, sondern die Tatsache, bekannt zu sein, ist oft der kleine Funke, der den Unterschied zu anonymen Bewerbungsmappen ausmacht. Allerdings ist eine solche Beziehung auch geprägt von der Erwartung, dass der eigene Verbindungsnachwuchs die zu stellenden Anforderungen voll erfüllt. Wenn der Einstieg mit etwas Rückenwind erfolgt, muss auch erfolgreiche Leistung geboten werden. Wenn dies nicht erfolgt, kann die Karriere schnell stoppen, denn unerfüllte Erwartungen sind immer herbe Enttäuschungen. Auch in diesem Fall gilt das alte römische „do ut des“, was besagt, dass zu einer Leistung auch immer eine Gegenleistung gehört. Für eine bevorzugte Einstellung kann also eine besondere Arbeitsleistung erwartet werden. Da dies in der Regel funktioniert, finden sich in vielen Unternehmen oft Angehörige bestimmter Korporationen, so wie manche Landesregierung besonders häufig Mitglieder von Kartellvereinen aufweisen. Dies beweist jedoch nur einmal mehr, dass gleiche Ideale auch eine Basis für eine vertrauensvolle Zusammenarbeit abgeben können. Da unterscheiden sich Korporationen und ihre Verbände nicht von anderen Gruppen, Clubs und Vereinigungen. Im Übrigen ist das nichts Korporationsspezifisches. Viele politische Karrieren haben beispielsweise in einem politischen Studentenzirkel begonnen und sind auf Ministersesseln beendet worden.

Man braucht übrigens keine besonderen Beziehungen, um Mitglied einer Studentenverbindung zu werden, kann dies aber in der Regel nur zu Beginn seines Studiums. Junge Verbindungsmitglieder bemühen sich meist um die Studienanfänger. Sie laden sie zu „Keil“-Veranstaltungen in bestimmte Kneipen ein oder bieten ein freies Zimmer im Verbindungshaus an. Für manche Studenten ist das ein gutes Angebot, zumal die Zimmer in Verbindungshäusern oft erheblich günstiger hinsichtlich der Miete sind als Zimmer auf dem freien Markt. Dazu kommt, dass das Haustelefon benutzt werden kann. Soweit es technisch möglich ist, haben heute fast alle Verbindungshäuser nicht nur einen Internetanschluss, sondern meistens auch eine DSL-Flatrate. Wenn man nicht angesprochen wird, kann man selbst die Initiative ergreifen und sich einen Bund aussuchen. Man sollte allerdings die verschiedenen Typen von Verbindungen kennen, damit man in etwa weiß, wo man hinkommt und auf was man sich einlässt. Wer das Fechten aus ernsthaften Gründen ablehnt, sollte nicht zu einem Corps oder einer Landsmannschaft gehen, denn diese werden ihm zuliebe nicht von der Bestimmungsmensur abrücken. Wer musisch veranlagt ist und selbst musiziert, findet in einer Sängerschaft die richtigen Freunde, Gleiches gilt für Turner und Jäger und für bewusste Christen. Es gibt praktisch für jeden eine Verbindung, zu der er gut passen würde. Er darf es nur nicht dem Zufall überlassen, von wem er angesprochen wird. Wer Sohn eines Alten Herrn ist oder einen solchen zum Patenonkel hat, wird über gute Vorinformationen verfügen und wissen, wohin er sich wendet, vielleicht auch die Familientradition fortsetzen wollen. Derjenige, der diesen Vorzug nicht nutzen kann, wird auf den nachfolgenden Seiten genügend Hinweise für eine Orientierung finden, vor allem auch, wo und wie er Kontakt aufnehmen kann. Er sollte aber beachten, dass der Bund im Wesentlichen durch die aktuellen Aktivitas geprägt wird, nicht durch Alte Herren, die vor Jahrzehnten studierten und große Namen tragen. Wenn er unter den Aktiven keine guten Freunde findet, dann kann die Aktivzeit auch recht frustrierend werden und er wäre besser zu einem anderen Bund gegangen oder hätte sich bei AIESEC oder anderen studentischen Fachgruppen betätigt. Auch wenn diese nicht den Charakter des korporierten Lebensbundes haben, nicht über ein Haus verfügen und keine zünftigen Kneipen schlagen. Die Entscheidung liegt bei dem Einzelnen, er sollte erst sich prüfen, was er will und erwartet und was er zu geben bereit ist, dann sollte er den Bund prüfen, ob er sich dort wohlfühlen kann. Die fröhlichen Seiten der Studienzeit kann man mit, aber auch ohne Verbindung erleben und genießen.

Die „Prinzipien" innerhalb studentischer Verbindungen

Alle studentischen Verbindungen haben bestimmte Prinzipien, denen sie sich verpflichtet fühlen und die für die Verbindungen identitätsstiftend sind. Diese Prinzipien sind bei vielen Verbindungen gleich oder ähnlich, teilweise aber sehr unterschiedlich. Die wichtigsten werden hier erklärt. Dadurch genügt es, bei den einzelnen Korporationsverbänden nur noch die geltenden Prinzipien zu nennen. Fast allen akademischen Verbindungen gemeinsam ist heute das Konvents- und das Lebensbundprinzip. Die anderen Prinzipien sind jeweils nur bei einem Teil der Verbindungen anzutreffen.

- **Konventsprinzip:** Das höchste Organ und alleiniges Beschlussgremium für die Belange der Verbindung ist der Konvent. Darunter versteht man in der Regel den Konvent der aktiven und inaktiven Mitglieder. Viele Verbindungen haben wöchentlich einen Jour fixe für den Konvent, andere halten den Konvent nur einmal monatlich ab. Da der Konvent auch den Vorstand (die „Chargierten") zu kontrollieren hat, ist eine gewisse Zahl von Konventen pro Semester notwendig. Für bestimmte Entscheidungen ist bei vielen Verbindungen der „Große Konvent" zuständig, der auch die Altherrenvereinigung umfasst. Viele alte Verbindungen pflegen die alte lateinische Schreibweise „Convent". Diese findet sich in vielen Abkürzungen, z.B. SC (Senioren Convent), CC (Corpsburschen Convent), BC (Burschen Convent), FC (Fuxen Convent) u.v.a. Das Konventsprinzip gilt praktisch in allen Verbindungen. Es ist eine traditionelle Form der Demokratie, die echt basisdemokratisch ist, und das seit über 200 Jahren.
- **Lebensbundprinzip:** Die Verbindung ist ein Lebensbund, d. h., das einzelne Mitglied bleibt bis zum Ende seines Lebens Mitglied seines Bundes. Da alle Verbindungen eingetragene Vereine sind, können die Mitglieder natürlich nach freier Entscheidung jederzeit austreten, aber das ist nach dem Konzept des Lebensbundes eben eine Ausnahme und nicht geplant.
- **Toleranz- oder Neutralitätsprinzip:** Die meisten Verbindungen sind in Fragen der Religion und der Parteipolitik strikt neutral. Aus alter Tradition pflegen dieses Prinzip alle Corps und Landsmannschaften, was möglicherweise noch ein Erbe ihrer

Vorläufer, der studentisch-freimaurerischen Orden des 18. Jahrhunderts, ist. Auch die meisten Burschenschaften pflegen dieses Prinzip, ebenso viele allgemein als „Akademische Verbindung" bezeichnete Korporationen unterschiedlicher Provenienz und alle Frauenverbindungen. Jeder an einer deutschen Hochschule immatrikulierte Student kann in einer Verbindung diesen Prinzips Mitglied werden, ungeachtet seiner ethnischen oder sozialen Herkunft, seiner Hautfarbe oder Religion. Die Verbindungen lehnen Gewalt und jeglichen Radikalismus ab.

▌**Farbenprinzip:** Verbindungen mit Farbenprinzip tragen ein dreifarbiges, in seltenen Fällen ein zwei- oder vierfarbiges Band sowie farbige Mützen verschiedener Formen. Man nennt sie daher „farbentragend".

▌**Schwarzes Prinzip:** Verbindungen mit schwarzem Prinzip lehnen jede Form des Farbentragens ab und tragen weder Band noch Mütze. Wenn sie aber z.B. Verbandsfarben haben und diese in Verbandsfahne und Verbindungswappen führen, bezeichnet man sie als „farbenführend". Manche führen diese Farben auch in Zipfeln und auf Bierkrügen. Einige schwarze Verbindungen tauschen Zipfel mit schwarzem Band.

▌**Mensurprinzip:** Zahlreiche alte Verbindungen mit langer Tradition pflegen noch heute das studentische Mensurfechten. Man bezeichnet sie als „schlagend". Zu dieser Gruppe gehören die überwiegende Zahl aller Corps sowie die Landsmannschaften und Turnerschaften des Coburger Conventes und die Mehrzahl der Burschenschaften. Für diese Verbindung ist es verpflichtend, mindestens eine, oft auch mehrere Mensuren auf die Farben des Bundes zu fechten. Dem Geist der Zeit folgend haben einige Verbindungen, die früher die Pflichtmensur hatten, heute das Fechten freigestellt. Man bezeichnet sie daher als fakultativ schlagend. Dazu gehören z.B. die Mehrzahl der Jagdcorps sowie viele Burschen-, Sänger- und einige Turnerschaften.

▌**Wissenschaftliches Prinzip:** Verbindungen, die dieses Prinzip besonders betonen, wollen damit zum Ausdruck bringen, dass sie die Beschäftigung mit den Wissenschaften als Hauptaufgabe des Studiums ansehen.

▌**Leistungsprinzip:** Die Verbindung achtet auf eine zielstrebige

Studiengestaltung und hält ihre Mitglieder an, möglichst in der Regelstudienzeit Vordiplom und Examen zu absolvieren sowie die vorgesehenen Scheine zu erwerben. Bundesbrüdern, die ihr Studium nicht erfolgreich beendet, droht der Bandentzug.

- **Gesellschaftsprinzip:** Die Verbindung ist darauf bedacht, den Mitgliedern den notwendigen gesellschaftlichen „Schliff" zu geben. Dazu gehören sowohl Tanzkurse als auch Stil- und Formfragen sowie das protokollgerechte Benehmen bei Tisch.
- **Musisches Prinzip:** Verbindungen, die dieses Prinzip besonders betonen, befassen sich sehr stark mit Musik. Viele sind aus akademischen Musik- oder Gesangvereinen hervorgegangen. Die Pflege von Gesang und Musik ist ein wesentlicher Zweck dieser Verbindungen.
- **Sportprinzip:** Verbindungen, die vor allem die Leibesübungen pflegen (z.B. Turnerschaften, akademische Ruderverbindungen etc.), stellen ihre sportliche Betätigung als eines ihrer Bundesprinzipien heraus.
- **Religiöses Prinzip:** Eine Reihe von Verbindungen sind auf Basis der religiösen Überzeugungen ihrer Mitglieder entstanden, die sich bewusst zusammengefunden haben, um auch im Studium ihre religiösen Überzeugungen zu leben. Einige Verbände verfolgen dabei das katholische Prinzip (z.B. der Cartellverband, der Kartellverband, die Unitas-Verbindungen). Der Wingolfsbund pflegt das ökumenische Prinzip, aber die überwiegend Mehrheit der Mitglieder ist evangelisch. Vor dem Dritten Reich gab es auch mehrere jüdische Verbindungen an deutschen und österreichischen Hochschulen. Diese wurden von den Nationalsozialisten als Erste verboten und sind nach dem Zweiten Weltkrieg nicht wieder entstanden.
- **Vaterlandsprinzip:** In den Befreiungskriegen gegen Napoleon kämpften zahlreiche Studenten gegen den Usurpator. Besonders bekannt ist das in Breslau aufgestellte „Freicorps Lützow", das vor allem „Ausländer" unter die preußische Fahne versammelte (Mecklenburger, Sachsen, Thüringer, Hessen, Anhaltiner aber auch Polen). Viele Kämpfer des Freicorps Lützow waren Studenten aus Leipzig, Halle und Jena. Als sie nach den siegreich beendeten Freiheitskriegen ihre Studien fortsetzten, hatten sie politisch andere

Vorstellungen als ihre Landesherren. Sie gründeten einen neuen Verbindungstyp, die Burschenschaft. Diese Urburschenschaft forderte auf dem Wartburgfest 1817 die Einigung des deutschen Vaterlandes und sogar eine deutsche Republik. Fast alle Mitglieder der Nationalversammlung in der Paulskirche im Jahr 1848 waren Korporationsstudenten. Der Präsident der Versammlung, Heinrich von Gagern, gehörte beispielsweise einer Burschenschaft an. Nach der Reichsgründung durch Fürst Otto von Bismarck, Mitglied des Corps Hannovera Göttingen, gewann das Vaterlandsprinzip erheblich an Bedeutung. Führende Politiker aller Couleur waren Mitglied in Korporationen; bis 1932 praktisch alle Reichskanzler. Auch heute gilt das Vaterlandsprinzip in den meisten Verbindungen. Allerdings wird dieses Prinzip heute verstanden als Bekenntnis zur freiheitlich-demokratischen Staatsordnung, zur pluralistischen Gesellschaft und zur europäischen Einigungsbewegung. Extremistische und radikale Tendenzen sind den Korporationen aller Arten und Ausrichtungen im Prinzip fremd. Allerdings gibt es bekanntlich keine Regel ohne Ausnahme, diese dürfen dann aber auf keinen Fall verallgemeinert werden, sondern gerade in diesem Punkt ist eine sehr genaue und differenzierte Betrachtung angeraten. Dafür ist auch ein Beleg, dass zahlreiche Politiker, insbesondere bei den Parteien der Christlichen, der Freien und der Sozialdemokraten einer Korporation angehören. Sogar die Gründer der Sozialdemokratischen Partei, Ferdinand Lassalle und Wilhelm Liebknecht, waren Korporationsstudenten. Karl Marx war während seiner Bonner Studienzeit Mitglied der Landsmannschaft der Trierer, die sich kurz nach seiner Aktivenzeit zum Corps wandelte und dem KSCV, dem Dachverband der Corps an Universitäten, beitrat.

Heutige Bedeutung der studentischen Verbindungen

Heute unterhalten die Verbindungen nicht nur über 1.000 Studentenwohnheime in privater Trägerschaft, die günstige, gut ausgestattete Zimmer anbieten, sondern sie bieten den Studierenden auch noch eine ganze Reihe von Vorteilen immaterieller Art. Dabei werden nicht nur Wohltaten verteilt, sondern die Studierenden werden auch in die Pflicht genommen und lernen viel, was die bürgerliche Existenz wesentlich erleichtern kann.

Schon Mitte der 80er Jahre stellte der damalige Präsident der Westdeutschen Rektorenkonferenz, Professor Berchem, fest, dass die Massenuniversität nicht zur Herausbildung einer dringend notwendigen Elite geeignet sei.[10] Dies könnten aber wenigstens teilweise die Korporationen übernehmen. Darüber hinaus ist es gerade in der heutigen Zeit für jeden aufgeschlossenen Studenten bedeutsam, sich neben dem Studium an der Universität auch mit ideellen Wertvorstellungen auseinanderzusetzen und sich eine fächerübergreifende Allgemeinbildung anzueignen.

Die Universitäten, die sich zu Massenausbildungsstätten entwickelt haben, bieten hierzu wenig Chancen. In einer Gemeinschaft ergeben sich vielfältige Möglichkeiten geistiger Anregungen auf mehreren Ebenen. Junge und alte Mitglieder, die Aktiven und Alten Herren, bleiben auch nach dem Studienabschluss als Bundesbrüder freundschaftlich fest verbunden. Dies ermöglicht einen ständigen lebendigen Gedanken- und Erfahrungsaustausch zwischen Fakultäten und Berufen sowie zwischen den Generationen ohne den üblichen Vater-Sohn-Konflikt. Studierende können so fächerübergreifend ihren Horizont erweitern und an der Formung ihrer Persönlichkeit arbeiten.

Das sind wichtige Voraussetzungen für die spätere verantwortungsvolle Teilnahme am beruflichen, gesellschaftlichen und politischen Leben. Ein erfolgreiches Studium und sinnvoll verbrachte Freizeit gehören in den Verbindungen zusammen. Je nach Ausrichtung der jeweiligen Universität und Interessenlage der aktiven studierenden Mitglieder bieten diese ein weitgespanntes Betätigungsfeld.

Die Verbindungen bieten dem Studenten:

- Orientierungshilfe an der Hochschule,
- Gedankenaustausch mit Studierenden anderer Hochschulfächer,
- Kontakte zu berufstätigen Akademikern in vielen Sparten und unterschiedlichen Alters und

10 Prof. Dr. Berchem, Th., „Elitebildung in der Massenuniversität?“, 1985

- gepflegte Geselligkeit sowie lebenslange Freundschaften mit Jung und Alt.

Verbindungen fordern dafür von ihren aktiven Mitgliedern:

- enge tätige Mitarbeit,
- die Übernahme von Verantwortung,
- die Erfüllung übertragener Aufgaben für die Gemeinschaft und
- eine engagierte Toleranz gegenüber Andersdenkenden.

Verbindungen veranstalten meist wöchentlich einen Konvent und eine Fuxenstunde zur Unterweisung des Nachwuchses. Bei schlagenden Verbindungen kommen zum Einüben der Fechttechnik noch die Trainingszeiten auf dem Paukboden dazu. Dabei gilt die soldatische Erfahrung, dass Schweiß Blut spart. Wer gut eingepaukt ist, trainiert nicht nur seinen Körper, sondern hat ein wesentlich geringeres Risiko, einen Schmiss einzufangen, was heute im Gegensatz zu früheren Zeiten nicht mehr als schickes Standesmerkmal gilt. Bei vielen Verbindungen wird das Mittagessen „auf dem" Haus eingenommen. Dabei werden in der Regel auch die bürgerlichen Tischsitten, die an der Massenuniversität nicht mehr jeder Student beherrscht, eingeübt. Gerade für den Studenten, der dies nicht aus seinem Elternhaus kennt, ist das eine durchaus wichtige Hilfestellung, zumindest für eine Karriere in der Wirtschaft. Viele Verbindungen veranstalten auch Tanzkurse, bei denen vor allem gesellschaftlich korrekte Umgangsformen geübt und für manche Studenten auch erstmals gelernt werden. Auch dies ist gerade in der globalisierten heutigen Welt ein wichtiges Lebenstraining, das viele Elternhäuser nicht leisten können. In fast allen Nachbarstaaten, vor allem auf anderen Kontinenten, haben gute Manieren, korrektes Auftreten und Benehmen oft einen höheren Stellenwert als in Deutschland, das nicht nur zwei Weltkriege verloren und zwei Diktaturen überstanden hat, sondern insbesondere durch die so genannte „68er Studentenrevolte" und die sie treibenden Geister eine Umwertung vieler Normen und Werte erfahren hat. Studentische Verbindungen, die sich an diesem Spuk ja kaum beteiligt haben, leisten heute ihren Anteil daran, dass wenigstens bei ihren Mitgliedern ein Teil dieses Werteverlustes wieder aufgefangen wird.

Darüber hinaus geben die Verbindungen ihren jungen Bundes- oder Corpsbrüdern noch manches wichtige Rüstzeug mit auf den Lebensweg, das die Hochschulen nicht anbieten können. Da Studenten alten Sagen zufolge ein lustiges Leben führen, kommt natürlich auch die Lebensfreude nicht zu kurz. So veranstalten die Verbindungen für ihre jungen Frauen und Herren:

- Seminare; Arbeitstagungen; Kongresse, auf denen vor allem wichtige Management- und Zeitplantechniken von erfahrenen Praktikern (meist älteren Bundes- oder Verbandsbrüdern oder Schwestern) vermittelt werden, die an der Hochschule nicht zum Lehrstoff gehören, aber für die Praxis von eminenter Bedeutung sind.
- Vorträge und Exkursionen zu allgemein wichtigen Fragen der Zeit und der Kultur.
- Studentische Kneipen, Kommerse, Marktfrühschoppen, festliche Bälle und andere gesellige oder gesellschaftliche Vergnügungen.

Verbindungen bieten den Studierenden also all das, was sie heute andernorts vielfach vermissen müssen: Orientierungshilfe an der Hochschule, Gedankenaustausch mit Studierenden anderer Hochschulfächer, Kontakte zu berufstätigen Akademikern, gepflegte Geselligkeit, lebenslange Freundschaften mit jungen und alten Bundesbrüdern; Kontakte an jedem Ort der Bundesrepublik, wo es Zusammenschlüsse der Altherrenschaften über die Verbandsgrenzen hinweg gibt. Verbindungsstudenten treffen bei jedem Ortswechsel wieder Menschen, die wie sie einst in eine Verbindung eingetreten sind und die jugendlichen Ideale im Kreise Gleichgesinnter auch als alte „Philister" noch pflegen. Insofern ist der Beitritt zu einer Korporation durchaus eine Entscheidung, die für das Leben wichtig ist. Von Otto von Bismarck stammt das über 100 Jahre alte Zitat, das er über das rot-blau-goldene Band seines Corps Hannovera gesagt hatte: *„Kein Band hält so wie dieses."*

Heute kann festgestellt werden, dass keine andere Form studentischer Gemeinschaften so umfangreich zur Persönlichkeitsbildung und -reifung beiträgt wie die Erziehungsgemeinschaft einer Korporation. Dabei kann alte Tradition durchaus vorteilhaft sein, wenn sie richtig genutzt wird, wenn noch die geistige Flamme der alten über zwei Diktaturen und schlimme Verirrungen geretteten Ideale lodert und nicht nur die Asche äußerer Formen konserviert wird. Neben vielen nützlichen Tugenden und Fertigkeiten lernen die Studierenden während ihrer Aktivzeit auch, dass zu einem erfüllten Leben auch Frohsinn, Gemeinschaft und Freundschaft gehören.

In den folgenden Abschnitten dieses Kapitels sollen die einzelnen Dachverbände der Verbindungen und ihre Altherrenschaften im Überblick vorgestellt werden. Dies geschieht nicht in der Reihenfolge des Alphabets oder der Anciennität, sondern so wie es alter korporationsstudentischer Brauch ist, nach den von den Verbindungen befolgten Prinzipien. Dabei sind die drei klassischen Prinzipien die Mensur, die Farbe und die Konfession.

PFLICHTSCHLAGENDE UND FARBENTRAGENDE KORPORATIONEN

Coburger Convent der akademischen Landsmannschaften und Turnerschaften (CC)

Name: 1873 nahm der Verband zur Ehre seines festen Versammlungsortes Coburg den Namen „Coburger Landsmannschafter-Convent“ (CLC) an. Verbandszeichen und Verbandsnadel bestehen aus einem Schwert in einem Wappenschild. Der CC in seiner heutigen Form wurde am 12. Mai 1951 als Zusammenschluss aus der Deutschen Landsmannschaft (DL) und dem Vertreterconvent der Turnerschaften an deutschen Hochschulen (VC) gegründet. Seither führt er den Namen „Coburger Convent der akademischen Landsmannschaften und Turnerschaften“.
Ziele: Der CC will die geistige, sittliche und staatspolitische Erziehung seiner Mitglieder fördern, Leibesübungen pflegen und die korporationsstudentischen Ideale beleben. Beim Zusammenschluss im Jahre 1951 gab der Verband folgende Entschließung heraus, in der Zwecke und Ziele der Vereinigung umfassend beschrieben sind:

„Wir haben uns zu einem großen akademischen Verband, Coburger Convent (CC), zusammengeschlossen in der Erkenntnis der gemeinsamen Ziele, zu denen uns unsere alten Überlieferungen verpflichten. Unter Überwindung der Eigenständigkeit unserer Ver-

bände sehen wir die gemeinsame Aufgabe darin, alle gleichgesinnten Kräfte zu sammeln, Unsere Bünde sind Lebensgemeinschaften zur Erziehung der Jugend zu verantwortungsbewussten und freien Persönlichkeiten. Wir setzen uns ein für die Erhaltung und Förderung der abendländisch-christlichen Kultur. Unsere ganze Kraft gilt der Verwirklichung eines freien Europas und eines ungeteilten und unteilbaren Deutschlands. Wir rufen die akademische Jugend an unsere Seite für Einigkeit und Recht und Freiheit!"

▌**Prinzipien:** Lebensbund, Farbentragen, Bestimmungsmensur, Toleranzprinzip, Sportprinzip

▌**Wahlspruch:** „Ehre, Freiheit, Freundschaft, Vaterland"

▌**Farben:** Die heutigen Farben des CC sind Weiß-Grün-Rot-Weiß.

▌**Geschichte:** Die später in der Deutschen Landsmannschaft vereinigten Landsmannschaften entstanden als Verbindungsart in den 40er Jahren des 19. Jahrhunderts in Reaktion zu den Corps und Burschenschaften und in Anknüpfung an die Tradition der alten Landsmannschaften. Von der Burschenschaft wollten sie sich durch Ablehnung der politischen Betätigung von den Corps in ihrem inneren Aufbau unterscheiden. Die neue Verbindungsart fand Anhänger auf vielen Universitäten. 1868 erfolgte die Gründung des Allgemeinen Landsmannschafter-Verbandes, der zuerst in Zwingenberg bei Heidelberg und ab 1872 in Coburg tagte. 1908 wurde er in Deutsche Landsmannschaft umbenannt. Die 1716 gegründete Leipziger Landsmannschaft Sorabia (zu Münster) ist die älteste deutsche Korporation überhaupt.

Der Verband der Turnerschaften auf deutschen Hochschulen, der Vertreter Convent, war in seinen Anfängen auf den Cartellverband der akademischen Turnvereine von Berlin, Graz und Leipzig zurückzuführen, der anlässlich des 4. Deutschen Turnfestes in Bonn 1872 entstand. Im Laufe der nächsten zehn Jahre schlossen sich die Vereine von acht weiteren Hochschulen an. Es bildeten sich zwei Richtungen heraus: die Berliner Richtung, die das Turnen in den Vordergrund stellte, und die Leipziger Richtung, die zugleich auch die geschichtlich überkommenen Formen des studentischen Lebens pflegte. 1882/83 traten die Vereine der Berliner Richtung aus und gründeten 1883 den Akademischen Turnbund (ATB). Die verbliebenen Vereine legten nach und nach Farben an und übernahmen die Bestimmungsmensur. Der Verband nannte sich ab 1891 „Verband der Turnerschaften auf deutschen Hochschulen". In der Aktivität sind Turnen und sonstige Leibesübungen Pflicht; politische Schulung wird gefordert, jedoch abseits von einseitiger Parteipolitik. Die jährliche Verbandstagung fand in Blankenburg in Thüringen statt, alle zwei Jahre mit einem Turnfest verbunden. Als Zeitschrift erschien seit 1884 die „VC-Rundschau".

1951 beschlossen die Arbeitsgemeinschaft Blankenburg (Nachfolgeorganisation der Turnerschaften des VC) und die Arbeitsgemeinschaft Coburg (Nachfolgeorganisation der Landsmannschaften der DL) die Gründung eines gemeinschaftlichen Verbandes, des Coburger Convents, mit den CC-Blättern als Verbandszeitung.

1966 war der CC an 29 Hochschulen mit 116 offenen Korporationen vertreten, die zusammen 5.800 aktive Mitglieder hatten. Nach 1968 entschlossen sich einige Mitgliedsbünde, die das Prinzip der Bestimmungsmensur aufhoben, aus dem CC auszutreten und mit gleichgesinnten Korporationen einen eigenen Verband, den Marburger Konvent (MK), zu bilden. 1956 schließt der CC mit der Deutschen Sängerschaft (DS) ein Freundschaftsabkommen.

▌**Berühmte Mitglieder:** Thomas Dehler (Bundesminister), Otto Hahn (Nobelpreisträger), Hugo Junkers (Flugzeugbauer) und Ferdinand Sauerbruch (Chirurg)

▌**Hochschulen/Korporationen/Mitglieder:** Der CC ist an 45 Hochschulorten in Deutschland und Österreich mit 98 offenen Landsmannschaften und Turnerschaften vertreten. Der CC tagt zu Pfingsten in Coburg. Das Präsidium haben abwechselnd eine Landsmannschaft und eine Turnerschaft nach dem Eintrittsalter in die alten Verbände DL und VC inne. Die örtlichen Zusammenschlüsse nennen sich Örtlicher CC, der Zusammenschluss der Altherrenschaften der Mitgliedskorporationen und der erloschenen CC-Verbindungen ist der Verband Alter Herren des CC (VACC). Die Bünde des Österreichischen Landsmannschafter- und Turnerschafterconvents (ÖLTC) sind zum Pfingstkongress des CC 1992 in den Coburger Convent aufgenommen worden. Der ÖLTC besteht jedoch als Arbeitsgemeinschaft in Österreich fort. Die Zahl der Verbindungen und Mitglieder hat sich wie folgt entwickelt:

Jahr[11]	1990	1995	2001	2005	2006 (1. Juli)
Offene Bünde	99	102	97	91	91
Aktive	1.921	1.858	1.477	1.426	1.440
Alte Herren	12.104	11.591	11.121	10.530	10.430
VACC	121	124	123	116	116
Alte Herren im VACC	6.421	5.488	4.530	3.991	3.820

Ansonsten pflegt der CC insbesondere ein enges Kooperationsverhältnis mit den Corps im Kösener Senioren Convent Verband und im Weinheimer Senioren Convent. Mit diesen sowie mit der Deutschen Sängerschaft werden gemeinsame Tagungen zu korporationsstudentischen Themen durchgeführt.

Verbandsorgan war seit 1886 die „Landsmannschafterzeitung", bei den Turnerschaften erschien seit 1884 die „VC-Rundschau". Seit dem Zusammenschluss 1951 heißt die Verbandszeitschrift „CC-Blätter".

➤ **Kanzlei des CC/AHCC**
Triftstraße 1, 80538 München, Tel.: 0 89/22 37 08, Fax: 0 89/22 31 22
info@coburger-convent.de
➤ **www.coburger-convent.de**

Kösener Senioren-Convents-Verband (KSCV)

▮ Name: Der Verband wurde in der Anhaltinischen Stadt Bad Kösen (Saale) gegründet und umfasst die Senioren-Convente (SC) der Universitäten in Deutschland und Österreich. Als Senioren-Convent bezeichnet man den Zusammenschluss der Corps an einer deutschsprachigen Hochschule. Vorläufer des KSCV war der SC zu Jena, der sich 1821 als Gegenwicht zu den Bur-

11 Die Zahlen sind meist Angaben des Verbandes, die Zahlen für 1992 wurden dem Heft 1 der Schriftenreihe des CDK/CDA „Vielfalt und Einheit der deutschen Korporationsverbände" entnommen, die Zahlen für das Jahr 1998 der Zeitschrift „Convent" Heft 2/1998. Dies gilt für alle Tabellen bei den folgenden Verbänden.

schenschaften bildete. Der KSCV wurde 1848 gegründet und ist damit der älteste der heute bestehenden Korporationsverbände.

Ziele: Der KSCV hat die Aufgabe, die Beziehungen der SC wie auch der Corps untereinander zu fördern, gemeinsame Angelegenheiten zu regeln und zu vertreten. Dazu gehört vor allem der Fechtkomment. Zweck seiner Corps ist es, „... *seine Mitglieder in aufrichtiger Freundschaft auf Lebenszeit zu verbinden und sie ohne Beeinflussung ihrer politischen, religiösen, weltanschaulichen und wissenschaftlichen Richtung zu Vertretern eines ehrenhaften Studententums und zu charakterfesten, verantwortungsbewussten, tatkräftigen und pflichttreuen Persönlichkeiten zu erziehen.*“[12] Das Recht, ein Corpsband zu tragen, kann nur dem verliehen werden, der in einem Corps aktiv war oder ist und mindestens eine Bestimmungsmensur geschlagen hat.

Prinzipien: Ehre und Freundschaft (Lebensbund), Farbentragen, Bestimmungsmensur, Toleranzprinzip, Leistungsprinzip, Gesellschaftsprinzip

Geschichte: Der KSCV wurde am 15. Juli 1848 gegründet. Traditionell gehören ihm die Corps an den deutschen und österreichischen Universitäten und der Forstlichen Hochschule in Tharandt an. 1888 wurde der Verband alter Corpsstudenten (VAC) gegründet. KSCV und VAC widersetzten sich nach 1933 der Gleichschaltung und wurden 1935 zwangsweise aufgelöst. Zahlreiche Corps bildeten einzeln oder in Gemeinschaft mit anderen Corps eigene Kameradschaften innerhalb des NSDStB, in denen getarnt der corpsstudentische Verbindungsbetrieb mit Couleur und sogar Bestimmungsmensuren in den Jahren 1938 bis 1944 an zahlreichen Universitäten fortgeführt wurde.

Da die Suspensionen von VAC und KSCV nicht ordnungsgemäß in die Vereinsregister eingetragen worden waren, erklärte der VAC die erzwungene Auflösung 1950 für nichtig. Der KSCV folgte diesem Schritt 1951. Dadurch bedurfte es keiner Neu- oder Wiedergründung wie bei vielen anderen Verbänden.

12 §1 der Statuten des Kösener SC-Verbandes, zitiert nach Handbuch für den Kösener Corpsstudenten, Band 1, 6. Aufl. 1985, Seite 2 f.

Berühmte Mitglieder: In allen gesellschaftlichen Bereichen findet man Corpsstudenten, die herausragende Leistungen vollbracht haben. Im 19. und frühen 20. Jahrhundert sind zahlreiche Spitzenpositionen in Staat und Gesellschaft mit Corpsstudenten besetzt, was zu zahlreichen Karrikaturen im Simplizissimus führte, dessen Herausgeber Ludwig Thoma ebenfalls „Kösener" war. Das Toleranzprinzip der Corps dokumentiert die Tatsache, dass nicht nur der Reichsgründer Otto von Bismarck, sondern auch seine Gegenspieler Rudolf von Bennigsen, der Gründer der Nationalliberalen Partei, und Wilhelm Liebknecht, Mitbegründer der Sozialdemokratischen Partei, Kösener Corpsstudenten waren, ebenso wie Kaiser Wilhelm II. und König Wilhelm von Württemberg. Sogar Karl Marx gehörte einer Verbindung an, die später zum KSCV überwechselte. Die Nobelpreisträger Emil von Behring und Karl Ferdinand Braun waren Corpsstudenten wie auch die geistigen Väter unserer marktwirtschaftlichen Wirtschaftsordnung, die Professoren Franz Böhm und Walter Eucken, oder Carl Ludwig, ein Träger des Ordens „Pour le mérite" gegen Ende des 19. Jahrhunderts. Auch hervorragende Kirchenmänner kamen aus den Reihen des KSCV, so z.B. Volkmar Herntrich (evangelischer Landesbischof in Hamburg) und der Sozialreformer und Bischof von Mainz, Wilhelm Emmanuel von Ketteler.

Unter den Nachkriegspolitikern sind als „Kösener" zu nennen: Klaus Hänsch, der ehemalige Präsident des Europäischen Parlaments in Straßburg, die Bundesminister Hans Friedrich, Manfred Kanther, Fritz Neumayer und Prof. Dr. Edzard Schmidt-Jortzig. Die Ministerpräsidenten Georg Diederichs und Helmut Lemke, die Landesminister Jürgen Gramke und Klaus Schucht. Deutsche Unternehmen, die Weltgeltung erlangten, wurden von Corpsstudenten gegründet, genannt seien nur Friedrich Bayer, Werner von Siemens, Albert Boehringer, Günther-Wilhelm Henle (Klöckner-Werke), Hugo von Maffei, Otto Mannesmann, Hermann Röchling und Bernhard Sprengel.

Zu den von den Nationalsozialisten hingerichteten Widerstandskämpfern gehörten aus dem Kreis des KSCV: Eduard Brückelmeier, Alfred Etscheid, Karl Fritsch, Kurt Gerstein, Albrecht v. Hagen, Ulrich von Hassel, Herbert Mumm v. Schwarzenstein,

Fritz-Dietlof Graf v. d. Schulenburg, Adam v. Trott zu Solz und Peter Graf York von Wartenberg. Von den RAF-Terroristen wurden ermordet Dr. Hanns Martin Schleyer und Alfred Herrhausen.

Hochschulen/Corps/Mitglieder: Der KSCV ist an 28 deutschen und fünf österreichischen Universitäten vertreten. Ihm sind 105 Corps angeschlossen, davon 16 österreichische Corps, die zusätzlich die Arbeitsgemeinschaft österreichischer Corps (AGÖC) bilden, sowie das Corps Brandenburgia an der University of Cleveland/Ohio (USA). Die Entwicklung der Corps und Mitglieder in den letzten 60 Jahren:[13]

Jahr	1935	1960	1970	1980	1992	1998	2003	2006
SC	29	22	22	21	34	34	39	37
Corps	111	104	106	111	100	101	102	100
Aktive/Inaktive	4.604	4.429	4.657	2.292	2.682	2,600	2.035	2.026
Alte Herren				18.902	14.600	12.200	13.402	13.301

Die Wogen des Zeitgeistes trafen in den 70er und 80er Jahren besonders die Corps, die nicht nur an ihrer Tradition, sondern vor allem am Mensurprinzip festhielten. Sie haben für eine Reihe von Jahren Rückgänge bei den Aktivenzahlen hingenommen. Die Kraft der vertretenen Ideale und Traditionen hat jedoch seit Ende der 90er Jahre des letzten Jahrhunderts offensichtlich wieder an Zugkraft gewonnen.

Der KSCV ist seit 1954 mit dem Weinheimer Senioren-Convent (WSC), dem Verband der Corps an den technischen Hochschulen, durch einen Kartellvertrag verbunden, der auf einem Zweckverbandsabkommen von 1921 aufbaut. Dieser Kartellvertrag regelt das Zusammenwirken der Corps beider Verbände sowie die Möglichkeit der Doppelmitgliedschaft. Insbesondere hat er die Aufgabe, gemeinsame Interessen des Corpsstudententums zu verfolgen. Mit diesem sowie mit dem CC und der Deutschen Sängerschaft werden gemeinsame Tagungen zu korporationsstudentischen Themen durchgeführt.

13 Zahlen aus der Literatur des KSCV bzw. für 1992 und 1998 aus Quellen der CDA

➤ **VAC-Büro Bad Kösen,** Thomas Seeger
Parkstraße 4–6, 06628 Bad Kösen, Tel.: 03 44 63/60 01 8, Fax: 03 44 63/60 04 82
info@corps-adressen.de
➤ **www.corpsstudent.de, www.die-corps.de**

Weinheimer Senioren-Convent (WSC)

▮ **Name:** Der Name leitet sich von dem ständigen Tagungsort Weinheim an der Bergstraße ab. Zum Unterschied vom KSCV ist der WSC kein Zusammenschluss von Senioren-Conventen, sondern ein direkter Zusammenschluss der einzelnen Mitglied-Corps.
▮ **Ziele:** Der WSC vertritt praktisch die gleichen Grundsätze wie der KSCV. Er vertritt eine humanistische Geisteshaltung, eine positive Einstellung seiner Mitglieder zum Staat und steht auf dem Boden der christlichen Sittengesetze, ferner setzt er sich für die akademische Freiheit ein. Er lehnt es ab, seine Mitglieder in politischer oder konfessioneller Richtung zu beeinflussen. Sein Hauptaugenmerk gilt der Persönlichkeitsbildung, bei der die Mensur eine wichtige Rolle spielt. Seine Mitglieder sollen die eigene Ehre wahren und die Ehre anderer achten.
▮ **Wahlspruch:** „Jemer bereit stahn!“
▮ **Prinzipien:** Ehre und Freundschaft, Farbentragen, Bestimmungsmensur, Toleranzprinzip, Leistungsprinzip, Gesellschaftsprinzip
▮ **Geschichte:** Am 7. April 1863 wurde in Frankfurt/Main von den Corps an den Polytechniken und Höheren Technischen Lehranstalten, den späteren Technischen Hochschulen in Hannover, Karlsruhe, Stuttgart und Zürich, der Verband als „Allgemeiner Senioren Convent“ (ASC) gegründet. Nach und nach schlossen sich die Corps an allen technischen Hochschulen in Deutschland dem ASC an. Für die jährlichen Verbandstreffen wurde als zentraler Ort Weinheim an der Bergstraße gewählt, wo sich der Verband ein eigenes Domizil mit dem Aufbau der Wachenburg schuf. Deshalb nahm er 1864 den Namen Weinheimer Senioren-Convent an. 1904 wurde der Weinheimer Verband Alter Corpstudenten (WVAC) ge-

gründet, in dem sich die Altherrenvereinigungen der angeschlossenen Corps und die örtlichen Altherrenvereinigungen wiederfanden. 1934 folgten 27 Corps des früheren Rudolsstädter SC, der die Corps an den veterinärmedizinischen Hochschulen umfasste.

Unter dem Druck der Nationalsozialisten musste sich der WSC im Jahr 1935 auflösen. Da eine Reihe von Corps sich selbst in „Kameradschaften" umwandelten, konnten an vielen Technischen Hochschulen noch bis 1944 ein getarnter Korporationsbetrieb durchgeführt werden. Unmittelbar nach Kriegsende begannen einzelne Corps, mit der Wiedereröffnung der Hochschulen den unterbrochenen Aktivbetrieb aufzunehmen. Der WVAC erklärte 1949 seine Auflösung für nichtig und erhielt 1950 von der Stadt Weinheim die Wachenburg zurück. Seither findet die jährliche WSC-Tagung am Wochenende vor Pfingsten wieder auf diesem Stammsitz statt. Am 23. Mai 1952 erfolgte schließlich die Restitution des WSC.

▌**Berühmte Mitglieder:** Gottlieb Daimler, Wilhelm von Opel (Autokonstrukteure), Claudius Dornier (Flugzeugkonstrukteur) und August von Mackensen (Generalfeldmarschall)

▌**Hochschulen/Korporationen/Mitglieder:** Er ist an 21 Hochschulorten in Deutschland mit 55 Corps vertreten.[14]

Jahr	1955	1985	1992	1998	2003	2006
Korporationen	61	60	64	65	55	62
Aktive/Inaktive	2.000	1.600	1.573	1.800	1.550	1.300
Alte Herren	14.000	9.900	8.200	7.539	7.552	7.666

Mit dem KSCV ist der WSC durch einen Kartellvertrag verbunden. Enge Kooperation findet mit dem KSCV, dem CC und der DS in allen waffenstudentischen Fragen statt.

➤ **Büro des WVAC,** Renate Grünberg
Friedrichstraße 32, 69469 Weinheim a.d.B., Tel.: 0 62 01/15 132, Fax: 0 62 01/6 33 26
Gruenbergrenate@aol.com

➤ **www.corpsstudent.de, www.die-corps.de**

14 Zahlen aus der Literatur des WSC bzw. für 1992 und 1998 aus Quellen der CDA

FAKULTATIV SCHLAGENDE UND FARBENTRAGENDE KORPORATIONEN

Bis zum Verbot der Korporationen im Jahr 1935 hatten die meisten Verbände das Prinzip der „unbedingten Satisfaktion". Auch alle Burschenschaften, die farbentragenden Turnerschaften und Sängerschaften, sogar nicht farbentragende Verbindungen wie der VDSt gaben bei Beleidigungen Satisfaktion, lehnten aber teilweise die Bestimmungsmensuren ab. Da in der Bundesrepublik Deutschland von Beginn an wie auch in den 1946 neu gebildeten deutschen Ländern das Duell verboten war, entfiel der Waffengang zur Satisfaktion. An seine Stelle ist das Ehrengericht getreten, wenn die Anrufung eines bürgerlichen Gerichtes vermieden werden soll. Mensuren haben bereits seit über 100 Jahren ihre Bedeutung bei Ehrenhändeln verloren. Insofern haben eine Reihe von Verbänden, die die Mensur nicht aus grundsätzlichen, religiös motivierten Erwägungen abgelehnt haben, auf die Bestimmungsmensur verzichtet. Den Mitgliedern ist es freigestellt, Mensuren zu schlagen oder nicht, man nennt sie daher fakultativ schlagende Verbindungen. In diesem Abschnitt werden die wichtigsten Verbände dieser Verbindungen in alphabetischer Reihenfolge vorgestellt.

Baltischer Philister Verband (BPhV)

▮ **Name:** Der Baltische Philister Verband ist ein Zusammenschluss aller ehemaligen deutschbaltischen Korporationen, Philisterschaften farbentragender Verbände und neuer Verbindungen im Inland. Er ist bestrebt, baltische Burschenschaftstraditionen zu erhalten, und betreibt Kontaktpflege mit den Mitgliedern der Baltischen Gesellschaft e.V. Er wurde 1951 gegründet.

▮ **Ziele:** Nach seiner Satzung hat er den Zweck, Ziele, Traditionen und Ideen des farbentragenden baltischen Burschentums wachzuhalten, zu fördern und zu unterstützen. Er half den jungen Conventen der deutsch-baltischen Korporationen beim Aufbau in Deutschland und bot den Angehörigen der alten deutsch-baltischen Corps aus Dorpat und Riga und den estnischen und lettischen Korporationen im Exil eine gemeinsame Plattform. Seit der Neukonstituierung des Baltischen Philister Verbandes im Jahr 1998 in Darmstadt ist es vor allem seine Aufgabe, den Kontakt zu den Korporationen im Baltikum zu pflegen, die seit den Unabhängigkeitserklärungen Estlands und Lettlands im Jahr 1991 zu neuer Blüte gelangt sind.

Eine besonders wichtige Einrichtung des Verbandes ist das Ausrichten des „Gesamtbaltischen Völkerkommerses“ gemeinsam mit estnischen und lettischen Korporationen. Solche Völkerkommerse hat es bereits im 19. Jahrhundert im Baltikum gegeben; seit 1961 wurden sie jedes Jahr in Heidelberg gefeiert.

Die gesamtbaltischen Völkerkommerse werden heute in dreijährigem Rhythmus in Hamburg, Göttingen und München und in den Jahren dazwischen in Dorpat, Reval und Riga gefeiert. Sie sollen Impulse für die Völkerverständigung und Völkerfreundschaft geben, insbesondere zwischen jungen Studentinnen und Studenten aus den beteiligten Ländern. Dabei werden Kontakte zwischen Akademikern in den genannten Ländern geknüpft, Studentenaustausch und die Vergabe von Stipendien initiiert sowie Hilfestellungen in studentischen Belangen jeder Art für die baltischen Studenten vermittelt.

▌**Prinzipien:** Lebensbund, Farbentragen, teils Bestimmungs-, teils fakultative Mensur, Toleranzprinzip, Leistungsprinzip, Gesellschaftsprinzip

▌**Geschichte:** Seitdem deutsche Missionare und Ordensritter im 12. Jahrhundert das Baltikum missioniert hatten, lebten im dortigen Ordenstaat Deutsche, Esten und Letten friedlich nebeneinander. Im 19. Jahrhundert wurden Universitäten in Dorpat/Tartu (Estland) und Riga (Lettland) gegründet. Hier studierten Angehörige aller Völker und bildeten Corps und Landsmannschaften nach den deutschen Vorbildern.

Ein Ende fand dies 1939, als die Sowjetunion die baltischen Staaten infolge des Hitler-Stalin-Paktes annektierte. Viele Esten und Letten wurden ins Exil getrieben und die Deutschbalten nach Deutschland umgesiedelt. Die Korporationen wurden als bürgerliches Ärgernis von den Sowjets verboten. Die Deutschbalten belebten nach dem Krieg die Tradition der Landsmannschaften und Corps in der neuen Heimat wieder. Hieraus entwickelte sich im Laufe der Jahrzehnte eine allen Studierenden offenstehende, aktive akademische Gemeinschaft, zu der heute u.a. der Baltische Philister Verband, das Corps Concordia Rigensis zu Hamburg, das Corps Curonia Goettingensis, die akademische Verbindung Fraternitas Dorpatensis zu München und der Verein zur Förderung der deutsch-baltischen Völkerfreundschaft (VFV) zählen. Die Fraternitas Dorpatensis hat die Mensur freigestellt und sich keinem Dachverband angeschlossen.

Mit der Wiedergeburt Estlands und Lettlands 1991 wurde in diesen Ländern auch die alte studentische Kultur zu neuem Leben erweckt. Heute existiert wieder eine Vielzahl aktiver studentischer Organisationen mit Tausenden von Mitgliedern, die nicht nur das akademische Leben, sondern auch Politik, Wirtschaft und Wissenschaft mitgestalten. In Tartu sind unter dem Schirm des Baltischen Philister Verbandes wieder elf Verbindungen aktiv, darunter drei Frauenverbindungen, in Reval sind es neun Verbindungen, davon eine Frauenverbindung, und in Riga 20, davon sechs Frauenverbindungen.

➤ **Baltische Corporation Fraternitas Dorpatensis zu München**
Gunezrainerstraße 6, 80802 München, Tel.: 0 89/34 50 30, Fax: 0 89/33 04 08 08
fdm@fdm.org
➤ **www.balticorp.de/bphv/de, www.fdm.de**

BDIC – Korporationsverband an deutschen Hochschulen

Name: Das Kürzel BDIC soll andeuten, dass es sich ursprünglich um Korporationen an Ingenieur- und Staatsbauschulen handelt. Aus diesen Berufs-Bildungsstätten sind die meisten heute bestehenden Fachhochschulen hervorgegangen, die fast die ganze Fächerbreite der Universität anbieten, sodass die Mitgliedskorporationen für alle Studenten an deutschen Hochschulen geöffnet sind.

Ziele: Der BDIC möchte den Studenten in seinen Korporationen nicht nur fachliche Bildung angedeihen lassen, sondern vor allem auch charakterliche, ethische und moralische Werte vermitteln. Die Ehrfurcht vor dem Leben geht ihm über jede Weltanschauung. Dies schließt die Erhaltung der natürlichen Lebensgrundlagen insbesondere bei der Ausübung des Ingenieurberufes ein. Zu den Zielen gehört die Pflege des studentischen Brauchtums, insbesondere die der korporationsstudentischen Traditionen. Der BDIC beruft sich auf die Grundsätze und Tradition der Urburschenschaft von 1815.

▮ **Prinzipien:** Lebensbund, Männerbund, Farbentragen, Neutralitätsprinzip. Die Mensurfrage ist den einzelnen Bünden freigestellt. Es gehören Verbindungen mit Bestimmungsmensur, mit fakultativer Mensur und nichtschlagende zum BDIC.

▮ **Farben:** Die Verbandsfarben sind Silber-Schwarz-Silber. Sie werden als zweites Band über die linke Schulter getragen, sodass sie sich mit dem Korporationsband auf der Brust kreuzen. Ferner werden die Verbandsfarben in Fahne, Wappen und auf Drucksachen geführt. Als Zeichen der Zugehörigkeit zum BDIC tragen die Mitglieder ein silbernes Eichenblatt als Anstecknadel.

▮ **Geschichte:** Der BDIC wurde am 23. Juni 1951 auf der Festung Ehrenbreitstein bei Koblenz gegründet. Er ist die Nachfolgeorganisation mehrerer Verbände an deutschen, staatlichen Ingenieurschulen unterschiedlicher Namensgebung (Akademien, Polytechniken, Höhere Technische Lehranstalten usw.). Die Vorgängerverbände sind: Bund Deutscher Burschenschaften (1927 gegründet), Deutscher Farbenring (1932), Ehrenbreitsteiner Vertreter-Convent (1930), Friedrichsruher Waffenring (1929), Karthäuser Deputierten-Convent Verband Bayern (1921), Kasseler Vertreter-Convent (1931), Wachsenburger Landsmannschafter-Convent (1925). In der Zeit des Nationalsozialismus mussten diese Verbände und ihre angeschlossenen Verbindungen ebenso suspendieren wie die Korporationen an den Universitäten und Hochschulen. Im Bereich der Ingenieurschulen wurden NSDStB-Kameradschaften gebildet. Inwieweit sich unter diesem Mantel auch noch korporiertes Leben erhalten konnte, ist nicht überliefert.

Insgesamt schlossen sich bei Gründung 28 Korporationen aus diesen Verbänden zusammen. Die ursprüngliche Verbandsbezeichnung lautete „BDIC – Bund Deutscher Ingenieur Korporationen".

Vor der Verbotszeit hatte es über 30 rivalisierende Dachverbände an den Ingenieurschulen, Bauschulen und ähnlichen Bildungsanstalten mit teilweise sehr spezieller Fachausrichtung in Deutschland gegeben, die ähnlich wie an den Universitäten und Hochschulen unterschiedlichste Bezeichnungen führten (Corps, Landsmannschaft, Burschenschaft, Turnerschaft, Sängerschaft, Christliche Verbindung, Technische Verbindung usw.). Diese Zersplitterung wurde als großes Hemmnis bei der Durchsetzung des Hauptanliegens der Ingenieurstudenten und Ingenieure erkannt. Die Berufsbezeichnung „Ingenieur" war zur damaligen Zeit nicht geschützt. Die erste große Aufgabe des BDIC war es also, berufspolitisch den Schutz der Berufsbezeichnung „Ingenieur" durchzusetzen, was mit der Verabschiedung des Ingenieurgesetzes schließlich gelang.

▌**Hochschulen/Korporationen/Mitglieder:** BDIC-Korporationen wirken heute an den Hochschulen in 28 Hochschulenorten vertreten, nämlich in Augsburg, Berlin (2), Bielefeld, Bremen (2), Dortmund (5), Duisburg, Frankfurt/Main, Gummersbach, Hagen, Hamburg (4), Hannover, Karlsruhe, Kiel (2), Köln (2), Lübeck (2), Lüneburg, Magdeburg, Mannheim, Mittweida, Münchberg, München, Münster, Saarbrücken, Schweinfurt, Suderburg, Wolfenbüttel (2), Wolfsburg, Wuppertal. Insgesamt gehören dem Verband 41 Verbindungen an, die unterschiedliche Bezeichnungen tragen und sich als Technische Verbindung, Burschenschaft, freie Landsmannschaft, Turnerschaft studentische Verbindung oder ähnlich bezeichnen. Die Alten Herren treffen sich in derzeit 41 Philisterringen, die nicht nur an den Hochschulorten bestehen. Er ist Mitglied im Convent Deutscher Akademikerverbände (CDA) und im Convent Deutscher Korporationsverbände (CDK). Die Zahl der Mitglieder hat sich in den letzten Jahren wie folgt entwickelt:[15]

Jahr	1992	1998	2006
Korporationen	41	29	41
Aktive/Inaktive	516	410	
Alte Herren	4.268	2.867	2.774

15 Zahlen aus der Literatur bzw. für 1992 und 1998 aus Quellen der CDA

➤ **BDIC-Bundesgeschäftsstelle,** Dieter Köster
Seppenser Mühlenweg 21, 21244 Buchholz
Tel.: 0 41 81/29 98 58 2, Fax: 0 41 81/29 98 58 3, geschaeftsstelle@bdic.de
➤ **www.bdic.de**

Deutsche Burschenschaft (DB)

▮ **Name:** Der Name „Burschenschaft“ bildete sich zu Beginn des 19. Jahrhunderts. Damals gab es an vielen deutschen Universitäten Bestrebungen, an Stelle der verschiedenen Corps oder Landsmannschaften, die sich stark nach der Herkunft der Studierenden organisierten, eine „Allgemeinheit“ aller Studierenden, eben aller Burschen zu bilden. Dies geschah erstmals in Jena, wo sich im Jahr 1815 die vier bestehenden Verbindungen zur Burschenschaft zusammenschlossen. Diese organisierte auch das Wartburgfest 1817, auf dem die „Urburschenschaft“ gegründet wurde. Auf die Prinzipien der Urburschenschaft beziehen sich alle Korporationen, die sich heute als Burschenschaft bezeichnen.
▮ **Ziele:** Ihre Ziele hat die DB sehr ausführlich in ihrer Satzung beschrieben. Die Burschenschaft geht davon aus, dass für die Stellung, die der Student in seinem späteren beruflichen Wirkungsbereich einnimmt, neben einer gründlichen wissenschaftlichen Bildung die Entwicklung des Verantwortungsbewusstseins und der Verantwortungsbereitschaft gegenüber der Gesellschaft notwendig ist.

Der Grundsatz der Ehre fordert von jedem Burschenschafter eine lautere, aufrechte und wahrhaftige Haltung im Denken, Reden und Handeln. Die unantastbare Würde des Menschen zu achten und zu schützen ist seine unbedingte Pflicht.

Der Grundsatz der Freiheit bedeutet jedem Burschenschafter, sich um die innere Freiheit des Geistes ständig zu bemühen. Der Burschenschafter soll frei von Vorurteilen, unabhängig und selbstständig im Denken sowie freimütig und tatkräftig in der Vertretung der eigenen Meinung sein. Auf dieser Grundlage soll er jederzeit und überall für die persönliche, politische und akademische Freiheit eintreten.

Die persönliche Freiheit gibt dem Einzelnen das Recht, sich frei zu entwickeln und frei zu handeln, solange dadurch nicht die Rechte anderer beeinträchtigt werden, insbesondere in der Wahrung der Glaubens- und Gewissensfreiheit. Die politische Freiheit manifestiert sich in der Gleichberechtigung aller Bürger sowie in dem Recht jedes Einzelnen und jedes Volksteiles auf seine angestammte Heimat und auf die Selbstbestimmung über seine staatliche Zugehörigkeit.

Unter akademischer Freiheit versteht die Burschenschaft die Freiheit der Forschung, der Lehre und des Lernens sowie die Freiheit der Hochschule und die der Studentenschaft, die inneren Angelegenheiten selbst zu ordnen. Die Burschenschaft macht es ihren Mitgliedern zur Pflicht, zum Wohle der gesamten Studentenschaft an der allgemeinen studentischen Arbeit und der Selbstverwaltung nach Kräften mitzuwirken.

Die Burschenschaft bekennt sich zum deutschen Vaterland als der geistig-kulturellen Heimat des deutschen Volkes. Unter dem Volk versteht sie die Gemeinschaft, die durch gleiches geschichtliches Schicksal, gleiche Kultur, verwandtes Brauchtum und gleiche Sprache verbunden ist. Pflicht der Burschenschaften ist das dauernde rechtsstaatliche Wirken für die freie Entfaltung deutschen Volkstums in enger Verbundenheit aller Teile des deutschen Volkes, unabhängig von staatlichen Grenzen in einem einigen Europa in der Gemeinschaft freier Völker.

Jeder Burschenschafter soll sich tatkräftig für eine demokratische und soziale Rechtsordnung einsetzen. Deshalb versucht die Deutsche Burschenschaft, ihre Mitglieder zu kritischem, objektivem politischen Denken und Handeln zu erziehen. Sie verpflichtet ihre Mitglieder, sich mit den staatspolitischen und gesellschaftlichen Problemen ihrer Umwelt zu befassen. Die Burschenschaft fordert von ihren Mitgliedern eine gründliche allgemeine und fachwissenschaftliche Ausbildung. Gleichberechtigt neben der Pflege der geistigen steht die Ausbildung der körperlichen Kräfte durch geeignete sportliche Betätigung.

- **Prinzipien:** Lebensbund, Farbentragen, Mensur fakultativ (aber bis zur Mensurreife einpauken), Leistungsprinzip
- **Wahlspruch:** Ehre – Freiheit – Vaterland

▮ Farben: Schwarz-Rot-Gold

▮ Geschichte: 1815 entstandene Studentenbewegung, die die deutsche Studentenschaft einigen und erneuern wollte. Unter dem Eindruck der Freiheitskriege vereinigte sich in diesem Jahr die Jenaer Corps zur Burschenschaft, die sich schnell über fast alle deutschen Universitäten ausbreitete. Diese „Urburschenschaft“ führte die Farben Schwarz-Rot-Gold in Form roter Pekeschen mit schwarzem Kragen und goldfarben aufgesticktem Eichenlaub. Die Farbe war übernommen worden von der Jenenser Landsmannschaft/Corps „Vandalia“, dessen Senior zum ersten Senior der allgemeinen Burschenschaft zu Jena gewählt wurde. So sah auch die erste Fahne des Bundes aus: von oben Rot-Schwarz-Rot mit goldenem Eichenlaub auf dem schwarzen Mittelfeld. Diese Fahne wird noch heute auf der Wartburg und im Jenenser Museum gezeigt. Zum Wartburgfest 1817 wurde die Fahne dreigeteilt in die Farben Schwarz-Rot-Gold, die von diesem Tag ab als Fahne der deutschen Einigung galt, da die Schaffung eines deutschen Einheitsstaates die Hauptforderung auf dem Wartburgfest war. Aus dem Geiste der „Deutschen Bewegung“ heraus sah die Burschenschaft in der Universität eine Einrichtung zur wissenschaftlichen, aber auch politischen Bildung der Deutschen. Die Burschenschaft bekämpfte die Roheit der alten studentischen Sitten und forderte auf der Grundlage ihrer christlich-vaterländischen Gesinnung die Einheit Deutschlands. Auf Einladung der Jenenser Burschenschaft trafen sich 1817 Abgesandte aller protestantischen deutschen Universitäten auf der Wartburg. Die Folge dieses Wartburgfestes war die Gründung einer „Allgemeinen Deutschen Burschenschaft“ in Jena 1818. Hauptziel war die Einigung Deutschlands, möglichst in einer deutschen Republik. Die Farben der Burschenschaft wurden über das Hambacher Fest von 1832 und die Nationalversammlung in der Paulskirche im Zuge der Bürgerlichen Revolution 1848 zur deutschen Nationalfahne. Seither gilt „Schwarz-Rot-Gold“ als Fahne der Demokraten in Deutschland. Das wurde 1919 und vor allem bei Gründung neuer Bundesländer 1946 (Niedersachsen, Rheinland-Pfalz, später das Saarland) sowie bei Gründung der Bundesrepublik 1949 auch eindrucksvoll bestätigt.

Wegen dieser Ziele wurden unter der Federführung des österreichischen Kanzlers Fürst Metternich durch die Karlsbader Beschlüsse der deutschen Fürsten die Burschenschaften 1819 verboten. 1827 gelang die Wiedergründung der Burschenschaft. Nach 1848 hörten die Behinderungen durch die Regierung auf, 1871 bildete sich ein einheitlicher Typ heraus: die farbentragende Verbindung mit unbedingter Satisfaktion und Bestimmungsmensur. Die Burschenschaften der deutschen Universitäten schlossen sich 1881 zum „Allgemeinen Deputierten Convent" (ADC) zusammen, der 1896 das strenge Maturitätsprinzip annahm und sich 1902 in „Deutsche Burschenschaft" umbenannte. 1920 wurde der völkische Standpunkt der DB festgelegt. Sie erlitt nach 1930 eine Abspaltung von etwa 50 Burschenschaften, der „Alten Burschenschaften", und wurde gezwungen, sich 1935 aufzulösen.

Die vorgesehene Aufnahme in den Nationalsozialistischen Studentenbund fand nicht statt. Ein Teil der Burschenschaften bestand aber als „Kameradschaft" innerhalb des NSDStB weiter. Einige Kameradschaften konnten bis in die 40er Jahre den Fechtbetrieb verdeckt aufrechterhalten. Der Burschenschafter Karl Sack wurde von den Nationalsozialisten als Widerstandskämpfer ermordet.

Nach dem Zweiten Weltkrieg entstanden die Burschenschaften neu und schlossen sich 1950 wieder zur DB zusammen. Die österreichischen Burschenschaften vereinigten sich in der Mehrzahl im „Allgemeinen Delegierten Convent" (ADC), der sich 1959 in „Deutsche Burschenschaft in Österreich" (DBÖ) umbenannte. Die DB sieht sich heute als politische studentische Gemeinschaft, die den Gedanken an die Einheit und Freiheit wachhalten will und ein einiges Europa anstrebt, aber nicht an eine bestimmte parteipolitische Linie gebunden ist. 1996 haben sich eine Reihe von Bünden abgespaltet und die „Neue Deutsche Burschenschaft", die an anderer Stelle vorgestellt wird, gegründet.

▮ **Berühmte Mitglieder:** Rudolf Eucken (Literatur-Nobelpreisträger), Gustav Stresemann (Reichskanzler und Außenminister), Ernst Heinkel (Flugzeugbauer), Ferdinand Porsche (Autokonstrukteur), Wilhelm Niklas und Herrmann Höcherl (Bundesminister), Ferdinand Lassalle (Mitbegründer der SPD), Max Weber (Nationalökonom), Hermann Schulze-Delitsch (Vater der Volksbanken)

Hochschulen/Korporationen/Mitglieder: Der Deutschen Burschenschaft ist an folgenden 53 Hochschulenorten vertreten: Aachen (3), Bayreuth, Berlin (4), Bielefeld, Bochum, Bonn (4), Braunschweig (4), Chemnitz, Clausthal-Zellerfeld, Coburg, Darmstadt, Dresden, Düsseldorf, Erlangen, Frankfurt/Main, Freiburg i. Br. (2), Friedberg (2), Gießen (3), Göttingen (2), Graz (4), Greifswald (2), Halle/S., Hamburg (3), Hannover (3), Heidelberg (2), Innsbruck (2), Jena (2), Karlsruhe, Kassel, Kiel (2), Köln (3), Konstanz, Leipzig (4), Lemgo, Leoben (2), Linz, Mainz, Mannheim, Marburg a.d.L. (4), München (9), Münster, Osnabrück, Passau, Regensburg (2), Rostock (2), Saarbrücken, Siegen, Stuttgart (4), Trier, Tübingen (2), Wien (9), Würzburg (3). Insgesamt sind dies an deutschen und österreichischen Hochschulen 112 Burschenschaften. Weitere fünf Burschenschaften in Chile gehören der DB an.

Die Zahl der Mitglieder hat sich in den letzten 40 Jahren wie folgt entwickelt:[16]

Jahr	1992	1998	2003	2006
Korporationen	128	88	94	112
Aktive/Inaktive	2.280	1.900	1.950	1.700
Alte Herren	18.960	12.918	13.250	12.780

➤ **Presse- und Öffentlichkeitsarbeit,** Norbert Weidner
Postfach 14 03 36, 53058 Bonn, Tel.: 02 28/74 79 24, Fax: 02 28/74 79 24
presse@burschenschaft.de

➤ **www.burschenschaft.de**

Deutsche Sängerschaft – Weimarer CC (DS)

Name: Der Name leitet sich vom Tagungsort des Chargierten Conventes ab.

Ziele: Die Deutsche Sängerschaft wahrt und pflegt insbesondere das musikalische deutsche Kulturgut. Musik und Chorgesang

16 Zahlen aus Quellen der CDA

sind ihr Anliegen. Gemeinsames Singen und Musizieren sollen das Zusammenleben und die Gemeinschaftsbildung innerhalb der Einzelkorporationen und des Verbandes fördern.

Die Deutsche Sängerschaft ist weder konfessionell noch parteipolitisch gebunden. Sie erwartet von ihren Angehörigen eine den kulturellen, gesellschaftlichen und politischen Aufgaben der Zeit gegenüber aufgeschlossene Lebenshaltung.

▮ **Prinzipien:** Lebensbund, Farbentragen, die Bestimmungsmensur wird vom Verband freigestellt, einige Sängerschaften sind nichtschlagend, andere fordern die Bestimmungsmensur oder kennen die Verabredungsmensur.

▮ **Wahlspruch:** Lied – Freiheit – Vaterland

▮ **Geschichte:** Seit Beginn des 19. Jahrhunderts gründeten musische Studenten akademische Gesangsvereine (Liedertafeln), die im Laufe der Zeit Korporationsform annahmen. 1896 konstituierte sich in Dresden der „Akademische Deutsche Sängerbund“. 1906 wurde Weimar zum ständigen Vorort gewählt und wenig später der Name „Deutsche Sängerschaft – Weimarer CC“ angenommen. Unter dem Druck der Nationalsozialisten suspendierte die DS in der Mitte der 30er Jahre. 1952 wurde die DS für die Bundesrepublik wiedergegründet, in der DDR blieb sie bis 1990 verboten. Von 1956 bis 1990 führte sie zusammen mit dem „Coburger Convent“ gesamtdeutsche Tagungen in Berlin durch, in denen sie sich mit den Ursachen, den kulturellen, politischen und wirtschaftlichen Auswirkungen der deutschen Teilung und ihrer möglichen Überwindung befassten. Seit dem Beitritt der DDR zur Bundesrepublik Deutschland finden diese Tagungen seit 1992 als „Studententag“ in verschiedenen Hochschulstädten statt.

▮ **Berühmte Mitglieder:** Detlev Carsten (erster Chef der Treuhandanstalt)

▮ **Hochschulen/Korporationen/Mitglieder:** An den Universitäten und Hochschulen zu Bayreuth, Berlin, Bonn, Braunschweig, Darmstadt, Freiburg, Göttingen, Halle/S., Jena, Karlsruhe, Köln, Mainz, Münster, München, Tübingen, Weimar, Würzburg und Wien bestehen insgesamt 17 Sängerschaften der DS. Ab 2007 will auch die Heidelberger Sängerschaft Cheruskia nach einer mehrjährigen Suspension wieder ihren Aktivbetrieb aufnehmen. Die

DS hat insgesamt rund 450 Aktive bzw. Inaktive und rund 2.800 Alte Herren. Viermal jährlich erscheint die 1895 gegründete „Deutsche Zeitung“ als Verbandsmagazin.

➤ **Hauptausschuss der Deutschen Sängerschaft** c/o Hanns Henning Bössler
Stefan-Georg-Weg 44, 64285 Darmstadt, Tel.: 0 61 51/63 01 5, Fax: 0 61 51 / 96 32 94
hauptausschuss@deutsche-saengerschaft.de
➤ **www.deutsche-saengerschaft.de**

Kongress Akademischer Jagdkorporationen (KAJC)

Ziele: Die Jagdverbindungen nehmen eine Sonderstellung ein, denn sie verstehen sich gleichermaßen als Studentenverbindung wie auch als jagdliche Organisation. Die akademischen Jagdverbindungen kommen aus der Tradition der Corps und setzen sich unabhängig von Parteien und Religionsgemeinschaften für Toleranz ein. Zum Selbstverständnis der Jagdverbindungen gehört ein kritisches und wissenschaftliches Vorgehen, das dem Status der Mitglieder als Akademiker entspricht. Durch interdisziplinären Gedankenaustausch und fachübergreifende Vorträge wollen die Verbindungen die Allgemeinbildung ihrer studierenden Mitglieder erweitern.

Der KAJC setzt in der Regel voraus, dass seine Mitglieder während der Studienzeit oder spätestens bei Eintritt in das Berufsleben die Jägerprüfung ablegen. Doch auch diejenigen, die dies aus unterschiedlichen Gründen nicht wollen oder können, werden als Bundesbrüder akzeptiert, wenn sie eine positive Einstellung zur Jagd erkennen lassen.

Prinzipien: Lebensbund, Bundesbrüderlichkeit, Wissenschaftlichkeit, Farbentragen, Mensur (teils als Bestimmungs-, teils als Verabredungsmensur), Conventsprinzip, Naturschutz, Waidgerechtigkeit

Geschichte: Jagdverbindungen sind im jahrhundertealten Korporationswesen eine vergleichsweise junge Erscheinung. Die ersten entstanden kurz nach dem Ersten Weltkrieg.

Hochschulen/Korporationen/Mitglieder: Der Verband hat fünf Mitgliedskorporationen in Düsseldorf, Eberswalde, Essen, München und Wien. Ihm assoziiert ist die verbindungs- und verbandsübergreifende feriale Jagdcorporation „Freischütz“. Die Zahl der Mitglieder wird auf 60 Aktive und etwa 350 Alte Herren geschätzt.

➤ **Dr. Friedrich Munkenbeck**
Richrather Straße 116, 40764 Langenfeld, Tel.: 0 21 73/71 11 1
dr.munkenbeck@t-online.de
➤ **www.kajc.de**

Marburger Konvent studentischer Verbindungen (MK)

▮ **Ziele:** Der Marburger Konvent möchte die geistige, sittliche und staatspolitische Erziehung seiner Mitglieder fördern, Leibesübungen pflegen und die korporationsstudentischen Ideale beleben. Er will die Haltung und Einsatzbereitschaft seiner Mitglieder an der Hochschule sowie in Beruf und Gesellschaft fördern. Die Mitglieder des MK bejahen die verfassungsgemäßen Grundrechte der Menschen in einem demokratischen und sozialen Rechtsstaat sowie ein vereintes Europa.
▮ **Prinzipien:** Lebensbund, Farbentragen, Mensur freigestellt, Conventsprinzip, Sportprinzip, Wissenschaftsprinzip
▮ **Farben:** Gelb-Rot
▮ **Geschichte:** Anfang der 70er Jahre war im Coburger Convent der Landsmannschaften und Turnerschaften die Bestimmungsmensur umstritten. Einige Turnerschaften traten daher aus dem Verband aus und schlossen sich am 6. November 1971 auf dem Haus der Turnerschaft Philippina zu Marburg zu einem neuen Verband zusammen, der nach dem Gründungsort den Namen „Marburger Kartell“ annahm.
▮ **Berühmte Mitglieder:** Gustav Stresemann (Reichskanzler und Außenminister)
▮ **Hochschulen/Korporationen/Mitglieder:** An den Universitäten Bonn, Braunschweig, Göttingen, Hannover (3) und Tübingen bestehen insgesamt sieben Turnerschaften des Marburger Konventes. Die Zahl der Aktiven/Inaktiven wird geschätzt auf etwa 100, die der Alten Herren auf rund 800. Zweimal jährlich erscheinen die MK-Nachrichten. Der Verband ist Mitglied im CDA und CDK.

- Da der Vorstand jährlich wechselt und kein zentrales Sekretariat unterhalten wird, Kontakt nur über die Homepage der Turnerschaft **www.tuisko.de**
- **www.marburger-konvent.de**

Neue Deutsche Burschenschaft (Neue DB)

Name: Die Neue Deutschen Burschenschaft ist ein burschenschaftlicher Dachverband, der sich 1996 aus Burschenschaften gebildet hat, die die alten urburschenschaftlichen Ideale von 1817 wieder erneuern wollten.

Ziele: Ziel der Mitgliedverbindungen in der Neuen Deutschen Burschenschaft ist, die Traditionen der Jahre 1815 bis 1817 zeitgemäß an der Universität und in der Gesellschaft fortzuführen, wobei die sich verändernden gesellschaftlichen und politischen Verhältnisse berücksichtigt werden sollen. Leitbild sind die alten burschenschaftlichen Werte Sittlichkeit, Wissenschaftlichkeit und Vaterlandsliebe.

Prinzipien: Lebensbund, Farbentragen, Mensurprinzip (Mensur ist dem Einzelnen freigestellt)

Wahlspruch: Freiheit – Ehre – Vaterland

Dieses Motto wird in den Grundsätzen der Neuen Deutschen Burschenschaft erläutert. Freiheit befähigt den Menschen, für sich, die Gesellschaft, in der er lebt, und seine Umwelt Verantwortung zu übernehmen. Dies erfordert das Recht und die Möglichkeit, Verantwortung wahrzunehmen. Innere Freiheit muss sich der Mensch durch sittliches Bestreben selbst erringen. Äußere Freiheit gründet auf der freiheitlich-demokratischen Staatsverfassung. Für die Hochschulen bedeutet sie vor allem Freiheit in Forschung und Lehre.

Ehre manifestiert sich in dem aufrichtigen Bemühen, dem Anspruch der menschlichen Verantwortung gerecht zu werden und seine Selbstachtung zu bewahren. Denken, Reden, Handeln und Auftreten der Burschenschafter sollen jederzeit dem Gebot von Ehre und Selbstachtung genügen. Im deutschen Vaterland erblickt die Neue DB den heimatlichen Verantwortungsbereich des deutschen Volkes in den politischen Grenzen der heutigen Bundesrepublik Deutschland. Die Neue DB sieht das Vaterland als Teil der Völkergemeinschaft der zusammenwachsenden Nationen Europas.

Farben: Schwarz-Karmesinrot-Gold

Geschichte: Am 13. Januar 1996 wurde in Hannover von acht Burschenschaften, die teilweise der „Deutschen Burschenschaft" und teilweise der „Vereinigung Deutscher Burschenschaften" (VDB) angehörten, die Neue DB gegründet. Die Wahrung der Selbstständigkeit der einzelnen Burschenschaft ist erklärter Wille des Dachverbandes und charakterisiert Stil und Umgang miteinander. Besondere Akzente setzt sie mit der Durchführung von Seminaren und Arbeitsveranstaltungen, die die Bundesziele fördern.

Hochschulen/Korporationen/Mitglieder: Heute zählt man 22 Burschenschaften der Neuen DB an den Universitätsstandorten Aachen, Augsburg, Berlin, Bonn, Darmstadt (3), Erlangen, Freiburg, Gießen, Göttingen, Hannover (2), Kaiserslautern (3), Karlsruhe, Köln, Marburg (2) und Stuttgart (2). Die Neue DB hatte 1998 17 aktive Bünde mit 223 Aktiven und Inaktiven sowie 3.088 Alte Herren. [17] Die Neue DB ist Mitglied im CDA.

➤ **Erster Vorsitzender der Neuen DB,** Dr. Harald Heide
Kleiner Eiderkamp 21a, 24113 Molfsee-Schulensee, Tel.: 04 31/65 12 22
Fax: 04 31/56 71 73

➤ **www.neuedb.de**

Wernigeroder Jagdkorporationen Senioren-Convent (WJSC)

Name: Der Name deutet zum einen auf den Sitz des Verbandes und zum anderen auf seinen Zweck, nämlich die Vereinigung von Korporationen, denen jagdlich interessierte Studenten angehören.

Ziele: Die Korporationen des WJSC wollen auf der Grundlage der Liebe zur Natur und der Naturkenntnis junge Akademiker zu waidgerechten Jägern heranbilden. Im Rahmen dessen soll studentisches Brauchtum bewahrt werden und die Mitglieder werden angehalten, für die Achtung der menschlichen Würde und der Meinungsfreiheit einzutreten.

17 Zahlen aus Quellen der CDA

▌Prinzipien: Lebensbund; das Fechten von Bestimmungsmensuren wird als Teil studentischen Brauchtums anerkannt, den einzelnen Korporationen ist die Ausübung jedoch freigestellt.

▌Farben: Der Verband hat keine gemeinsame Farben. Als Kartellabzeichen wird eine goldene Abwurfstange eines Rehbocks (Kreuzbockstange) am Revers getragen.

▌Geschichte: Der WJSC wurde als Dachverband farbentragender Jagdkorporationen an Universitäten und Hochschulen in Deutschland und Österreich 1922 in Berlin gegründet. Nachdem sich bereits zwei Jahre vorher Jagdcorps an einigen Hochschulstädten gebildet hatten, wurde am 30. Januar 1922 das „Kartell Akademischer Jagdvereine" gegründet, das sich 1924 in „Kartell Akademischer Jagdverbindungen" umbenannte. Der damalige Präsident des „Allgemeinen Deutschen Jagdschutz-Vereins" (ADJV), Fürst Stolberg-Wernigerode, Ehrenmitglied im Jagdcorps Masovia zu Berlin, lud zur Kartelltagung auf das Schloss Wernigerode ein, wo am 2. Juli 1927 die erste Wernigeroder Tagung der Jagdstudenten stattfand. Hier erfolgte auch die endgültige Namensgebung „Wernigeroder Jagdcorps Senioren-Convent". Mit der Gleichschaltung aller studentischen Vereinigungen ruhte das Verbandsleben bis nach dem Zweiten Weltkrieg.

Bereits in den ersten Jahren nach dem Krieg suchten die weit versprengten Jagdstudenten untereinander Kontakt mit der Absicht, den WJSC zu restituieren. Zu Beginn der 50er Jahre erfolgten Neugründungen von Jagdverbindungen in Bonn (Hubertia) und Münster (Hermann-Löns), die bereitwillig auch die Traditionen der vertagten Jagdcorps in Halle und Leipzig übernahmen. Die Spaltung Deutschlands und die kommunistische Diktatur machte in Mitteldeutschland das Wiederaufleben der Jagdcorps bis auf Masovia Berlin unmöglich. Mit diesen Verbindungen lebte der Verband als Wernigeroder Jagdkorporationen Senioren-Convent wieder auf. 1955 fand die erste Verbandstagung des WJSC nach dem Krieg in Hannover statt, da der eiserne Vorhang den WJSC von seinem traditionellen Tagungsort abgeschnitten hatte. Die weiteren Tagungen wurden jährlich an den Standorten der jeweils präsidierenden Verbindung abgehalten. Seit Anfang der 60er Jahre wurde das im nordhessischen Mittelgebirge gelegene Jagdschloss Spangenberg zum Ort der Jahrestagungen, bis der WJSC infolge der deutschen Wiedervereinigung 1990 an seinen Stammsitz zurückkehren konnte.

▮ **Hochschulen/Korporationen/Mitglieder:** Heute ist der WJSC an zwölf Hochschulen vertreten. Die zwölf Korporationen in Aachen, Berlin, Bochum, Bonn, Kiel, Köln, Leipzig, Münster, Paderborn, Tharandt, Würzburg und Wuppertal haben insgesamt rund 1.000 Mitglieder. Die Mitglieder setzen sich aus aktiven Burschen (Studenten) und Alten Herren zusammen, die zwar ihr Studium bereits vollendet haben, aber auf Grund des in den Jagdverbindungen vorherrschenden Lebensbundprinzips dennoch vollberechtigte Verbindungsmitglieder bleiben, und, jeder nach seinen Möglichkeiten, aktiv am Verbindungsleben teilnehmen. Suspendierte Korporationen mit Altherrenschaften, deren Traditionen von aktiven Jagdkorporationen gepflegt werden, existieren an den Universitätsstandorten Breslau, Dresden und Halle. Trotz entsprechenden Interesses erfolgten Wiedergründungen in Dresden und Halle bisher nicht.

➤ **Der WJSC hat kein ständiges Sekretariat. Über folgende zwei E-Mail-Adressen kann Kontakt zum AHV-Vorsitzenden oder zum Vorsitzenden des Arbeitskreises, der die Arbeit der Ämter des WJSC koordiniert, aufgenommen werden:** Georg.Kerssenbrock@t-online.de, j.focks@rfk-office.de

➤ **www.wjsc.de**

NICHTSCHLAGENDE UND FARBENTRAGENDE KORPORATIONEN

Cartellverband der katholischen deutschen Studentenverbindungen (CV)

▮ **Ziele:** Der Cartellverband der katholischen deutschen Studentenverbindungen (CV) fördert die akademische Ausbildung und unterstützt in vielfältiger Weise das akademische Leben. Seine Mitglieder engagieren sich in Kirche, Staat, Gesellschaft und Hochschule, wobei sie im Sinne christlicher Grundwerte gestaltend wirken wollen.

Den Studenten, die sich den Cartell-Verbindungen anschließen, wird die Möglichkeit zur fächerübergreifenden Weiterbildung, zu interdisziplinärem Austausch sowie zur Beratung durch berufserfahrene Bundesbrüder geboten. Ein Ziel ist die Persönlichkeitsentwicklung in der Gemeinschaft christlicher Studenten. Dabei soll auch der Glauben in den Studienalltag einbezogen werden.

▮ **Prinzipien:** Lebensbund, Männerbund, Farbentragen, katholisch, nichtschlagend, Wissenschaftsprinzip

▮ **Wahlspruch:** Religio – Scientia – Amicitia – Patria. Diese Grundsätze haben für die Mitglieder des CV eine hohe Bedeutung.

Religio (Religion) wird gesehen als Verpflichtung zur Förderung des katholischen Lebens, aber auch zur Förderung des Verständnisses der christlichen Konfessionen untereinander sowie zur aktiven Gestaltung des eigenen Lebens aus dem katholischen Glauben in Verantwortung vor Gott, den Menschen und der Schöpfung.

Scientia (Wissenschaft): Für den CV ist die Pflege der Wissenschaft sowohl als Verband wie auch für die Mitglieder persönlich eine große Verpflichtung. Dazu gehört der erfolgreiche Studienabschluss in Verbindung mit zusätzlichen Qualifikationen, Freiheit von Forschung und Lehre sowie verantwortungsvolle wissenschaftliche Forschung.

Amicitia (Freundschaft) sieht der CV als prägendes Element für den Lebensbund über alle Generationen hinweg. Der cartell- und bundesbrüderliche Umgang miteinander soll von Verantwortung für diese dauerhafte geistige und materielle Verpflichtung geprägt sein. Der Freundschaftsbund soll bis ans Ende des Lebens tragen.

Patria (Vaterland): Aktive Mitgestaltung auf allen Ebenen des Gemeinwesens gehört zur Verantwortung des Bürgers. Die Verwurzelung in der Geschichte Deutschlands und seiner Länder ist die Grundlage für die Weiterentwicklung des Gemeinwesens zu einem vereinten Europa als gemeinsamem Vaterland.

▮ **Farben:** Der CV führt als Verband die Farben Lindgrün-Gold. Sie werden in einer Anstecknadel, die C und V künstlerisch verbindet, am Revers getragen. Die Mitgliedsverbindungen führen unterschiedliche Farben eigener Wahl in Band, Mütze und Zipfeln.

Geschichte: Am 6. Dezember 1856 wurde in München das erste Kartell zwischen zwei katholischen Studentenvereinen zur Unterstützung und Förderung des katholischen Glaubens im universitären Bereich gebildet. 1865 trennte sich der stark angewachsene Verband in den farbentragenden CV und den nicht farbentragenden KV. Beide Verbände wuchsen in den Folgejahren und stellten bereits im Kaiserreich Männer in höchsten Führungspositionen, z.B. als Reichskanzler.

Der CV blieb seinen Glaubensgrundsätzen treu, als die Nationalsozialisten die Korporationen verboten, und löste sich 1935 selbst auf. Viele CVer leisteten Widerstand gegen den Nationalsozialismus, was einige mit dem Leben bezahlen mussten. 1946/47 wurden die Cartell-Verbindungen im Rahmen der „Katholischen Deutschen Studenten-Einigung“ (KDSE) reaktiviert, soweit dies die westlichen Besatzungsmächte zuließen. Daneben wurden zahlreiche Altherrenverbände wiederbegründet. 1950 erfolgte für den Bereich der Bundesrepublik in Mainz die Rekonstituierung des Cartellverbandes. In der sowjetischen Besatzungszone, der späteren DDR, blieben die CV-Verbindung bis zum Jahr 1990 verboten. Danach wurden in Dresden, Greifswald, Halle, Leipzig und Magdeburg die Cartell-Verbindungen wieder belebt. Ebenso gelang dies in Gliwice/Gleiwitz (Polen).

Berühmte Mitglieder: Papst Pius XII. (Eugenio Pacelli), Georg Graf von Hertling, Wilhelm Cuno, Heinrich Brüning (Reichskanzler), Heinrich Lübcke (Bundespräsident), Dr. Phillip Jenninger (Bundestagspräsident), Dr. Rainer Barzel, Dr. Jürgen Rüttgers, Klaus Kinkel, Matthias Wissmann (Bundesminister), Franz-Josef Strauß, Dr. Edmund Stoiber (Ministerpräsidenten), sowie zahlreiche Landesminister und Abgeordnete in Reichstag, Bundestag und den Landesparlamenten. Auch auf den oberen Führungsebenen in Verwaltung, Wissenschaften und Wirtschaft sind überall CVer in Spitzenpositionen.

Hochschulen/Korporationen/Mitglieder: CV-Verbindungen findet man an 56 deutschen Universitäten und Hochschulen. Heute sind 122 Cartell-Verbindungen aktiv, die zusammen mit den Altherrenverbänden über 30.000 Mitglieder haben.

Der CV unterhält eine Verbandsakademie, die den Mitgliedern

ein umfangreiches Seminarangebot bietet. Der CV vergibt im Rahmen der „Felix Posch-Johannes Denk-Stiftung e.V." Stipendien und zinslose Darlehen an studentische Mitglieder, die besondere Leistungen aufweisen. Der CV-Ruhrgau schreibt für CVer an Hochschulen des Ruhrgebietes zweijährig einen eigenen Förderpreis aus. Der CV ist Mitglied im „Europäischen Kartellverband christlicher Studentenverbindungen" (EKV). Die Zahl der Mitglieder hat sich in den letzten 40 Jahren wie folgt entwickelt:[18]

Jahr	1960	1970	1980	1990	2000	2003	2006
Korporationen	108	114	116	120	122	122	123
Aktive/Inaktive	9.274	9.976	5.469	5.690	4.540	4.052	3.930
Alte Herren	20.257	24.607	26.630	26.391	26.069	26.091	26.034

➤ **Cartellverband der katholischen deutschen Studentenverbindungen**
Linzer Straße 82, 53604 Bad Honnef, Tel.: 0 22 24/96 00 20, Fax: 0 22 24/96 00 22 0
Sekretariat@Cartellverband.de

➤ **www.cartellverband.de**

Deutsche Gildenschaft (DG)

Name: „Gilde" leitet sich aus dem Altfriesischen ab und bedeutet Bruderschaft.

Ziele: Die Deutsche Gildenschaft fordert heute auf der Grundlage akademischer Freiheit ein Leben der Verantwortung in geistiger Unabhängigkeit und persönlicher Opferbereitschaft. Sie will die Studierenden zu innerer Freiheit und eigenverantwortlichem Denken erziehen. Sie tritt für einen freiheitlich-demokratischen Rechtsstaat sowie die Verteidigung von Recht und Freiheit ein, insbesondere für das Heimat- und Selbstbestimmungsrecht aller Völker.

Prinzipien: Lebensbund, Farbentragen, Vaterland, Toleranz (politisch und konfessionell)

Geschichte: Die DG geht in ihren Anfängen auf eine Arbeitsge-

18 Zahlen nach Angaben des CV

meinschaft von Offiziers-Wandervögeln des Ersten Weltkriegs zurück, die 1919 an einigen deutschen Hochschulen akademische Gilden gründeten. Sie basierten auf den Idealen der Jugendbewegung und sahen sich als eine Form neuer studentischer Lebensgemeinschaft, deren Mitglieder sich in geistiger Unabhängigkeit und persönlicher Opferbereitschaft dem Volksganzen verpflichtet fühlten. Am 16. August 1920 wurde in Quedlinburg die „Deutsche Akademische Gildenschaft" gegründet. Die Gilden übernahmen bald unbeschadet der jugendbündischen Ideale wesentliche Formen des Couleurstudententums und bekannten sich bis zur Selbstauflösung zum Satisfaktionsprinzip, das von den meisten nicht christlich orientierten Verbindungen ebenfalls vertreten wurde. 1923 wurden die Gilden mit den deutschen Gilden in Österreich und den Böhmerländischen Freischaren zur „Großdeutschen Gildenschaft" vereinigt. 1933 gehörten dieser 30 Hochschulgilden an. Trotz der völkischen Orientierung wurden auch die Hochschulgilden von den Nationalsozialisten verboten und lösten sich ebenso wie der Dachverband selbst auf.

Erst 1958 wurde die DG wieder gegründet. Heute nehmen fast alle Hochschulgilden auch Studentinnen auf. Die Alten Herren und Damen sind im Bund alter Gildeschafter (BAG) zusammengeschlossen.

▮ **Hochschulen:** Der Deutschen Gildeschaft gehören heute zwölf aktive Gilden in Berlin, Darmstadt, Freiburg, Göttingen, Hannover, Heidelberg, Karlsruhe, Kiel, München, Passau, Graz und Wien an. Altgildeschaften bestehen in Berlin (4), Leipzig, Münster und Wien. Die Mitgliederzahlen wurden 1998 mit 80 Aktiven und 480 Philistern (CDA) angegeben.

➤ **BAG-Vorsitzender Dr. H. Müller-Kinet**
Neuer Weg 43, 60388 Frankfurt/Main, Tel.: 0 61 09/35 59 6

➤ **DG-Geschäftsstelle,** Helga Bohne
Drosselweg 3, 64367 Mühltal, Tel.: 0 61 51/14 06 6

➤ **www.deutsche-gildenschaft.de**

Ring katholischer deutscher Burschenschaften (RKDB)

▮ **Name:** Kartell farbentragender, katholischer, deutscher Studentenverbindungen an deutschen Hochschulen

▮ **Ziele:** Der RKDB ist eine Bildungs-, Lebens- und Aktionsgemeinschaft, die sich als katholischer Verband allumfassend mit der Zielsetzung zur christlichen Ökumene versteht und sich einsetzt, die konfessionelle Spaltung der Christenheit zu überwinden. Der RKDB bekennt sich zum freiheitlichen demokratischen Rechtsstaat, zur Freiheit und zum Selbstbestimmungsrecht der Völker.

In diesem Sinne ist es vornehmste Aufgabe aller Ringangehörigen, als Christen zu leben, die sich in Toleranz für den Frieden im konfessionellen Raum einsetzen, als verantwortliche Staatsbürger an den nationalen und sozialen Aufgaben unseres Staates mitzuarbeiten und sich für die Einigkeit und Freiheit aller Deutschen einzusetzen, als Akademiker der Wahrheit zu dienen und treu zueinander zu stehen.

Die einzelnen Burschenschaften leisten religiöse, wissenschaftliche, politische und musische Bildungsarbeit. Die Mensur lehnen die RKDB-Mitglieder ab.

▮ **Prinzipien:** Virtus, Scientia, Amicitia

▮ **Wahlspruch:** Deo, Patriae, Amico sacer

▮ **Farben:** Schwarz-Rot-Gold (Verbandsfarben), die Mitglieder tragen eigene Farben.

▮ **Geschichte:** Gegründet 1924 von sechs Gründungsburschenschaften, die sich vom Unitas-Verband abgespaltet hatten, rasantes Aufblühen. Bis zur Auflösung 1938 betonte der RKDB den großdeutschen Gedanken. Seit der Wiederbegründung 1948 setzte sich der RKDB für ein geeintes Deutschland in einem geeinten Europa ein. In der Folge wechselten sich Zeiten des Aufblühens (50/60er, 80er) und der Stagnation (70er, ab 90er) ab.

Der Verband gehört der „Arbeitsgemeinschaft katholischer Studentenverbände“ (AGV) sowie der „Katholischen Akademikerarbeit Deutschlands“ (KAD) an und ist Gründungsmitglied des „Europäischen Kartellverband christlicher Studentenverbände“ (EKV).

▮ **Hochschulen/Korporationen/Mitglieder:** Dem Verband gehören 14 Korporationen, von denen noch sechs über eine Aktivitas verfügen, insgesamt rund 40 Studierende und etwa 750 Alte Herren an.

➤ **Sekretariat des RKDB,** Hanno Dockter
Baumschulallee 3, 53115 Bonn, kontakt@rkdb.de
➤ **www.rkdb.de**

Rotenberger Vertreter-Convent (RVC)

▌**Ziele:** Der Rotenberger Vertreter-Convent ist ein Zusammenschluss für die Wahrung der Interessen der Studenten in allen Studien-, Standes- und Korporationsfragen. Der Verband existiert nur in Baden-Württemberg, umfasst aber in Esslingen und Stuttgart an den Fachhochschulen fast alle dortigen Korporationen.
▌**Wahlspruch:** Furchtlos und treu
▌**Prinzipien:** Lebensbund, Farbentragen, nichtschlagend, Männerbund
▌**Farben:** Schwarz-Rot
▌**Geschichte:** Gegründet wurde der Verband 1951 von Verbindungen an den Fachhochschulen in Baden-Württemberg.
▌**Hochschulen:** Fachhochschulen Esslingen und Stuttgart, insgesamt acht Verbindungen mit einer geschätzten Mitgliederzahl von etwa 100 Aktiven/Inaktiven und 750 Alten Herren.

➤ **Vorsitzender des Beirats im RVC,** Herbert Rübling, BVS@RVC-online.de
➤ **www.rvc-online.de**

Schwarzburgbund (SB)

▌**Name:** Der Schwarzburgbund trägt seinen Namen nach seinem Gründungsort, der Schwarzburg in Thüringen. Er ist ein Bund nichtschlagender, christlich orientierten überkonfessioneller, farbentragender Studentenverbindungen aus dem deutschen Sprachraum.
▌**Ziele:** Der Schwarzburgbund mit seinen Verbindungen steht in der Tradition der Urburschenschaft und ist deren studentisch-demokratischen Grundforderungen von 1817 verpflichtet. Dies sind

insbesondere: Freiheit der Person, Gleichheit aller vor dem Gesetz, Gleichberechtigung der Konfessionen, Rede- und Pressefreiheit, Versammlungs- und Vereinigungsfreiheit, Freiheit von Lehre und Forschung, Freiheit der Wahl des Wohn- und Studienortes, Öffentlichkeit der Rechtspflege, Schutz von Freiheit und Eigentum, Verfassung und freie Volksvertretung.

Der Schwarzburgbund umfasst Verbindungen, die bewusst an die Lebensgestaltung nach den Werten der „christlichen Ethik" orientiert sind. Er verlangt von seinen Mitgliedern keine konfessionelle Bindung, stellt aber die Forderung nach Mäßigkeit und Reinheit im Denken und Handeln und das Versprechen des „Lebensbundes".

Der SB ist ein Zusammenschluss von Studentenverbindungen, Burschenschaften und akademischen Vereinigungen aus dem deutschen Sprachraum. Viele der älteren Mitgliedsverbindungen sind aus dem „christlich-burschenschaftlichen Progress" hervorgegangen.

▌**Prinzipien:** Christianum, Mäßigkeit, Lebensbund, Wissenschaftlichkeit, Vaterland, Persönlichkeitsbildung

Der Schwarzburgbund fordert keine bestimmte Konfession, sondern generell die Orientierung an den Werten der christlichen Ethik. An jedes Mitglied des Bundes stellt er die Forderung, verantwortungsbewusst mit den Mitmenschen, der Schöpfung und sich selbst umzugehen. Er sieht sich als generationsübergreifenden Lebensbund. Von seinen studierenden Mitgliedern erwartet der Bund ein zielstrebiges Studium und das ernsthafte Bestreben zur Erlangung eines akademischen Abschlusses. Die Erziehung in der Gruppe geschieht im Geiste gegenseitiger Achtung, Toleranz, Weltoffenheit und Hilfsbereitschaft. Das Bekenntnis zum Vaterland drückt die Liebe zur Heimat aus in Pflege unserer Kultur und Sprache und im Einstehen für unsere freiheitlich demokratische Grundordnung als Teil des vereinten Europas.

▌**Geschichte:** 1836 wurde als erste nichtschlagende Studentenverbindung Deutschlands die UTTENRUTHIA gegründet. Sie sah sich völlig in der Tradition der Urburschenschaft, brach mit althergebrachten studentischen Bräuchen wie Trinkzwang, Mensur und Duell.

Als dieser Gedanke auch an anderen Hochschulen Anhänger gefunden hatte, wurde 1858 zunächst der „Zweierbund“ mit Tuisconia Halle geschlossen. 1885 erweiterte sich der Bund mit Nordalbingia Leipzig und Sedinia Greifswald zum „Viererbund“ und gab sich 1887 nach seinem Tagungsort den Namen „Schwarzburgbund“.

Im Dritten Reich wurde der SB am 31. Mai 1939 zwangsweise aufgelöst. Die Verbindungen existierten in geheimen Zirkeln unter Namen wie „Elipse“, „Bayernland“ und Ähnlichen im Verborgenen weiter. Bereits am 26. Mai 1946 wurde die die nunmehrige „christliche Studentenverbindung Uttenruthia“ als erste deutsche Verbindung wieder zugelassen und nahm den Aktivbetrieb auf. 1951 wurde der Schwarzburgbund wiedergegründet. 1953 schlossen sich die österreichischen Verbindungen Dürnstein zu Wien und Südmark Innsbruck dem Schwarzburgbund an.

1958 wurde das Farbenprinzip mit Aufnahme des nicht farbenführenden Bundes Kristall Clausthal durchbrochen und 1966 fiel das Männerbundprinzip, als die ersten gemischt geschlechtlichen Verbindungen zugelassen wurden. 1994 trat mit Athenia Würzburg eine reine Frauenverbindung dem SB bei.

▮ **Hochschulen/Korporationen/Mitglieder:** 26 Verbindungen, davon neun gemischte und eine Frauenverbindung gehören heute dem SB an. Sie haben 295 Aktive und in 39 Philister-Verbänden 2742 Alte Herren bzw. Hohe Damen.

Die Mitgliederentwicklung verlief wie folgt:

Jahr	**1935**	**1951**	**1960**	**1970**	**1980**	**1990**	**2000**	**2005**	**2006**
Bünde	32	12	25	27	20	21	25	26	26
Aktive	1.173	375	1.189	1.204	345	362	327	285	295
Davon Damen	–	–	1	16	18	42	63	53	59
Philister	4.902	3.880	5.222	4.608	3.738	3.189	2.853	2.636	2.742

➤ **Bundesvorsitzender Dr. Herbert Ihle**
Hauptstraße 27, 90452 Wilhermsdorf, Tel.: 0 91 02/18 65, Fax: 0 91 02/17 93
werner.ihle@gmx.de
➤ **www.sbnet.org**

Technischer Cartell-Verband (TCV)

▌Name: „Technisch" wird traditionshalber im Namen geführt, da die Verbindungen des Verbandes an Ingenieurschulen entstanden sind. Erst mit der Umwandlung in Fachhochschulen oder Gesamthochschulen können Studenten aller Fachrichtungen aufgenommen werden.

▌Ziele: Die Arbeit des TCV in der Gegenwart und für die Zukunft ist untrennbar verankert in den unwandelbaren christlichen Werten. Der TCV bekennt sich zu den Grundsätzen Religion – Wissenschaft – Freundschaft.

Die Verantwortung vor Gott und das christliche Verständnis vom Menschen bilden für den TCV den Inhalt des Prinzips *Religio*. Das persönliche Bekenntnis zu Jesus Christus und der Glaube an ihn sind Ausgangspunkt und Ziel für sein bewusstes Handeln in Hochschule, Staat und Gesellschaft. Dem unüberschaubaren Wertepluralismus und der Tendenz zur Beliebigkeit begegnet der TCV mit der Verbindlichkeit des christlichen Glaubens. Nach dem Zusammenbruch atheistischer Ideologien und angesichts der Brüchigkeit materialistisch ausgerichteter Lebenseinstellungen will der TCV jungen Menschen mit den klaren, sinnstiftenden Werten der christlichen Religion einen Weg weisen. Dabei verlieren Toleranz und Gewissensfreiheit für den TCV nichts von ihrem Wert.

Der TCV sieht in Wissenschaft und Bildung das eigentliche Kapital eines Volkes. Sie bilden die Grundlagen gesellschaftlichen Fortschritts und sind somit wichtige soziale, wirtschaftliche und politische Faktoren. Daher unterstützt er seine Mitglieder an Fachhochschulen und Hochschulen durch begleitende Maßnahmen und Veranstaltungen in der TCV-Bildungsakademie e.V. Der TCV versteht sich somit als eine Dachorganisation nicht nur für technische Disziplinen, sondern für alle wissenschaftlichen Fakultäten. Der Dachverband vertritt die Auffassung, dass sich Religion und Wissenschaft einander ergänzen. Jeder Angehörige einer TCV-Verbindung soll entsprechend seiner Begabung, sozialen Herkunft, persönlichen Neigung und Beteiligung alle Chancen wahrnehmen, um sein berufliches Ziel zu erreichen. Das setzt den Willen zum Lernen und zur Leistungsbereitschaft voraus. Dabei können die Altherrenverbände aus ihrer Lebens- und Berufserfahrung heraus den jungen Mitgliedern der Verbindungen schon während des Studiums Hilfen gewähren.

Freundschaft bedeutet den TCVern, in einer generationsüberschreitenden Gemeinschaft zu leben, lebenslang für ihre Korporation und alle Bundesbrüder einzutreten sowie gegenseitiges Verständnis und Akzeptierung anderer Standpunkte.

Der TCV will die Mitglieder seiner Verbindungen in ihren Bemühungen unterstützen, nach diesen Grundsätzen zu leben, in Hochschule und Gesellschaft engagiert tätig und freundschaftlich miteinander verbunden zu sein.

▮ **Prinzipien:** Lebensbund, Farbentragen, Ablehnung der Mensur, Religion, Wissenschaft, Männerbund

▮ **Wahlspruch:** „In unitate firmitas!" („In der Einheit Festigkeit!")

▮ **Farben:** Orange-Weiß-Blau

▮ **Geschichte:** Der TCV wurde 1903 als Dachverband farbentragender katholischer Studentenverbindungen an Ingenieurschulen gegründet. In der Zeit der nationalsozialistischen Diktatur waren die TCV-Verbindungen verboten, in der DDR dauerte die Verbotszeit bis zur Wende 1989. Erst nach der Wiedervereinigung wurde der erste TCV-Bund in Ostdeutschland gegründet. In der alten Bundesrepublik begannen kurz nach dem Krieg die ersten Verbindungen des TCV wieder mit dem Aktivenbetrieb. 1975 war der TCV zusammen mit 14 weiteren Verbänden Mitbegründer des „Europäischen Kartellverbandes", der heute über 300.000 Mitglieder hat. Dessen Aufgabe ist es, hochschulpolitische Interessen auf europäischer Ebene zu vertreten und den europäischen Gedanken zu fördern. 1976 wurde mit dem „Cartellverband der katholischen deutschen Studentenverbindungen" ein Verbändeabkommen geschlossen.

Am 15. März 1986 wurde in Bamberg die Bildungsakademie des TCV gegründet, die Seminare und Bildungsveranstaltungen mit Themen aus Kirche, Politik, Gesellschaft, Wissenschaft und Technik sowie Studienfahrten veranstaltet.

▮ **Hochschulen/Korporationen/Mitglieder:** Der TCV umfasst derzeit 27 Verbindungen in Bingen, Bremen, Coburg, Duisburg, Düsseldorf, Ilmenau, Kaiserslautern, Karlsruhe, Kassel, Köln, Koblenz, Krefeld, Lemgo, Mannheim, München, Nürnberg, Offenburg, Oldenburg, Osnabrück, Recklinghausen, Regensburg, Rosenheim, Saarbrücken, Schweinfurt, Stuttgart, Trier und Wuppertal. Diesen gehören insgesamt über 3.000 Mitglieder an.

➤ **TCV-Sekretariat,** CS@tcv-online.de
➤ **www.tcv-online.de**

Wartburg-Kartell Evangelischer Akademischer Verbindungen (WK)

▌**Name/Geschichte:** Das Wartburg-Kartell ist ein Zusammenschluss evangelischer Studentenverbindungen, die in den Jahren zwischen 1860 und 1880 an mehreren deutschen Universitäten gegründet wurden. Die Verbindungen waren ursprünglich nur für Studenten der Theologie offen. Diese Begrenzung wurde im Jahr 1928 zugunsten aller Fakultäten aufgegeben. Unter dem Druck der Nationalsozialisten suspendierten die einzelnen Verbindungen und damit auch das Kartell in den Jahren 1936 bis1938. Die wesentlichen Unterlagen und Inventarien konnten jedoch sichergestellt werden. Nach dem Zweiten Weltkrieg reaktivierten sich die Verbindungen an den Universitäten Bonn, Frankfurt/Main, Göttingen, Hamburg und Saarbrücken. Heute besteht das Kartell aus der Aktivitas der AEV Wartburg-Coburgia in Göttingen und den Altherrenschaften der WK-Verbindungen an den genannten Universitätsorten.
▌**Ziele:** Das Wartburg-Kartell bekennt sich zum evangelischen Christentum und zur Freiheit der Wissenschaften, ohne jedoch einer innerkirchlichen Richtung anzugehören. Es sieht seine Aufgabe darin, auf diesen Grundlagen Denken und Handeln in akademischer Gemeinschaft zu pflegen. Das WK bekennt sich zum freiheitlich-demokratischen Staat ohne Bindung an eine politische Partei.

Das Verbindungsleben wird durch studentische Geselligkeit in herkömmlichen Formen gestaltet: wissenschaftliche Vorträge von Mitgliedern oder Gästen mit anschließenden Aussprachen, Teilnahme an Gottesdiensten, sportliche Übungen, Kneipen, Kommerse und gesellschaftlichen Veranstaltungen.

▮ Prinzipien: Lebensbund, Farbentragen, nichtschlagend, christliches Prinzip
▮ **Wahlspruch der Aktivitas zu Göttingen**: fidei, studiis, amicitiae
▮ **Farben:** Rot-Weiß-Rot

➤ **Akademisch-Evangelische Verbindung Wartburg-Coburgia**
Keplerstraße 7, 37085 Göttingen, Tel.: 05 51/54 19 28
aktivitas@wartburg-coburgia.de
➤ **www.wartburg-coburgia.de**

Wingolfsbund (WB)

▮ **Name:** Die Bonner Verbindung nahm zuerst den Namen „Wingolf" an, der Klopstocks Oden entnommen wurde, in denen Christentum und germanische Mythologie zu einer Einheit verwoben werden. Der Name bedeutet so viel wie „Halle der Freude".
▮ **Ziele:** Der Wingolfsbund will seine Mitglieder zu christlichen sittlichen Persönlichkeiten innerhalb der geschichtlichen Formen des deutschen Studententums erziehen. Politisch und konfessionell nimmt der Verband keinen Einfluss.
▮ **Prinzipien:** Lebensbund, Farbentragen, Ablehnung der Mensur, christlich (nicht konfessionell)
▮ **Wahlspruch:** Di henos panta (Durch einen, Jesus Christus, alles)
▮ **Farben:** Schwarz-Weiß-Gold (Verbandsfarben, die einzelnen Mitgliedsbünde können davon abweichen)
▮ **Geschichte:** Der WB wurde 1852 in Eisenach gegründet von christlichen Verbindungen aus Berlin, Erlangen, Halle, Heidelberg und Marburg. 1936 suspendierte der WB unter dem Druck der Nationalsozialisten. Zwei Wingolfiten wurden wegen ihrer aufrechten Haltung von den Nationalsozialisten ermordet. Nach dem Zweiten Weltkrieg begann der Aktivbetrieb 1947 wieder in Erlangen und am 24. November 1948 rekonstituierte sich der WB. Seit 1991 wurde die Tradition der Wartburgfeste wieder aufgenommen. Die Mitglieder treffen sich in Eisenach zum Ver-

bandstag und insbesondere zu den zweimal im Jahr stattfindenden Wingolfseminaren. Nach der Wiedervereinigung Deutschlands wurden die Wingolf-Verbindungen in Dresden, Erfurt, Halle, Leipzig und Rostock neu belebt. Der WB gehörte zu den treibenden Kräften bei der Gründung des „Convents deutscher Korporationsverbände" (CDK).

▮ **Berühmte Mitglieder:** Ernst Moritz Arndt (Dichter), Konrad Duden (Germanist), Friedrich Wilhelm Raiffeisen (Genossenschaftsgründer), Friedrich von Bodelschwingh (Sozialreformer) und Paul Schneider (Prediger von Buchenwald, im KZ verstorben)

▮ **Hochschulen/Korporationen/Mitglieder:** 32 Verbindungen an folgenden Hochschulen: Berlin, Bonn, Bremen, Clausthal-Zellerfeld, Darmstadt, Erfurt, Erlangen, Frankfurt/Main, Freiburg, Gießen, Göttingen, Halle, Hamburg, Hannover, Heidelberg, Hohenheim, Jena, Karlsruhe, Kiel, Köln, Leipzig, Mainz, Mannheim, Marburg (2), München, Münster, Rostock, Siegen, Stuttgart, Tübingen, Würzburg sowie in Wien (Österreich) und Tartu (Estland). Die Mitgliederzahlen sind auch beim WB nach dem Rückgang in den 70er und 80er Jahren wieder im Steigen begriffen:[19]

Jahr	1960	1970	1980	1990	2000	2003	2006
Korporationen	29	24	25	30	34	35	35
Aktive/Inaktive	1.500	900	580	600	680	720	660
Alte Herren				4.000	3.700	3.500	3.600

Mit dem Falkensteinerbundes in der Schweiz, der ähnliche Ziele wie der WB verfolgt, besteht ein Freundschaftsabkommen.

➤ **VAW-Geschäftsstelle** c/o Dr. Wulf-Dieter Büscher
Warfer Landstraße 171, 28357 Bremen, Tel.: 04 21/24 47 86 0, Fax: 04 21/27 01 53
gfdw@wingold.org

➤ **www.wingolf.org**

19 Zahlenangaben des Wingolfbundes

NICHTSCHLAGENDE UND FARBEN FREISTELLENDE KORPORATIONEN

Akademischer Turnbund (ATB)

Ziele: Sport und Turnen sind im Jahn'schen Sinne eine der Grundlagen des ATB. Seine Mitglieder betreiben Breiten- und Wettkampfsport. Sie beachten die Regeln des sportlichen Wettkampfes und sehen darin einen Beitrag zur Persönlichkeitsbildung. Sie wollen durch den Sport das Gemeinschaftsleben in den Korporationen festigen. Über den Sport streben sie nach Gesundheit, Erholung und Lebensfreude. Der ATB unterstützt die Turn- und Sportbewegung und empfiehlt seinen Mitgliedern, sich darin zu engagieren. Er bekennt sich zur freiheitlich-demokratischen Grundordnung und zum Ziel der Einigung der europäischen Nationen in deren Vielfalt. Er tritt für die Freiheit und Selbstbestimmung der Völker ein. Der ATB gehört als Landesturnverband dem Deutschen Turner-Bund an.

Akademisches Studium geht weit über den Erwerb reinen Wissens hinaus. Der ATB zielt auf eine ganzheitliche und lebenslange Bildung von Menschen nach ethischen Maßstäben der deutschen Kultur in ihrem europäischen Rahmen. Der ATB ist Mitglied im „Convent Deutscher Akademikerverbände" (CDA) und im „Convent Deutscher Korporationsverbände" (CDK). Seit 1992 können Akademische Turnverbindungen auch Studentinnen aufnehmen.

Prinzipien: Lebensbund, nicht farbentragend, Ablehnung der Mensur, sportliches Prinzip

Geschichte: 1883 wurde der Verband auf der Schweizer Höhe bei Jena von den Akademischen Turnvereinen gegründet. Er spaltete sich u.a. auch wegen des angestrebten strikt schwarzen Prinzips von dem 1872 gegründeten „Kartellverband der akademischen Turnvereine" ab, in dem Verbindungen mit Turnprinzip, aber sonst sehr unterschiedlichen Auffassungen zusammengeschlossen waren. In den Folgejahren engagierte sich der Verband besonders auch im Breitensport. Im Oktober 1935 wurde der ATB auf einem außerordentlichen Verbandstag aufgelöst. Der Verband umfasste zu diesem Zeitpunkt rund 50 Verbindungen mit über 12.000 Mitgliedern.

1950 wurde der ATB in Marburg (Lahn) wiederbegründet. Die Akademischen Turnverbindungen kommen rasch wieder zur Blüte und können die meisten Verbindungen wiederbegründen. 1958 wird ein Kooperationsabkommen mit den ATB-Korporationen in Österreich geschlossen. Ein Jahr später gründet der ATB sein Aufbauwerk zur Förderung studentischer Wohnheime und Sporteinrichtungen. Dass sich Spitzensport und Verbindungen nicht ausschließen, beweisen bei der Olympiade 1960 zwei Mitglieder der ATV Ditmarsia Kiel: Sie gehören zur Goldmedaillen-Mannschaft im Ruderachter. 1991 wird die erste ATB-Verbindung in den neuen Bundesländern an der Universität Freiberg (Sachsen) gegründet und im November des gleichen Jahres wird die „Damenfrage“ geklärt. Die erste Traditionsverbindung des Verbandes wird 1997 in Halle/Saale wieder ins Leben gerufen.

▮ **Berühmte Mitglieder:** Dr. Hans Luther (Reichskanzler und Reichsbankpräsident), Dr. Christian Wagner (hessischer Staatsminister), Prof. Walter Tröger, Willi Daume (NOK-Präsidenten), und Prof. Heinrich Harrer (Erstbesteiger der Eiger-Nordwand). ATB-Mitglieder finden sich weltweit in zahlreichen Führungspositionen des Sportes.

▮ **Hochschulen/Korporationen/Mitglieder:** 40 aktive Vereinigungen an den Universitäten und Hochschulen in Aachen, Berlin (3), Bonn, Braunschweig (2), Clausthal-Zellerfeld, Darmstadt, Erlangen, Frankfurt (2), Freiberg, Freiburg, Freising, Göttingen (2), Greifswald, Halle, Hamburg, Hannover, Karlsruhe, Kiel, Köln, Leipzig, Mainz, Marburg (2), München, Münster, Nürnberg, Saarbrücken, Stuttgart, Tübingen und Würzburg sowie sechs Verbindungen in Österreich, und zwar in Graz (2), Innsbruck, Leoben, Linz und Wien. Etwa 600 studentische Mitglieder und rund 4.000 Alte Herren und Damen sind nach Angaben des ATB Mitglied.

➤ **Akademischer Turnbund Geschäftsstelle**
Normannenstraße 3, 14129 Berlin, Tel.: 0 30/80 58 48 55, Fax: 0 30/80 58 48 56
atb-gs@atb.net

➤ **www.atb.net**

Deutscher Wissenschafter Verband (DWV)

▮ Ziele: Die Verbindungen des Deutschen Wissenschafter Verbandes sind Gemeinschaften von aktiven und ehemaligen Studenten und Studentinnen, die sich zu einem Freundschaftsbund auf Lebenszeit zusammengeschlossen haben, also Korporationen akademischer Tradition.

Der DWV verlangt von seinen Mitgliedern über die Ausbildung hinaus das ernste Streben nach wissenschaftlicher Erkenntnis. Die DWV-Verbindungen treten ein für die Freiheit der akademischen Forschung und Lehre sowie für die Freiheit der religiösen und weltanschaulichen Anschauungen, die ihnen unantastbare Voraussetzungen jeder geistigen Arbeit sind. Ihre Aktiven sollen zum richtigen Gebrauch dieser Freiheiten angeleitet werden, damit sie ihr Studium in angemessener Form und Zeit bewältigen können. Zur Erreichung dieser Ziele dienen Vorträge und Diskussionen wissenschaftlichen, religiösen, künstlerischen und politischen Inhalts, um eine vorurteilsfreie, sachlich begründete Meinungsbildung zu fördern. Auf den wissenschaftlichen Diskussions- und Vortragsabenden üben sich die Mitglieder in der Kunst der Rede sowie derjenigen, das Wort des Gesprächspartners zu hören und zu würdigen.

Der DWV pflegt das traditionsreiche, gute studentische Brauchtum. Er sieht im Konventsprinzip der Verbindungen eine Möglichkeit für das Einüben demokratischer Lebensformen und damit eine Vorbereitung für die Teilnahme am politischen Leben. Dabei ist der DWV parteipolitisch und konfessionell neutral, was nicht ausschließt, dass theologische Verbindungen im DWV konfessionell gebunden sind. Alle DWV-Verbindungen und ihre Mitglieder sind verpflichtet, die verfassungsmäßige Ordnung zu achten, das deutsche Geistes- und Kulturgut zu pflegen und dabei jede nationalistische Überheblichkeit oder Missachtung der Geisteskultur anderer Völker zu vermeiden.

▮ Prinzipien: Lebensbund, Toleranzprinzip, Wissenschaftlichkeitsprinzip. Der DWV ist fachübergreifend angelegt. Seine ehemaligen Kartelle dagegen waren fachlich gebunden.

▮ Farben: Der Verband führt die Farben Schwarz-Gold. Das sind die Stadtfarben der thüringischen Stadt Arnstadt, in der die Jahrestagungen des DWV regelmäßig stattfinden, seitdem dies wieder möglich ist. Die Verbindungen des DWV tragen oder führen eigene Farben.

▌**Geschichte:** Der DWV wurde am 14. Juli 1910 in Kassel als loser Dachverband von sieben fachwissenschaftlichen Kartellen gegründet. Ihm gehörten damals 82 Verbindungen mit rund 4.000 Mitgliedern an. Die höchste Mitgliederzahl erreichte der Wissenschafter Verband im Wintersemester 1927/28 mit 8.635 Mitgliedern. Unter nationalsozialistischem Druck erfolgte 1935 die Zwangsauflösung. Erst 1953 wurde der Verband mit etwa 1.200 Mitgliedern wiedergegründet. Bis 1970 stieg die Mitgliederzahl auf 2.259, sank dann aber infolge der Zeitenwende an den Hochschulen bis 1988 rapide auf rund 750 Mitglieder.

▌**Hochschulen/Korporationen/Mitglieder:** Der DWV umfasst neun Verbindungen, von denen vier eine Aktivitas haben. Diese bestehen an den Universitäten Bonn, Frankfurt/Main, Heidelberg und Rostock. Durch Verbandswechsel oder Verbandsaustritte ganzer Verbindungen sank die Mitgliederzahl. Heute haben die Verbindungen des DWV ca. 270 Einzelmitglieder, wovon 25 Studentinnen und Studenten sind.

➤ **Kim Liffers M.A.**
Graurheindorfer Straße 5, 53111 Bonn, Tel.: 02 28/21 50 24, Liffers@gmx.net
➤ **www.wissenschafter.de**

Kartellverband katholischer deutscher Studentenvereine (KV)

▌**Ziele:** Der Kartellverband katholischer deutscher Studentenvereine ist ein Zusammenschluss von Studentenvereinen katholischer Akademiker in ganz Deutschland und bietet Hilfe bei den grundlegenden Entscheidungen über Studium und Beruf.

▌**Prinzipien:** Religionsprinzip, Wissenschafts-, Freundschafts- sowie Lebensbundprinzip, schwarzes Prinzip, Konventsprinzip, Ablehnung der Mensur, da diese früher von der katholischen Kirche als Vorbereitung zum Duell verworfen wurde.

Das Religionsprinzip bedeutet praktisch, dass die Mitglieder miteinander aus dem Glauben an Christus leben und sich diesem Glauben entsprechend in den verschiedenen gesellschaftlichen Bereichen engagieren. Dieses erste Prinzip verbindet die KVer über Generationen, Fachbereiche und Berufsgruppen hinweg und bildet das Fundament für das gemeinsames Bemühen um Wissenschaft und Freundschaft. Seit den 70er Jahren können die Vereine auch im Sonderfall nichtkatholische Christen in ihre Reihen aufnehmen. Jungen Menschen ein Zuhause unter gleichgesinnten Christen zu bieten ist noch heute eines der vornehmsten Ziele des Verbandes.

Der KV fördert den Dialog zwischen den Fakultäten und Generationen. Er öffnet den Blick über das eigene Fach hinaus. Dabei ermöglicht die Gemeinschaft gleichgesinnter Kommilitonen dem Einzelnen eine breite Bildung im Sinne eines Studiums Generale und fördert somit die weltanschauliche, fachliche und allgemeine Weiterentwicklung der Persönlichkeit.

Der KV bietet seinen Mitgliedern im akademischen Umfeld eine werteorientierte Gemeinschaft. Jedes Mitglied kann seine individuellen Fähigkeiten zum Nutzen der Gemeinschaft einbringen und weiterentwickeln. Dabei wird jeder Einzelne gefordert und gefördert. Die Kartellvereine pflegen studentische Traditionen. Es wird gemeinsam studiert, diskutiert und gefeiert. Wer als Student KVer wird, tritt einem Lebensbund bei, der über das Studium hinaus verbindet. So entsteht bundes- und kartellbrüderliche Freundschaft zwischen den Generationen, die sich im gegenseitigen „Du“ ausdrückt und das ganze Leben lang hält. Nach dem Studium findet der KVer im Ortszirkel seines neuen Wohnortes eine gesellschaftliche Heimat.

▌**Farben:** Der KV trägt keine Farben, weil nach seinem demokratisch-republikanischen Staatsverständnis, keine gesellschaftliche Gruppe durch äußere Zeichen besonders hervorgehoben werden soll. Diese Auffassung tradiert auf dem studentischen „Progress“ des frühen 19. Jahrhunderts. Doch haben die meisten Kartell-Korporationen Fahnen angeschafft sowie Bier- und Weinzipfel zugelassen. Auch das Tragen von studentischen Uniformen (Chargenwichs) bei besonderen Anlässen wurde üblich.

Geschichte: Als in der Mitte des 19. Jahrhunderts Studenten aus den rheinischen und westfälischen Provinzen Preußens in ihre Hauptstadt Berlin kamen, um dort zu studieren, trafen sie auf eine fremde Welt. Sie stammten aus kleineren Städten, die vom Katholizismus geprägt waren. In dem protestantisch dominierten Berlin fanden sie die vertraute katholische Umwelt nicht. Deshalb traten sie gerne dem „Katholische Leseverein" bei, den katholische Honoratioren, die sich mühsam in Berlin eingelebt hatten, 1853 gegründet hatten. 1856 wurde auf dieser Basis das Kartell von farbentragenden und schwarzen katholischen Verbindungen gegründet, das sich 1863 in zwei Gruppen spaltete: den farbentragenden CV und den Kartellverband katholischer deutscher Studentenvereine. Kartellverband nannten sich im 19. und frühen 20. Jahrhundert viele Dachverbände. Der Ausdruck bringt die enge, freundschaftliche Verbundenheit untereinander zum Ausdruck. 1938 wurde der KV von den Nationalsozialisten als staatsfeindlich verboten. Dank der Lebensfreundschaft, die in den Verbotsjahren ihre Bewährungsprobe bestanden hat, konnte der Altherrenbund des KV bereits 1946 gegründet und der Studentenbund wieder aufgebaut werden. In der DDR blieb er bis 1990 verboten.

Nach dem Zusammenbruch 1945 stellten zahlreiche KVer ihre ganze Kraft in vielen bedeutenden staatlichen Funktionen in den Dienst der wieder entstehenden Länder und der neu gebildeten Bundesrepublik Deutschland. Nach der Wiedervereinigung 1990 waren auch wieder zahlreiche KVer in den neuen Bundesländern an der Neugestaltung beteiligt.

Berühmte Mitglieder: die Päpste Benedikt XVI. (Josef Ratzinger) und Pius XII. (Eugenio Parcelli), Josef Wirmer (Widerstandskämpfer), Wilhelm Marx (Reichskanzler), Dr. Konrad Adenauer, Dr. Kurt-Georg Kiesinger (Bundeskanzler), Dr. Heiner Geissler (Bundesminister), Max Streibel, Alfons Goppel (bayerischen Ministerpräsidenten), Dr. Thomas Goppel (bayerische Umweltminister), Professor August Everding (bayerische Staatsintendant), Dr. Otmar Emminger, Dr. Hans Tietmeyer (Bundesbankpräsidenten)

Hochschulen/Korporationen/Mitglieder: Zum KV gehören

heute an fast allen deutschen Hochschulen über 80 Kartellkorporationen mit mehr als 16.000 Aktiven und Alten Herren.

➤ **KV-Sekretariat**
Postfach 101680, 45746 Marl, Tel.: 0 23 65/57 29 01 0, Fax: 0 23 65/57 29 05 1
sekretariat@kartellverband.de
➤ **www.kartellverband.de**

Miltenberger Ring (MR)

▮ **Name:** Der Name leitet sich von der Stadt Miltenberg am Main ab, in der der Verband seit 1920 zu seinen jährlichen Tagungen zusammenkommt. Das Wort „Ring" besagt, dass es sich um eine Gruppierung mehrerer Verbindungen handelt, in der jeder Bund seine Eigenartigkeit und die volle Selbstständigkeit behält.
▮ **Prinzipien:** Lebensbund, schwarzes Prinzip in unterschiedlicher Auslegung (alle Bünde tragen Zipfel, drei in Schwarz, vier in Verbindungsfarben, drei Bünde tragen auch schwarze Tönnchen), Ablehnung der Bestimmungsmensur, Toleranzprinzip, Männerbund. Eine Besonderheit ist, dass es keinen Altherrenverband gibt, sondern die einzelnen Altherrenvereinigungen der Mitgliedsbünde unmittelbar Mitglied im MR sind.
▮ **Geschichte:** Der MR wurde 1919 gegründet und vereinigte überkonfessionelle, politisch nicht gebundene, schwarze, schlagende Verbindungen. 1935 wurde er unter nationalsozialistischem Druck aufgelöst. 1953 gelang dem MR die Restituierung. Von 1973 bis 1993 war er mit dem Wernigeroder Schwarzen Verband (WSV) fusioniert. Zu dieser Zeit wurde der Name MWR (Miltenberg-Wernigeroder Ring) geführt. 1993 sind die alten MR-Verbindungen aus dem MWR ausgetreten und haben dann den MR wieder ins Leben gerufen.
▮ **Hochschulen:** Der MR hat heute sechs aktive Verbindungen an fünf Hochschulen, und zwar in Freiburg i. Br., Göttingen, Heidelberg (2), Köln und Karlsruhe. In Frankfurt/Main gibt es zurzeit nur eine Altherrenschaft. Dem Verband gehören rund 120 Studenten sowie 750 Alte Herren an. Er ist Mitglied in der CDA.

➤ **Dipl.-Kaufmann Andreas Kraetsch**
Heerstraße 180, 53111 Bonn, Tel.: 02 28/62 96 73 7, andreaskraetsch@aol.com
➤ **www.miltenberger-ring.de**

Präsidialconvent (PC)

Ziele: Die Vereinigungen des Präsidialconventes wollen studentisches Gemeinschaftsleben ohne die spezifisch korporativen Attribute verwirklichen. Daher verzichten sie bewusst auf Mensur und Farbentragen. Die in Berlin ansässige Canitz-Gesellschaft ist die älteste Mitgliedskorporation und wurde 1875 in Leipzig gegründet. Es werden teilweise auch Studentinnen aufgenommen, so in Berlin, Freiburg und Heidelberg.

Berühmte Mitglieder: Hans von der Groeben (ehem. EU Kommissar), Hoimar von Ditfurth (beide im Bonner Kreis), Harry Graf Kessler (Canitz-Gesellschaft), Helmut Schäfer (ehem. Staatsminister) und Norman von Scherpenberg (ehem. Landesminister)

Hochschulen/Korporationen/Mitglieder: Berlin („Canitzgesellschaft", gegründet 1875 in Leipzig), Bonn („Bonner Kreis", 1955), Freiburg i. Brsg. („Bremer Gesellschaft zu Freiburg", 1866), Göttingen („Göttinger Gesellschaft Max Eyth – GGME", 1947), Hamburg („Baarmann Gesellschaft Leipzig zu Hamburg", gegründet 1882 in Leipzig), Heidelberg („Heidelberger Kreis", 1946), Leipzig („Leipziger Gesellschaft", 2005) und München („Münchner Gesellschaft", 1905). Freundschaftlich verbunden sind der 1903 in Köln gegründete Akademische Club Copierpresse und der 1988 in Aachen ins Leben gerufene studentische Club Aix-Plosiv. Dem Präsidialconvent gehören rund 1.500 Mitglieder an, mit ca. 25 Prozent Damen.

➤ **Stefan Graf Finck von Finckenstein**
Badensche Straße 6, 10825 Berlin, Tel.: 0 30/85 33 09 5, Fax: 0 30/85 33 09 9,
Stfinckenstein@aol.com
➤ **www.canitz.de, www.bonner-kreis.de, www.heidelberger-kreis.de, www.baarmann.com**

Sondershäuser Verband Akademisch-Musikalischer Verbindungen (SV)

▮ **Name:** Der Sondershäuser Verband Akademisch-Musikalischer Verbindungen ist benannt nach der Stadt Sondershausen in Thüringen, wo seit 1897 und wieder seit 1994 die jährlichen Verbandstreffen stattfinden. Von 1936 bis 1994 konnten wegen der nationalsozialistischen und der sozialistischen Diktaturen die Treffen nicht in Thüringen stattfinden. Der Vorgänger des Verbandes führte den Namen „Kartellverband deutscher Studenten-Gesangvereine".

▮ **Ziele:** Menschen durch Musik, Theater, aber auch andere gemeinsame Aktivitäten wie Segeln, Skifahren, Ausflüge, Feste und Vorträge miteinander zu verbinden und Freundschaften zu stiften, die über Generations- und Studienfachgrenzen hinaus Bestand haben – das ist das Ziel der musischen Studentenverbindungen, die im SV zusammengeschlossen sind.

Die Verbindungen vor Ort bieten verschiedenste musische Gruppen, von Sinfonieorchester bis Bigband, von der Theater- bis zur Varietégruppe. Der SV als Dachverband organisiert und finanziert darüber hinaus eine Vielzahl von bundesweiten Veranstaltungen wie Musik- und Theaterwochenenden und ist damit ein wichtiger Kulturförderer im universitären Bereich.

▮ **Prinzipien:** musisches und schwarzes Prinzip, Lebensbund- und Konventprinzip, nichtschlagend. Der SV pflegt auch die alten studentischen Traditionen. Dazu gehören vor allem Kneipen und der Zipfeltausch. Jedem Mitglied ist aber freigestellt, in welchem Ausmaß es an dieser Traditionspflege teilnehmen möchte.

▮ **Wahlspruch:** Lied – Freundschaft – Vaterland

▮ **Farben:** Der Verband ist nicht farbentragend, aber farbenführend.

▮ **Geschichte:** Beim ersten Deutschen Sängerfest 1865 in Dresden trafen sich Vertreter der „Akademischen Liedertafel" (ALT) Berlin und des „Akademischen Gesangvereins" (AGV) München. Diese beiden Verbindungen schlossen nach ausgiebigen Verhandlungen 1867 einen Kartellvertrag ab, der im Wesentlichen den Austausch von Noten und das gegenseitige Verkehrsrecht der

Mitglieder regelte. In den Folgejahren traten weitere studentische Gesangvereine dem Kartellverband bei. Das erste Kartellfest fand 1894 in der thüringischen Residenzstadt Sondershausen statt, diese wurde zur Heimat des Verbandes, sodass dieser sich seit 1897 „Sondershäuser Verband" nennt. Mit den ortsansässigen Chören und dem Loh-Orchester werden heute enge Kontakte gepflegt.

1919 wurde die „Vereinigung Alter Herren des SV" (VASV) gegründet. 1933 ordneten die Nationalsozialisten auch für den SV das „Führerprinzip" an. Nach dem letzten Verbandsfest vor der Wiedervereinigung löste sich der SV am 27. Oktober 1935 unter dem Druck der nationalsozialistischen Diktatur auf. Einige Bünde lebten unter dem Deckmantel einer „Kameradschaft" innerhalb des NSDStB fort. In vielen Ortsverbänden hielten die Bundesbrüder während der Verbotszeit fest zusammen. Der VASV wurde nach der Einrichtung von Erinnerungsräumen im Sondershäuser Schloss 1939 liquidiert. Da aber während des Krieges die Liquidation nicht vollzogen wurde, konnte 1950 der SV durch einfache Aufhebung des Liquidationsbeschlusses restituiert werden. 1951 lehnte der SV die Satisfaktion mit der Waffe ab. Nachdem einige Mitgliedsbünde auch Frauen aufgenommen hatten, beschloss der VASV 1993 die Öffnung auch für die Philister-Verbände mit weiblichen Mitgliedern.

▮ **Berühmte Mitglieder:** Dr. Max Planck (Wissenschaftler), Dr. Werner Forßmann (Medizin-Nobelpreisträger) und Dr. Günter Beckstein (Innenminister)

▮ **Hochschulen/Korporationen/Mitglieder:** Der SV ist nur an Hochschulen mit Promotionsrecht vertreten. Heute bestehen aktive in SV-Verbindungen an folgenden 22 Hochschulenorten: Aachen, Berlin, Bonn, Braunschweig, Darmstadt, Dresden, Erlangen, Frankfurt/Main, Freiburg i. Br., Göttingen, Hamburg, Hannover, Heidelberg, Kiel, Mainz, Marburg, München, Münster, Stuttgart, Tübingen, Würzburg und Insbruck, wobei an jeder Hochschule nur eine Mitgliedsverbindung existiert. Derzeit hat der Verband 500 studentische und 4.000 philistrierte Mitglieder. Etwa die Hälfte der Mitgliedsverbindungen des SV nimmt auch Frauen als Aktive auf. In vielen Städten bestehen als Treffpunkt für die philistrierten Verbandsmitglieder am Ort und in der Region SV-Ortsverbände. Diese organisieren je nach Größe unterschiedliche

Veranstaltungen, musizieren gemeinsam und halten die in der Studienzeit gewachsenen Verbindungen im Berufsleben aufrecht.

➤ **SV-Pressereferent Ulrich Witt**
Schloßstraße 3a, 37133 Friedland, sv-pressewart@sv.org
➤ **www.sv.org**

UNITAS – Verband der wissenschaftlichen katholischen Studentenvereine (UV)

▌**Name:** Der Name ist Programm: „Einheit".

▌**Ziele:** Jeder Unitarier soll sich bemühen, ein katholisches Leben zu führen, und sich während seines Studiums mit dem Anliegen anderer Wissenschaften bekannt machen. Dazu werden wissenschaftliche Sitzungen abgehalten, an denen weltanschauliche, kulturpolitische und soziale Fragen behandelt werden. Unitarier wollen nicht mit dem Zeitgeist schwimmen, sich nicht mit der gerade gängigen Tagesmeinung solidarisieren, sondern für eigene Überzeugungen einstehen, auch wenn sie unbeliebt sind.

▌**Prinzipien:** Lebensbund, nicht farbentragend, Ablehnung der Mensur, Wissenschaftlichkeitsprinzip, Katholizitätsprinzip, Ökumene (Angehörige anderer christlicher Bekenntnisse können Mitglied mit eingeschränkten Mitgliedsrechten werden.)

▌**Wahlspruch:** Virtua, scientia, amicitia. Der Wahlspruch des Verbandes lautet: „In necessariis UNITAS, in dubiis libertas, in omnibus caritas" (Im Notwendigen Einheit, im Zweifel Freiheit, in allem Barmherzigkeit). Dazu erklärt der Verband auf seiner Homepage: „Wir sind nichts für Menschen, die zu allem Ja und Amen sagen – Grundsätze wie diese zu haben ist in der mobilen Warenhausgesellschaft von heute überlebenswichtig."

▌**Farben:** Blau-Weiß-Gold

▌**Geschichte:** Die UNITAS geht auf einen 1847 gegründeten Studentenverein „Ruhrania" in Bonn zurück. Seine Bildung entsprang einem gewissen Protest der katholischen Rheinländer gegen die protestantisch-preußische Regierung. Dem Verein gehörten ursprünglich nur katholische Theologiestudenten an. UNITAS ist kein Kartellverband, sondern ein Einheitsverband, denn die aktiven Vereine einerseits und die Altherrenvereine andererseits haben alle die gleiche Satzung. Ab 1887 öffnete sich die UNITAS auch für andere Fakultäten und passte sich im äußeren Auftreten mit Wichs und Farben (einheitlich Blau-Weiß-Gold, jedoch in verschiedener Reihenfolge) den anderen Verbindungen an. Wie auch andere christliche Studentenverbände wird UNITAS bereits 1934 von den Nationalsozialisten besonders schikaniert. Der Verband verweigert aber die Teilnahme an verschiedenen NS-Aktionen. Der Verbandsleiter und spätere Präsident des Zentralkomitees Deutsche Katholiken, Erbprinz Dr. Karl zu Löwenstein, protestiert öffentlich gegen die Repressalien, was zur Zwangsauflösung des Verbandes durch die Gestapo 1938 führt.

Nach 1945 erholte sich der Verband rasch wieder. 1947 wird er auf der 70. Generalversammlung in St. Augustin bei Bonn als Verband neu konstituiert. 1958 tritt UNITAS mit seinen Aktivenvereinen dem Verband der Deutschen Katholischen Jugend (BDKJ) bei. Die Vereine an den alten Hochschulen werden rekonstituiert und bis 1966 werden 35 neue Vereine an neuen Hochschulstandorten gegründet. Am Aufbau der Bundesrepublik haben zahlreiche Unitarier in hohen politischen und kirchlichen Ämtern maßgeblichen Anteil, vor allem für die Arbeit an der Versöhnung und Einigung Europas. Die 70er Jahre brachten einen gewissen Rückschlag, da christliche Überzeugungen nicht zeitgeistkonform waren. Heute findet sich UNITAS wieder im Aufschwung, da auch immer mehr junge Menschen erkennen, dass der „Mainstream" geistig oft von gestern ist.

▮ **Berühmte Mitglieder:** Robert Schumann (französischer Ministerpräsident), Heinrich Krone, Rudolf Seiters (Bundesminister), Bertram, Meissner (Kardinäle)

▮ **Hochschulen/Korporationen/Mitglieder:** An 28 deutschen Hochschulen gibt es insgesamt 36 offene Studentenvereinen, und zwar in Augsburg, Aachen (2), Bamberg, Berlin, Bonn (4), Darmstadt, Düsseldorf, Eichstätt, Erfurt/Magdeburg, Erlangen/Nürnberg, Essen/Bochum/Dortmund, Frankfurt/Main, (2), Freiburg i. Br., Gießen (2), Hamburg, Heidelberg, Karlsruhe, Köln (2), Mannheim, Marburg (2), München, Münster (2), Osnabrück, Regensburg, Stuttgart, Trier, Würzburg. Ferner gehört der UNITAS eine Verbindung in Prag an. Seit 1985 hat UNITAS auch den

Zugang für Frauen geöffnet, es gibt fünf Frauenverbindungen im Verband. Derzeit umfasst der Verband etwa 600 Aktive und 5.000 philistrierte Mitglieder. Regional haben die ortsansässigen Unitarier verbindungsübergreifend Zirkel gebildet, in denen sie die studentischen Freundschaften weiter pflegen.

➤ **UNITAS Verband,** Verbandsgeschäftsführer Dipl.-Kaufmann Dieter Krüll
Aachener Straße 29, 41564 Kaarst, Tel.: 0 21 31/27 17 25, vgf@unitas.org

➤ **www.unitas.org**

Verband der Vereine deutscher Studenten – Kyffhäuserverband (VVDSt)

Ziele: Der Verband und seine Gliederungen stellen sich zur Aufgabe, ihren Mitgliedern politische Kenntnisse zu vermitteln, die persönliche Einsatzbereitschaft zu fördern und kritisches Bewusstsein zu wecken. In Verantwortung vor Gott sollen ihre Mitglieder in Staat und Gesellschaft eintreten für:

- eine demokratische Grundordnung, für Recht und Freiheit in allen Bereichen des staatlichen, politischen und gesellschaftlichen Lebens des deutschen Volkes,
- eine gerechte, um Ausgleich bemühte soziale Ordnung,
- die Erhaltung einer lebenswerten Umwelt und die Pflege der deutschen Kultur und Sprache,
- ein politisch und wirtschaftlich geeintes, freiheitlich-demokratisches Europa gleichberechtigter Völker,
- die unveräußerlichen und unverletzlichen Menschenrechte sowie die Rechte ethnischer Minderheiten auf ihre eigenständige Sprache und Kultur, insbesondere für die Verbundenheit mit allen Angehörigen des deutschen Volkes durch politische Unterstützung, kulturelle Förderung, soziale Hilfe und menschliche Begegnung.

Der Verband hält sich von jeder Parteipolitik fern und fördert die Pflege und Bewahrung des studentischen Brauchtums.

Prinzipien: Lebensbund über alle Generationen, schwarzes Prinzip (nicht farbentragend, es werden weder Band noch Mütze getragen), nicht schlagend (keine Mensuren), Männerbund, Conventsprinzip (Basisdemokratie). Die Vereine des VVDSt bewahren christliche Wertvorstellungen und verfolgen dabei das Toleranzprinzip sowie das Wissenschaftsprinzip. Das Verbandsprinzip besagt, dass an jeder Hochschule nur ein VDSt bestehen kann und alle Ortsvereine gleichwertige Mitglieder eines Verbands sind. Das politische Prinzip manifestiert den staatsbürgerlichen Bildungsauftrag aller Verbandsgliederungen; die Mitglieder sollen als Akademiker Verantwortung für Staat und Gesellschaft übernehmen.

Der VVDSt arbeitet eng mit der Verbindung Schleswigscher Studenten (VSSt) in Dänemark und einigen neu- bzw. wiedergegründeten Vereinen Deutscher Hochschüler (VDH) in Polen, Ungarn, Kroatien und Rumänien zusammen. Mit dem Konvent für Deutschland, der EU und der UNESCO wird bei der politischen Bildungsarbeit kooperiert.

▮ **Geschichte:** Der VVDSt wurde 1881 gegründet und fand zunächst vor allem an Großstadtuniversitäten Widerhall. Er nahm damals als Bewegung korporierter und nicht korporierter Studenten die Reichsfarben (Schwarz-Weiß-Rot) als eigene an, die noch heute geführt werden. Es wurden ursprünglich nur christliche Studenten deutscher Nationalität aufgenommen. Im Oktober 1938 löste sich der VVDSt unter nationalsozialistischem Druck auf und wurde 1951 in der Bundesrepublik wiedergegründet. Seit 1990 konnten auch an den Hochschulen im ehemaligen DDR-Gebiet erneut zahlreiche VVDSt-Verbindungen gegründet werden.

▮ **Hochschulen/Korporationen/Mitglieder:** Heute gibt es 40 VVDSt-Verbindungen an folgenden Hochschulorten: Aachen, Berlin und Charlottenburg, Bielefeld, Bochum, Bonn, Braunschweig, Bremen, Clausthal, Darmstadt, Dresden, Erlangen, Frankfurt/Main, Freiberg, Freiburg, Gießen, Göttingen, Greifswald, Halle-Wittenberg, Hamburg, Hannover, Heidelberg, Karlsruhe, Kiel, Köln, Leipzig, Magdeburg, Mainz, Mannheim, Marburg, München, Münster, Osnabrück, Tübingen, Würzburg, Innsbruck, Leoben, Linz, Graz und Wien sowie in Pécs (Fünfkirchen, Ungarn). Die Mitgliederzahlen liegen bei etwa 600 Studenten sowie gut 3.000 Alten Herren.

➤ **Pressesprecher Dipl.-Soz. Bastian Behrens**
Tel.: 01 72/43 09 456, bbehrens@uni bremen.de

➤ **www.vvdst.org**

SONSTIGE KORPORATIONEN

Hier sollen noch kurz Akademische Vereine genannt werden, aber unter keine der oben genannten Verbindungstypen einzuordnen sind. Es handelt sich zum einen um Akademische Sportvereine, die sich bestimmten Sportarten widmen und das Clubleben in korporativer Form gestalten. Zu nennen sind die Akademischen Segelvereine, die Akademischen Ruderer und die Interessengemeinschaft Akademischer Flieger. Zum anderen um die Rudelsburger Allianz ehemaliger geheimer Korporationen, die sich in der DDR praktisch im Untergrund gebildet haben und die sich erst 1986 zu ihrer Auffassung von studentischer Tradition bekennen konnten.

Interessengemeinschaft Deutscher Akademischer Fliegergruppen (idaflieg)

▮ **Ziele:** Die Akademischen Fliegergruppen sind Vereinigungen von Ingenieurstudenten an technischen Hochschulen und Universitäten in Deutschland. Ziel dieser weltweit beispiellosen Gruppen ist es, durch innovative Ideen und deren Verwirklichung dem Flugzeugbau in Deutschland neue Impulse zu geben.

▮ **Geschichte:** Die Interessengemeinschaft entstand 1922 an Technischen Hochschulen unter dem Motto Otto von Lilienthals „Selbst konstruieren, selbst bauen und selbst fliegen". Nach einer Unterbrechung im Dritten Reich wurde die Interessengemeinschaft 1951 wieder gegründet und es entstanden an Universitäten mit geisteswissenschaftlicher Ausrichtung neue Fliegergruppen. Das Motto lautet: forschen, bauen, fliegen.

▮ **Hochschulen/Korporationen/Mitglieder:** Der Interessengemeinschaft gehören zehn Fliegergruppen an Hochschulen und eine korrespondierende Vereinigung an: Aachen, Berlin, Braunschweig, Darmstadt, Dresden, Erlangen, Esslingen, Karlsruhe, Kiel, München und Stuttgart.

➤ **idaflieg c/o Akaflieg München**
Bolzmannstraße 15, 85748 Garching, Tel.: 0 89/28 91 59 78, Fax: 0 89/28 91 59 79, vorstand@ideflieg.de

➤ **www.idaflieg.de**

Akademischer Ruderclub (ARC)

Der Akademische Ruderclub ist eine Mischung aus studentischer Verbindung und nicht akademischem Club. Er teilt sich auf in Schülerriege, Aktivitas und Seniorenverband. Der ARC betreibt Rudern als Breitensport. Das bedeutet meist wechselnde Mannschaften, die in verschiedenen Booten je nach Zeit, Lust oder sportlichen Anspruch, ohne festen Trainingsplan zusammen rudern. Wanderfahrten, die die Teilnehmer auf viele Gewässer in Mitteleuropa führen, gehören ebenso zum sportlichen Programm wie Tages- und Wochenendtouren auf heimischem Gewässer. Der ARC hat auf Langstreckenregatten viel Erfahrung und große Erfolge gewinnen können. Interessierten stehen auch Möglichkeit zum sportlichen Wettkampf offen.

Andere Vereinigungen des ARC gliedern sich in die Aktivitas, die hauptsächlich aus Studierenden beiderlei Geschlechts besteht, und dem Alt-Herren- und Alt-Damen-Verband. In diesem Verband treten die Aktiven nach Abschluss ihres Studiums ein und ermöglichen dann durch Zahlung ihres Beitrages das Rudern und das Vereinsleben der Aktiven, die für Bootspark und Bootshaus verantwortlich zeichnen.

Akademische Ruderclubs gibt es in folgenden Hochschulstädten: Berlin, Bonn, Frankfurt/Main, Hamburg, Hannover, Kiel, Münster.

➤ **www.arcrhenus.de**
www.arv-kiel.de
www.arczuberlin.de
www.arv-alania.de
www.angaraia.de
www.rhenofrankonia.de
www.ruderverbindung.de

Verband der Akademischen Segler-Vereine e.V. 1904 (VASV)

▮ **Ziele:** Ermöglichung des Sportes mit Segelbooten für Studenten und Studentinnen. Verbandszweck ist auch die Pflege des Kontaktes zu ausländischen Seglergruppen.

▮ **Geschichte:** Der Verband wurde 1904 als Kartell gegründet. Trotz der segelsportlichen Ausrichtung mussten auch die Akademischen Segelvereine unter den Nationalsozialisten suspendieren. Bei der Neugründung nach dem Zweiten Weltkrieg wurde statt des Kartells der Verband gegründet. Seit 1967 werden auch Studentinnen als Mitglied aufgenommen.
▮ **Hochschulen/Korporationen/Mitglieder:** Zurzeit bestehen Akademische Seglervereine in Aachen, Berlin, Greifswald, Hamburg (2), Kiel (2), Lübeck, München, Rostock (2), Stuttgart und Danzig.

➤ Es gibt kein zentrales Kontaktbüro.
Die einzelnen Vereine sind über ihre Homepages zu erreichen:
www.asv-aachen.de
www.asv-berlin.de
www.asv-greifswald.de
www.asv-hamburg.de
www.asvzh.de
www.asvim.de

Rudelsburger Allianz (RA)

Die Rudelsburger Allianz ist ein Freundschaftsbund von Korporationen, die vor der Wende und praktisch in der Illegalität in der DDR gegründet wurde. Unter dem sozialistischen Regime konnten sich farbenstudentisch Gleichgesinnte angesichts der massiven Observation durch die „Sicherheitsorgane", insbesondere des Ministeriums für Staats-Sicherheit (Stasi), nur unter ständiger Bedrohung treffen. Nachdem die einzelnen Gruppen trotz der intensiven Überwachung Kontakte zueinander gefunden hatten, kam es zu einem ersten Treffen 1986 im Gasthaus „Zur Schmiede" in Schmiedeberg bei Dippoldiswalde. Daraus entwickelte sich ein Freundschaftsbund, der im Folgejahr zum ersten Mal einen feierlichen Kommers auf der Rudelsburg bei Bad Kösen a. d. Saale veranstaltete. Seither treffen sich jährlich am Wochenende nach Pfingsten die Verbindungen der RA regelmäßig auf der Rudelsburg.

Die Allianz wurde am 10. Februar 1990 in Halle (Saale) aus der Taufe gehoben, nicht als neuer Dachverband, sondern als „Kartell“ im klassischen Sinn korporativen Lebens. Die Verbindungen der RA wollten sich nicht von den bestehenden unterschiedlichen Korporationsverbänden „aufsaugen“ lassen, sondern die gefahrvoll erkämpfte Freiheit aller unter einem Dach bewahren. Es finden sich durchaus Anklänge an die Ideale des Wartburgfestes von 1817. So ist der Wahlspruch „In varietate unitas“ (Einheit in der Vielfalt) auch inhaltsgebendes Programm und nicht nur nostalgische Erinnerung. Die Verbandsfarbe ist Weiß, weil physikalisch die Summe aller Farben weiß ist. Das Kartell unterhält zwischenzeitig zu verschiedenen korporativen Richtungen in Deutschland und Österreich enge freundschaftliche Verbindungen.

Heute will die Rudelsburger Allianz an die Zustände der Gewaltherrschaft erinnern und daran, wie es trotz alledem zu akademischer Freiheit und einem Wiederbeginn des korporativen Lebens in der ehemaligen DDR kam. Die RA nimmt nur Korporationen auf, die vor 1990 in der DDR entstanden sind. Mitglied sind heute zwölf Korporationen, von denen acht ohne weitere Verbandsbindung sind, während sich zwei dem Cartellverband, eine dem Coburger Convent und eine dem Technischen Cartell Verband, angeschlossen haben.

Als Allianzlied wird das Lied „Dort Saaleck, hier die Rudelsburg“ gesungen, dazu folgende Allianzstrophe:

„Ihr Brüder von der Allianz im Westen oder Osten,
Legt ineinander Eure Hand laßt uns die Freiheit kosten.
In varietate unitas, so wollen wir es halten
vereint an diesem schönen Ort, die Jungen und die Alten“

▮ **Hochschulen/Korporationen/Mitglieder:** Dresden, Erfurt, Freiberg, Greifswald, Halle, Ilmenau, Jena, Köthen, Leipzig, Magdeburg, Mittweida und Tharandt. Im Einzelnen handelt es sich um folgende Verbindungen, die teilweise nur als AHV-Verbindung aus einem Aktivenjahrgang bestehen und von denen sich nur wenige einem Dachverband angeschlossen haben, denn die RA möchte ausdrücklich kein Verband im klassischen Sinn sein:

FStK Cimbria Dresdensis Dresden, AV Eques Aureus Dresden, Burschenschaft Salamandria Dresden, Burschenschaft Gloriosa Erfordensis Erfurt, Sängerschaft Concordia Greifswald, KDStV Salania Jenensis Jena, DStV Saxo-Ascania Hallensis Halle, Burschenschaft Gaudea Köthen, Burschenschaft Bauconstructiva Lipsiensis Leipzig, Akad. AHV Keynhausia Leipzig, (alle verbandsfrei), KTV Unitas Ilmenau/Kassel Ilmenau (TCV), KDStV Germania Leipzig (CV), Akad. Landsmannschaft Saxo-Afrania Leipzig (CC), Ottonia Magdeburg (WB), Burschenschaft Fidentia Mittweida (BDIC).

Nicht alle vor der Wende existierenden Verbindungen haben sich der Rudelsburger Allianz angeschlossen. Zu nennen sind zumindest noch die Jagdcorps in Tharandt (Cervidia und Silvania), StV Montania Freiberg sowie die Burschenschaft Markomannia Greifswald (DB) und die KDStV Alemannia Greifswald (CV).

Akademische Damen-Verbindungen (ADV)

Eine besondere Stellung nehmen unter den Korporationen die Damenverbindungen ein, so wie auch in der bürgerlichen Gesellschaft der Dame eine besondere Stellung zukam und zukommt. Seit etwa 25 Jahren bilden auch Studentinnen an deutschen und österreichischen Hochschulen wieder Akademische Damenverbindungen.

▌**Ziele:** Studentinnen erstreben mit der Bildung einer Verbindung ähnliche Ziele wie ihre männlichen Kommilitonen. Im Vordergrund stehen das Wachsen lebenslanger Freundschaften, die gegenseitige Unterstützung im Studium, die Möglichkeit preiswerter Wohngemeinschaften und gemeinsame Freizeitgestaltung. Einen besonderen Schwerpunkt bildet das Eintreten für Gleichberechtigung der Geschlechter und Frauenrechte, nicht nur an den Hochschulen.

▌**Prinzipien:** Lebensbund, Toleranzprinzip, Wissenschaftsprinzip, Farbenprinzip. Farben werden bei einzelnen Verbindungen auch als Schmuckstück getragen, z. B. bei Ferra Floris Münchberg in Form eines silbernen Anhängers mit Jade- und Onyx-Einlage für die Farben Grün-Silber-Schwarz.

Mehrere Damenverbindungen tragen keine Bänder, sondern Schleifen aus Weinzipfelband. Einige Damenverbindungen tragen die üblichen Studentenmützen, andere samtene Barette in unterschiedlichen Formen, teilweise mit Federschmuck.

In einigen Damenverbindungen beginnt die Aktivenzeit nicht mit der Fuxenstunde, sondern mit der „Fähenunterweisung". Die Unterscheidung zwischen Fähenschleife und den üblichen Bundesschleifen wird nicht bei allen Akademischen Damenverbindungen vorgenommen.

Geschichte: Ende des 19. Jahrhunderts war es für Frauen in Deutschland sehr schwer, die Studienberechtigung zu erhalten. Erst nach langem Kampf wurde dies seitens der Universitätsbehörden genehmigt. Nach der Zulassung der Mädchen an den Gymnasien konnte die Zulassung zum Universitätsstudium aber konsequenterweise nicht mehr verweigert werden. 1892 zogen die ersten Studentinnen in Freiburg und in Heidelberg in die Universität ein, wobei ihnen zuerst der Zugang zu den philosophischen Fächer geöffnet wurde. Bereits 1899 wurde mit Hilaritas Bonn die erste Studentinnenverbindung gegründet. In rascher Folge entstanden weitere Akademische Damenverbindungen, sodass sich noch vor dem Ersten Weltkrieg die vier bedeutendsten Dachverbände für Damenverbindungen konstituieren konnten. 1904 wurde die „Deutsche christliche Vereinigung Studierender Frauen" (20 Vereine, evangelisch) gegründet, 1906 folgte der „Verband der Studentinnenvereine Deutschlands" (sieben Vereine), 1913 der „Verband der katholischen deutschen Studentinnenvereine" (21 Vereine) und kurz vor Kriegsausbruch 1914 der „Deutsche Verband Akademischer Frauenvereine" (neun Vereine). Sie alle waren ihrem Wesen nach fast gewerkschaftsähnliche Interessenvertretungen, da sie einen Berg von Vorurteilen bei den männlichen Kommilitonen und den Professoren abzubauen hatten.

1919 hatten sich in den vier Dachverbänden insgesamt 57 Frauenvereine organisiert. Bis 1933 war die Zahl der Verbände auf sechs angewachsen und zahlreiche Damenverbindungen besaßen sogar eigene Verbindungshäuser. Unter dem Druck der nationalsozialistischen Diktatur mussten sich die Damenverbindungen 1933 auflösen und das Studium für Frauen wurde sehr eingeschränkt. Nach Kriegsende wurde keine dieser Verbindungen wieder reaktiviert. Nach dem Zweiten Weltkrieg beginnt die Diskussion über eine Mitgliedschaft von Studentinnen in einer Verbindung zuerst in der Schweiz, wo es der Schweizerische Studentenverein 1968 seinen

Verbindungen freistellt, auch Frauen aufzunehmen. Davon machen in der Folge vorwiegend die frankophonen Verbindungen Gebrauch, insgesamt übersteigt aber der Anteil der Frauen an den Aktivenzahlen nur selten die Zehnprozentmarke.

Auch in Deutschland kam es Ende der 60er Jahre über dieses Thema in mehreren Korporationsverbänden zu heftigen Diskussionen, die zu erheblichen Spannungen, sogar zu Austritten führten. Nur einige meist kleinere Verbände haben sich für Studentinnen geöffnet. Durch diese Diskussionen wurde aber die Gründung selbstständiger Studentinnenverbindungen angeregt. 1976 wurde in Münchberg die TTDV Ferra Floris gegründet. Seither wurden 35 Damenverbindungen neu gestiftet, von denen aber sechs bereits wieder vertagt oder suspendiert wurden. Heute findet man an folgenden Hochschulorten insgesamt 29 Akademische Damenverbindungen: Aachen, Bamberg, Berlin, Bonn, Braunschweig, Clausthal-Zellerfeld, Frankfurt/Main, Freiburg i. Br., Gießen, Göttingen, Greifswald, Hannover, Heidelberg (2), Jena, Kiel, Köln, Leipzig, Mainz (2), Mannheim, Marburg, Münchberg, München, Münster, Nürnberg, Tübingen, Wützburg (2). Einmal jährlich findet im Oktober das Damenverbindungstreffen (DVT) statt.

- Da kein Dachverband für Damenverbindungen besteht und hier nicht die einzelnen Bünde aufgeführt werden können, muss der Kontakt jeweils zu den einzelnen Verbindungen gesucht werden. In der Deutschen Sängerschaft sowie der ATB gibt es auch gemischte Verbindungen, im Schwarzburgbund eine Damenverbindung (Athenia) und im Unitasverband fünf Damenverbindungen.
- Allgemeine Informationen über Damenverbindungen finden sich vor allem bei der Athenia Würzburg: **www.athenia.de**

www.adv-laetitia.de
www.agrippinia.de
www.amazonia-jena.de
www.athena.de
www.avnausikaa.de
www.concordia-feminarum.de
www.helenia.de
www.helenia-monasteria.de
www.felicia-mainz.de
www.ferra-floris.de
www.lysi.de
www.merzhausia.de
www.orejades.de
www.parnassia.de
www.salia-wuerzburg.de
www.sbnet.de
www.thalia-bamberg.de
www.unitas.org
www.zenobia-leipzig.de

Weitere aktuelle Adressen sind auch über die couleurstudentische Website www.cousin.de zu finden.

Schülerverbindungen (Pennalkorporationen)

Name: Die Namen der Schülerverbindungen sind sehr unterschiedlicher Natur. Die häufigsten Namen sind „Absolvia", „Matura" oder „Abituria", weisen also deutlich auf den Abschluss des Gymnasiums hin oder sie benennen sich nach dem Gymnasium (z.B. Casimiriana, Bremeneck u.a.). Wieder andere lateinisieren den Namen ihrer Heimatstadt (z.B. Baruthia, Monasteria u.a.) oder Heimatregion (z.B. Frankonia, Saxonia, Borussia, Guestfalia, Saalensia u.a.). In München existierte eine Schülerverbindung, „Rania"[20] (gegründet 1868), die von dem lateinischen Wort rana (der Frosch) ihren Namen herleitete, weil unter den Studenten der damaligen Zeit die weitverbreiteten Schülerverbindungen als „Froschverbindungen" verspottet wurden. Die älteste Schülerverbindung in Oldenburg nennt sich „camera obscura", was sowohl Selbstironie als auch Programm bedeuten kann. In der ehemals freien Reichsstadt Wetzlar steht seit 1868 bis heute die „Gesellschaft Natalia", eine Verbindung von Obersekundanern und Primanern des dortigen Gymnasiums, die sich zusammengefunden haben, um gemeinsam ihre Geburtstage zu feiern. Jüngere Gründungen sind oft nach Leitfiguren benannt (z.B. Theodor Körner, Florian Geyer, Ernst-Moritz Arndt, Theodor Fontane, Leberecht von Blücher u.a.). Auch die Bezeichnungen der Bünde sind unterschiedlich. So gibt es Corps, pennale Burschenschaften oder auch die Bezeichnung Schülerverbindung, Pennalverbindung oder einfach Gesellschaft, Leseclub und Ähnliche, die den Charakter der Schülerverbindung vor allem für die Schulbehörden verschleiern sollten, denn bis in die 50er Jahre waren Schülerverbindungen in den meisten Bundesländern verboten.

Prinzipien: Alle Schülerverbindungen haben des Lebensbundprinzip. Die meisten tragen oder führen Farben. Einige Schülerverbindungen aus dem Bereich der Corps und pennalen Burschenschaften schlagen auch Mensuren oder pauken sich zumindest bis zur Mensurreife ein. Allerdings ist der gymnasiale Fechtkomment unterschiedlich zu dem studentischen.

20 Max Graf, „90 Jahre Rania München 1868–1958" – Eine Denkschrift zum 90. Stiftungsfest

▌**Farben:** Oft sind die Farben der Schülerverbindungen die der alten Schülermützen in der Prima oder Sekunda, den obersten Klassen des Gymnasiums also. Alte Bünde tragen nur die Mütze, vereinzelt auch Zipfel. Viele Schülerverbindungen haben sich mit dem studentischen Bierkomment auch Bänder in ihren Farben zugelegt, einige unterscheiden sogar zwischen Burschen und Fuxenfarben. Einige Verbindungen tragen Anstecknadeln in Form eines Wappenschildes mit den Farben der Verbindung. Die Verbindungen des Passauer Senioren Convents tragen eine Anstecknadel mit dem „Passauer Wolf". Eine andere Form des „Farbezeigens" ist ein Stückchen Zipfelband, das im Knopfloch des Revers getragen wird.
▌**Geschichte:** Schülerverbindungen entwickelten sich schon Ende des 18. Jahrhunderts in den oberen Klassen. In der napoleonischen Zeit und den Freiheitskriegen blühten an vielen Gymnasien Verbindungen auf, die aber in der folgenden Zeit der Restauration alle wieder verboten wurden. Die meisten Schülerverbindungen gab es in Süddeutschland, da in Preußen und anderen norddeutschen Fürstentümern ein strenges Verbot der Pennalkorporationen galt. Lediglich aus dem Großherzogtum Oldenburg sind schon in der Mitte des 19. Jahrhunderts Schülerverbindungen bekannt, die nicht verboten wurden. In Coburg (Sachsen-Coburg-Gotha) wurden sogar zu den großen Festen die Lehrerkollegien eingeladen.[21] Nach 1870 nahmen Schülerverbindungen einen starken Aufschwung, mussten aber in den meisten deutschen Staaten heimlich tagen, da sie von den Schulleitungen verboten wurden. Öffentlicher Genuss von alkoholischen Getränken durch Jugendliche verstieß nach dem damaligen gesellschaftlichen Empfinden gegen Sitte und Anstand. So suchten die Gymnasiasten der oberen Klassen nach anderen Möglichkeiten. Da die Zahl der Schüler in einem Jahrgang oft weniger als zehn Schüler betrug, war es möglich, dass sich die Schülerverbindungen im Untergrund erhalten konnten. Strengste Geheimhaltung war dazu die Voraussetzung. Aber gerade dieser Umstand dürfte wesentlich dazu beigetragen haben, dass sich entgegen den strengen

21 Max Nath, „Schülerverbindungen und Schülervereine", Leipzig und Berlin 1905, Seite 9

Gesetzen – vor allem in Preußen – die Pennalkorporationen so hartnäckig gehalten haben. Erst nach 1950 traten die meisten Schülerverbindungen an die Öffentlichkeit und manches Lehrerkollegium wunderte sich, was bisher an seiner Schule völlig im Verborgenen geblüht hatte. Das prominenteste Mitglied einer Schülerverbindung dürfte der frühere Bundeskanzler Professor Dr. Ludwig Erhard (Fürth) gewesen sein.

Die ältesten Schülerverbindungen in Deutschland, die bis zum Jahr 1871 gegründet wurden, sind:

- PV! Markomannia 1824, Rastatt, gegr. 24. April 1824
- Absolvia Bayreuth von 1833, Bayreuth, gegr. 27. Februar 1833
- PV! Teutonia 1842, Muggensturm, gegr. 27. Februar 1833
- Camera Obscura Oldenburgensis, Oldenburg, gegr. 1848
- SV! Kastalia (Literarischer Kranz), Nürnberg, gegr. 1854
- GGV Bardophonia, Münster, gegr. 1858
- SV! Casimiriana, Coburg, gegr. 16. Februar1861
- Rot-weiß-rote Absolvia Nürnberg, Nürnberg, gegr. 1. Oktober 1867
- Gesellschaft Natalia am Goethegymnasium zu Wetzlar, gegr. 22. Januar 1868
- RAAV Absolvia Hof von 1869 im FAC, Hof a.d.Saale, gegr. 1869
- Real Absolvia Nürnberg, Nürnberg, gegr. 15. September 1869
- Leseverein Teutonia am Gymnasium Josephinum zu Hildesheim, gegr. 1871
- SV! Ernestina, Coburg, gegr. 22. Juni 1871

Schülerverbindungen gibt es in Österreich (etwa 270), Schweiz (30), Italien (1), Frankreich (1) und Deutschland. Hier blühen in 120 Städten etwa 140 Schülerverbindungen. Die Mitgliedszahlen schwanken zwischen wenigen Dutzend (bei jungen Verbindungen) und 200 bis 400 bei sehr alten Bünden, die an ihren Standorten oft ein hohes Ansehen genießen. Die „Alten Herren“ sind meist in Altherren- oder Philister-Verbänden organisiert und halten so nicht nur lebenslänglich Kontakt untereinander, sondern können auch die Aktivitas materiell und ideell unterstützen oder ihr altes Gymnasium, dem viele die Grundlage eines erfolgreichen Lebens- und Berufsweges verdanken, fördern.

Im Zeitalter der unbestrittenen Koedukation haben sich natürlich auch die jungen Frauen für das Korporationswesen am Gymnasium interessiert und in jüngerer Zeit Schülerinnenverbindungen gegründet. Aktuell liegen Informationen über zwei solcher Bünde vor, die in Bayreuth (seit 1995) und Oldenburg (seit 2001) bestehen.

▌**Verbände:** Eine Reihe von Schülerverbindungen haben sich zu Verbänden zusammengeschlossen, die sich auch regelmäßig gegenseitig zu Kneipen und Kommersen besuchen und teilweise gemeinsam gleiche Ideale und Ziele verfolgen. In Deutschland bestehen folgende Verbände von Schülerverbindungen:

Der Allgemeine Pennäler Ring (APR) ist ein Zusammenschluss von 13 Schülerverbindungen, die sich überwiegend als pennale oder gymnasiale Burschenschaften bezeichnen. Er wurde am 17. Juni 1990 in Eisenach gegründet. Bis auf einen Münchener Bund aus dem Jahre 1906 sind sie alle zwischen 1981 und 2002 gegründet worden. Sie sind in den Städten Berlin, Chemnitz, Düsseldorf, Göttingen, Greifswald, Hamburg, Halle, Harburg, Kaltenkirchen, Kassel, Kiel, Kronach und München ansässig. Die Schülerverbindungen des APR bekennen sich zu den Zielen der Urburschenschaft, deren Grundsätze sie pflegen und weiterverbreiten wollen. Sie sind farbentragend und bekennen sich zum Lebensbundprinzip und zum Conventsprinzip. Freundschaftliche Beziehungen bestehen zum Österreichischen Pennälerring (ÖPR).

➤ **www.apr-deutschland.de,** vorsitzender@apr-deutschland.de

Der Fränkische Absolven Convent (FAC) ist ein Zusammenschluss der Absolvia-Bünde von ehemaligen Realgymnasien, Oberreal- und Realschulen in Bayreuth, Erlangen, Fürth, Hof, Kulmbach, Nürnberg, Würzburg und Wunsiedel. Er wurde am 1. November 1953 in Erlangen gegründet. Alle Bünde tragen mit einer Ausnahme die Farben Weiß-Grün-Weiß. Ziel und Zweck des Verbandes ist die Wahrung und tätige Vertretung gemeinsamer Interessen sowie die Pflege und Förderung freundschaftlicher Beziehungen zwischen den einzelnen Bünden und ihren Mitgliedern. Der Verband widmet sich auch gemeinsamen heimatverbundenen und kulturellen Aufgaben. Fester Versammlungsort für die jährlich am dritten Samstag im März stattfindenden Verbands-Convente ist Kulmbach. Der Vorort des FAC wechselt jährlich zwischen den beteiligten Absolvenverbindungen. Sieben der acht Mitgliedsbünde sind vor 1900 gegründet worden.

➤ **www.absolvia.de**

Pennäler Kartell Baden (PKB): Dieser Verband wurde im Juni 1973 gegründet. Dem Kartell gehören mehr als die Hälfte der badischen Schülerverbindungen an, darunter die älteste deutsche Pennalverbindung von 1824. Der jüngste Mitgliedsbund wurde 1991 gestiftet. Die Verbindungen sind in den Städten Baden-Baden, Bruchsal, Freiburg, Lahr, Karlsruhe, Offenburg und Rastatt (3) ansässig. Das Kartell führt die alten badischen Farben Rot-Gelb. Jährlich findet am letzten Samstag im Juni auf dem alten Schloss in Baden-Baden der Convent des Kartells statt, gefolgt von einem Kommers. Daneben wird der „kleine Kartelltag" am Sitz des Vororts veranstaltet. Darüber hinaus werden andere gemeinsame Veranstaltungen (Fußballturniere, Hüttenwochenenden u. Ä.) durchgeführt.

➤ **www.pv-germania.de/pkb**

Passauer Senioren Convent (PSC): Der Passauer-Senioren-Convent (PSC) ist ein Zusammenschluss farbentragender studentischer Korporationen. Zweck der Kartells ist die Verbreitung und Förderung der urburschenschaftlichen Ideale und die Erhaltung des deutschen studentischen Brauchtums einschließlich der damit verbundenen Traditionspflege. Weiterer Zweck ist es, Kartellbrüder über ihre eigene Verbindung hinaus zu vereinigen, ihre Bildung zu fördern, sich gegenseitig mit Rat und Tat beizustehen und die Freundschaft über den eigenen Bund hinaus im Kartell zu pflegen. Besondere Pflege ist ferner dem Heimatgedanken gewidmet.

Das Kartell ist von jeher politisch und konfessionell nicht gebunden und stellt die Ausgestaltung des Eigenlebens ihren Mitgliedskorporationen frei und besitzt hierfür keinerlei Weisungsrecht. Gegründet wurde das Kartell am 12. August 1921 als „Passauer Sammel-Convent (PSC)". Die Wiedergründung erfolgte am 10. August 1952 in Vereinigung mit dem „Altenburger Senioren-Convent" (ASC) und dem „Süddeutschen Verbands-Convent" (SVC) in Passau. Sitz des Kartells ist, ohne Rücksicht auf den Namen, jeweils der Sitz der präsidierenden Korporation; diese wird im Turnus von zwei Jahren gewählt, eine Wiederwahl ist möglich.

Der gemeinsame Wahlspruch lautet „Einigkeit und Recht und Freiheit" und wurde bewusst der Nationalhymne entlehnt. Zum PSC gehören 20 Burschenschaften, Studenten- und Absolventenverbindungen aus dem bayerischen Raum in zehn Städten: Augsburg (3), Bamberg (2), Fürth, Ingolstadt, Nürnberg (3), Passau (4), München (3), Regensburg, Simbach und Straubing. Als Verbandsabzeichen wird der „Passauer Wolf" getragen. Die Kartellfarben sind Schwarz-Weiß-Blau.

➤ **www.passauer-senioren-convent.de**

Rudelsburger Senioren Convent (RSC): Eine Reihe von Schülerverbindungen bezeichnen sich als „Corps". Sie bringen damit – ähnlich wie die studentischen Corps des KSCV und des WSC – drei Prinzipien zum Ausdruck, die für ihren Bund prägend sind: Das Prinzip des Lebensbundes, das Prinzip der Toleranz in allen weltanschaulichen und religiösen Fragen und das Prinzip des Farbentragens. Die im Rudelsburger SC zusammengeschlossenen Pennalcorps haben darüber hinaus noch das Fechtprinzip. Einige Corps fordern Pflichtpartien, andere stellen die Mensur frei. Dem Verband gehören Pennalcorps in Bonn, Krefeld (4), Mainz und Moers an. Die Corps verzichten bewusst auf jedes Sendungsbewusstsein. Sie sind reine Freundschaftsbünde mit dem Ziel der Pflege treuer Kameradschaften, der Festigung des Charakters sowie der wechselseitigen Unterstützung. Sie lehnen konsequenterweise – bei aller Toleranz – die Aufnahme extrem veranlagter oder eingestellter Pennäler jeder Richtung ab. Der RSC führt die Verbandfarbe Grün-Weiß-Rot und hat seinen Sitz in Köln. Die einzelnen Corps tragen meist abweichende dreifarbige Bänder entsprechend ihrer Tradition.

Außer diesen sieben Pennalcorps sollen noch 6 verbandsfreie Pennalcorps in folgenden Städten existieren: Halle, Heidelberg, Sebnitz, Uelzen, Waldmichelbach und Würzburg. Die meisten von diesen sind nichtschlagend, aber fast alle farbentragend. Auch in Österreich gibt es eine größere Anzahl von Pennalcorps.

➤ **www.travel.to/RSC**

Da die Schüler meist nur zwei Jahre in ihrer Verbindung aktiv sein können, bevor sie Abitur machen und dann zum Wehrdienst oder zum Studium ihre Heimatstadt verlassen, haben die Schülerverbindungen in der Regel keine festen Adressen. Sie sind teilweise zu erreichen über das Internet, da viele eigene Homepages haben. Die hannöver'sche Schülerverbindung „Honovere" hat sich großes Verdienst dadurch erworben, dass sie (fast) alle Schülerverbindungen in Deutschland, Österreich und der Schweiz gesammelt und auf ihrer Website aufgelistet hat. Diese lautet www.honovere.de. Für Deutschland werden über 140 Bünde genannt.

➤ Weitere Informationen zum Thema finden sich auch unter **www.cousin.de/cousin**.

5. Ritterorden und andere Ordens- und Logen-Systeme

In diesem Kapitel werden verschiedene Orden vorgestellt. Der Begriff „Orden“ ist doppeldeutig, da das Wort sowohl eine Personengemeinschaft als auch eine meist von Souveränen oder von Staaten verliehene Auszeichnung für herausragende Leistungen meinen kann. Unter die Erstgenannten fallen neben den monastischen Orden auch Gemeinschaften, wie die Ritterorden der Kreuzfahrerzeit. Zur zweiten Kategorie gehören z.B. der Verdienstsorden der Bundesrepublik Deutschland oder Kriegsauszeichnungen wie das Eiserne Kreuz. Zu nennen wären auch die alten preußischen Orden des „Schwarzen oder Roten Adlers“ oder der Orden „Pour le mérite“, den es in seiner zivilen Form noch heute gibt.

Die geistlichen Orden in Form von Mönchs- und Nonnenorden sind Gemeinschaften von Menschen, die ihr Leben als Ausdruck ihres Glaubens in den Dienst an Gott, der Kirche und den Menschen stellen. Sie wie auch andere religiöse Bruderschaften werden hier ausgespart, wenngleich ihre Ziele mit den im Folgenden dargestellten Ritterorden viele Gemeinsamkeiten aufweisen.

Das Entstehen der geistlichen Ritterorden ist eng verbunden mit den Kreuzzügen, in denen sich ab 1095/96 die Gedanken der Pilgerfahrt und des Rückgewinnens der Heiligen Stätten aus den Händen der ungläubigen Muslime mit dem Kampf gegen Heiden generell, aber auch mit der Eroberung neuer Ländereien und der Errichtung politischer Machtgebilde ineinander vermischen. Es sind drei bedeutende Ritterorden, die im 12. Jahrhundert im Heiligen Land entstehen: Der ältester Ritterorden sind die Templer, denen aber schon im Jahre 1312 ein grausames Ende bereitet wird. Als nächster Ritterorden entwickelt sich aus der Hospitalbruderschaft zum Heiligen Johannes der Johanniter- oder Hospitaliterorden und schließlich entsteht zu Ende des 12. Jahrhunderts der Deutsche Orden. Allen dreien ist gemeinsam, dass sie nur dem Papst unterstehen und sich nicht unter die Herrschaft eines Königs oder Fürsten beugen. Ihre selbst gewählte militärische Aufgabe ist es, die heiligen Stätten wie auch die Pilgerwege zu Land und zur See von Europa in das Heilige Land zu schützen. Sie bilden zu ihrer Zeit in den Kreuzfahrerstaaten durch eine straffe Ordensstruktur die ersten stehenden Heere mit mächtigen Burgen als Stützpunkte. Durch päpstliche Sonderrechte, Schenkungen, Vermächtnisse und Einnahmen aus ihren Besitzungen gewinnen sie bedeutende wirtschaftliche Macht. Johanniterritter und Deutschordensritter errichten nach dem Verlust des Heiligen Landes auf der Insel Rhodos bzw. im Pruzzenland souveräne Ordensstaaten.

Als geistliche Ritterorden sind sie aber auch an die Regeln des hl. Augustinus und des hl. Benedikts von Nursia wie auch der Zisterzienser gebunden. Ihre Mitglieder, zumeist Laienbrüder, verpflichten sich wie Mönche zu Gehorsam, Armut und Keuschheit. Hinzu treten die ritterlichen und aus der Antike herrührenden Kardinaltugenden: Weisheit, Tapferkeit, Maßhalten und Gerechtigkeit. Ihre Ordensregeln geben hiervon Kenntnis.

Die Ritterorden gliedern sich in Priester, Ritter (Adlige), Servientes (nichtadelige Waffenträger) und dienende Brüder. An der Spitze der Hierarchie steht jeweils der Großmeister, später auch Hoch-, Deutsch- oder Herrenmeister genannt.

Anders als der Templerorden, der 1119 von Beginn an als Militärorden gegründet wird, entwickelt sich der Johanniterorden aus einer Hospital- und Pflegebruderschaft, die schon vor der Eroberung Jerusalems durch das Heer des 1. Kreuzzuges in der Stadt besteht und ein Johannes dem Täufer geweihtes Pilgerhospiz betreibt. Unter der Leitung ihres Vorstehers Bruder Gerhard wird dieses Hospiz sehr bald nach Beginn der christlichen Herrschaft in Jerusalem zu einem leistungsfähigen Hospital ausgebaut. Die Bruderschaft entwickelt sich – u.a. durch die Aufnahme frommer Ritter – zu einer zahlenmäßig bedeutsamen Hospitalbruderschaft. Aus ihr entsteht ab der Mitte des 12. Jahrhunderts der päpstlich anerkannte Johanniterritterorden. Sein militärischer Auftrag tritt somit erst später neben die bereits ausgeprägt wahrgenommene Aufgabe des Dienstes am Not leidenden Kranken und Hilfebedürftigen. Die Johanniter sprechen seitdem vom Doppelauftrag „tuitio fidei et obsequium pauperum".

Der Deutsche Orden erhält 1196 seine Ordensprivilegien und wird 1198 in einen Ritterorden umgewandelt. Er nimmt sich die

Johanniter als karitatives und die Templer als kriegerisches Vorbild.

In dieser Abhandlung werden der Johanniter- und der Malteserorden vorgestellt, weil sie in Kontinuität seit ihrer Gründung erhalten geblieben sind, des Weiteren der durch seinen Untergang legendenumworbene Templerorden mit seinen Nach- und Neugründungen, denen es generell an der Legitimation durch Kontinuität mangelt, die aber von sich behaupten, die Tradition eines Bernhard von Clairvaux fortzuführen.

Ferner werden in diesem Kapitel die Friedensklasse des Ordens „Pout le mérite“, die ein reiner Verdienstorden ist, der jüdische Orden B'nai B'rith, der langsam auch in Deutschland wieder Anhänger gewinnt, der Druiden-Orden sowie der unabhängige Orden der Odd Fellows mit seinen Rebekka-Logen besprochen. Alle diese Orden haben weder historisch noch inhaltlich eine Gemeinsamkeit mit den Ritterorden. Sie unterscheiden sich nach Zielen, Zielgruppen, Zusammensetzung, Gebräuchen und Riten erheblich. Abschließend erfolgt die Allschlaraffia, wobei darauf hinzuweisen ist, dass diese schnurrige Gesellschaft weder ein Ritterorden noch eine Freimaurerloge, weder ein Serviceclub noch ein Business Club und schon gar keine studentische Vereinigung ist, sondern eine Gemeinschaft völlig eigenen Charakters, Zum Schluss informiert ein kurzer Exkurs über den neuen Rosenkreuzerorden, der ebenfalls in Deutschland tätig ist.

Hier sei noch einmal daran erinnert, dass die allgemeinen Begriffe „Orden“ und „Loge“ nicht geschützt sind und von jedem Verein für sich verwendet werden können. Das gilt allerdings nicht für die Johanniter und Malteser, deren Name und Zeichen, das weiße achtspitzige Kreuz auf rotem bzw. schwarzem Grund, europaweit warenzeichenrechtlichen Schutz genießen.

So kommt es, dass sich viele Vereinigungen mit wohlklingenden Namen, mit Rückgriff auf pseudomittelalterliche Romantik und mit zuweilen sehr fragwürdigen wirtschaftlichen Praktiken allenthalben tummeln. Sie passen nicht zu dem ernsthaften Ansatz dieses Buches und verärgern nur solche Gemeinschaften, die sich verantwortungsvoll um das Bewahren oder Wiederbeleben alter Traditionen bemühen.

Der Ritterliche Orden des Hl. Johannes vom Spital zu Jerusalem

Geschichte: Der „Ritterliche Orden des Hl. Johannes vom Spital zu Jerusalem" ist von seinen Ursprüngen her gesehen der am weitesten die Vergangenheit reichende geistliche Ritterorden.

Kaufleute aus der Seerepublik Amalfi erhalten bereits zur Mitte des 11. Jahrhunderts die Genehmigung, in Jerusalem ein Pilgerhospiz zu gründen, das von einer nach den Regeln des hl. Benedikt lebenden Laienbruderschaft betrieben wird und in dem Pilger ohne Unterschied des Glaubens und der Rasse Schutz und Unterkunft finden. Die Bruderschaft, die nach der Eroberung von Jerusalem durch das Heer des 1. Kreuzzuges 1099 deutlich an Zahl zunimmt, errichtet unter Leitung ihres Vorstehers, des später von der katholischen Kirche seliggesprochenen Bruders Gerhard, ein leistungsfähiges Hospital auf dem Muristangelände in der Nähe der Grabeskirche. Papst Paschalis II. erkennt die Bruderschaft im Jahre 1113 an, verleiht ihr rechtliche Befugnisse und stellt sie unter seinen unmittelbaren Schutz. Diese Bulle begründet die Selbstständigkeit der Bruderschaft und ist ein wesentlicher Meilenstein auf dem Wege zum geistlichen Ritterorden. Dieser wird durch den ersten Ordensmeister und Nachfolger von Bruder Gerhard, Raimund de Puy (1120–1160), mit Hilfe weiterer päpstlicher Verfügungen beschritten und ist in der zweiten Hälfte des 12. Jahrhunderts abgeschlossen. Die erste Ordensregel entsteht bereits 1152. Zu seinem Namen „Hospitaliterorden" oder „Johanniterorden" gehört bereits das weiße achtspitzige Kreuz, dessen Spitzen später einen Bezug zu den die acht Seligpreisungen der Bergpredigt herstellen.

Ab 1206 werden im Orden nationale Zusammenschlüsse, so genannte Zunge gebildet. Die Ordensmitglieder stammen aus allen Teilen Europas, vor allem aus Frankreich und Italien. Schließlich gibt es acht Zungen: Provence, Auvergne, Frankreich, Italien, Kastilien, Aragon, England und Deutschland. Jede „Zunge" umfasst eine unterschiedliche Zahl von Großprioraten/Prioraten. Diese wiederum leiten regionale „Balleien". Eine Ballei verwaltet den örtlichen Ordensbesitz, die Kommenden, denen ein Komtur oder Kommendator vorsteht. Sie erwirtschaften auch die für den

Gesamtorden erforderlichen Geldmittel und widmen sich – zumindest in den ersten Jahrhunderten – dem Dienst an Kranken, Armen und Hilfesuchenden. Noch heute weist die Bezeichnung „Kommende" auf ehemaligen Besitz der Ritterorden hin. Bis zum Ende des 18. Jahrhunderts behält der Johanniter-Malteserorden grundsätzlich diese Organisationsstruktur bei.

Nach dem Ende der christlichen Herrschaft im Heiligen Land (1291) residiert der Johanniterorden zunächst in Limassol auf Zypern. Mit Genehmigung des Papstes erobert er in den Jahren 1306–1310 die Insel Rhodos und beginnt von dort aus, einen Souveränen Ordensstaat zu errichten, der zeitweilig zahlreiche Inseln des Dodekanes und Stützpunkte in Kleinasien in seinen Herrschaftsbereich eingliedert. Er prägt eigene Münzen und unterhält diplomatische Beziehungen zu anderen Staaten. Durch die Zuweisung von Grundbesitz des 1312 aufgelösten Templerordens vergrößert sich seine wirtschaftliche Basis erheblich.

Als Vorposten der Christenheit im Kampf gegen den vordringenden Islam, gegen Seeräuber und als Machtposition im östlichen Mittelmeer benötigt der Orden nunmehr eine ständig präsente starke Flotte und zahlreiche Truppen. Rhodos wird zu einer imponierenden Festung ausgebaut. Aber auch dort, wie vorher in Jerusalem und Akkon, errichtet der Orden ein großes leistungsfähiges Hospital, in dem alle Ritter einschließlich des Großmeisters Pflegedienst zu leisten haben. Die für den Krankenhausbetrieb und das Kriegführen erforderlichen Gelder werden in Form von Abgaben (Responsien) durch die Kommenden und Balleien bereitgestellt.

Nach einer Belagerung durch weit überlegene muslimische Streitkräfte muss der Johanniterorden, von der christlichen Welt wegen Reformation und internen Auseinandersetzungen der Herrscher allein gelassen, am Weihnachtstag 1522 kapitulieren. Sultan Soleiman der Prächtige lässt ihn am Neujahrstag 1523 in allen Ehren von der Insel abziehen. Erst 1530 erhält der Orden von Kaiser Karl V. die Insel Malta zu Lehen und beginnt unverzüglich, erneut seinen Souveränen Ordensstaat aufzubauen. Ehe die Befestigung der Insel abgeschlossen ist, versuchen die Türken im Jahre 1565 noch einmal den Orden in der „Großen Belagerung" – allerdings erfolglos – zu vertreiben. Nach seinem Sitz nennt sich der Orden ab der zweiten Hälfte des 16. Jahrhunderts „Souveräner Malteserritterorden". Über ihn wird den im Kapitel „Malteserorden" berichtet.

Während sich der Orden im 14. bis zur zweiten Hälfte des 16. Jahrhunderts mit existenzbedrohenden kriegerischen Auseinandersetzungen im Mittelmeerraum konfrontiert sieht, verlaufen Entwicklungen am Rande des Ordensgebietes, in der Markgrafschaft, später Kurfürstentum, Brandenburg friedlicher. Mit ehemaligem Templerbesitz ausgestattet, entsteht ab 1351 die „Ballei Brandenburg" des Großpriorates Deutschland, deren Johanniter schon im Jahre 1318 die Schutzfunktion des Landesherrn anerkennen. Um ungewollten Verkäufen von Ordensbesitz entgegenzuwirken, erwerben sie im Vertrag von Heimbach im Jahre 1382 als einzige Ballei des Ordens gegenüber dem deutschen Großpriorat eine autonome Stellung, die ihnen verschiedene Rechte, wie z.B. die Wahl eines eigenen „Herrenmeisters", und Sicherheit bei den zu erfüllenden Abgaben einräumt. Nach der Einführung des protestantischen Glaubens im Kurfürstentum Brandenburg 1539 werden auch die Johanniter der Ballei Brandenburg evangelisch, heiraten und gewinnen weitere Distanz zum ansonsten noch unverändert katholischen Orden auf Malta. Die Ritter der Ballei Brandenburg behalten den Namen Johanniter. Sie fühlen sich nach wie vor dem Gesamtorden auf Malta verbunden und verbleiben als autonome Ballei in seiner Struktur. Daran ändert auch der Westfälische Frieden von 1648 nichts, in dem die kirchenrechtliche Trennung der Ballei vom Gesamtorden und die Protektorrolle des Landesherrn bestätigt werden.

In der napoleonischen Zeit verlieren der Malteser- und später auch der Johanniterorden durch Maßnahmen der Säkularisation ihren gesamten Besitz. König Friedrich Wilhelm III. von Preußen stiftet zur Erinnerung an die von ihm 1810 aufgelöste Ballei Brandenburg einen als „Preußischen St. Johanniterorden" bezeichneten Verdienstsorden. Erst sein Sohn, König Friedrich Wilhelm IV. von Preußen, stellt die aufgelöste Ballei kraft seines Protektoramtes durch ein Edikt vom 15. Oktober 1852 wieder her, ohne ihr jedoch verloren gegangenen Besitz zurückzuerstatten. Er weist der wieder errichteten „Balley Brandenburg des Ritterlichen Ordens vom Spital zu Jerusalem" ganz konkrete, sich an dem ursprünglichen Ordenszweck im Hl. Land orientierende Aufgaben zu, nämlich die Errichtung und den Betrieb von Krankenhäusern und Alteneinrichtungen.

Balley Brandenburg des Ritterlichen Ordens St. Johannis vom Spital zu Jerusalem, genannt „Der Johanniterorden"

▌**Ziele:** Der Johanniterorden von heute ist ein geistlicher Ritterorden. Die Grundlage seiner Existenz ist das evangelische Bekenntnis zu Jesus Christus.

Seine Mitglieder verpflichten sich dem alten Doppelauftrag: dem Eintreten für den christlichen Glauben und dem Dienst an Kranken und Hilfebedürftigen. In der Ordensregel heißt es dazu: *„Der Johanniter lässt sich rufen, wo die Not des Nächsten auf seine tätige Liebe und der Unglaube der Angefochtenen auf das Zeugnis seines Glaubens warten."*

Die Besinnung auf die Grundlagen des christlichen Glaubens und das Bekenntnis zum dreieinigen Gott gehören ebenso zum Leben eines Johanniters wie die aktive Mitarbeit in Kirche und Gemeinde. In den Werken und stationären Einrichtungen des Ordens (Krankenhäuser und Altenpflegeeinrichtungen) ist er zu aktivem Tätigsein aufgerufen.

▌**Geschichte:** Nach Wiederherstellung der Balley, in der sich Festhalten an überkommener Tradition und historische Kontinuität mit neuen Aufgaben verbinden, wird sehr rasch eine beachtliche Mitgliedschaft u.a. aus der ehemaligen Trägerschaft des Verdienstordens gewonnen. An die Spitze tritt als neuer Herrenmeister ein Bruder des Königs, Prinz Carl von Preußen. Durch die neue bis heute gültige Gliederung in Genossenschaften mit zahlreichen selbstständigen Aufgaben wird eine das Ehrenamt fördernde Dezentralisierung als besonderes Kennzeichen der Balley erreicht. Zu den Aufgaben des Errichtens und Betreibens von Krankenhäusern und Alteneinrichtungen tritt in den Kriegen der zweiten Hälfte des 19. Jahrhunderts und im Ersten Weltkrieg der Einsatz der Johanniter als Samariter auf den Schlachtfeldern hinzu. Unter der tatkräftigen Führung der beiden Kaisersöhne Prinz Eitel Friedrich und Oskar als Herrenmeister gelingt es, den Johanniterorden nicht nur durch den Ersten Weltkrieg und die schwere Nachkriegszeit, sondern auch trotz schwerer Beeinträchtigungen der damaligen Machthaber durch die NS-Zeit und den Zweiten Weltkrieg zu steuern. Zwölf Johanniter werden als Mitglieder der Verschwörung des 20. Juli 1944 hingerichtet. Mit Ende des Zweiten Weltkrieges und in den Jahren danach verliert der Orden alle Häuser in Ost- und Mitteldeutschland. Durch Krieg, Vertreibung und Behinderung bei der Nachwuchsgewinnung in der NS-Zeit sinkt die Mitgliederzahl von 4.500 im Jahre 1931 auf etwa 2.000 im Jahre 1951. Danach steigt sie – allerdings sehr langsam bis auf die heutige Größenordnung von ca. 3.800 an. Durch einen Beschluss des Kapitels im Jahre 1948 öffnet sich der Orden nunmehr auch für Herren aus bürgerlichen Familien. Der Begriff „Adel“ wird von seiner Bindung an die Geburt aus einer Familie des historischen Adels gelöst und auf „Gesinnung und Einstellung“ übertragen.

Nach Überwindung der unmittelbaren nachkriegsbedingten Schwierigkeiten öffnet sich der Johanniterorden ab Beginn der 50er Jahre neuen Aufgaben. Ohne den Auftrag des Betreibens der Häuser aus dem Auge zu verlieren, gründen sich „Johanniter-Hilfsgemeinschaften“ als örtliche Gliederungen zur unmittelbaren, unbürokratischen und spontanen Hilfeleistung. Heute gehören den nahezu 70 in- und ausländischen Hilfsgemeinschaften etwa 4.000 ehrenamtlich tätige Damen und Herren an.

Eine im Jahre 1885 gegründete Johanniter-Schwesternschaft nimmt ihre Arbeit wieder auf und unterhält zwei Krankenpflegeschulen. Schließlich wird 1952 als eigenständiger Verein die Johanniter-Unfall-Hilfe gegründet. Sie hat sich bis heute zu einer weltweit agierenden starken Hilfsorganisation mit mehr als 30.000 haupt-, neben- und ehrenamtlich tätigen Helfern sowie 1,4 Millionen Fördermitgliedern entwickelt.

Nach der Wiedervereinigung kehren die ursprünglichen mitteldeutschen Genossenschaften in ihre alten Wirkungsbereiche zurück und übernehmen einen Teil ihrer ehemaligen Häuser. Diese zu modernisieren und unter den aktuellen Bedingungen des Wettbewerbes mit vergleichbaren Anbietern zu führen stellt eine große Herausforderung dar. Auch in den neuen Bundesländern entstehen Ordensgliederungen, vergleichbar zu den in den alten Ländern.

Die Genossenschaften in den früheren deutschen Ostprovinzen können nach dem Zerbrechen des kommunistischen Machtapparates in Polen mit großer Energie nunmehr die Unterstützung evangelischer Gemeinden, die Hilfe für Einzelpersonen und den Aufbau von Sozialstationen in die Wege leiten.

Mitglieder: Um die Aufnahme in den Johanniterorden kann man sich nicht bewerben. Der Orden sucht sich seinen Nachwuchs unter ihm dafür geeignet erscheinenden Herren selbst aus. Unabdingbare Voraussetzungen sind das Bekenntnis zum evangelischen Glauben und die Bereitschaft zum tätigen Einsatz im Sinne der Ordensziele. Hinzu kommen das Bejahen der Ordenstradition und eine ritterliche Lebensführung. Der Orden ist in erster Linie eine Gesinnungsgemeinschaft und danach eine Dienstgemeinschaft. Gesellschaftliche Kategorien spielen eine sehr nebensächliche Rolle. Für die Aufnahme ist ein Mindestlebensalter von 25 Jahren erforderlich. Ein Aspirant benötigt die Bürgschaft zweier älterer Johanniterritter. Mit seiner Aufnahme wird er zum Ehrenritter ernannt, nach mindestens fünf Jahren aktiver Ordenszugehörigkeit kann ihm das Ehrenritterkreuz als staatlich geschützte Auszeichnung und als Zeichen für den Kreuzestod Jesu Christi verliehen werden. Nach längerer Bewährung im Orden und einem Mindestalter von 40 kann ein Ehrenritter den Ritterschlag erhalten und zum Rechtsritter ernannt werden. Dabei erhält er das Rechtsritterkreuz überreicht. Die jährlichen Ritterschlagsfeiern finden in der einzigen Kirche des Ordens, der mittelalterlichen Komturkirche in Nieder-Weisel bei Butzbach, statt.

Ordensorganisation: Der Sitz des Johanniterordens ist Potsdam. Seine Verwaltung erfolgt allerdings im Ordenszentrum Berlin. An seiner Spitze steht der Herrenmeister, Dr. Oskar Prinz von Preußen. Er übernahm dieses Amt im Jahre 1999 von seinem Vater, Prinz Wilhelm-Karl von Preußen. Seit 1693 stellt die Familie Hohenzollern/Preußen die Herrenmeister in ungebrochener Linie.

Heute gibt es 18 deutsche und fünf nichtdeutsche Genossenschaften, die sich zum Teil auch Kommenden nennen. Die Bezeichnung orientieren sich weitgehend an überregionalen Strukturen, wobei an traditionellen Namen z.B. für die Genossenschaften in den ehemaligen deutschen Gebieten östlich von Oder und Neisse festgehalten wird. Die nichtdeutschen Genossenschaften sind in Finnland, Frankreich, Österreich, Ungarn und in der Schweiz angesiedelt. Unterhalb der Genossenschaften treffen sich die Johanniter in örtlichen Subkommenden als kleinste Ordenszellen. Auch in Übersee (Nord- und Südamerika), im südlichen Afrika und in Australien gibt es Subkommenden, die in der Kommende der Balley zusammengefasst sind.

Die Ordensspitze mit Herrenmeister, Ordensstatthalter und Ordenshauptmann, die Regierenden Kommendatoren der Genossenschaften/Kommenden und die Mitglieder der Ordensregierung bilden das Kapitel, das in jährlich drei Sitzungen alle wesentlichen Entscheidungen trifft.

Gegenwärtig ist der Orden Träger von 14 Krankenhäusern mit zum Teil mehreren Betriebsstätten, von Tageskliniken und von nahezu 50 Altenpflegeeinrichtungen. Sie alle sind im Jahre 2004 in einer Trägergesellschaft, der Johanniter GmbH, zusammengefasst worden, um als Holding im scharfen Wettbewerb mit anderen Anbietern besser bestehen zu können.

Andere Johannesorden

Bedingt durch historische Entwicklungen hat sich im 19. Jahrhundert in Großbritannien ein britischer Johannesorden als Nachfolger für die im Zuge der Reformation aufgelöste Englische Zunge gebildet. Die ursprünglichen Genossenschaften der Balley Brandenburg in Schweden und in den Niederlanden lösten sich 1945 vom Orden und gründeten eigene Johannesorden. Diese drei Orden, die Balley Brandenburg und ihre nichtdeutschen Genossenschaften, beschlossen 1961 in der Komturkirche von Nieder-Weisel zur Verbesserung ihrer Beziehungen und zum Abstimmen internationaler Tätigkeiten die „Allianz der evangelischen Johannesorden“. Seitdem treffen sich Spitzenvertreter dieser Orden und in zunehmender Einbindung auch die des Souveränen Malteserritterordens zu jährlich einmal stattfindenden Sitzungen, um im

Bewusstsein der Gemeinsamkeiten durch Geschichte, Auftrag und Legitimität die Zusammenarbeit von Jahr zu Jahr enger zu gestalten. Zu den Allianzorden gehören:

- Venerable Order of St. John, Priory House, 25 St. John's Lane, London, Großbritannien
- Johanniter Orde in Nederland, Laange Vorhout 48, Den Haag, Niederlande
- Johanniterorden in Sverige, Riddarhuset, Stockholm, Schweden
- Balley Brandenburg (Johanniterorden), Finckensteinallee 111, 12205 Berlin

➤ **Generalsekretariat des Johanniterordens**
Finckensteinallee 111, 12205 Berlin, Tel.: 0 30/23 09 97 00, Fax: 0 30/23 09 97 02 49
info@johanniterorden.de

➤ **www.johanniter.de**

Deutsche Assoziation des Souveränen Ritterordens von Malta

▌**Name:** Der Name leitet sich von der Insel Malta ab, auf der der „Ritterliche Orden St. Johannes vom Spital zu Jerusalem" seit 1530 seinen Sitz hat. Nach dem Verlust von Rhodos belehnte ihn Kaiser Karl V. mit dieser Insel.

Das achtspitzige Malteserkreuz wurde 1489 vom Ordenskapitel als Feldzeichen festgelegt: *„So sollen die Ritter vom Hospital, … auf ihrem Gewande das Kreuz mit acht Spitzen tragen, damit sie eingedenk sind im Herzen, das Kreuz Christi zu tragen, geschmückt mit acht Tugenden, die sie begleiten."* Bereits 1485 wurden den Spitzen des Kreuzes die Seligpreisungen der Bergpredigt zugeordnet:

1. *Selig, die arm sind vor Gott; denn ihnen gehört das Himmelreich.*
2. *Selig die Trauernden; denn sie werden getröstet werden.*
3. *Selig, die keine Gewalt anwenden; denn sie werden das Land erben.*
4. *Selig, die hungern und dürsten nach der Gerechtigkeit; denn sie werden satt werden.*
5. *Selig die Barmherzigen; denn sie werden Erbarmen finden.*
6. *Selig, die ein reines Herz haben; denn sie werden Gott schauen.*
7. *Selig, die Frieden stiften; denn sie werden Söhne Gottes genannt werden.*

8. *Selig, die um der Gerechtigkeit willen verfolgt werden; denn ihnen gehört das Himmelreich.*
9. *Selig seid ihr, wenn ihr um meinetwillen beschimpft und verfolgt und auf alle mögliche Weise verleumdet werdet.*“ (Matth. 5,2–11)

Das Malteser Kreuz wird in Schildform getragen. Das „Schild“ weist auf die Verteidigung des Glaubens und der christlichen Stätten hin: auf die militärische Verteidigung, die in den ersten Jahrhunderten des Ordens notwendig war, und auf die friedliche, die heute im Sinne eines Bekenntnisses gefordert ist.

▮ **Ziele:** Die deutsche Assoziation des Malteserordens entstand 1993 durch den Zusammenschluss zweier deutscher Gliederungen des Ordens, der 1859 gegründeten Genossenschaft der Rheinisch-Westfälischen Malteser Devotionsritter und des 1866 gegründeten Vereins Schlesischer Malteserritter. Diese waren die ältesten nationalen Assoziationen im Orden; ihr Zusammenschluss zog die Konsequenz aus der bereits bestehenden engen Zusammenarbeit beider Vereinigungen. Die Deutsche Assoziation mit ihren ca. 550 Mitgliedern ist Initiatorin und Trägerin verschiedener Ordenswerke in Deutschland, vor allem der Deutschen Malteser GmbH mit ihren Tochtergesellschaften und des Malteser Hilfsdienstes. In den Führungsgremien beider Institutionen arbeiten Mitglieder der Assoziation ehren- und hauptamtlich mit.

In der ersten Regel der Hospitalbrüderschaft des Hl. Johannes zu Jerusalem wird als Leitsatz des Ordens formuliert: „*Tuitio fidei et obsequium pauperum – Bezeugung des Glaubens und Hilfe den Bedürftigen*“. Dieser ist bis heute für den Orden und alle Gemeinschaften, die sich davon ableiten, gültig. Im Laufe der Ordensgeschichte hat sich der Leitsatz nicht verändert. Er wurde unterschiedlich in die jeweilige Zeit übersetzt. Heute leben wir nicht mehr in der Kreuzfahrerzeit, wohl aber in einer Zeit, in der Kriege, Katastrophen und Schicksalsschläge vielfältiges Leid, Krankheit, Obdachlosigkeit, Flüchtlingselend und andere Bedürftigkeiten hervorrufen, die keinen Menschen und erst Recht keinen Malteser unberührt lassen dürfen. So ist es dem Malteser, der aus der christlichen Tradition kommt, ein Anliegen, Gottes- und Nächstenliebe in guter Weise zu verbinden und damit der Aufforderung Jesu zu folgen: „*Du sollst den Herrn, deinen Gott, lie-*

ben mit ganzem Herzen, mit ganzer Seele und mit all deinen Gedanken.“ Das ist das wichtigste und erste Gebot. Ebenso wichtig ist das zweite: „*Du sollst deinen Nächsten lieben wie dich selbst.*“ (Matth. 22,37–39)

▮ **Geschichte:** Nach sechs Monaten Belagerung und schweren Kämpfen mit der mächtigen Flotte und dem überlegenen Heer von Sultan Suleiman dem Prächtigen mussten die Ordensritter 1523 die Insel Rhodos unter ehrenvollem Abzug räumen. Während der folgenden Jahre gebot der Orden über kein eigenes Territorium.

1530 nahmt der Großmeister Philippe de Villiers de l'Isle Adam die Insel Malta in Besitz, die Kaiser Karl V. dem Orden mit Zustimmung von Papst Clemens VII. als Lehen übergab. 1565 wehrten die Ritter unter der Führung des Großmeisters Jean de la Vallette (nach dem die Hauptstadt Maltas benannt ist) nach schweren Kämpfen die große türkische Belagerung ab, die über drei Monate dauerte. Die Flotte des Ordens, die als eine der mächtigsten des Mittelmeeres gilt, hatte in der Seeschlacht von Lepanto 1571 einen großen Anteil an dem endgültigen vernichtenden Sieg über die osmanische Seemacht. Zwei Jahrhunderte später besetzte 1798 Napoleon Bonaparte auf dem Weg nach Ägypten Malta und zwang die Ritter, die durch die Zusage, gegen Christen die Waffen nicht zu erheben, gebunden waren, die Insel zu verlassen. 1800 besetzten die Engländer die Insel. Trotz der Anerkennung der souveränen Rechte des Ordens über Malta durch die Vereinbarung von Amiens (1802) konnte der Orden die Insel nie mehr in Besitz nehmen.

Bis zur Reformation war der Malteser Orden mit dem Johanniterorden identisch. Aber schon vor Luthers Thesenanschlag in Wittenberg, nämlich 1382, erhielt die Balley Brandenburg weitgehende Autonomierechte innerhalb des Johanniterordens und durfte ihren Herrenmeister selbst wählen. Als der Kurfürst von Brandenburg, unter dessen Schutz sie stand, sich zur evangelischen Konfession bekannte, war sie praktisch ein Orden im Orden. So kam es, dass ein selbstständig gewordener Zweig den Namen des alten Ordens („Johanniter“) behielt, während der alte Orden eine neue Bezeichnung bekam. Er wurde nach seinem Ordenssitz, der Insel Malta, benannt. Im Kern war es jedoch der gleiche Orden mit den gleichen Aufgaben und Zielen und einer engen Kooperation bei den

Aufgabenstellungen, jedoch mit unterschiedlicher Konfession. Der Malteserorden hat auch heute noch einen religiösen Kern aus Rittern, die Armut, Ehelosigkeit und Gehorsam geloben und dadurch kirchenrechtlich zu Laienbrüdern werden. Von einem dieser Professritter mit dem Titel Großmeister wird der Malteserorden regiert. Der Malteserorden ist der einzige noch in ungebrochener Kontinuität bestehende Ritterorden. Die einstmals wichtigen militärischen Aufgaben sind seit dem Ende der Ordensherrschaft 1798 zugunsten der karitativen Tätigkeit aufgegeben worden.

▌ **Die karitativen Aufgaben:** Der Malteserorden ist heute weltweit aktiv. In 56 Ländern gibt es Ordensgliederungen oder Hilfsdienste und in über 100 Ländern ist der Orden durch karitative Werke vertreten. Zu seinen Aufgaben gehören insbesondere die Führung von Krankenhäusern, Hospizdiensten, Dispensarien sowie Altenhilfe- und Behinderteneinrichtungen. In allen Kontinenten gibt es eine große Anzahl von Einrichtungen des Ordens, die dem Gesundheitswesen dienen. Daneben bildet die Führung von Hilfsdiensten eine wichtige Arbeit des Ordens. Ihre Aufgabe liegt auf dem Gebiet der Ersten Hilfe, des Krankentransportes und Rettungsdienstes, des Katastrophenschutzes, sozialer Dienste sowie der Jugendarbeit. Vor allem die Hilfsdienste tragen die Auslandsarbeit des Malteserordens mit Schwerpunkten bei der Aufbauarbeit in Osteuropa, Basisgesundheitsdiensten, Leprahilfe, Flüchtlingshilfe, Mutter-Kind-Programmen und Katastrophenhilfe in der Dritten Welt. In Deutschland sind die Malteser über 600-mal vertreten: mit Einrichtungen der Altenhilfe, mit Krankenhäusern und Hospizarbeit, in Erste-Hilfe-Ausbildung, im Zivil- und Katastrophenschutz, im Rettungsdienst, in ambulanter Pflege und Betreuung, in verbandlicher Jugendarbeit, in Jugend- und Suchthilfe und in der Gesundheitsförderung.

Der Souveräne Ritterorden von Malta hat seit 1834 seinen Sitz in Rom, Via Condotti 68. Er unterhält diplomatische Beziehungen zu über 93 Staaten der Erde und internationalen Organisationen, darunter die Vereinten Nationen und der Hl. Stuhl.

➤ **Malteserorden-Kanzlei**
Burgstraße 10, 53505 Kreuzberg, Tel.: 0 26 43/20 38, Fax: 0 26 43/23 93

WEITERE FRÜHE RITTERORDEN

Der Deutsche Orden war 1191 während der Belagerung von Akko durch Bürger aus Lübeck und Bremen gestiftet worden. Seit 1309 residierte der Deutsche Orden auf der Marienburg bei Danzig und war wesentlich beteiligt an der Unterwerfung und Christianisierung der Pruzzen (Preußen) sowie der baltischen Völker. Im Lauf der Jahrhunderte verlor der Orden seine Bedeutung und wurde 1809 von Napoleon aufgehoben. Heute ist der Deutsche Orden ein klerikaler Orden unter einem Hochmeister genannten Abt.

Der 1335 erstmals bezeugte Orden vom Hl. Grab ist ebenfalls ein klerikaler Orden geworden. Er wird heute an Stelle von einem Großmeister als päpstlicher Orden von einem Kardinal geführt.

Der Orden der Schwertbrüder von Livland hat nach dem Verlust des Heiligen Landes seine Aktivitäten – ähnlich wie auch der Deutsche Orden und der Johanniterorden – in die Christianisierung des Baltikums verlegt. Hier wurde er in blutigen Kämpfen mit einheimischen Stämmen vollständig aufgerieben und ist untergegangen. Ende des 20. Jahrhunderts gab es in Deutschland und wohl auch in Österreich eine Gruppe, die den Namen und die Tradition der „Schwertbrüder von Livland“ wieder aufleben lassen wollte. Sie ist aber nicht mit karitativen Werken an die Öffentlichkeit getreten.

Immer wieder entstehen Gruppen, die sich „Ritterorden“ nennen, in Verbindung mit blumigen, wohlklingenden Namen und behaupteten langen Traditionen, die aber historisch nicht belegt und nachvollzogen werden können. Von den drei hier genannten Ritterorden, den Johanniter/Maltesern, Templern und dem Deutschen Orden, können sie sich jedoch nicht seriös herleiten. Meist verbergen sich hinter diesen Gründungen lediglich Eitelkeit und Geltungsdrang. In Einzelfällen sollen aber auch ein zweifelhafter finanzwirtschaftlicher Hintergrund nicht auszuschließen sein, denn wenigstens ein alter Ritterorden warnt auf seiner Homepage vor Namensmissbrauch. Es kann nur angeraten werden, sich nicht von hochwertigen Aufmachungen, hochtrabenden Titeln und angeblich geheimen Gründungen sowie vollmundigen Legenden bluffen zu lassen. Im Zweifel kann bei den hier genannten Ordenskanzleien nachgefragt werden, um sicherzustellen, dass man nicht einem frivolen Spiel zum Opfer fällt, wenn ein „Großmeister“ oder „Ordenskanzler“ auf mit imposanten Wappen geschmücktem Büttenpapier zu kostenträchtigem Ritterschlag im Rahmen eines Generalkapitels einlädt. Nur kritische Prüfung kann hier vor Blamage und finanziellem Schaden bewahren.

Der Templerorden – Ordo Militiae Templi

▌**Geschichte:** Hugo von Payens hat 1118 zusammen mit acht französischen Rittern den Orden „Arme Ritterschaft vom Salomonischen Tempel“ (Pauperes Commilitones Christi) in Jerusalem gegründet. Als Quartier wurden ihm einige Gebäude im Bereich des ehemaligen Tempels Salomons als Unterkunft zugewiesen. Fortan wird die Bruderschaft als Ritter vom Tempel zu Jerusalem (Militia Templi Hierosolymitani) bezeichnet.

Die Templer legten die monastischen Gelübde „Armut, Keuschheit, Gehorsam“ ab und übernahmen als Aufgabe die Sicherung der Pilgerwege zu den heiligen Städten. Etwa ab 1137 übernahmen sie auch karitative Aufgaben, nachdem der Orden 1128 vom Papst anerkannt worden war. Der geistige Vater und Protektor dieser Idee der christlichen Ritterorden war der Abt des Zisterzienserordens und Kirchenlehrer Bernhard von Clairvaux. Er verfasste mit Hugues de Payens für den Templerorden die Ordensregel, die von Papst Honorius II. auf dem Konzil von Troyes bestätigt wurde. Als Symbol der Reinheit ihres Lebens erhielten die Ordensritter den weißen Mantel. 1145 gewährte Papst Eugen III. den Templern als erstem Orden das Recht, das rote Kreuz, Symbol des Blutes Christi, permanent zu tragen.

Der Orden erhielt durch päpstliche Bullen, insbesondere von Papst Alexander III., 1163 umfassende Privilegien. Er unterstand nur dem Papst, weder einem weltlichen Fürsten noch einem Bischof und war von der damaligen Steuer, dem Zehnten, befreit. In Verbindung mit seiner Tüchtigkeit errang er nicht nur Macht, sondern kam auch zu großem Reichtum. Es gelang ihm aber nicht, einen eigenen Ordensstaat zu errichten, wie es die Johanniter und der Deutsche Orden vermocht hatten. Der Templerorden hat aber in allen Ländern Europas Komtureien errichtet.

Der Templerorden baute nach dem Verlust des Heiligen Landes seinen Hauptsitz, den „Temple“, in Paris weiter aus. Sein bestens etabliertes Wirtschafts- und Logistiksystem funktionierte weiter – in den Augen seiner Gegner ohne Begründung und nur aus Eigenzweck. Der Grund, militärische Aktionen im Heiligen Land zu finanzieren, existierte nicht mehr. In dieser Zeit entstanden zahlreiche Templerbauten in Frankreich, auch große, bedeutende Kathedralen. Louis Charpentier vertritt die Auffassung, die Templer seien nicht nur Ordensritter, sondern auch große Baumeister gewesen, und schreibt ihnen sogar die Entwicklung der Gotik zu. Die weiterbestehende gesellschaftspolitische und wirtschaftliche Stellung des Ordens ohne die ursprüngliche Zielsetzung erweckte Misstrauen und Begehrlichkeiten. Einer der größten und mächtigsten Neider war der französische König Philipp der Schöne, der bei den Templern stark verschuldet war. Als der von ihm abhängige Erzbischof von Bordeaux 1305 als Clemens V. zum Papst gekrönt wurde, war der Hl. Stuhl als oberste juristische Instanz für den Templer-Orden in der Hand Philipp des Schönen. Dieser arrestierte eigenmächtig am 13. Oktober 1307 alle in Frankreich lebenden Templer. Durch falsche Anschuldigungen und durch Folter erpresste Geständnisse kam es in Schauprozessen gegen die Templer zu deren Verurteilung und für viele zum Tod auf dem Scheiterhaufen. Philipp der Schöne nutzte die von ihm herbeigeführte Schwächung des Papstes und erreichte 1312 die Aufhebung des Ordens. Nach diesem Verlust der kirchlichen Protektion wurde am 18. März 1314 der Großmeister Jacques de Molay auf der Seine-Insel in Paris durch Befehl des Königs verbrannt. Auf dem Scheiterhaufen soll dieser nach einer Legende Philipp den Schönen und Papst Clemens V. binnen Jahresfrist vor Gottes Richterstuhl gerufen haben. Tatsächlich sind beide in dieser Frist verstorben.

Philipp der Schöne beschlagnahmte alles Ordensgut in Frankreich. In den anderen Ländern wurden durch päpstliche Verfügung die Güter der Templer dem Johanniterorden, zu dem viele Templer übergetreten waren, zugewiesen. Obwohl nach offiziellen Quellen (fast) alle Templer in Frankreich verhaftet wurden, wurden tatsächlich nur ganz wenige Todesurteile vollstreckt. Außerhalb Frankreichs, dem unmittelbaren Machtbereich von

König Philipp IV., wurden die Templer nur zum Teil verfolgt, teilweise sogar gänzlich in Ruhe gelassen. Allerdings war durch den Wegfall der geistigen und wirtschaftlichen Führungselite und der Ordenszentrale in Paris die Macht der Templer gebrochen.

Die heute bestehenden Templergruppen gehen jedoch davon aus, dass der Orden nicht völlig unterging. Einige Tempelritter seien nach Schottland gezogen, wo niemand den Orden verfolgte. Das heutige Großpriorat Schottland des „Ordo Supremus Militaris Templi Hierosolymitani" sieht sich daher in der Nachfolge der Templer und behauptet, in einer ungebrochenen Kontinuität des Ordens zu stehen, für die indes keine wissenschaftlich verifizierbaren Beweise vorliegen. In Spanien wurde 1317 als Ersatz für den zerschlagenen Templer-Orden der Orden „Unserer lieben Frau von Montesa" errichtet, der voll in die Rechte und Pflichten des Templerordens eintrat. König Dinis I. von Portugal sammelte 1319 Tempelritter im eigens dafür gegründeten „Christus Orden". Dieser diente mehrere Jahrhunderte der Krone von Portugal.

Fast 400 Jahre nach der Ermordung des Großmeisters Jaques de Molay fand 1705 in Versailles ein Generalkonvent der Templer Nachfolgeorganisationen statt, auf dem neue Statuten erlassen wurden. Napoleon I. ließ den Prozess gegen die Templer durch eine Kommission untersuchen. Als deren Unschuld festgestellt wurde, rehabilitierte er den Orden 1814, genau 500 Jahre nach der Ermordung de Molays. Schließlich erneuerte König Ludwig XVIII. von Frankreich das königliche Protektorat über den Orden der Tempelritter und 1853 erkannte Napoleon III. den „Ordo Supremus Militaris Templi Hierosolymitani" (OSMTH = Ritterorden der Templer von Jerusalem) offiziell an. Im Verlauf des Zweiten Weltkrieges übersiedelte die Ordensregierung nach Portugal. Eine Rehabilitierung des Templerordens seitens des Hl. Stuhles steht jedoch bis heute noch aus.

Zwei der daraus hervorgegangenen internationalen Organisationen beanspruchen (mit wissenschaftlich umstrittenen Urkunden) eine ununterbrochene Linie von Großmeistern und Regenten von Jacques de Molay bis heute. Das Dokument, das die Kontinuität eines 1806 wieder aktiv werdenden französischen Templerordens belegt, die Charta Transmissionis, trägt das Datum 1324 und regelt im Wesentlichen die Nachfolge im Untergrund, gilt indes unter Historikern als Fälschung aus dem 18. Jahrhundert. Auch der „Orientalische Templer Orden" (OTO), der heute nur noch in Splittergruppen auftritt, steht weder von Zielsetzungen noch vom Inhalt oder seinen Werken mit dem Templerorden in Zusammenhang; er ist eine rein esoterische Gründung des frühen 20. Jahrhunderts. Im Rahmen der Zielsetzung dieses Buches ist eine Beschäftigung mit ihm irrelevant.

Im Zusammenhang mit den Templern entstanden auch zahlreiche Legenden um das Wirken, die Geheimnisse und die Schätze des Ordens. Tatsächlich gibt es jedoch für diese Behauptungen kaum Belege, die strenger wissenschaftlicher Prüfung standhalten würden. So wird den Templern u.a. die Einführung der Gotik in die europäische Architektur und der Bau der gotischen Kathedralen zugeschrieben sowie der Unterhalt von Kolonien in Südamerika, die Bewahrung des Heiligen Grals, das Auffinden der Bundeslade(!) und das Anzetteln der Französischen Revolution.

Es existieren heute in Deutschland verschiedene Templergruppen, die nach ihren Angaben die Ordenstradition fortsetzen. Eine fortlaufende Kontinuität wie bei den Johannitern und Maltesern ist jedoch nicht gegeben und wird auch nicht behauptet. Die Einstellung der Gruppen ist unterschiedlich von streng katholisch bis vollkommen ökumenisch. Diese „Ritterorden des 21. Jahrhunderts" basieren übereinstimmend auf der Ansicht, dass zwar der äußere Ritterstand schon lange untergegangen ist, dass aber die Grundlagen der Ritterlichkeit, nämlich Weisheit, Gerechtigkeit, Tapferkeit und Besonnenheit, noch heute ein fester, integrativer Bestandteil unserer abendländischen Kultur sind.

▌**Ziele:** Die Berufung der heutigen Ordensritter sei es, den Mitmenschen aus Nächstenliebe zu dienen. So zeige sich der wahre Geist und das Bestreben des Templers. Mitglieder in den Templerorden sollen keinen Wert auf Lorbeeren und Ehrerbietungen legen, sie selbst treten in den Hintergrund und ihr Lohn ist einzig das Lächeln der Menschen, denen sie geholfen haben. „Tu Gutes und rede nicht darüber" lautet abweichend von den Grundsätzen moderner PR-Arbeit, aber in Übereinstimmung mit dem Neuen Testament, einer der Ordensgrundsätze. Templer wollen mit offen

Augen durch die Welt gehen und die Menschen suchen, die ihrer Hilfe bedürfen. So ist nicht mehr das Schwert Kennzeichen des Ritters, sondern seine Anteilnahme und Hilfsbereitschaft.

Es sind vor allem die Grundhaltungen, die den Ritter aus- und kennzeichnen: Beständigkeit, Selbstdisziplin, Treue und Mildtätigkeit. Im Einzelnen bedeutet dies Zuverlässigkeit, Aufrichtigkeit und Freigebigkeit im alltäglichen Handeln sowie ein Gefühl für das Gebührende im Umgang miteinander. Diese ritterlichen Grundhaltungen sind aktuell und geeignet, der modernen Gesellschaft als Orientierung zu dienen.

▮ **Organisation:** Es existieren mehr als zehn Gruppen in Deutschland, die sich „Templer“ nennen, von denen einige nur kleine Splittergruppen sind. Alle Einigungsbemühungen, um die sich vor allem der OMCT in Hannover bemüht, sind bisher gescheitert.

Die bekanntesten der neuen Templer-Gruppen in Deutschland, die Laien auch als Ordensritter aufnehmen, seien genannt:

- Der Tempelherrenorden (OMCT), Hannover, ist ein streng ökumenischer Laien-Ritterorden.
- Der Tempelritterorden (OSMTH), Großpriorat Deutschland in Köln, ist ein christlich, ökumenischer Laien-Ritterorden.
- Der historische Ritterorden der Tempelherren von Jerusalem, Großpriorat Deutschland, Merzig
- Ordo Supremus Militaris Templi Hierosolymitani (OSMTH), Großpriorat Deutschland, Neuss
- Ordo Militiae Templi – Militia Templi Christi pauperum Militum Ordo, Deutsches Großpriorat, Piding
- Nova Militia Christi Hierosolymitana, eine katholische Bruderschaft in der Nachfolge des portugiesischen Christusordens, Mainz-Hechtsheim

Nachfolgend werden diese kurz dargestellt, wobei die jeweiligen Eigendarstellungen der Orden die Grundlage dieser Porträts sind.

In allen deutschen Templergruppen sind nach Schätzung von Professor Dr. Dr. Nikolaus Heutger[1], dem Ordensprobst des OMCT, etwa 500 Mitglieder vereint. Templergruppen gibt es in 42 Ländern mit insgesamt etwa 3.000 Mitgliedern. Einige Templer-Priorate in

1 Nova Militia – Die neue Ritterschaft, Ausgabe 2002/03

verschiedenen Ländern bildeten 1997 eine gemeinsame Dachgesellschaft, den Ordo Militiae Templi (OMT), der in das Vereinsregister beim Amtsgericht Dortmund eingetragen wurde und bei dem der Deutsche Tempelherrenorden Gründungsmitglied ist. Weitere Mitglieder im OMT sind eine belgische (OMCT-B), eine österreichische (OMCT-A) und eine zweite deutsche Gruppe in Düsseldorf.

Der Tempelherrenorden (OMCT)

Der Tempelherrenorden ist ein ökumenischer Laienorden, der die Tradition des Templerordens (Ordo Militae Templi) fortführt. Mitglieder können getaufte Christen aller Konfessionen werden, wenn sie gegenüber ihren Mitmenschen Brüderlichkeit und Toleranz üben sowie das Grundgesetz und die soziale Ordnung der Bundesrepublik Deutschland achten. Heute will der Orden insbesondere im Zuge des europäischen Einigungsprozesses dazu beitragen, das Glaubensgut als geistiges und kulturelles Erbe aller Christen zu bewahren. Die Ordensbrüder treten für Menschenwürde und Völkerverständigung ein. Gerechtigkeit und Bescheidenheit sind die Leitmotive ihres Handelns.

Der neue Deutsche Tempelherrenorden wurde durch den Theologieprofessor Dr. Hans Heuer als deutsche Observanz des Ordens gegründet. Seit 1957 ist er mit dem „Ordo Supremus Militaris Templi Hierosolymati“ in Portugal verbunden.

Kirchlich gebundene Christen können auf Vorschlag von Ordensmitgliedern in den Orden berufen werden, wenn sie sich mit seinen Zielen identifizieren. Unbescholtene Herren können sich aber auch direkt als Rechtsritter bewerben. Die Rezipierung erfolgt in einem ökumenischen Gottesdienst nach einer etwa einjährigen Postulantenzeit durch Ritterschlag. Der Orden hat heute mehr als 100 Vollmitglieder und gehört damit zu den größten Templergruppen in Deutschland. Der Tempelherrenorden affiliiert auch christlich engagierte Frauen und Herren als fördernde Mitglieder.

➤ **Deutscher Tempelherrenorden,** Ordensmeister Hans-Dieter Köhler
Bonhoefferstraße 1, 30457 Hannover, Tel.: 05 11/46 94 02

➤ **www.tempelherrenorden.de**

Der Tempelritterorden – Ordo Supremus Militaris Templi Hierosolymitani (OSMTH)

Das deutsche Großpriorat des OSMTH mit Sitz in Köln ist ein autonomer Zweig des internationalen OSMTH mit Sitz in Jerusalem. Geistlicher Ordensprotektor ist der Patriarch von Antiochien und dem ganzen Orient, von Alexandrien und von Jerusalem, Gregor III., geistliches Oberhaupt der größten christlichen Kirche im Heiligen Land.

Der OSMTH beruft sich auf die Fortsetzung des Templerordens in Portugal und die 1845 erfolgte Anerkennung durch Papst Gregor XVI. als katholischer Ritterorden.

Am 22. September 1990 verpflichteten sich die Großpriorate Deutschlands und Finnlands feierlich gegenüber dem Patriarchen Maximos V. Hakim als ihrem neuen Ordensprotektor zur „Hilfe für die Christen im Heiligen Land“. Andere Großpriorate traten dieser Verpflichtung später bei. 1995 beschlossen 18 nationale Priorate die Bildung eines internationalen Hilfswerkes des Ordens zur Unterstützung der Christen im Heiligen Land sowie dem ganzen Nahen und Mittleren Osten. Der Tempelritterorden hat 1991 eine eigene Komturei in Jerusalem gegründet. Vom Internationalen Generalsekretariat in Köln werden medizinische Projekte in Jerusalem, Nablus und Bethlehem sowie Wohnbau-Projekte für christlich-arabische Familien gefördert.

Neben dem internationalen Hilfswerk unterstützen oder betreiben die nationalen Priorate des Ordens christliche Einrichtungen für Kinder, Jugendliche und Waisen, aber auch für behinderte, alte und kranke Menschen. Außerdem setzt sich der Orden aktiv für die Einheit aller Christen und der christlichen Kirchen ein. Diese christliche Ökumene wird auch innerhalb des Ordens praktiziert: Aktive Christen, z.B. der evangelischen, anglikanischen oder orthodoxen Kirche, sind immer willkommen.

Die Mitgliedschaft im Orden steht Männern und Frauen ab dem 18. Lebensjahr offen, wenn sie die Ziele des Ordens bejahen und bereit sind, die daraus erwachsenden Pflichten zu übernehmen. Sie müssen aktiv einer christlichen Kirche angehören und dürfen nicht Mitglied einer Sekte, einer Freimaurerloge oder eines Geheimbundes sein.

➤ **Generalsekretariat OSMTH Deutsches Großpriorat**
Sauerbruchstraße 21, 50767 Köln, Tel.: 02 21/58 90 20 0, Fax: 02 21/49 7201
info@tempelritterorden.de
➤ **www.tempelritterorden.de**

Ordo Supremus Militaris Templi Hierosolymitani (OSMTH), Großpriorat Deutschland, Furth

Der heutige Internationale Templerorden (Ordre du Temple, Order of the Temple) ist eine christlich-ökumenische Organisation, deren Existenz erstmals im Jahr 1705 belegt ist. Erst 1804 formierte eine Gruppe französischer Adliger mit dem Wohlwollen Napoleon Bonapartes daraus einen international tätigen Orden. In den folgenden Jahren wurde der Orden karitativ, aber auch politisch aktiv. Mit Napoleon III. verlor er jedoch 1870 seinen wichtigsten Förderer. Es folgt eine Epoche der Zersplitterung.

1995 kam es auf dem Generalkapitel des Ordens zu einer umfassenden Erneuerung: Durch Einführung einer demokratisch gewählten und transparenten Führungsstruktur erfolgte die Trennung von dem damaligen portugiesischen Regenten.

Der Internationale OSMTH will dem Mitmenschen dienen, dem Bedrückten helfen, Bruder und Schwester beistehen, ökumenisches Christentum praktizieren, Frieden und Humanität in der Welt fördern und der redlichen Absicht die gute Tat folgen lassen.

Der Orden ist nicht politisch aktiv, unparteiisch und nicht auf Gewinn ausgerichtet. Er ist seit Juli 2002 eine NGO mit Konsultativstatus des Economic und Social Councils der Vereinten Nationen. Der internationale OSMTH ist in der Schweiz unter der Nummer CH 660 1972999-4 international registriert. Das Großpriorat Deutschland des OSMTH mit Sitz in Furth unterhält in Deutschland 13 Komtureien und vier Ordenshäuser. Der spirituelle (Titular-)Sitz des Großpriorates ist der Komtureisitz des Großpriors (Viersen). Der Verwaltungssitz ist vom Wohnsitz des Großkanzlers abhängig, derzeit ist dies Furth bei Landshut.

➤ **OSMTH**
Hochkreuter Straße 1, 84095 Furth, info@osmthgermany.de
➤ **www.osmth-international.de**

Der historische Ritterorden der Tempelherren von Jerusalem, Großpriorat Deutschland, Merzig

Das Deutsche Großpriorat ist ein selbstständiger, nationaler Zweig des Ordo Supremus Militaris Templi Hierosolymitani (OSMTH). Der OSMTH ist weltweit vertreten und wird durch den Großmeister, Regenten und Hüter des Ordens vom Hauptsitz in Porto/Portugal verwaltet.

Seit der Umwandlung des Templerordens 1705 sieht sich der OSMTH heute als christlich-ökumenischer Laienritter-Orden, der ausschließlich sozial-karitativen und kulturellen Zwecken, unter Beachtung der historischen Entwicklung und seiner Tradition, im Sinne christlicher und ritterlicher Tugenden, verpflichtet ist. Das Deutsche Großpriorat unterstützt humanitäre Organisationen und Einrichtungen, die sich, wo auch immer in der Welt, der Not von Menschen annehmen, mittels Aktionen, Sach- und Geldspenden.

▌**Ziele:** Der OSMTH pflegt und fördert Kontakte zwischen Menschen aller Nationen, Kulturkreisen und Religionen und leistet so einen Beitrag zur Verständigung, Toleranz und gegenseitigem Respekt. Ebenso leistet der Orden einen Beitrag zur Erhaltung der Geschichte der mittelalterlichen Ritterorden und zur Bewahrung historischer Bauten und Kirchen.

Die Ordensmitglieder fühlen sich neben dem sozialen Engagement insbesondere berufen, die Geschichte, die Spiritualität und die Kultur der Ritterschaft gemäß der Überlieferung zu bewahren und die traditionellen, menschlichen und christlichen Werte zu vertiefen. Aufnahme in den Orden finden Mitglieder anerkannter christlicher Kirchen nach schriftlichem Aufnahmegesuch.

Der „Historische Ritterorden der Tempelherren von Jerusalem“ (Ordo Supremus Militaris Templi Hierosolymitani) wird von folgenden Richtlinien geleitet:

- der Regel des hl. Bernhard von Clairvaux,
- der Überlieferungsurkunde des 24. Großmeisters Jean-Marc Larmenius vom 13. Februar 1324,
- den allgemeinen Satzungen, beschlossen auf der Generalversammlung 1705 in Versailles, und
- den magistralen Dekreten des Ordens.

Das Kreuz des Ordens ist das rote Wappenkreuz mit Doppelbalken. Der Wahlspruch des Ordens lautet: *„Non nobis domine, non nobis, sed nomini tuo da gloriam!“* („Nicht uns, o Herr, nicht uns, sondern Deinem Namen sei Ehre gegeben!“)

▌**Organisation:** In Deutschland ist der Orden in Priorate, Komtureien und Ordenshäuser untergliedert und verfolgt ausschließlich und unmittelbar gemeinnützige, mildtätige und kirchliche Zwecke. Er ist selbstlos tätig und politisch neutral. Das Deutsche Großpriorat des OSMTH hat den rechtlichen Status eines eingetragenen, gemeinnützigen Vereins mit Sitz in Merzig.

➤ **OSMTH Deutsches Großpriorat e. V.**
Leipziger Straße 18, 66663 Merzig, magnusprior@osmth.de
➤ Hauptsitz: OSMTH, Rua Goncalo, Cristovao 96-4, P-4000 Porto/Portugal
➤ **www.osmth.de**

Militia Templi Christi pauperum Militum Ordo, Deutsches Großpriorat, Piding

Dieser Templerorden mit Sitz in Piding ist die Präzeptorei der deutschen Sprache des römisch-katholischen Laienordens Militia Templi Christi pauperum Militum Ordo. Er beansprucht keine geschichtlich falsche und illegitime direkte Nachfolge zum alten Templerorden.

Der Orden pflegt christlich-kämpferische Traditionen mit Bezug auf ritterliche Tugenden. Er schöpft seine Kraft aus der Mystik und Spiritualität des hl. Bernhard von Clairvaux, auf dessen Schriften er sich beruft, und will im materialistischen Umfeld der modernen Zeit die traditionellen menschlichen und christlichen Werte verteidigen und für sie eintreten. Mitglieder können sowohl verheiratete als auch unverheiratete Menschen katholischer Konfession werden. Der Hauptsitz des Ordens befindet sich in einem alten Templerschloss, dem Castello della Magione in Poggibonsi bei Siena.

➤ germania@ordo-militiae-templi.org
➤ **www.ordo-militiae-templi.de**

Nova Militia Christi Hierosolymitana (OMCH), Mainz-Hechtsheim

Die Nova Militia Christi Hierosolymitana steht in der Tradition des portugiesischen Christusordens. Rechtsträger der Bruderschaft ist der Hospiz- und Hilfsverein der Ritter Christi OMCH e.V. mit Sitz in Mainz-Hechtsheim.

In den OMCH können verheiratete und ledige Männer, Frauen und Jugendliche, die gültig getauft und gefirmt sind, eintreten.

Angesichts des Zerfalls der Werte des christlichen Abendlandes setzt sich der OMCH für die Erhaltung der christlichen Weltanschauung durch ritterliche Tugenden im täglichen Leben ein. Er greift die kämpferischen Überlieferungen der Tempelritter auf und kämpft mit den Waffen des Geistes für den christlichen Glauben. Der Orden sieht seine Aufgabe in der aktiven Mitarbeit in den Pfarrgemeinden und sonstigen kirchlichen Einrichtungen, bei der Bewältigung der Alltagsarbeit durch Beratung und aktives Mitwirken sowie im Entgegentreten gegen mediale Angriffe auf Kirche und Papst. Die Mitglieder wollen ihr Alltagsleben bewusst auf Gott hin ausrichten.

Der Wahlspruch des OMCH lautet wie der des historischen Templerordens: „*Non nobis domine, non nobis, sed nomini tuo da gloriam!*“

➤ **Kanzlei des OMCH**
Philipp-Reis-Straße 8, 55129 Mainz/Hechtsheim, Kanzlei@Christusorden.org
➤ **www.christusorden.org**

Informationen über geistliche Orden und weitere Ordensgruppen, die hier nicht Erwähnung fanden, können über folgende Internetportale erreicht werden:

➤ **www.orden.de**
www.orden-online.com
www.german.leviatan.net/orden
www.heiligenlexikon.de/orden

Der Orden „Pour le mérite"

Der exklusivste Verein Deutschlands überhaupt ist wohl der alte, preußische Orden „Pour le mérite", der die ehemals höchste Auszeichnung im Königreich Preußen war. Er existiert heute nur noch in der Friedensklasse. Die Militärklasse ist nach der Abdankung des letzten preußischen Königs, Wilhelm II., nicht mehr verliehen worden. Der letzte militärische Ordensträger war der Schriftsteller Ernst Jünger. Auch der zivile Zweig des Ordens wäre beinahe erloschen, wenn nicht Bundespräsident Theodor Heuss 1950 Kontakt zum letzten Kanzler des Ordens, Max Planck, aufgenommen hätte mit dem Ziel, den Orden, der nur noch drei Mitglieder hatte, zu reanimieren.

▮ **Zielgruppe:** 1952 hat sich der Orden eine neue Satzung gegeben, der zufolge auch Frauen aufgenommen werden können. Der Bundespräsident hat das Protektorat über den Orden übernommen, aber er verleiht ihn nicht. Dem Orden können laut Stiftungsstatut 30 deutsche und 30 ausländische Mitglieder angehören, wenn sie sich *„durch weit verbreitete Anerkennung ihrer Verdienste in der Wissenschaft oder Kunst einen ausgezeichneten Namen erworben haben"*. Das Ordensabzeichen wurde nicht verändert, sondern in alter Form beibehalten. Die Abzeichen werden nur verliehen, sie bleiben Eigentum der Bundesrepublik Deutschland und müssen nach dem Tod eines Ordensmitgliedes an das Innenministerium zurückgegeben werden. Die Mitglieder des Ordenskapitels müssen deutsche Staatsangehörige sein. Es können jedoch auch Angehörige anderer Staaten, die seit Jahren als Gelehrte oder Künstler in Deutschland leben und wirken, zu Mitgliedern gewählt werden. Ausländer, die nicht in Deutschland leben, können ebenfalls in den Orden berufen werden, wenn sie die Kriterien erfüllen, die an die deutschen Mitglieder gestellt werden. Ausländer werden aber nicht Mitglied des Kapitels, d.h., sie haben kein Stimmrecht im Orden. Die Mitglieder des Kapitels und die Zahl der ausländischen Mitglieder ist auf jeweils 30 begrenzt, die je zu einem Drittel Geisteswissenschaftler, Naturwissenschaftler und Künstler sein sollen. Wenn ein Mitglied verstirbt, erfolgt auf der nächsten Sitzung des Kapitels eine Neuwahl, wobei Zweidrittelmehrheit zur Aufnahme erforderlich ist.

Geschichte: Die Geschichte des Ordens ist ebenso von Höhen und Tiefen gekennzeichnet wie die allgemeine deutsche Geschichte der letzten 160 Jahre. Die Friedensklasse des Ordens „Pour le mérite" wurde am 31. Mai 1842 von König Friedrich Wilhelm IV. von Preußen gegründet als „Orden Friedrich des Großen Pour le mérite", um dem von Friedrich dem Großen gestifteten Militärorden eine Friedensklasse für die Verdienste um Wissenschaft und Künste hinzuzufügen. Er ist eine Vereinigung von Männern und Frauen, die durch ganz besondere Leistungen hervorgetreten sind. Damit sollte das kulturelle Leben in Preußen und seiner Hauptstadt Berlin gefördert und das Bürgertum enger mit dem preußischen Königtum verbunden werden. Die Schaffung des Ordens war ein bedeutender Schritt zur Anerkennung der zivilen Gesellschaft in Preußen. Er folgte damit dem Beispiel in England, Frankreich und auch den USA. Erster Ordenskanzler war Alexander von Humboldt. Humboldt war engster Berater des Königs bei der Stiftung des Ordens und der Auswahl der ersten Ordensritter. Ein sehr moderner Schritt bei Stiftung war, dass die Ordensmitglieder die neuen Mitglieder hinzuwählten. Zwar übte bis 1918 das Haus Hohenzollern einen gewissen Einfluss aus, aber der König bestimmte nicht selbst die Ordensmitglieder.

Theodor Mommsen, Leopold von Ranke, Rudolf Virchow, Adolf von Harnack sind Ordensmitglieder im Kaiserreich. Unter den frühen ausländischen Mitgliedern ist Charles Darwin der wohl bekannteste. Harnack wurde 1920 Ordenskanzler und es gelang ihm, den Orden vor der Auflösung zu bewahren. Die Verfassung untersagte der Weimarer Republik, Orden und Ehrenzeichen zu verleihen. 1924 jedoch wurde der Orden von der preußischen Staatsregierung als eine freie Vereinigung anerkannt, *„die sich als eine aus sich selbst ergänzende Gemeinschaft von 30 hervorragenden Gelehrten und Künstlern darstelle"*. Allerdings wurde der Orden auf deutsche Mitglieder beschränkt, was sich gerade für die Zwischenkriegszeit als fataler Fehler zeigte, da gerade in dieser Zeit das Deutsche Reich hochkarätige Fürsprecher dringend benötigt hätte.

Nach dem Ersten Weltkrieg wurden neben anderen Albert Einstein (der aber 1933 aus dem Orden ausgetreten ist), Gerhard Hauptmann, Max Liebermann, Richard Strauss und Wilhelm

Furtwängler in den Orden gewählt und 1929 als erste Frau Käthe Kollwitz. 1930 folgte nach dem Tod Harnacks Max Planck diesem als Ordenskanzler nach. Das letzte gewählte Mitglied vor der nationalsozialistischen Machtergreifung im Jahr 1933 war der Künstler Ernst Barlach.

Die Nationalsozialisten hatten keinen Bezug zum Sinngehalt des Ordens. Sie verboten ihn zwar nicht, aber sie forderten den Ausschluss mehrerer Mitglieder, darunter Käthe Kollwitz, weil diese Mitglieder politisch missliebig waren. 1939 entschied der preußische Ministerpräsident Göring angesichts der Tatsache, dass der Orden nur 19 (hochbetagte) Mitglieder hatte, dass dessen Status zunächst nichts geändert werden sollte. Überdies hatten die Nationalsozialisten durch die Stiftung des Deutschen Nationalpreis für Kunst und Wissenschaft und die damit verbundene Verleihung eines goldenen Ehrenzeichens eine eigene Auszeichnung des Dritten Reiches für solche Verdienste geschaffen, die früher durch die Friedensklasse des „Pour le mérite" anerkannt wurden. Während der nationalsozialistischen Diktatur wurde der Orden nur ein einziges Mal in der Öffentlichkeit erwähnt, und zwar zu seinem 100. Stiftungstag im Jahr 1942. Theodor Heuss kam dabei zu dem Urteil „*... die Sammlung großer oder doch bedeutender Namen hat jener Stiftung für ein Jahrhundert den Charakter der sonderlichen Dignität gegeben*".

▮ Derzeitige Mitglieder des Ordens:

Deutsche Mitglieder:

Horst Albach (Wirtschaftswissenschaftler), Bernard Andreae (Archäologe), Hans-Jochen Autrum (Zoologe), Paul Baltes (Psychologe und Gerontologe), Pina Bausch (Ballettdirektorin und Choreographin), Hans Belting (Kunsthistoriker), Karl-Dietrich Bracher (Historiker), Peter Busmann (Architekt), Albrecht Dihle (Altphilologe), Manfred Eigen (Chemie-Nobelpreisträger), Hans Magnus Enzensberger (Schriftsteller), Dietrich Fischer-Dieskau (Kammersänger), Horst Fuhrmann (Historiker), Wolfgang Gerock (Mediziner), Herbert Giersch (Nationalökonom), Hermann Halen (Physiker), Friedrich Hirzebruch (Mathematiker), Robert Huber (Biochemie-Nobelpreisträger), Eberhard Jüngel (Theologe), Carlos Kleiber (Dirigent), Jutta Lampe (Schauspielerin), György Ligeti (Komponist), Ernst Jochen Mestmäcker (Jurist), Rudolf Mößbauer (Biophysik-Nobelpreisträger), Christiane Nüsslein-Volhard (Entwicklungsbiologin, Nobelpreisträgerin), Hubertus von Pilgrim (Bildhauer und Kupferstecher), Aribert Reimann (Komponist und Pianist), Bert Sakmann (Medizin-Nobelpreisträger), Albrecht Schöne (Germanist), Günther Uecker (Künstler), Martin Walser (Schriftsteller), Carl-Friedrich von Weizsäcker (Physiker), Hans-Georg Zachau (Molekularbiologe)

Ausländische Mitglieder:
Magdalena Abakanowicz (Bildhauerin), Hans Bethe (Physik-Nobelpreisträger), Günter Blobel (Mediziner, Zellbiologe, Nobelpreisträger), Pierre Boulez (Komponist und Dirigent), Alfred Brendel (Pianist), Walter Burkert (Altphilologe), Gerhard Casper (Jurist), Sir Henry Chadwick (Kirchenhistoriker), Gordon A. Craig (Historiker und Schriftsteller), Lord Ralf Dahrendorf (Soziologe), Umberto Eco (Semiotiker), Albert Eschenmoser (Chemiker), Lord Norman Forster (Architekt), Walter Gehring (Biologe), Bronislaw Geremek (Historiker und Politiker), Sofia Goubaidulina (Komponistin), Nikolaus Harnoncourt (Dirigent), Eric R. Kandel (Neurobiologe), Dani Karavan (Bildhauer), George F. Kennan (Diplomat und Historiker), Imre Kertész (Schriftsteller), György Kurtág (Komponist), Elisabeth Legge-Schwarzkopf (Kammersängerin), Jean-Marie Lehn (Chemie-Nobelpreisträger), Peter von Matt (Germanist), Richard A. Serra (Bildhauer), Robert M. Solow (Wirtschaftswissenschaftler, Nobelpreisträger), Fritz Stern (Historiker), Stig Strömholm (Rechtsgelehrter), Kenzo Tange (Architekt), Jacques Léon Tits (Mathematiker), Robert Weinberg (Krebsforscher), Viktor Friedrich Weiskopf (Physiker), Charles Weissmann (Molekularbiologe), Nikolaus Wirth (Informatiker), Anton Zeilinger (Physiker), Rolf Zinkenagel (Immunologe)

➤ **Sekretariat Orden „Pour le mérite" für Wissenschaften und Künste**
c/o Beauftragte für Kultur und Medien bei Bundeskanzler
Referat K 23, Graurheindorfer Straße 198, 53117 Bonn
Tel.: 01 88 86 81/35 99 und 01 88 86 81/35 87, Fax: 01 88 86 81/38 98
Susanne.Werner@bkm.bmi.bund.de

Schlaraffia ®

Name: Der Name Schlaraffia leitet sich von dem mittelhochdeutschen Wort „slur“ ab und bedeutet so viel wie „Faulenzer“. Im Märchen wird das „Schlaraffenland“ als Land bezeichnet, in dem jedem Faulenzer gebratene Tauben direkt in den Mund fliegen. Vermutlich spielte bei der Namensgebung auch der Umstand eine Rolle, dass bei den Zusammenkünften („Sippungen“) der Schlaraffen statt materieller Genüsse in erster Linie geistige Genüsse im Mittelpunkt stehen, wodurch ein „Schlaraffenland des Geistes“ entsteht.

Wappenvogel der Schlaraffia und fröhlicher Wächter des schlaraffischen Geistes ist der Uhu, seit der Antike das Symbol der Weisheit. Als Erkennungszeichen tragen die Schlaraffen eine einfache Stecknadel mit weißer Perle am linken Revers.

Ziele: „Schlaraffia“ ist eine Gemeinschaft von Männern, *„die in gleichgesinntem Streben die Pflege der Kunst und des Humors unter gewissenhafter Beobachtung eines gebotenen Zeremoniales bezweckt, und deren Hauptgrundsatz die Hochhaltung der Freundschaft ist“*. So beginnen die Statuten des Bundes. Um Freude zu haben und ihren Geist zu schärfen, treffen sich die Schlaraffen einmal in der Woche im Winterhalbjahr.

Schlaraffen sind dem Charakter ihrer Verbindung nach weder eine Freimaurerloge noch ein Serviceclub. Obwohl sie (scheinbar) Ritternamen führen, sind sie auch kein Ritterorden und gewiss kein esoterischer Mysterienbund. Schlaraffia ist ein Bund „sui generis“, in dem sich vielseitig interessierte Männer treffen, um im Rollenspiel einer liebenswerten Ritterzeit ihren Hobbys nachzugehen, zuzusehen, zuzuhören und so die Probleme des Alltags zu relativieren. Die Schlaraffia verfolgt keine altruistischen Ziele wie etwa die Serviceclubs, sie ist überhaupt nicht extrovertiert, sondern meidet es, im Licht der Öffentlichkeit zu stehen.

Die Gründungsritter, auch „Urschlaraffen“ genannt, hatten ein fröhliches Gemüt und eine unbändige Spielfreude. Sie gaben sich – nicht in einem Guss, sondern nach und nach – eine Satzung, also Spielregeln für ihren Verein, die sich um die drei Begriffe „Kunst“, „Humor“ und „Freundschaft“ drehten. Als verbindende Klammer erfanden sie ein heiteres Ritterspiel. Im Rahmen dieses

„Schlaraffischen Spiels" kann jedes Mitglied (und auch jeder Gast) durch musikalische, dichterische, rezitatorische, erzählerische, wissenschaftliche und andere passende Beiträge die Anwesenden erfreuen, unterrichten und unterhalten. Es ist aber auch erlaubt, nur zuzuhören. Themen aus Parteipolitik, Religion, Geschäftsbelangen oder Zoten sind jedoch völlig unerwünscht. Zusammenfassend kann man sagen: Bei der Schlaraffia ist der Weg das Ziel.

Zielgruppe: Die Schlaraffen freuen sich natürlich über neue Mitglieder, aber sie werben nicht. Wer immer Spielfreude, Humor, Geist und Laune hat, das fröhliche Treiben mitzumachen, kann in einem in seiner Nähe bestehendem Schlaraffenverein („Reych") Mitglied werden. Wer keinen Schlaraffen kennt, suche im Internet. Ursprünglich waren nur Künstler Mitglieder. Das hat sich inzwischen gründlich geändert: Heute bilden die Mitglieder der Schlaraffia einen Querschnitt durch alle bürgerlichen und künstlerischen Berufe. Hier findet sich der Professor neben dem Handwerksmeister, der professionelle Pianist neben dem Amateurgeiger, der Angestellte neben dem Unternehmer. Und alle harmonieren wunderbar miteinander und haben ihren Spaß. Die meisten wissen gar nicht, welchen profanen Beruf der andere hat.

Geschichte: 1859 entwickelte sich im damals österreichischen Prag aus einem Stammtisch überwiegend junger Künstler ein Verein völlig neuer Art, der sich als Gegenpol zur etablierten literarischen Gesellschaft „Arkadia" betrachtete und sich „Schlaraffia" nannte. Enttäuscht von der Restauration nach der gescheiterten Revolution von 1848 und verbittert über den Ämter- und Adelsdünkel persiflierten die Musensöhne die hohlen Formen der damaligen „feinen Gesellschaft". Es war eine unangreifbare Revolte des Geistes („Schlaraffenland des Geistes") gegen erstarrte gesellschaftliche Konventionen und Zwänge. Die Sache muss den Gründern viel Spaß gemacht haben, denn schon bald wurde die Schlaraffenidee exportiert und es bildeten sich Schlaraffenreyche in aller Welt.

Als 1933 die Nationalsozialisten an die Macht kamen, waren in Deutschland und später auch in Tschechien und Österreich die Tage der Schlaraffen gezählt. In Diktaturen haben die Menschen nichts zu lachen und Diktatoren haben keinen Humor, also wurden wie so viele andere Vereinigungen auch die Schlaraffen gezwungen, sich selber aufzulösen. 1935 begann die „uhufinstere" Zeit, wie die Schlaraffen die Hitlerzeit nennen. Aber schon bald nach Kriegsende konnten sie – wenigstens in „Trizonesien", den drei westlichen Besatzungszonen – wieder beginnen, die Zeit der Not mit ihrem Humor ein wenig zu lindern.

In den kommunistisch regierten Ländern Mittel- und Osteuropas wie auch in der sowjetisch besetzten Zone, der späteren DDR, jedoch dauerte die „Uhufinsternis" bis zum Zusammenbruch der kommunistischen Diktaturen. Heute suchen in 256 „Uhu-Reychen" auf dem ganzen Globus Schlaraffen wieder ihre Freude. Nach Ländern sind sie wie folgt verteilt: Deutschland 150, Österreich 48, Schweiz 11, Spanien 4, Südafrika 4, Schweden 2, Belgien, Frankreich, Australien, Thailand je 1, Nordamerika 33 und Südamerika 9. „Allschlaraffia" gehören heute weltweit etwa 11.000 Mitglieder an.

Brauchtum: Die verbindende Sprache der Schlaraffen ist Deutsch. In ihrer Umgangssprache jedoch ist einiges gewöhnungsbedürftig. So bezeichnet sich jeder Schlaraffenverein (als ein selbstständiger Verein) als „Reych", in das man am „Uhutag" „einreyttet". Auch sonst gibt es im schlaraffischen Spiel Wortschöpfungen, die in keinem Lexikon zu finden sind.

Jeder Schlaraffe kann jederzeit ein fremdes Reych besuchen, er wird dort als Freund empfangen und kann mitspielen, so als ob er sich in seinem eigenen Reych befände. Die Schlaraffia ist ein reiner Männerbund. Ehe- und sonstige Frauen der Mitglieder spielen außerhalb der Sippungen zwar eine große Rolle, ein Ritterspiel ist aber nach Ansicht der Schlaraffen eine reine Männerangelegenheit.

Organisation: Dachverband für alle Schlaraffenreyche ist die „Allschlaraffia", repräsentiert durch den „Allschlaraffenrat". Darunter gibt es fünf Landesverbände: Schlaraffia Austria, Schlaraffia Deutschland, Schlaraffia Helvetica, Schlaraffia Lateinamerika und Schlaraffia Nordamerika. Allschlaraffia und Schlaraffia sind eingetragene und geschützte Wortmarken.

➤ **Verband Allschlaraffia, Sitz Bern**
Buebenloostraße 3a, CH-9500 Will, Tel:. 00 41/71/91 14 83 5, Schilf@schlaraffia.org

➤ **www.allschlaraffia.org**

SONSTIGE LOGEN

Der Begriff „Loge“ ist nicht geschützt, sondern wird von verschiedenen Organisationen in der Regel synonym zu den Begriffen „Club“, „Bruderschaft“ und „Verbindung“ für die Bezeichnung eines Vereins auf lokaler Ebene verwandt. Für die überregionale Zusammenfassung werden dann meist die Begriffe „Großloge“, „Große Loge“, „Orden“ oder ähnliche gebraucht.

Die nachfolgend genannten „Logen“ sind keine Freimaurerlogen. Sie haben weder organisatorisch noch inhaltlich etwas mit der Freimaurerei zu tun. Teilweise wurden Gebräuche, die bei den Freimaurern üblich waren, zum Vorbild für die eigene Organisation genommen. Gegenseitige Anerkennung, gegenseitige Besuche, gemeinsame Veranstaltungen, Tagungen und Projekte finden jedoch nicht statt. Die drei im Folgenden vorgestellten und die in Kapitel 3 genannten verschiedenen Freimaurer-Organisationen bestehen nebeneinander ohne irgendwelche organisatorische oder inhaltliche Querverbindungen. Es kann zu gelegentlichen Doppelmitgliedschaften kommen, wenn einzelne Personen dies für sich persönlich so entscheiden und die zeitliche, materielle und geistige Inanspruchnahme des Einzelnen das zulässt. Eine Verbindung der Organisationen ist daraus nicht abzuleiten und auch von keiner Seite legitimiert.

B'NAI B'RITH INTERNATIONAL

Die Logen des Unabhängigen Ordens B'nai B'rith (U.O.B.B.)

Name: Der Name „B’nai B’rith“ stammt aus dem Hebräischen und bedeutet „Söhne des Bundes“. Gemeint ist der Bund Gottes mit dem jüdischen Volk.

Ziel: Der Unabhängige Orden B’nai B’rith wurde 1843 in New York von aus Deutschland in die USA eingewanderten Juden gegründet. Da viele Einwanderer in sehr ärmlichen Verhältnissen lebten, setzte sich der Orden das Ziel, in Notlagen zu helfen, insbesondere den Kranken, Witwen und Waisen. Daraus entwickelte sich der B’nai-B’rith-Orden zur größten jüdischen Organisation für karitative und humanitäre Dienste bei Krankheit,

Siechtum und im Alter. Er trat darüber hinaus in Amerika mit dem Programm an, die Interessen der jüdischen Bürger zu vertreten und an ihrer moralischen und ethischen Vervollkommnung zu arbeiten. Der Orden nimmt nur Juden auf.

Der Orden hat mit den anderen Vereinigungen, die sich auch „Loge" nennen, nichts weiter gemeinsam, als dass gleichartige, jedoch auf einen konfessionell eng begrenzten Kreis, Tendenzen zur karitativen und humanitären Hilfeleistung sowie zur ethischen Erziehung der Mitglieder verfolgt werden. Ein sehr wichtiger Zweig der Tätigkeit des B'nai-B'rith-Ordens ist heute das Eintreten für die allgemeine Gültigkeit der Menschenrechte in allen Teilen der Welt und für Menschen aller Völker, Volks- und Religionsgemeinschaften sowie der Kampf gegen Rassismus, Fremdenfeindlichkeit und Antisemitismus.

▌**Hilfsmaßnahmen:** Der Orden konzentriert sich heute in Europa vor allem auf karitative und humanitäre Hilfe in den ehemals kommunistischen Ländern im östlichen Mitteleuropa. Der besonderen Schwerpunkt bildet dabei die Hilfe für Bedürftige in der Ukraine.

▌**Organisation:** Die zentrale Ordensleitung hat ihren Sitz im Ursprungsland USA. In den anderen Staaten bestehen Distrikte, die wiederum auf einer breiten Basis von Logen aufbauen. Der Orden hat keine Grade. Er bearbeitet ein Ritual, dieses ist jedoch mit den Ritualen der anderen hier besprochenen Logen und Bruderschaften nicht identisch. Ursprünglich wurden bei den „Söhnen des Bundes" keine Frauen aufgenommen, sondern eigene Frauenvereinigungen und Jugendbünde angegliedert. Heute ist eine Änderung dahin gehend eingetreten, dass es den einzelnen Logen freisteht, Frauen aufzunehmen, was auch weitgehend geschieht.

In den 90er Jahren hatte der Orden weltweit in 58 Ländern 1.700 Logen und über 500.000 Mitglieder allein in den USA. In Europa bestehen B'nai-B'rith-Logen in 27 Ländern. In Deutschland gibt es sieben Logen mit insgesamt etwa 1.000 Mitgliedern. Alle deutschen Logen nehmen sowohl Männer als auch Frauen auf.

➤ **Es existiert nicht, wie bei den anderen Logen, ein zentrales Büro in Deutschland. Die Kontaktaufnahme ist jedoch einfach möglich über das Internet: www.bnaibrith.org**

Der Druiden-Orden

Name: Der Name Druide hat historische Bedeutung. Die Druiden waren die „Weisen“ bei den Kelten des Altertums, die stets bestrebt waren, ihr Wissen zu mehren und Verantwortung zu übernehmen. Die Gründer der Gemeinschaft wählten ihren Namen, weil sie in ihnen Gelehrsamkeit und Naturverbundenheit verkörpert sahen.

Zu Kult und Glauben des in den Kämpfen mit Rom untergegangenen Druidentums gibt es nur wenige historische Quellen. Die Ziele des heutigen Druiden-Ordens nehmen nicht auf sie Bezug.

Ziele: Der Deutsche Druiden-Orden VAOD e.V. tritt für Humanismus, tätige Nächstenliebe, Brüderlichkeit, Toleranz und den Schutz der Menschenrechte ein. Als Mittelpunkt seiner Arbeit betrachtet er Grundwerte und Tugenden, die alle Menschen zu allen Zeiten bewegt haben. Die Logenarbeit fördert – im Sinne der Philosophie der Aufklärung – die ethisch-moralischen Grundlagen für ein Leben in Selbstbestimmung und Freiheit. Das brüderliche Gespräch soll Wege zu diesen Zielen zeigen. Die Mitarbeit in den Logen fördert so die Entwicklung der Persönlichkeit und trägt zu verantwortungsvollem gesellschaftlichem Handeln bei.

Zum Erreichen der Ziele dienen:

- Möglichkeit zu Gesprächen im Zeichen von Toleranz und Fairness
- Kontakte zu anderen Berufsgruppen
- Vielseitige Diskussionen und Informationen
- Ein Freundeskreis gehobenen Niveaus
- Wissens- und Bildungserweiterung, Erfahrungsaustausch
- Der Zusammenschluss gleichgesinnter Menschen in aller Welt ohne Berücksichtigung von Stand, Religion, Sprache, Rasse oder Nationalität
- Das Eintreten für Völkerverständigung und Frieden sowie Förderung des Gedankenaustausches auf internationaler Ebene
- Zusammenarbeit in der Ausbreitung des Ordens
- Pflege internationaler Beziehungen und Freundschaften

Motto und Erkennungszeichen: Das allgemeine Motto des Druiden-Ordens lautet „Einigkeit, Frieden, Eintracht". Erkennungszeichen ist der Siebenstern. Er symbolisiert die sieben moralisch-ethischen Ordensregeln.

Zielgruppe: Der Interessent für den Druiden-Orden muss bei seiner Aufnahme mindestens 25 Jahre alt und von unbescholtenem Ruf sein. Bevor jemand aufgenommen werden kann, wird er mehrmals zu Gästeabenden eingeladen, sodann folgt in einer rituellen Sitzung der Loge eine geheime Abstimmung. Wenn diese einstimmig ausfällt, kann der Interessent mit einem feierlichen Ritual in seine Loge (im älteren Sprachgebrauch auch „Hain") und damit in den Orden der Druiden eingeführt werden.

Die Mitgliedschaft bei den Druiden ist unabhängig von Stellung, Religion, Rasse, Nationalität oder politischer Anschauung. Maßgeblich ist die Bereitschaft, sich für die Ordensziele und die Gemeinschaft einzusetzen.

Die Gemeinschaft fördert liberales Denken und Handeln, mitmenschliches Verständnis und Freundschaften, auch und stets über Ländergrenzen hinweg. Im Logenleben der Druiden sollen sich keine profanen Interessen, sondern allein das Streben nach der Verwirklichung ethischer Grundsätze, Toleranz und Menschlichkeit, Brüderlichkeit und Freundschaft widerspiegeln. Die Druiden wollen den suchenden Menschen zuverlässige Freunde in einem Kreis Gleichgesinnter sein. Sie vereinigen Männer aus allen Berufen. Die Zusammengehörigkeit wird durch das vertraute „Du" dokumentiert. Grundgedanke ist dabei, unter allen Brüdern des Ordens eine aufrichtig brüderliche und verbindende Einstellung zu erreichen.

Geschichte: Der Druiden-Orden wurde 1781 in London gegründet. Die Gründer waren von aufklärerischen Ideen bewegt und formulierten die noch heute für den Orden gültigen Ideale im Sinne von „Freiheit – Gleichheit – Brüderlichkeit". 1824 erfolgte die erste Druidengründung in Nordamerika, 1839 begann die George Washington Grove Number 1 in New York mit der Arbeit. 1861 fasste der Orden in Australien Fuß.

Erst 1872 wurde die „Dodona-Loge Nr. 1" von Amerika aus in Berlin als erster Druiden-Hain in Deutschland gegründet, die zur

Keimzelle der späteren Reichs-Großloge der Druiden wurde. Sie besteht heute noch, inzwischen unter dem Namen „Deutscher Druiden-Orden VAOD e. V". Auf Grund deutscher Initiative wurde 1908 der Weltverband „International Grand Lodge of Druidism (IGLD)" gegründet. Seitdem sind die nationalen Druiden-Orden in der IGLD vereint. Heute gibt es den Orden in Australien, Dänemark, Deutschland, Finnland, Großbritannien, Island, Norwegen, Neuseeland, Schweden, in der Schweiz und in den USA.

1935 löste sich der Deutsche Druiden-Orden, dem wie allen bürgerlich-freiheitlichen Vereinigungen ein Verbot durch die Nationalsozialisten drohte, selbst auf. Im Frühjahr 1946 wurde der Dodona-Loge vom sowjetischen Zentralkommando die Wiederaufnahme der Arbeit im sowjetischen Sektor von Berlin erlaubt, sodass das 75. Stiftungsfest dieser Druiden-Loge im Jahr 1947 begangen werden konnte. 1948 erfolgte die Restituierung des Druiden-Ordens in den drei westlichen Besatzungszonen. In der sowjetischen Besatzungszone musste die Arbeit des Ordens wieder eingestellt werden, was sich in den folgenden 40 Jahren des DDR-Regimes nicht änderte.

Heute existieren in Deutschland wieder 56 Druidenlogen, davon zwei in den neuen Bundesländern. Der Druiden-Orden bemüht sich seit der Wiedervereinigung um weitere Logengründungen in diesen Bundesländern.

Die Mitgliederzahl einer örtlichen Loge soll nicht mehr als 50 bis 60 Brüder betragen. Bei Überschreiten dieser Größe werden Tochterlogen gegründet. Nachdem die Mitgliederzahlen in Deutschland viele Jahre stagnierten, nehmen sie in jüngster Zeit, regional unterschiedlich ausgeprägt, wieder zu; auch werden neue Logen gegründet.

▮ **Art der Logenarbeit:** Jedes Mitglied gehört einer rechtmäßigen örtlichen Druiden-Loge an. Die Mitgliedschaft und Rechtmäßigkeit einer Loge im Deutschen Druiden-Orden wird ihr mit der Erteilung des Freibriefs durch das Präsidium bestätigt. Mit dem Begriff Loge wird sowohl der Mitgliederkreis bezeichnet als auch der Raum, in dem sich die Brüder zur inneren Arbeit versammeln.

Im Mittelpunkt der Logenarbeit sieht der Orden die Grundwerte und Tugenden, die alle Menschen zu allen Zeiten bewegt haben. Dabei soll jeder Bruder die Chance nutzen, sich in den Mitmenschen einzufühlen und den eigenen Standpunkt, die eigene Anschauung zu überprüfen. Auf diese Weise wird ein Erkenntnisgewinn und die Entwicklung der Persönlichkeit des Einzelnen angestrebt.

Die Druiden treffen sich in der Regel wöchentlich oder vierzehntägig im Logenheim. Die regelmäßigen Treffen in der Loge sollen einen sinnbezogenen Verlauf der Zusammenkünfte gewährleisten. Diese Treffen gliedern sich in zwei Teile: eine so genannte Logen-Innensitzung und eine Außentafel, zu der auch Gäste willkommen sind.

Das Besondere der Innenloge, die nach einem traditionellen Ritual abläuft, liegt darin, Abstand vom Alltag zu gewinnen, Atem zu schöpfen, eine die ganze Sitzung tragende Atmosphäre der Vertraulichkeit zu erleben. Im Mittelpunkt der Sitzung steht in der Regel der Vortrag eines Logenmitglieds, der Geist und Herz ansprechen soll. Den Rahmen bilden die Ordensziele und die sieben druidischen Lehren. Sie werden in jeder Innenloge in Erinnerung gerufen.

Vorträge an der Außentafel, oftmals auch mit Damen und Gästen, sollen Wissen und Bildung mehren. Beide Teile, die Innenloge und die Außentafel, bilden ein Ganzes, aus dem gegenseitiges Verstehen, Freundschaft und Vertrauen erwachsen können.

Verstehen, Freundschaft und Vertrauen werden auch durch gemeinsame niveauvolle Feste gepflegt, zu denen die Partnerinnen, die Familie, aber auch Freunde und Bekannte eingeladen werden.

Auf Grund der Ordensziele sind soziales und moralisches Engagement wesentliche Bestandteile des Logenlebens.

Die sieben druidischen Lehren:

- Befleißige Dich, Deine Kenntnisse zu mehren, denn Wissen ist Macht.
- Wenn Du Macht hast, übe sie mit Vernunft und sei Dir bewusst, dass sie wieder aufhören kann.
- Ertrage des Lebens Übel mit Standhaftigkeit und bedenke, dass irdischer Kummer nicht ewig währt.
- Übe die Tugend, denn sie gibt Frieden.
- Verabscheue das Laster, denn es bringt Unglück und Sorge.

- Sei ein guter Bürger Deines Vaterlandes (im Englischen: Obey those in authority in all just things – that virtue may be exalted).
- Übe die geselligen (auch: sozialen) Tugenden, so wirst Du von vielen Menschen geliebt werden.

Ungeschriebene Regeln: Für die Logen des Deutschen Druiden-Ordens gelten u.a. folgende ungeschriebene Regeln:

- Eintreten für die Ordensziele und die Gemeinschaft
- Aufrichtig brüderliches Verhalten
- Höflichkeit gegenüber jedermann
- Fairness gegenüber allen Ordensmitgliedern
- Respektierung des anderen und seiner Meinung
- Unbeirrtes Festhalten an regelmäßigen Logensitzungen

Ritual und Symbole: Das Ritual dient der Gestaltung der Logensitzungen und basiert – wie bei allen traditionsreichen Logenvereinigungen – auf überlieferten Verhaltensnormen und Konventionen. Die Aufnahme eines neuen Mitglieds findet beispielsweise im Rahmen eines Einführungsrituals in feierlicher Atmosphäre in der Innenloge statt.

Rituale für unterschiedliche Anlässe und Grade sollen dabei helfen, Abstand vom Alltag zu finden, den Gemeinsinn fördern und die Ordensziele in Erinnerung rufen.

Sie sind stets als Wechselspiel von kurzen Ansprachen, Musikdarbietungen, Vorträgen und der Besinnung auf die druidischen Leitsätze gestaltet. Großer Wert wird auf angemessene würdige Kleidung und absolut respektvollen, höflichen Umgangston gelegt.

Zur inneren Logensitzung versammelt man sich um den Druidenstein: Auf zwei aufrecht stehenden Steinen ruht waagrecht ein dritter; dieses als Sinnbild der Festigkeit und der Beständigkeit des Bundes.

Die auf ihm lodernde Flamme symbolisiert das Licht der Erkenntnis und des Wissens, sie bedeutet zugleich Herzenswärme und Seelenreinheit.

Die Eiche versinnbildlicht Stärke und Kraft.

Die Mistel steht für ewige Erneuerung und die Jugendkraft, sie ist somit auch das Zeichen der Ovaten, der neu in den Orden eingetretenen Brüder.

Die Sichel, mit der nach der Überlieferung die Druiden Misteln schnitten, steht für zielbewusste Arbeit.

Die Harfe ist das Instrument der Barden, der keltischen Sänger; sie symbolisiert Harmonie und Frieden.

Die Symbole Schwert und Schild, die früher für Recht und Gerechtigkeit standen, wurden in neuerer Zeit durch den Globus ersetzt, der zur Verantwortung für den Lebensraum Erde und die Umwelt sowie für die weltumspannende Gemeinschaft aufruft.

Über die innere Logensitzung und vertrauliche Logenangelegenheiten hat jeder Druide zu schweigen. Das Gebot der Vertraulichkeit im Umgang mit Informationen aus der Loge oder von einem Mitbruder fördert das spürbare Vertrauensverhältnis untereinander.

▮ **Organisation:** Der Druiden-Orden und seine Logen (früher „Haine" genannt) unterliegen dem Vereinsrecht des jeweiligen Landes. Vom einzelnen Logenmitglied wird Treue zum Orden erwartet. Der Orden ist im Prinzip ein Lebensbund, aber das Vereinsrecht gewährt die Möglichkeit des jederzeitigen Austritts.

Der Ordensaufbau ist dreistufig. Die Logen sind die jeweils örtlichen Vereinigungen. Mehrere Logen eines Gebietes bilden eine Großloge. Unter dem Dach des Deutschen Druiden-Ordens bestehen neun Großlogen in Deutschland, nämlich Baden-Württemberg, Bayern, Berlin-Brandenburg, Hansa, Niedersachsen, Rhein-Main, Rheinland-Westfalen, Saxonia i. G. und Schleswig-Holstein. Alle in Deutschland ansässigen Logen und Großlogen der Druiden bilden den Deutschen Druiden-Orden VAOD e. V., sie entsenden Delegierte in dessen Mitgliederversammlung, den Ordenstag. Der Ordenstag fällt die wichtigsten Entscheidungen im Orden. Der Bundesvorstand des Ordens, das Präsidium, wird vom Ordenstag gewählt und vertritt den Orden nach innen und außen jeweils für eine Amtsperiode von vier Jahren.

Der Orden besitzt eine Satzung und entsprechende Ordensregeln sowie eine Geschäftsordnung.

Den Vorstand einer örtlichen Druidenloge bilden der Logenvorsitzende (rituell „Edelerz" genannt), der stellvertretende Vorsitzende, der Schriftführer und der Schatzmeister. Der Vorstand wird jeweils für zwei Jahre gewählt.

Mitglied der „International Grand Lodge of Druidism" (IGLD) kann werden, wer einer nationalen Druiden-Loge und mindestens dem Druidengrad (III. Grad) angehört.

Gradsystem: Die verschiedenen Stufen der Mitgliedschaft im Deutschen Druiden-Orden richten sich nach Mitarbeit, Dauer der Zugehörigkeit und Funktionen des Mitglieds. Sie sind in den Ordensregeln beschrieben. Der erste Grad ist der des „Ovaten", der Grad des Strebens nach Erkenntnis und Wissen. Er wird mit der Einführung in den Orden verliehen. Der zweite Grad heißt „Bardengrad". In diesem Grad sollen besonders Kunstverständnis und der Sinn für alles Schöne gepflegt werden. Der „Druidengrad" ist der dritte Grad im System des Druiden-Ordens. Es ist der Grad des Wollens, Beschließens und Handelns. Er führt die Ethik des Ordens aus und befasst sich mit der Anwendung der ethischen Grundsätze im praktischen Leben. Neben diesen drei Logengraden gibt es noch vier weitere Grade, den Kapitelgrad, den Ringgrad, den Alt-Erz-Grad, den Rittergrad, sowie die Funktionen innerhalb des Ordens, etwa als Amtsträger einer Loge, einer Großloge oder des Präsidiums. Ethische Grundwerte und Brüderlichkeit sind die verbindenden Elemente aller Grade.

Den mythologischen Hintergrund zu den Gradbezeichnungen bilden nicht alttestamentarische Geschichten (wie bei den Freimaurern), sondern keltische Legenden und folkloristische Überlieferungen, insbesondere von den britischen Inseln und Irland.

Preis des Deutschen Druiden-Ordens: Der Deutsche Druiden-Orden verleiht seit 1985 einen Preis als Anerkennung und Auszeichnung für herausragende staatsbürgerliche, wissenschaftliche oder künstlerische Leistungen.

Er will damit Persönlichkeiten und Organisationen ehren, die ihm in besonderer Weise als Vorbild und Beispiel gelten, weil sie Humanismus, Toleranz, soziales Engagement und die Weiterentwicklung der Menschen durch ihre Tätigkeit fördern.

Bisherige Preisträger sind:

Rudolf Pichlmayr (Transplantationschirurg), Karl-Josef Paquet (Gastroenterologe), Justus Frantz (Pianist und Intendant des Schleswig-Holstein-Musik-Festivals), Wolfgang Mühlbauer (Zentrum für Schwer-Brandverletzte in München), Eduard Zimmermann (Vorsitzender des Weißen Rings), Felix Zintl (Knochenmark-Transplantationszentrum in der ehemaligen DDR), Karl-Heinz Böhm (Hilfsorganisation: Menschen für Menschen), Veronica Carstens (Vorsitzende der Carstens-Stiftung), Dieter Häussinger (Zellforschung, Stoffwechsel- und Infektionserkrankungen), Roland Hetzer (Deutsches Herzzentrum Berlin), Michael Wolffsohn (Historiker und Publizist), Christoph E. Brölsch (Transplantation mit größenreduzierten Spenderorganen), Ute H. Ohoven (UNESCO-Botschafterin: Bildung für Kinder in Not), Die Stiftung Weltethos (vertreten durch ihren Gründer und Ehrenvorsitzenden Hans Küng)

- Interessenten wenden sich an die nächstgelegene Loge (ein Verzeichnis der Logen und weitere Informationen sind im Internet zu finden), info@druiden-orden.de
- **Präsidium des Deutschen Druiden-Orden VAOD e.V.,** OSekr@vaod.de, AfO@vaod.de
- **Druiden-Hilfe e.V.,** druiden-hilfe@vaod.de
- **www.druiden-orden.de**

Der Druidenstern, gemeinsame Zeitschrift des Deutschen und des Schweizer Druiden-Ordens, E-Mail der deutschen Redaktion: druidenstern@vaod.de

Independent Order of Odd Fellows (I.O.O.F.)

Name: Der Independent Order of Odd Fellows wurde in England gegründet. Er ist ein Männerbund, der in religiöser, politischer und weltanschaulicher Hinsicht völlig neutral ist. Für den Namen „Odd Fellow“ gibt es keine eindeutige, dafür aber zwei unterschiedliche Erklärungen. Wörtlich übersetzt heißt es „Sonderbare Gesellen“. Eine Lesart der Namensdeutung geht auf einen Brauch am Londoner Theater gegen Ende des 18. Jahrhunderts zurück. Nach dem Spiel trafen sich die Schauspieler noch zu einem Umtrunk, bevor sie sich wieder Zivilkleidung angezogen hatten. Sie kamen in Kostüm und Maske, wirkten also „sonderbar“ (odd). Eine zweite Erklärung knüpft an eine amerikanische Nebenbedeutung des Wortes „odd“ an, die so viel wie „überzählig, ungleich“ bedeutet. Seiner Meinung nach ist die Namensgebung auf Bauhandwerker zurückzuführen, die keinem Verband angehörten, keinen zunftgerechten Namen besaßen und somit „überzählig“ waren. Diese hätten sich zusammengeschlossen, um ihre Rechte gemeinsam besser wahren zu können und den Namen „Odd Fellows“ angenommen.[2]

Das Symbol der Odd Fellows sind drei Kettenglieder. Sie symbolisieren die Ziele des internationalen weltlichen Ordens „Freundschaft – Liebe – Wahrheit“, die die Stufen der Erkenntnis darstellen. Diese Werte sind nicht an eine bestimmte Glaubensrichtung oder Kultur gebunden, sondern universell.

▌**Ziele:** Odd Fellows treffen sich regelmäßig zum Gedankenaustausch und zu geselligen Zusammenkünften als Ausgleich und Ergänzung zu Beruf und Familie. Die gemeinsame Arbeit an gemeinsamen Zielen verbindet sie freundschaftlich mit Odd-Fellows-Logen im In- und Ausland. Die Mitgliedschaft bei den Odd Fellows steht allen aufgeschlossenen Männern offen. Weder eine religiöse Zugehörigkeit noch eine bestimmte politische Überzeugung sind Hindernisse oder Anforderungen. Die Mitglieder bilden unter sich eine internationale Gemeinschaft, in welcher moralisch hochstehendes Denken und Handeln gefördert wird.

Der Orden ist heute mit seinen Logen weltweit verbreitet. Die Odd Fellows haben als erste Institution zunächst Männer in Odd-Fellow-Logen und später Frauen in Rebekka-Logen aufgenommen. Die Rebekkas gründen sich auf Weisungen aus der Bibel und auf Schriften von Scuyler Colfax, dem Vizepräsidenten der Vereinigten Staaten von Amerika (1868–1873). Der Odd-Fellow-Orden hat sich durch die Errichtung von Altersheimen sowie von Waisenhäusern große Verdienste erworben.

▌**Zielgruppe:** Mitglied bei den Odd Fellows kann grundsätzlich jeder Mann werden, der mindestens 21 Jahre alt ist, einen unbescholtenen Ruf hat und an ein höheres Wesen als Schöpfer und Erhalter des Weltalls glaubt. Er sollte empfänglich sein für ethische Prinzipien und bereit sein für ein Streben nach einer idealen Welt- und Lebensanschauung. Die Familie des Mitglieds muss dessen Engagement mittragen. Wer einer Odd-Fellow-Loge beitreten möchte, muss einen schriftlichen Antrag stellen und dabei auch einen Lebenslauf einreichen. Der Anwärter wird von zwei

2 Alexander Lotthammer, „Handbuch für Odd Fellows“, Göttingen 1924

Mitgliedern seiner künftigen Loge zu Hause besucht, die in das Gespräch auch die Familie einbeziehen. Wenn der Bericht der Aufnahmekommission positiv ausfällt, wird über den Aufnahmeantrag abgestimmt. Die Aufnahme erfolgt in einer feierlichen Zeremonie während einer rituellen Logensitzung.

Geschichte: Der „Independent Order of Odd Fellows" wurde in Baltimore (Nordamerika) am 26. April 1819 von dem aus England eingewanderten Thomas Wildey und vier weiteren Ordensmitgliedern mit der Einsetzung der Washington-Loge Nr. 1 gegründet. Vorher hatte es bereits den Versuch einer Großlogenbildung in London gegeben. 1803 stellte sich eine „London Union Odd Fellows" an die Spitze der Odd-Fellow-Logen und erhob einen unbeschränkten Machtanspruch über alle Odd Fellows. Es kam aber schon nach kurzer Zeit zu Rivalitäten mit einer anderen Großloge in Salford. 1814 erklärte sich auch die Odd-Fellow-Loge von Manchester als „Manchester Unity" für unabhängig: Sie spielt bis heute unter den Odd Fellows ein Eigenleben. 1806 gründeten englische Einwanderer in New York die „Shakespeare Lodge Nr. 1", doch erst von der in Baltimore gegründeten „Washington Lodge Nr. 1" ging der Aufschwung der Odd Fellows in den USA und Kanada aus. Wildey wird denn auch bei den Odd Fellows als der Ordensgründer geehrt. Er war ein englischer Handwerker und Obermeister einer Odd-Fellow-Loge in London gewesen, bevor er Ende des 19. Jahrhundert nach Amerika auswanderte, wo er in Baltimore die erwähnte Odd-Fellow-Loge gründete. Unter dem Eindruck der furchtbaren Auswirkungen einer Epidemie und dem Druck des Aufeinander-angewiesen-Seins der Siedler schuf er im Gegensatz zu den englischen Odd Fellows einen Orden, der die Brüderlichkeit aller Menschen in Freundschaft, Liebe und Wahrheit als oberstes Prinzip lehrt. Rasse, Religion oder Nationalität sollten keine Schranken für die Zugehörigkeit zum Orden bilden.

Thomas Wildey war mit außergewöhnlicher Energie und einem großen Organisationstalent ausgestattet, so konnte er bereits zwei Jahre später die Großloge von Maryland gründen. Auf einer Reise nach England 1826 erwirkte er den Freibrief und damit das Recht, in alleiniger Verantwortung – außer in England – Logen und Großlogen einzusetzen. 1842 löste sich die Großloge der Vereinigten Staaten von den englischen Odd Fellows und erklärte sich zum „Independent Order of Odd Fellows“. Die höchste Instanz im Orden ist die Souveräne Großloge (SGL) des I.O.O.F. mit Sitz in den USA. Sie verleiht Freibriefe an ihre nachgeordneten Institutionen, die Großlogen in Europa und anderen Kontinenten und gewährt ihnen dadurch das Recht auf eine eigene Gerichtsbarkeit innerhalb des Ordens.

Am 1. Dezember 1870 wurde die „Württemberg-Loge“ in Stuttgart als erste Odd-Fellow-Loge in Europa eingesetzt. Es folgten Logengründungen in Berlin, Dresden und Zürich. In Deutschland gibt es derzeit 43 Odd-Fellow-Logen (sowie 14 weitere Gründungsgruppen) mit über 1.400 Mitgliedern, in Europa sind es etwa 60.000 Odd-Fellow-Brüder, wovon allein 28.000 Mitglieder in den 170 schwedischen Odd-Fellow-Logen arbeiten. Auf der ganzen Welt existieren ungefähr 12.000 Logen mit fast 600.000 Mitgliedern. Der Independent Order of Odd Fellows hat heute souveräne Orden in fast allen Kontinenten. In Europa gibt es Odd Fellows in Dänemark, Deutschland, Finnland, Frankreich, Island, Niederland, Norwegen, Österreich, Schweden und der Schweiz. Nach dem Fall des Eisernen Vorhangs finden sich auch in Estland, Lettland, Litauen, Polen und Ungarn Odd-Fellow-Logen im Aufbau. In Amerika gibt es Odd Fellows in den USA, Labrador, Chile, Kuba, Peru, Puerto Rico, Uruguay und Venezuela. Ferner ist der Orden in Australien und Neuseeland tätig.

▮ **Organisation:** Die Tätigkeit der Odd Fellows geht nach einem umfangreichen Ritual vor sich. Als Grundlage dient das „Werk“, das sich in zwei Teile gliedert, dem geschriebenen und dem ungeschriebenen oder geheimen Teil. Dieser Teil wird nur persönlich mitgeteilt und besteht aus Zeichen, Passworten und bestimmten Griffen, an denen sich die Eingeweihten erkennen können. Die einzelnen Grade unterscheiden sich durch Abzeichen, den so genannten „Regalien“, d.h. durch Kragen, deren Stoff und Farbe nach Grad und Würde unterschiedlich gestaltet sind. In ritualistischer Hinsicht wird unterschieden zwischen Logen und Lagern. Der Arbeitsraum der Loge ist rot ausgeschlagen, in ihr werden die unteren Grade bearbeitet. Dies sind ein Einweihungsgrad sowie der erste, zweite und dritte Grad. Der Vorsitzende einer Loge wird Obermeister, der Vorsitzende einer Bezirksloge Großmeister und der einer Staats-Großloge Hochmeister genannt. Zusammenkünfte der Hochmeister aller Orden in den verschiedenen Ländern sorgen für die Erhaltung einer gemeinsamen Arbeitsgrundlage.

Der Einweihungsgrad symbolisiert die Neugeburt des Kandidaten im Geiste des Ordens. Er wird durch die Farbe Weiß gekennzeichnet. Es folgt der I. Grad, der „Grad der Freundschaft", dessen Sinnbild das allsehende Auge Gottes ist sowie die drei Kettenglieder (Symbol für Freundschaft, Liebe und Wahrheit). Kennzeichen des Grades ist ein weißer Kragen mit blassroter Einfassung. Verschiedene Gegenstände dienen der symbolischen Darstellung. Der II. Grad ist der „Grad der Bruderliebe", er zeigt den barmherzigen Samariter und bedient sich ebenfalls verschiedener symbolischer Gegenstände. Sein Zeichen ist der weiße Kragen mit hellblauer Einfassung. Der III. Grad schließlich ist der „Grad der Wahrheit". Er führt ins Allerheiligste und handelt von der Arbeit für andere, die der leisten kann, der gelernt hat, an sich und mit anderen zu arbeiten. Der Kragen des dritten Grades ist weiß mit scharlachroter Einfassung. Erst die Inhaber des III. Grades können Logenämter übernehmen. Trotz äußerlich ähnlicher Gradeinteilungen bestehen doch sowohl in den Formalien als auch in den Lehrinhalten und vor allem in der Symbolik sowie den Erkennungszeichen erhebliche Unterschiede zu den Gebräuchen der Freimaurer.

In den Lagern widmet man sich den erhabenen oder Patriarchengraden. Die Legenden dieser Grade spielen in den alttestamentarischen Zeltlagern der Nomadenvölker zwischen Euphrat und Tigris, also im Gebiet des heutigen Irak, und verbinden den patriarchalischen mit militärischem Charakter. Abraham wird in seiner Zelthütte gezeigt als opferwilliger Gastfreund, als Prediger der Menschenliebe und Toleranz, als Führer auf dem Lebensweg, aber auch als kampfbereiter Beschützer, wenn es gilt, gegen innere oder äußere Feinde zu bestehen. Die Gradstufen sind die folgenden: 1. Der Patriarchengrad: Er behandelt Vaterschaft und Herrschaft, 2. Der Grad der Goldenen Lebensregel: nach dem Christuswort aus der Bergpredigt: „Alles, was Ihr wollt, das Euch die Leute tun sollen, das tut Ihr ihnen!“, 3. Der königliche Purpurgrad: Er behandelt die Darstellung der Lebensreise. Die Farben der Lagergrade sind Schwarz, Gold und Purpurn. Sinnbilder der Grade sind drei Säulen, die Glaube, Liebe und Hoffnung darstellen. Weiterhin haben symbolische Bedeutung Zelt, Hirtenstab, Hirtentasche, Sandalen, Opferaltar, Gesetzestafeln, Räucheraltar, Kreuz und Halbmond. In den USA gibt es schließlich noch Groß-Lagergrade. Vorsitzender des Lagers ist der Hauptpatriarch.

Die Verpflichtungen, Wohltaten zu erbringen, die dem Odd-Fellow-Orden in hohem Maße zu eigen ist, und der Wunsch, auch die Frauen, Schwestern und Töchter der Mitglieder enger an dieser Ordensarbeit teilnehmen zu lassen, führten 1851 zur Einführung eines „weiblichen Grades“, des Rebekkagrades, der in eigenen (weiblichen) Rebekka-Logen bearbeitet wird.

Rebekka-Logen

Rebekka-Logen sind die Frauenlogen des Odd-Fellow-Ordens. Sie wurden 1851 von dem Journalisten und US-Kongressabgeordneten sowie späteren US-Vizepräsidenten Stuyler Colfat als reine Frauenlogen gegründet. Die Namensbildung erfolgte nach dem Name der Frau Isaaks, die Abrahams Knecht Eliser für diesen ausgesucht hatte. Ihre Gastfreundschaft und Fürsorge waren ihm Zeichen genug für ihre Güte, sodass er ihr drei Ringe schenkte als Symbole für Freundschaft, Liebe und Wahrheit.

Im Ritual des Rebekkagrades werden als Vorbilder weiblicher Tugenden die alttestamentarischen Frauen Hannah, Deborah, Ester, Ruth und Mirjam vorgestellt. Die Mitglieder der Rebekka-Logen tragen Schleifen aus rosenrotem und grünem Band. Sinnbilder sind der Bienenkorb, die Taube, der Mond und die sieben Sterne.

In Deutschland wurde die Idee bereits 1872 heimisch mit Gründung der Rebekka-Loge „Borussia“ in Berlin. Der Orden entwickelte sich in Deutschland aber nur langsam und wurde nach 1933 von den Nationalsozialisten ebenso verboten wie alle anderen ähnlichen Bünde. Erst 1961 wurde in der Bundesrepublik wieder deutsche Logen dieses Ordens gegründet. In der ehemaligen DDR blieb der Orden ebenso wie die Odd Fellows verboten.

➤ **Großsekretär des I.O.O.F.**
Adolf-Kolping-Straße 35, 31339 Hildesheim, Tel.: 0 51 21/26 55 80, Fax: 0 51 21/26 55 69
gerd.mueller@oddfellows.de oder info@oddfellows.de
➤ **www.oddfellows.de**

Die Rosenkreuzer

Die Rosenkreuzer führen uns in den Bereich der Mysterienbünde. Dabei handelt es sich um Zusammenschlüsse von Menschen, die ein Thema nach bestimmten symbolischen Riten bearbeiten. Schon im alten Ägypten gab es die Verehrung von Mysterien, z.B. den Isis-Kult oder den Osiris-Kult. Bekannt sind auch die eleusinischen Mysterien. Um die Zeitenwende standen der Midras-Kult sowie die Gemeinschaft der Essener in Blüte. Das ausgehende Altertum gilt als eine Blütezeit der Mysterienbünde. Eine zweite Blüte erreichten diese Bünde im 17. und 18. Jahrhundert, so auch die Rosenkreuzer. Die meisten Mysterienbünde, die sich im 18. Jahrhundert bildeten, sind heute bedeutungslos oder verschwunden. Die vorgetragenen Legende, die einen Ursprung aus dem Altertum vortäuschen sollten, haben sich meist als Fälschungen erwiesen. Selbst Goethe hat in seinem Theaterstück „Der Groß-kophta" seine Zeitgenossen mit ihrem Kult um den falschen Grafen „Cagliostro", der in Wirklichkeit ein einfacher Kammerdiener war, satirisch verspottet.

Die modernen Rosenkreuzer sollten aber kurz erwähnt werden. Der Ausdruck „Rosenkreuz", also eine Kombination der beiden Symbole „Kreuz" und „Rose", geht zurück auf eine Fabel, die der bedeutende schwäbische Theologieprofessor Johan Valentin Andreae (1586–1654) verfasst hat und die in drei Büchern erschien, nämlich der „Fama Fraternitatis" (1614), der „Confessio

(Anm. d. Autors: Eine Reihe von echten Mysterienbünden wurden nicht in dieses Buch aufgenommen, da mit einer Aufnahme die Abgrenzung zu Sekten oder okkulten Glaubensgemeinschaften überschritten worden wäre. Hier sind zu nennen: der „Hermetische Orden vom Golden Dawn", der O.T.O., die Fraternitas Saturnis und andere erkennbar okkulte Gruppen, deren Ziel, Methoden und Riten außerhalb des hier interessierenden Spektrum liegen.)

Fraternitatis R.C." (1615) und schließlich der „Chymische Hochzeit Christiani Rosencreutz, Anno 1459" (1616). Die erste Fraternitas Rosae Crucis (FRC) bildete sich im Anschluss an die Publikation dieser Schriften. Der Inhalt der „Fama" sei kurz wiedergegeben. Der Titel besagt bereits, dass es sich um eine allegorische Darstellung handelt. Dieser Charakter des Buches wurde jedoch von vielen Adepten nicht beachtet. Der Name „Rosenkreuzer" geht auf die von Valentin geschaffene mystische Legenden-Figur des Christian Rosencreutz zurück:

„Dieser lebte der Legende nach von 1378 bis 1484, wurde also 106 Jahre alt, und starb, als Luther geboren wurde. Als Jüngling zog Rosencreutz ins Heilige Land. Er lernt Arabisch und treibt in Ägypten, in Fez und im Jemen naturwissenschaftliche Studien, lernt die Magie und die Kabbala kennen und übersetzt den ‚Liber Mundi' (Buch der Welterkenntnis) ins Lateinische. Auf dem Rückweg nach Deutschland bespricht er in Spanien mit den Gelehrten Europas, was den Wissenschaften fehle und wie Kirche und Philosophie mit Hilfe seiner Erkenntnisse ‚moralisch zu verbessern' seien! Rosencreutz trifft auf wenig Verständnis. Er zieht sich daher zurück und gründet mit drei Freunden eine zunächst geheime Gesellschaft, um ‚im Lichte der Natur' die Erkenntnis der Welt zu beginnen. Biblisch-theologische und hermetischphilosophische, auf die berühmte Platonische Akademie von Florenz zurückgehende Denkweisen gehen in dieser ‚spirituellen Kosmologie' eine Verbindung (eben die ‚Chymische Hochzeit') ein. Diese als ‚Pansophie' bezeichnete Denkweise bildet die Grundlage der von Andreae geforderten moralischen Verbesserung von Wissenschaft und Gesellschaft im rosenkreuzerischen Sinn. Einfach ausgedrückt: Der Forscher soll jedem natürlichen Wesen mit Ehrfurcht begegnen. Dieser erste fiktive Orden vom Rosenkreuz (die Fraternitas) soll 100 Jahre geheim bleiben. Als zufällig 120 Jahre nach seinem Tod der Leichnam des Ordensgründers in einem geheimen siebeneckigen Gewölbe gefunden wird, ist dieser unverwest und hält ein Testament in den Händen, die ‚Confessio'. Bei der Öffnung des Gewölbes erstrahlt er in einem überirdischen Licht …"[3]

3 J.V. Andreae, „Fama Fraternitatis"

So weit die Legende um diese fiktive Gestalt, auf die alle Rosenkreuzerbruderschaften der folgenden Jahrhunderte zurückgehen. Andreae wollte mit seinen Schriften keine neue „Sekte" begründen, was ihren universellen Zielen ja auch völlig widersprochen hätte, sondern mit seiner „Komödie", wie er es nannte, einen Denkprozess anstoßen, den heutigen Ansätzen im Sciencefiction- oder Fantasy-Genre entsprechend.

Die Folgen dieser Veröffentlichungen waren aber dank der Buchdruckerkunst ganz andere. Es entstand tatsächlich ein reges Schrifttum um die fiktive Bruderschaft des Rosenkreuzes, an die viele Fragen gerichtet wurden, die aber (mangels tatsächlicher Existenz) nie beantwortet wurden. Über Comenius kamen die Ideen Andreaes nach England, wo Elias Ashmole (1617–1692) rosenkreuzerische Gedanken in die sich entwickelnde spekulative Freimaurerei einführte, wobei sogar eine gewisse Befruchtung freimaurerischer Gedanken durch den rosenkreuzerischen Ansatz stattgefunden hat.

Um die Mitte des 18. Jahrhunderts war dann auch in Deutschland ein Orden der „Gold- und Rosenkreuzer" tätig, der nur Freimaurermeister aufnahm und in neun Graden ein Hochgrad-Lehrgebäude bearbeitete. In Preußen berief nach dem Tod Friedrichs II. (des Großen) 1786 sein Nachfolger Friedrich Wilhelm II. mit den Ministern Wöllner und von Bischoffswerder zwei fanatische Rosenkreuzer in sein Kabinett, die Andreaes Entwürfe, so wie sie sie verstanden hatten, in die praktische Politik umsetzen wollten. Diese Politik stieß jedoch auf großen Widerstand und zu Beginn des 19. Jahrhunderts verschwand der Rosenkreuzer-Orden sang- und klanglos, um auch nie wieder zu erstehen. Vorbehalte gegen die Freimaurerei, insbesondere gegen die so genannten „Hochgrade", leiten sich meist von diesen Vorgängen ab und werden heute immer noch vorgetragen, obwohl sie seit über 200 Jahren mit dem Untergang der alten Rosenkreuzer faktisch erledigt sind.

Erst 100 Jahre später haben sich moderne Esoteriker wie der Theosoph Rudolf Steiner der Rosenkreuzerideen wieder bemächtigt. Sie verwenden zwar das Etikett, verabreichen aber einen stark veränderten Inhalt in ihrer Lehre und unterscheiden sich auch untereinander sehr stark. Von dem früheren Sektenbeauftragten der evangelischen Kirche in Bayern, Friedrich-Wilhelm Haack, werden die modernen Rosenkreuzer daher teilweise auch als „Sekten" eingestuft.[4] Auf das Lectoriumm Rosicrucianum, das sich selbst als Religionsgemeinschaft bezeichnet, trifft diese Beurteilung wohl auch zu. Wenn hier dennoch Rosenkreuzer erwähnt werden, so vor allem deshalb, weil die Leserschaft auch zur Zielgruppe der modernen Rosenkreuzer gehört und in diesem Kontext einen Hinweis auf diese Gruppen erwarten darf.

Das ursprüngliche „Rosenkreuzertum" konnte nicht als Sektierertum verstanden werden, zumal im 17. Jahrhundert ausgezeichnete Gelehrte sich dieser Idee angeschlossen hatten. Auch waren die Auswüchse, die die Wöllner'schen Missdeutungen der Rosenkreuzer-Fiktionen hatten, nach kurzer Zeit zusammengebrochen. Die modernen, esoterischen Rosenkreuzer-Gemeinschaften haben ihren Ursprung meist in den USA. Nach einem Besuch bei Rudolf Steiner schreibt Max Heindel, der Vizepräsident der Theosophischen Gesellschaft in Kalifornien, 1909 ein Buch über die Weltanschauung der Rosenkreuzer und gründet die „Rosicrucian Fellowship". Diese ist zwar in Deutschland völlig unbedeutend, aus ihr sind aber zwei andere Gruppen hervorgegangen, die heute in Deutschland Mitglieder haben und aktiv für sich werben. Dies sind

- Alter und Mystischer Orden Rosae Crucis A.M.O.R.C.
- Internationale Schule des Rosenkreuzes e. V./Lectorium Rosicrucianum (LR)

Beide Organisationen dürfen nicht mit dem in der Schottischen Freimaurerei (auch in Deutschland) bearbeiteten Grad des „Ritters vom Rosenkreuz" in Verbindung gebracht werden. Zu keinem Zeitpunkt hat irgendeine Beziehung zwischen dem A.M.O.R.C. oder dem Lectorium Rosicrucianum und den heute bestehenden Freimaurerlogen in Deutschland bestanden. Im Gegenteil, das LR lehnt die Aufnahme von Angehörigen der Freimaurlogen und ähnlichen Bünden ab.

4 Friedrich-Wilhelm Haack, „Sekten" 5. Aufl., München 1987, Seite 12

Alter und Mystischer Orden Rosae Crucis (A.M.O.R.C.)

Der „Alte und Mystische Orden Rosae Crucis“ tritt 1915 in New York erstmals in Erscheinung. Sein Gründer ist der Journalist, Parapsychologe und Theosoph Spencer Lewis (1883–1939). Der A.M.O.R.C. versteht sich als der sichtbare Teil einer „großen weißen Bruderschaft“, die zur Zeit Echnatons (1350 v. Chr.) gegründet worden sei. Der A.M.O.R.C. bezeichnet sich als eine mystische Bruderschaft (Orden) und nicht als eine Religionsgemeinschaft. Er möchte Angehörige aller Religionen, Menschen aller sozialen Schichten, Männer und Frauen aller klassischen politischen Strömungen ansprechen und in seinen Reihen vereinigen. Jedes Mitglied hat die gleichen Pflichten und die gleichen Rechte. Ein Mitglied des Ordens kann diesen jederzeit durch einfache Willenserklärung verlassen.

Die „oberste Großloge“ des A.M.O.R.C. mit einem „Imperator“ an der Spitze hat ihren Sitz in Lachoute bei Montreal (Kanada). Nach dem Zweiten Weltkrieg breitete sich diese Gemeinschaft in alle Kontinente aus. Sie gilt heute als weltweit größte Rosenkreuzerorganisation mit etwa 250.000 Mitgliedern. 1952 fasste der Orden auch in Deutschland (München) Fuß. Heute hat er Ortsgruppen in etwa 40 deutschen Städten, in Österreich drei und in der Schweiz vier Städtegruppen. Der Sitz dieser „deutschsprachigen Jurisdiktion“ des A.M.O.R.C. ist heute in Baden-Baden. Er wirbt in Zeitungsanzeigen für Vorträge und hat ein umfangreiches Informationsangebot ins Internet eingestellt. Der Orden ist in Grade eingeteilt. Es gibt einen einführenden Studiengrad, drei vorbereitende Studiengrade und zwölf Tempelgrade. Daran schließen sich weitere Lehrgrade an. Der A.M.O.R.C. spricht heute von ca. 3.000 Mitgliedern in Deutschland.

Für die Aufnahme in den A.M.O.R.C. wird derzeit eine Gebühr von 36 Euro berechnet. Der jährliche Mitgliedsbeitrag beträgt 354 Euro. Die Arbeitsunterlagen bleiben Eigentum des A.M.O.R.C. und müssen beim (möglichen) Verlassen des Ordens zurückgegeben werden.

➤ **A.M.O.R.C.**
Lange Straße 69, 76530 Baden-Baden, Tel.: 07221/66041, Fax 07221/66044
amorc@rosenkreuzer.de

➤ **www.rosenkreuzer.de**

Lectorum Rosicrucianum (LR)

Das Lectorium Rosicrucianum ist ein neorosenkreuzerischer Mysterienbund. Es entwickelte sich aus den Kontakten des Jan Leene (1896–1968) zur niederländischen Abteilung der Rosicrucian Fellowship des Max Heindel, die er zeitweise leitete. 1935 spaltete sich Leene, der sich nun Jan van Rijckenborgh nannte, von dieser Gesellschaft ab und machte sich mit seinen Anhängern selbstständig. Der Hauptsitz und Entstehungsort des Lectorium Rosicrucianum befindet sich in Haarlem, Niederlande. Während des Zweiten Weltkriegs war die Schule verboten.

Nach dem Zweiten Weltkrieg nahm die Gemeinschaft den Namen Lectorium Rosicrucianum an und tritt seither als „gnostische Geistesschule“ auf. Sie begann in die Nachbarländer und auch nach Übersee zu expandieren. Seit den 50er Jahren fasste sie auch in Deutschland Fuß, wo heute drei Schulen bestehen in Birnbach/Ww., Bad Münder am Deister und Calw.

Diese Rosenkreuzergemeinschaft sieht sich als Religionsgemeinschaft. Schüler, die nach einer Vorbereitungszeit den Weg der Rosenkreuzerschule gehen wollen, sollen eine etwaige Zugehörigkeit zu anderen Kirchen, Konfessionen, Glaubensgruppen sowie zu anderen mystischen Bruderschaften lösen. Die Mitglieder des Lectorium Rosicrucianum ernähren sich als Vegetarier und lehnen Alkohol und Nikotin sowie sonstigen Drogen strikt ab.

Nach dem Tod von J. van Rijckenborgh wird das Lectorium Rosicrucianum von einer internationalen spirituellen Leitung geführt, der 13 Personen angehören. Die Schule finanziert sich ausschließlich selbst durch Spenden und Beiträge. Interessenten können eine allgemeine Mitgliedschaft erwerben, die im Jahr 96 Euro kostet. Allgemeine Mitglieder erhalten dafür monatlich eine Rosenkreuzerzeitschrift. Die Mitgliedschaft als regulärer Schüler der Schule vom goldenen Rosenkreuz kostet das Doppelte.

➤ **Intern. Schule des Goldenen Rosenkreuzes, Lectorium Rosicrucianum e. V.**
Auf der Höhe 16, 57612 Birnbach, Tel.: 0 26 81/95 840, Fax: 0 26 81/95 84 44 oder
Intern. Schule des Goldenen Rosenkreuzes Lectorium Rosicrucianum e. V.
van Rijckenborgh Haus, Querlandweg 5, 31848 Bad Münder a. D., Tel. 0 50 42/30 00 00
gold@rosenkreuz.org

➤ www.rosenkreuz.de, www.rosenkreuz.org

6. Die Bruderschaften der wandernden Handwerksgesellen

Die „Tippelei“ ist wieder angesagt und so mancher Geselle geht nach seiner Ausbildung auf die Walz. Vor über 800 Jahren zogen die ersten Handwerker auf die Wanderschaft: Zimmerer, Steinmetzen, Schreiner. Die Walz war Berufs- und Lebensschule zugleich. Diese Ziele sind bis heute nahezu identisch geblieben. Neben der Vervollkommnung der handwerklichen Fertigkeiten wollen die Gesellen die Welt, Bräuche und Lebensgewohnheiten anderer Menschen und Völker kennen lernen. Hinzu kommt eine gehörige Portion Abenteuerlust. Ohne einige Jahre „auf der Walz“ gewesen zu sein, d.h., ohne den eigenen Horizont erweitert zu haben und bei fremden Meistern in anderen Ländern seine handwerklichen Fähigkeiten vervollkommnet zu haben, konnte bis ins 19. Jahrhundert hinein kein Handwerker Meister werden. Strenge Zunftordnungen regelten die Wanderschaft, die Bräuche sowie die Behandlung durch die ortsansässigen Meister.

Die Reisezeit ist eine praxisnahe Lebensschule, die jedem Zunftgesellen ein gesundes Selbstvertrauen gibt. Sie ist in keiner Weise mit dem heutigen Tourismus, der ja auch die Menschen an alle Orte der Erde führt, zu vergleichen, da der Fremdgeschriebene – gleich wo er tippelt oder arbeitet – ständig direkt in der Bevölkerung lebt und somit Freud und Leid hautnah am eigenen Leib kennen und einzuschätzen lernt. Er kann seine beruflichen Kenntnisse und Fähigkeiten optimal erweitern, denn an anderen Orten und in fremden Firmen wird unterschiedlich gearbeitet. Die verschiedenen Methoden erweitern die Fertigkeiten und das Können des Gesellen erheblich. Grundvoraussetzung ist dabei, dass man nicht als Prophet, sondern als gelehriger und anpassungsfähiger Mensch mit offenen Augen und wachem Blick durch die Welt geht. Der Wandergeselle gewinnt dabei nicht nur Fachkenntnisse, sondern auch eine umfassende Menschenkenntnis, die es ihm ermöglicht, Verhaltensweisen anderer Leute zu verstehen.

Der „Notgroschen“ ist mittlerweile ein Geldschein und nur noch symbolisch. Traditionell gehört er ins Wanderbuch, sollte nicht verloren gehen und nur für die Verhinderung des Hungertodes eingesetzt werden. Heutzutage ist jeder Wandergeselle krankenversichert und trägt Plastikgeld bei sich, schon deshalb, weil es ihm den Eintritt in die Hotels ermöglicht – im Winter manchmal die einzige Chance, ein Dach über den Kopf zu bekommen.

Früher waren die einzelnen Zünfte für die Regelung der Wanderschaft zuständig. Nachdem sich in der Mitte des 19. Jahrhunderts die rechtliche Situation grundlegend geändert hat und sowohl die Zunft- als auch die Wanderpflicht abgeschafft worden sind, haben sich Gesellenvereinigungen gebildet, in denen sich die wanderwilligen Gesellen zusammengeschlossen haben, um die alte Tradition weiterhin pflegen zu können. Diese Vereinigungen werden „Schacht“ genannt. Ob und in welchem „Schacht“ der Geselle reist, ist ganz stark davon abhängig, welchen Menschen er bis zu seiner „Erwanderung“ begegnet. Die meisten entscheiden sich für eine der vier traditionellen deutschen Gesellenzünfte. Sie pflegen neben den traditionellen Gebräuchen und Bekleidungsregeln vor allem auch eine eigene Sprache. Einige dieser Begriffe werden im folgenden Kapitel ebenfalls gebraucht.

▌**Geschichte:** Das zünftige Reisen von Handwerkern hat eine alte bis ins hohe Mittelalter zurückreichende Tradition, die nur im Bauhandwerk bei den Maurer- und Zimmergesellen überlebt hat und mit zeitgemäßen Anpassungen bei den Bruderschaften der Handwerksgesellen bis heute erhalten ist. Im 12. Jahrhundert, als auch Ritterorden entstanden, die ersten Universitäten gegründet wurden und sich die studentischen Nationes bildeten, organisierten sich auch die Zünfte. In der Folgezeit wurde es Voraussetzung für die Meisterwürde, dass man einige Jahre wanderte, um sich einen Überblick über sein Handwerk anzueignen und die Handwerkskunst in anderen Ländern zu erlernen, mindestens sie kennen zu lernen. Im 14. und 15. Jahrhundert hatten die Zünfte Wohlstand und eine machtvolle Position erreicht. Nach der Reformation, den Bauernaufständen und insbesondere nach dem Dreißigjährigen Krieg waren die wirtschaftlichen Verhältnisse in der Mitte des 17. Jahrhundert so schlecht geworden, dass es den Gesellen immer schwerer wurde, selbst eine Meisterstelle erreichen zu können. Insbesondere die vorgeschriebenen Wanderzeiten wurden immer wieder verlängert. Dies führte in zunehmendem

Maße zu Spannungen zwischen Gesellen und Meistern. Die Wanderzeit hatte zu engeren Zusammenschlüssen unter den Gesellen geführt und es entwickelten sich Gesellenverbindungen, die sich allmählich von den Zünften lösten und den Gesellen in der Fremde beistanden. Im Laufe der Zeit entwickelten sie sich sogar zu ernst zu nehmenden politischen Gegnern der Zünfte, die auch Meister durch Boykott und gemeinsame Arbeitsverweigerung unter Druck setzen konnten. Bessere Arbeitsbedingungen und Lohnerhöhungen wurden auf diesem Weg durchgesetzt. Der Aufbau von Manufakturen im 17. und vor allen Dingen die Industrialisierung im 19. Jahrhundert brachte grundlegende Veränderungen für weite Bereiche des Handwerks. Die Zünfte verloren ihre Machtposition und die Pflicht der Wanderjahre wurde 1871 nach der Reichsgründung in Deutschland abgeschafft, dennoch gingen Anfang des 20. Jahrhunderts noch mehrere Tausend Gesellen (insbesondere aus den Bauberufen) jährlich auf die Walz. Im Ersten Weltkrieg kam dieser Brauch völlig zum Erliegen, erreichte aber gegen Ende der 20er Jahre wieder Höchstzahlen. Die Nationalsozialisten nahmen eine ablehnende Haltung ein, weil die Wandergesellen ein sehr enges Verhältnis zu den Gewerkschaften sowie ein besonderes Freiheitsgefühl hatten, weswegen die Schächte schließlich verboten wurden. Auch in der DDR wurde das zünftige Wandern in den 50er Jahren verboten. Als in der Bundesrepublik der Arbeitskräftemangel, insbesondere am Bau, seinen Höhepunkt erreichte, kam auch das Wandern fast zum Erliegen. Zünftige Wandergesellen in traditioneller Kluft hatten um 1960 einen ausgesprochenen Seltenheitswert, aber einige wenige hielten diese Tradition am Leben. Mit der Emanzipation der Frauen, auch im Berufsleben des Handwerks, dem veränderten Lebensgefühl alternativer Ansichten und den wieder engeren Aussichten auf eine feste Anstellung, die besonders die Baubranche traf, begann ab etwa 1980 eine Renaissance der Tippelei. Nach 1990 setzte sich der Aufschwung dieser Bewegung insbesondere auch in den Bundesländern auf dem Gebiet der ehemaligen DDR verstärkt fort. Die reisenden Gesellen haben die Möglichkeit, sich für die Wanderzeit bei der Zimmerer-Krankenkasse in einem speziellen Tarif für die Tippelei günstig zu versichern. Diese spezielle Wanderschaftsversicherung gilt nur für die Zeit der Walz. Auch bei den Innungskrankenkassen oder bei privaten Krankenversicherungen können sich die reisenden Fremden versichern. Erforderlich für die speziellen Tarife ist in allen Fällen die Vorlage des Wanderbuches.

Heute gehen etwa 600 bis 700 Handwerker jährlich auf die Walz, der Frauenanteil wird auf 10 % geschätzt. Zu den traditionellen Schächten, die nur Männer aufnehmen, wurden auch zwei neue gegründet, denen Frauen angehören. Ein nicht unerheblicher Teil der reisenden Fremden gehört keinem Schacht an, sie sind „Freireisende". Man erkennt sie vor allem daran, dass sie keine Abzeichen der Schächte tragen.

Bräuche der reisenden Fremden

Die meisten Regeln der wandernden Gesellen, die in der Zunftsprache „ reisende Fremde" genannt werden, sind geheim. Über diese schweigen die Handwerksgesellen ebenso wie die meisten anderen Bruderschaften über ihre Interna. Es gelten für Arbeit, Wanderschaft und das gesellige Leben die altüberkommenen Bräuche der jeweiligen Zunft. Augenfällig sind vor allem die Bekleidungssitten, die so völlig abweichen von der heutigen Mode. Hinzu kommt eine eigene Walzsprache, die aus dem Rotwelschen kommt. Zinken ist eine geheime Kreidesymbolsprache der Wanderburschen an Haustüren, mit der die Walzenden einander mitteilten, ob oder was in der jeweiligen Herberge zu holen ist. Auf der Walz trägt man weder Hemd noch Anzug, Bündel, Ohrring oder Wanderstab, sondern Staude, Kluft, Charlie, Hänger und Stenz. Ein reisender Geselle arbeitet nicht beim Meister – er scheniegelt beim Krauter. Ein Geselle wünscht dem anderen keine gute Reise, sondern eine fixe Tippelei. Er wird um ein Essen in einem Gasthaus weder bitten noch betteln – er spricht in der Beiz vor. Er hat keinen Schlips, sondern eine Ehrbarkeit.

▌Voraussetzungen für die Walz: Um als „Fremdgeschriebener" die Welt bereisen zu können, muss der Junghandwerker folgende Voraussetzungen erfüllen:

- Abgeschlossene Handwerkslehre (in der Regel in einem Bau- oder baunahen Gewerk)

- Schuldenfreiheit
- Keine sozialen Verpflichtungen (d.h. unverheiratet und kinderlos)
- Keine Vorstrafen
- Höchstalter bei Reiseantritt 27, bei manchen Schächten 30 Jahre
- Die meisten Schächte sind Männerbünde, nur zwei nehmen auch Gesellinnen an.

Die Reisedauer beträgt in der Regel drei Jahre und einen Tag. Bei zwei Schächten beträgt die Reisezeit nur zwei Jahre und einen Tag.

Wenn die Reisezeit abgelaufen ist, kann sich der fremde Geselle „einheimisch“ melden, sofern er dann wieder schuldenfrei ist. Mit der Einheimischmeldung wird die Wanderzeit offiziell beendet. Der Geselle nimmt wieder einen festen Wohnsitz und eine feste Arbeitsstelle an. Dieses Ereignis wird meist mit einer zünftigen Feier gewürdigt, ebenso wie das „Bergfest“, d.h. der Tag, an dem die Hälfte der Reisezeit abgelaufen ist.

▮ **Die Regeln der Wanderschaft:** Wenn sich ein Geselle für die Walz entscheidet, muss er sich zunächst einen Schacht auswählen, dem er sich anschließt. Wenn er einen Gesellen gefunden hat, der ihn „losbringt“, wird er „erwandert“. Nach altem Brauch wird ein Fest gefeiert, zu dem auch die Reisenden der Zunft aus der Umgebung kommen. Verwandte und Freunde geben beim Abschluss dieses Festes dem Aspiranten (Neuling) das Geleit bis zum Ortsschild. Von dort ab wandert er ohne nochmals zurückzuschauen (denn sein Blick soll immer nach vorn gerichtet sein!) seinem unbekannten Ziel entgegen.

Während der Reisezeit darf der Geselle den Heimatort nicht mehr aufsuchen. Die Bannmeile beträgt je nach Schacht 50 oder 60 Kilometer und darf nur im äußersten Notfall (Hochzeit, Tod oder sehr schwere Erkrankung eines Angehörigen ersten Grades) betreten werden. Erst am Ende der Walz wird er seinen Heimatort wieder betreten, wenn er sich „einheimisch“ meldet.

Reisende Gesellen dürfen höchstens drei Monate an einem Ort verweilen, dann müssen sie weiterziehen, um nicht irgendwo hängen zu bleiben. Mindestens die Hälfte bis drei Viertel der

Wanderzeit soll man arbeiten, um tatsächlich neue Fähigkeiten zu erwerben und zu vervollkommnen. Die Arbeitsverhältnisse werden selbstverständlich offiziell und ordentlich mit Krankenversicherung und den tariflichen Löhnen abgeschlossen. Die Vorstellung, reisende Fremde würden „schwarz"arbeiten oder billig für Kost und Logis zu haben sein, ist irreal. Ein Schacht weist auf seiner Homepage besonders auf diese Tatsache hin. Wenigstens einmal im Monat soll sich der reisende Geselle bei seiner Zunft melden („aufklopfen").

Oft werden alle reisenden Gesellen als „Hamburger Zimmerleute" bezeichnet, weil wenig bekannt ist, dass neben den Zimmerleuten auch alle anderen Bauhandwerker auf die Walz gehen können. So findet man Maurer, Dachdecker, Schreiner, Betonbauer, Bootsbauer, Steinmetze, Schmiede, Spengler, Holzbildhauer, ja sogar Schneider, Buchbinder und Goldschmiede sowie Instrumentenbauer unter den reisenden Fremden. Da die Wandergesellen auf die Unterstützung der Bevölkerung angewiesen sind, legen sie großen Wert auf ehrbares Verhalten und eine gepflegte Erscheinung.

▮ **Die „Herberge":** Sie ist Dreh- und Angelpunkt jeder „Gesellschaft" (örtlicher Gesellenverein). Es ist in der Regel ein Gasthaus mit Schlafgelegenheit und einem Klubraum, der zum „Handwerkssaal" (Versammlungsraum der Bruderschaft) eingerichtet wird. In Hamburg besitzt beispielsweise der Schacht der „Rechtschaffenen Fremden Gesellen" ein eigenes Haus mit 90 Betten, einer Gastwirtschaft, vier Club- und Freizeiträumen sowie zwei Handwerkssälen. Auf die Herberge reist der Geselle zünftig zu und wird nach Handwerksbrauch „ausgeschenkt". Das heißt, er bekommt einen Begrüßungstrunk, trägt sich im Zugereistenbuch ein und hat eine Nacht Schlafen frei. In den Wintermonaten wird er zusätzlich noch einen Tag kostenlos verpflegt. Beim „Komodeheißer" kann er sich nach den Arbeitsmöglichkeiten im Ort erkundigen und erfahren, welche Gesellen in der letzten Zeit mit welchem Ziel durchgereist sind und wer in der Stadt geschrieben ist, d.h. in Arbeit steht. Die Herbergen sind sozusagen das Zuhause der reisenden Gesellen, in denen der Wirt auch mit Vater, die Wirtin mit Mutter und die Söhne und Töchter sowie das Bedienungspersonal mit Bruder und Schwester angesprochen werden, womit sogleich ein fast familiäres Verhältnis entsteht.

In den Herbergen sind aber nicht nur die reisenden Gesellen zu Hause, sondern es finden sich hier auch die „einheimischen Fremden“ (sesshaften Gesellen oder Meister) zu den verschiedensten Anlässen ihrer Gesellschaft wie Gesellen-, Schaller-, Trudel- oder Modellierabend ein.

▌**Die Kluft des fremden Gesellen:** Kluft nennt man die Zunftkleidung oder Tracht des fremden Gesellen. Sie ist sein Stolz und in der Bevölkerung überall gern gesehen. Sie besteht aus dem schwarzen Hut: Schlapphut, Zylinder oder Koks, der Staude, einem kragenlosen weißen Hemd, der Samt- oder Manchesterweste. Die Farbe der Weste richtet sich nach dem erlernten Beruf, der Samt- oder Manchesterhose in der Farbe des Berufes, den schwarzen Schuhen oder Stiefeln und der Ehrbarkeit (Schlips). Die Farbe der Biesen an Weste oder Hose sowie die Farbe der Ehrbarkeit zeigen an, in welchem Schacht der Geselle reist.

Ferner kann der Geselle einen Ohrring mit Handwerkswappen und eine Zunftuhrkette mit den Wappen der Städte, in denen er gearbeitet hat, tragen. Dieser so genannte „Zunftschmuck“ ist jedoch nicht unbedingt erforderlich und es bleibt jedem selbst überlassen, ob er ihn benutzt. Alle weiteren Verzierungen an der Kluft wie Orden und Abzeichen sowie überzählige Knöpfe etc. sind nicht gestattet. Auf einem sauberen und ordentlichen Zustand der Kluft legen die fremden Gesellen besonderen Wert. Zur Arbeit und in der Öffentlichkeit ist die Zunftbekleidung zu tragen.

▌**Der „Charlottenburger“ (Charly):** Ist von alters her das einzige Reisegepäck des wandernden Gesellen. Alles, was er auf der Walz braucht, trägt der Zunftgeselle im Charlottenburger, auch Berliner genannt. Die Bezeichnung „Charlottenburger“ hat bei den fremden Gesellen zwei Bedeutungen. Zum einen wird ein buntes ca. 80 mal 80 Zentimeter großes Tuch, das mit der Reklame der Zunftschneider oder auch mit Bildern der Zunft bedruckt ist, so genannt. Zum anderen nennt man auch jedes gepackte Bündel, das wiederum in diesem bunten Tuch eingeknotet ist, Charlottenburger oder Berliner.

Auf der Tippelei hat der reisende Geselle sein gesamtes Hab

und Gut mit einer besonderen Technik und Geschick – was nur bei den Zunftgesellen zu erlernen ist – zu einem Charlottenburger gebunden. Er hat die Form einer riesigen ca. 30 Zentimeter dicken und 70 Zentimeter langen Wurst und beinhaltet das notwendigste Werkzeug, Arbeitszeug, Unterwäsche und Hemden sowie Wasch -und Schuhputzzeug. An seinem akkurat gebundenen Charlottenburger kann man in der Regel auch den akkuraten zünftigen Gesellen erkennen.

- **Der „Stenz“:** Der Stenz ist der Wanderstab des reisenden Gesellen und im Ritual der Wandergesellen ein wichtiges Utensil. Es ist ein in der Natur gewachsener Stock, um den schlangenförmig Schlingpflanzen eingewachsen sind. Nach dem Entfernen der Schlingpflanzen und mit etwas Schnitzerei erhält man einen je nach Wuchs wunderbaren bizarren Wanderstab, der eben bei den Fremden Stenz genannt wird.

„Reisende fremde Gesellen“ und „einheimische fremde Gesellen“

Den „reisenden fremden“ Gesellen erkennt man an seiner Kluft mit den weiten Hosenbeinen, Weste, Schlapphut und der Ehrbarkeit, die er während der dreijährigen Reisezeit auf Tippelei und bei der Arbeit stets trägt. Er kann reisen wohin und arbeiten, wo er will. In der Regel ist er ein Vierteljahr auf Tippelei und nimmt dann in etwa für die gleiche Zeit Arbeit an. Dazu wird er entweder von der Art der Arbeit, der schönen Landschaft oder gar von den reizenden ansässigen Mädchen inspiriert. Bei Arbeitsaufnahme lässt er sich in der am nächsten liegenden Gesellschaft schreiben und nimmt am dortigen Zunftleben teil. Während der Tippelei übernachtet der reisende Geselle außer in den Zunftherbergen je nach Gelegenheit bei Meistern, in Jugendherbergen, im Heuschober beim Bauern, bei „Mutter Grün“ oder gar (freiwillig) in der Arrestzelle der Polizei. Nach Möglichkeit und Laune tippelt er zu Fuß oder lässt sich zeitgemäß als Anhalter mitnehmen. Öffentliche Verkehrsmittel über längere Strecken sind verpönt, jedoch nicht verboten. Der reisende fremde Geselle ist kein Duckmäuser und auch kein Kind von Traurigkeit. Er ist ein aufrichtiger, ehrlicher Mensch, der weiß was er will und wozu er lebt.

Hat der reisende Geselle seine dreijährige Wanderschaft beendet, so kann er sich „einheimisch" melden und hat dann die Rechte und Pflichten eines einheimischen fremden Gesellen, der aber auch weiterhin in einer Gesellschaft geschrieben ist. Einheimische nehmen in der Regel alle vier Wochen am Gesellenabend teil und haben somit stets Kontakt zur Jugend und den ehemaligen Kameraden. Dabei wird die Erinnerung an gute und schlechte Zeiten während der Tippelei gepflegt und mit Rat und Erfahrung in beruflicher oder gesellschaftlicher Hinsicht ist er mit seiner Erfahrung für die reisenden Gesellen ein wichtiges Bindeglied im Zunftwesen.

Das Wanderbuch: Als besonderes Ausweispapier besaßen die wandernden Handwerksgesellen die so genannte Kundschaft. Es wurde von der Obrigkeit ausgestellt und gab Auskunft über Namen, Personendaten, Heimat und Beruf des wandernden Gesellen. In diesem Wanderbuch wurden alle Etappenorte der Walz durch Stempel und Unterschrift der örtlichen Behörden oder des Handwerksmeisters festgehalten. In früheren Zeiten wurde das Wanderbuch als Pass von der Polizeibehörde des Heimatortes ausgestellt. Heute wird es vom europäischen Dachverband, der C.C.E.G. (Confederation Compagnonnages Européens), gestaltet und hat den Charakter eines Reisepasses und dient dem reisenden Gesellen in erster Linie, sich bei Behörden als rechtmäßig fremdgeschriebener Geselle auszuweisen. Es ist in vier Sprachen verfasst und hilft dem Fremden – besonders im Ausland – bei der Arbeitssuche und dem Erlangen von Arbeitsbewilligungen. Im Wanderbuch werden während der Tippelei täglich offizielle Eintragungen gemacht, wodurch es in späteren Zeiten für den Inhaber einen historischen Erinnerungswert von großer Bedeutung erlangt.

Besondere Sitten: Von besonderer Bedeutung ist bei den Handwerksbruderschaften die Pflege alter Sitten. Sie treffen sich zu geselligem Beisammensein, um zu schallern (singen), den Zimmermannsklatsch zu üben. Dieser kann als Zweier-, Dreier- oder Viererklatsch ausgeführt werden im Rhythmus von Marsch- oder Walzermelodien. Beim Klatschen wird zwar die Jacke ausgezogen, aber der Hut bleibt auf dem Kopf. Dieser wird nur zum Schlafen, Essen so wie in der Kirche abgenommen.

Vergehen gegen die Sitten werden mit dem Trudelholz geahndet. Dieses ist acht- oder zwölfkantig und mit zwei Griffen versehen. Der Delinquent wird an Armen und Beinen hochgehalten und mit dem Rücken über das Trudelholz gelegt, das von zwei Gesellen unter seinem Rücken gedreht wird. Auf diese Weise erhält der „Sünder" eine alle erheiternde „Rückenmassage".

DIE VERSCHIEDENEN SCHÄCHTE (VEREINIGUNGEN)

In Deutschland pflegen mehrere Handwerksbruderschaften den alten Brauch der Tippelei. Diese Vereinigungen nennt man „Schächte". Vier von ihnen halten sich strikt an die alten Bräuche und nehmen nur Gesellen auf. Dies sind:

- Die rechtschaffenen fremden Handwerksgesellen (1891)
- Der Rolandsschacht (1891)
- Der Fremde Freiheitsschacht (1910)
- Die Freien Voigtländer

Zwei Schächte sind progressiver und nehmen auch Gesellinnen in ihren Reihen auf.

- „Art & Kelle" (1979)
- Der Freie Begegnungsschacht (1986)

Die traditionellen Schächte haben in vielen Städten Deutschlands und der Schweiz, aber auch in Übersee Herbergen. Da viele ehemalige reisende Fremde in allen Teilen der Welt sesshaft geworden sind und auch eigene Betriebe errichtet haben, gibt es auch in Amerika, Australien, Neuseeland und im südlichen Afrika Anlaufstellen für die wandernden Gesellen. Diese verschiedenen Schächte werden nachfolgend kurz vorgestellt.

Rechtschaffene fremde Handwerksgesellen

Diese Bruderschaft ist wohl die älteste und größte unter den Schächten in Deutschland und wurde 1891 in Magdeburg gegründet. Sie gliedert sich in zwei Abteilungen, nämlich

- die Gesellschaft der rechtschaffenen fremden Zimmer- und Schieferdeckergesellen,

- die Gesellschaft der rechtschaffenen fremden Maurer- und Steinhauergesellen.

Aufnahmebedingung: Gesellenbrief in einem Bauhandwerk, männlich, schuldenfrei, ledig und höchstens 30 Jahre alt.

Die rechtschaffenen fremden Gesellen sind eine Vereinigung von gleichgesinnten Bauhandwerkern, die in die Welt hinausziehen, um sich mit den Bräuchen, Lebensgewohnheiten und Arbeitspraktiken anderer Völker und Menschen vertraut zu machen und dabei in guten und schlechten Zeiten fest zusammenhalten. Sie wollen sich in erster Linie auf praktische Weise weiterbilden und dabei die zwischenmenschlichen Beziehungen auf der Grundlage des Völkerverständigungsgedankens an der Basis pflegen. Sie sammeln Erfahrung und schließen über alle Grenzen hinaus Freundschaften. Dabei werden auch international die überlieferten Zunftgebräuche gepflegt.

Geschichte: In früheren Jahrhunderten gehörte zu der privilegierten Zunft der Maurer und Steinhauer neben der Meisterlade auch die gemeinschaftliche Lade der einheimischen und fremden Gesellen. Die rechtschaffenen fremden Gesellen bildeten unter sich eine geheime Verbindung, deren Ursprung sowohl in den Bauhütten wie auch in den städtischen Maurerbrüderschaften des späten Mittelalters zu suchen ist. Noch in der ersten Hälfte des 19. Jahrhunderts bestand für die Maurergesellen in Norddeutschland Wanderpflicht. Für die jungen Ausgelernten war mit Antritt der Wanderschaft auch die Aufnahme in die Gesellenbruderschaft verbunden. Stand, Brauchtum und soziale Absicherung machten die Zugehörigkeit zur alten Solidareinrichtung der rechtschaffenen Fremden notwendig, denn ohne die Bruderschaft fand der Geselle keine Arbeit und keinen gerechten Lohn, keine Reisegefährten, keine Hilfe im Krankheitsfall und auch kein würdiges Begräbnis. Um Letzteres im Bedarfsfall zu finanzieren, trug er einen goldenen Ohrring, von dessen Erlös diese Kosten zu decken waren.

Gewerbefreiheit und Zunftauflösung nach 1871 wirkten sich auf die eigenständige Fremdenverbindung nicht unmittelbar aus. Sie betreute die reisenden Gesellen und pflegte weiter Handwerksbrauch und Gewohnheit. Bis auf wenige im 19. Jahrhundert vorgenommene Korrekturen, wie etwa der Zusammenschluss der

Fremden (= Reisenden) und Einheimischen, wodurch die Bruderschaften durchaus den Charakter eines Lebensbundes bekamen, konnten sich Brauchtum und Überlieferung bei den rechtschaffenen Maurern und Steinhauern nachweislich seit mehr als 200 Jahren unverändert erhalten. In der zweiten Hälfte des 19. Jahrhunderts entwickelte sich aus der damals modischen Volkstracht der reisenden Gesellen die heutige ins Auge fallende Kluft mit dem charakteristischen Gepräge. Beibehalten wurden über nunmehr mehr als 130 Jahre die alte zünftige Ausstattung, bestehend aus einem schwarzen Hut, schwarzen Schuhen, einem Jackett mit mindestens drei Knöpfen, sowie der Verzicht auf grüne Farben. Als wichtigstes Zeichen der Zugehörigkeit verdrängte die krawattenähnliche Ehrbarkeit in der Farbe des Schachtes das bunte Halstuch.

Mobilität und Berührung mit dem Gedankengut der im 19. Jahrhundert aufkommenden Arbeiterbewegung ließ die rechtschaffenen Fremden zu eifrigen Förderern des Gewerkschaftsgedankens werden. Diese Entwicklung verstärkte sich Anfang des 20. Jahrhunderts und hinderte die Nazis daran, die alte zünftige Gesellenbruderschaft als Wanderorganisation der Deutschen Arbeitsfront gleichzuschalten. In der Auseinandersetzung mit der Deutschen Arbeitsfront bewährte sich das Geheimhaltungsgebot. Es verhinderte aber letzten Endes nicht das Verbot der Schächte durch die Nationalsozialisten. Seit dem späten Mittelalter galt das Verbot, anderen etwas von den Heimlichkeiten des Handwerks zu offenbaren. Dieses Verbot hat in der ersten Hälfte des 19. Jahrhunderts dazu beigetragen, den staatlichen Unterdrückungen und Koalitionsverboten zu widerstehen.

Nach Ende der Zunftwirtschaft (nach 1890) traten neue Schächte reisender Bauhandwerker in Erscheinung. Zwischen den Rechtschaffenen und den später entstandenen Schächten entwickelte sich ein Klima gegenseitiger Abneigung. Das verletzte die berufliche Eintracht und gewerkschaftliche Solidarität. Die steigende Rivalität führte zu Auseinandersetzungen, die bis zu blutigen Schlägereien gehen konnten. Mit der Wiederaufnahme der Tippelei nach der Verbotszeit änderte sich diese Situation grundlegend.

Zur 2000-Jahr-Feier der Stadt Paris luden im April 1952 französische Gesellenvereinigungen Vertreter der rechtschaffenen Maurer zu einem Gesellenfest nach Paris ein. Die Gäste wurden trotz der noch jungen Erinnerungen an Krieg und Besetzung vorzüglich betreut und bewirtet. Ein weiterer Höhepunkt in der Nachkriegszeit war das Europatreffen der fremden Gesellen am 15. und 16. August 1953 in Luxemburg. Seit vielen Jahren geben die rechtschaffenen Maurer und Steinhauer auch den Gesellen des Bau- und Baunebengewerbes, die keine eigene Zunft haben oder deren Zünfte und Bruderschaften in den Zeitenläufen aufgehoben wurden, eine zünftige Heimat. So wurden auch alte zünftige Handwerke des Schmiedes inkorporiert. Die Bruderschaft sieht sich mit ihrem geheimen Ritual als Alternative zum Zeitgeist und bemüht sich, die seit Jahrhunderten ungebrochene geschichtliche Kontinuität zu wahren.

Die Vereinigung der rechtschaffenen fremden Gesellen ist überparteilich, überreligiös und übernational. Das heißt, ihr können Angehörige jeder politischen Auffassung, jeder Religion und jeder Nationalität beitreten, solange sie die Menschenrechte achten. In ihren Reihen wird jedoch weder Politik gemacht noch Religion verkündet noch werden nationale Interessen vertreten. Das heißt jedoch nicht, dass die rechtschaffenen fremden Gesellen keine Meinung haben, sondern dass sie Anschauungen und Glauben anderer Menschen und Völker respektieren.

Oberstes Beschluss fassendes Gremium der Vereinigung der rechtschaffenen fremden Gesellen ist der Kongress, der in der Regel alle vier Jahre stattfindet und dabei jeweils auch den amtierenden Vorstand für die Zeit bis zum nächsten Kongress wählt.

Die Vereinigung wiederum besteht aus einzelnen Gesellschaften, die in den verschiedensten Orten Deutschlands, Frankreichs, der Schweiz, Skandinaviens, Afrikas und in den USA ansässig sind.

Die örtliche Gesellschaft wird bei den Schieferdeckergesellen von einem Alt-, einem Buch- und einem Dosengesellen und bei den rechtschaffenen fremden Maurer- und Steinhauergesellen von einem Wortführer und einem Herbergs- und Krankenbesucher geführt. Sie ist verpflichtet, jeden reisenden Gesellen aufzunehmen, ihn mindestens für eine Nacht und einen Tag zu bewirten und in jeder Beziehung nach Kräften zu unterstützen. In den Gesellschaften werden die zünftigen Riten abgehalten, die Protokolle und Listen geführt und die Gesellschaft verwaltet. Jede Gesellschaft hat eine Herberge, die gewissermaßen ihr Zuhause ist.

Turnusmäßig wiederkehrende Veranstaltungen sind bei den rechtschaffenen fremden Gesellen auf internationaler Ebene die im Rhythmus von fünf Jahren abgehaltenen Europatreffen und auf nationaler Ebene der vierjährlich veranstaltete Kongress sowie das jährlich stattfindende Himmelfahrtstreffen, das wechselnd von den Gesellschaften ausgerichtet wird. Außerplanmäßig werden Fahnenweihen und die verschiedensten Jubiläen der Gesellschaften oder ihrer Herbergen gefeiert.

Zur Kluft der rechtschaffenen fremden Handwerksgesellen gehört die schwarze Ehrbarkeit.

➤ **Vereinigung der rechtschaffenen fremden Zimmerer- und Schieferdeckergesellen Deutschlands**
Hauptsitz: Stresemannstraße 260, 22769 Hamburg, Tel./Fax: 0 40/38 47 64
hauptkasse-d-r-frd-zimmerer@hotmail.de

➤ **1. Vorsitzender Josef Struhkamp/Jörg Handke**
Lechenicher Straße 9, 50937 Köln, Tel.: 02 21/48 26 37, Fax: 02 21/94 84 38 4
(mittwochs von 15–19 Uhr), Hauptsitz@rechtschaffene.de

➤ **www.rechtschaffene-zimmerer.de**

➤ **Die Gesellschaft der rechtschaffenen Maurer- und Steinhauergesellen**
1. Vorsitzender Schulze Dirk,
Konsul-Francke-Straße 2, 21075 Hamburg, info@rechtschaffene-maurer.de

➤ **www.rechtschaffene-maurer.de, www.baugeschaeft-schulze.de**

Der Rolandsschacht

▮ **Geschichte:** Der Rolandsschacht entstammt der ältesten Maurerzunft und wurde im Mai 1891 von Bremer Maurern in Nürnberg gegründet. Das Gründungslokal „Rotes Ross" heißt heute „Irrer Elch" und sollte von jedem Rolandsbruder einmal im Leben besucht werden. Grundsatz seit der Gründung ist, dass alle Bauberufe gemeinsam in einer Zunft vereint sein sollen und gleichberechtigt den Handwerkssaal besuchen können. Bei der Namensgebung wurde der Bremer Roland als Namenspatron genutzt, weil er als Symbol für Recht und Freiheit galt. Aufgenommen werden nur Männer im Höchstalter von 27 Jahren. Da der Rolandsschacht seit Gründung enge Beziehung zur Gewerkschaft hat, ist die Mitgliedschaft in dieser zwingende Voraussetzung. Reisende Gesellen erhalten im Gewerkschaftsbüro bei Vorlage des Wanderbuches eine Reiseunterstützung. Viele einheimische Gesellen sind auch nach der Wanderschaft gewerkschaftlich aktiv und bringen ihre Gedanken und Erfahrungen so in die Gewerkschaftsbewegung ein.

Das höchste Beschlussgremium des Rolandsschachtes ist der Kongress. Er findet im Rhythmus von zwei Jahren statt, wählt den Vorstand (Zentralleiter und Zentralverwaltung) und legt die Richtlinien für die nächsten zwei Jahre fest. Der Kongress besteht aus Delegierten der einzelnen Gesellschaften und entscheidet demokratisch nach Stimmenmehrheit. Die alte Zunftfahne wird jeweils in die Obhut der nächsten Kongressgesellschaft gegeben. Der Kongress findet jeweils in ungeraden Jahren zu Pfingsten statt.

Nach einer mehrwöchigen Aspirantenzeit, in der man sich kennen lernt, wird der Junggeselle erwandert und erhält bei der Aufnahme die blaue Ehrbarkeit des Schachtes eingebunden. Sie wird ständig getragen und drückt die Rechtschaffenheit des Wandergesellen aus. An Weste und Hosen können blaue Biesen getragen werden. Als Schmuck wird ein Ohrring mit Handwerkswappen und eine Uhrkette an der Weste getragen.

Rolandsbrüder gehen drei Jahre und einen Tag auf die Walz, die Bannmeile beträgt 60 Kilometer, die er auch nicht durchfahren darf. Während der Wanderzeit kann er reisen und arbeiten, wohin und wo es ihm am besten gefällt. Viele zieht es auf der Reise auch nach Übersee: Australien, Neuseeland, Kanada, Namibia, Chile, Brasilien oder USA sind die bevorzugten Reiseziele. Nach drei Monaten ist jedoch eine Gesellschaft aufzusuchen, in der er maximal sechs Monate verweilen darf. Wenn keine Gesellschaft in der Nähe des Arbeitsortes zu finden ist, arbeitet der Rolandsbruder „vogtländisch“. Die Beendigung der Walz erfolgt mit der Einheimischmeldung, die natürlich zünftig gefeiert wird. Sie ist möglich, wenn der Geselle nachweislich drei Jahre und einen Tag reiste und sich schuldenfrei an einem Ort niedergelassen hat. Diese einheimischen Rolandsbrüder nehmen freiwillig an den Zunftabenden teil, wenn sie sich einer Gesellschaft des Rolandschachtes angeschlossen haben. Unter den Einheimischen finden sich nicht nur Altgesellen, sondern auch Poliere, Meister, Architekten und Bauingenieure, wenn sie denn die Verpflichtung der Walz erfüllt haben.

Die Gesellschaft ist bei den Rolandsbrüdern eine örtliche Bruderschaft, die selbstständig von einem Altgesellen geführt wird. Dieser bestimmt das Zunftlokal, die Herberge und ist für die schuldenfreie Führung verantwortlich. Zugereiste Gesellen melden sich bei ihm, um in das örtliche Buch eingetragen zu werden. An zwei Samstagen finden die regelmäßigen monatlichen Zunftversammlungen im Handwerkssaal statt. In dieser Versammlung sind alle gleichberechtigt, der jüngste Reisende ebenso wie der älteste Einheimische. Hier gilt das demokratische Prinzip: ein Mann – eine Stimme. Neben diesen Zunftversammlungen gibt es gelegentlich (meist mittwochs) auch gesellige Veranstaltungen, auf denen geschallert, geklatscht, im Bedarfsfall auch getrudelt wird.

Zu den Zunftutensilien zählt der Rolandsbruder das Erwanderungsband, die gehäkelte Ehrbarkeit, den Stammseidel aus Porzellan mit spitzem Zinndeckel und traditionellen Handwerksmotiven verziert. Jeder Krug ist ein Unikat, auf dem auch die Namen der besten Kameraden (Fremde und Einheimische) vermerkt sind. Der Stammseidel wird nach dreijähriger Reisezeit von der Gesellschaft, in der sich der Rolandsbruder einheimisch meldet, überreicht. Die Zunftpfeife wird nach mehrjähriger, aktiver Zugehörigkeit verliehen.

▮ **Wahlspruch:** Treue, Freundschaft, Brüderlichkeit

➤ **Rolandschacht**
Eisenbahnstraße 147, 04315 Leipzig, Tel.: 03 41/23 45 67 9

➤ **www.rolandsbruder.de**

Fremder Freiheitsschacht

▌Geschichte: Der „Fremde Freiheitsschacht" wurde am 1. Mai 1910 in Bern von Hermann Schäfer an der Spitze und 21 vogtländischen (Freireisenden) Maurergesellen gegründet. Bis zum ersten Kongress wurde er noch „Fremder Pisspottschacht" genannt. Der Pisspott wiederum war billiger und robuster als ein Bierglasstiefel. Deswegen wurde er in den ersten Jahren als gemeinsames Biertrinkgefäß genutzt. Zur Verstärkung ist 1914 der Spinnschacht, der nur aus Zimmerleuten bestand, dem Fremden Freiheitsschacht fast geschlossen beigetreten.

Er pflegt den Brauch für Bauhandwerksgesellen, nach der Lehrzeit auf Wanderschaft zu gehen und das Reisen unter den Bauhandwerkern zu fördern und zu verbreiten. Jeder Maurer, Zimmerer, Dachdecker, Schreiner, Steinmetz, Betonbauer, Fliesenleger und Steinsetzer, der sich für drei Jahre und einen Tag verpflichtet, seinen Heimatort bis auf 50 Kilometer zu meiden, keine Schulden, keine Kinder und einen Gesellenbrief hat sowie unverheiratet ist, kann im fremden Freiheitsschacht reisen.

Die Überlebenden fanden sich nach den Krieg zusammen und begannen eine neue Ära des Glücks und des Wohlstands. Nur die Teilung Deutschlands warf seinen Schatten nicht nur auf die Brüder, die sich für ein Leben in der DDR entschieden, denn hier war wieder einmal das Reisen nicht erwünscht und somit nur schwer möglich.

Nach dem Kriege wurde nun allerorts neu aufgebaut. So zog es auch in dieser Zeit des Wirtschaftswunders viele junge Gesellen in die Fremde, bis es in den 70er Jahren des 20. Jahrhunderts Vollbeschäftigung und Akkordarbeit gab. Kein Geselle wollte mehr auf Wanderschaft gehen. Das zünftige Reisen drohte auszusterben, denn nur wenige Bauhandwerker suchten die Ferne.

Der Fremde Freiheitsschacht trat 1980 in die C.C.E.G. (Confederation Compagnonnages Européens) ein. Anfang der 80er Jahre kam ein wirtschaftlicher Einbruch, der auch zu einer Wiederbelebung der alten Tradition des Wanderns führte. Die Wiedervereinigung Deutschlands ließ die Zahl der Wandergesellen nach 1990 erheblich steigen.

Der Schacht ist in allen größeren Städten mit Herbergen (Buden) vertreten, und zwar in Deutschland (von Nord nach Süd): Flensburg, Hamburg, Marschacht, Bremen, Bielefeld, Berlin, Belzig, Hannover, Hagen, Köln, Goslar, Uslar, Weimar, Dresden, Nussloch, Kenzingen, Saarbrücken, Landshut, Immenstadt. In der Schweiz: Winterthur und Genf, sowie in Kanada (Calgary), USA (Kansas), Argentinien (Buenos Aires) und Australien (Cairns).

Der fremde Freiheitsschacht zeichnet sich besonders durch seine liberale Haltung aus: „Leben und leben lassen". Freiheit, Gleichheit und Brüderlichkeit wird im Freiheitsschacht gelebt. „Wir alle seins Brüder, wir alle seins gleich" ist die Maxime eines jeden Fremden Freiheitsbruders. Als Erkennungsmerkmal tragen die Fremden Freiheitsbrüder eine rote Ehrbarkeit (Schlips) als Zeichen der Zugehörigkeit.

➤ **Fremder Freiheitsschacht,** Zentralbuchgeselle Urs Brubacher
Hagenweg 30, 21436 Marschacht, Tel.: 041 76/89 59
info@fremderfreiheitsschacht.de
➤ **www.fremderfreiheitsschacht.de**

Die freien Vogtländer

Die Vogtländer organisierten sich 1908 in einem eigenen Schacht. Aus ihnen entstanden später viele Gesellenschaften, die sich von den Zünften lossagten und schließlich die freien Vogtländer bildeten.

Zuerst trugen die Mitglieder keine Ehrbarkeit, doch 1920 erklärten sie ein goldenes Wappenemblem mit den Buchstaben FVD zu ihrer Ehrbarkeit. Diese tragen sie im eingeschlagenen Hemd auf der Brust.

Die freien Vogtländer haben in Hannover ein eigenes Zunfthaus, welches auch als Herberge dient. Außerdem führen sie dort Fort- und Weiterbildungsmaßnahmen durch. Die Gesellen müssen bei dieser Zunft nur zwei Jahre und einen Tag wandern.

➤ **Handwerkergesellschaft e. V.**
Martinstraße 3, 30659 Hannover, Tel.: 05 11/64 79 83 6

Axt & Kelle

Axt und Kelle wurde 1979 gegründet. Er nimmt auch Frauen auf und erlaubt den Mitgliedern außerdem, in Gruppen zu wandern. Die Mitglieder tragen keine Ehrbarkeit, sondern einen Ohrring mit den Insignien des Schachtes. Gewandert wird hier zwei Jahre und einen Tag.

➤ Der Schacht lehnt eine Kontaktadresse ab, weil man ihn finde, wenn man ihn suche. Sehr informativ ist die Seite **www.zimmerin.de**, über die weitere Informationen erhältlich sind.

Freier Begegnungsschacht

Dieser Schacht wurde 1986 gegründet. In ihm reisen nicht nur Bauhandwerker, sondern auch all jene Berufe, die schon vor dem 20. Jahrhundert von Tradition her auf der Walz waren. Er nimmt Männer und Frauen auf und trägt ebenfalls keine Ehrbarkeit, sondern einen Ohrring mit dem Zeichen des Schachtes.

➤ Eine Kontaktadresse liegt nicht vor.

C.C.E.G. – Vereinigung der europäischen Gesellenzünfte

Die Vereinigung der europäischen Gesellenzünfte (Confederation Compagnonnages Européens, C.C.E.G.) ist die Dachorganisation der europäischen Gesellenvereinigungen. Die C.C.E.G. wurde 1951 in Paris gegründet. Hauptaufgabe der C.C.E.G. ist es, die Gesellen der einzelnen nationalen Vereinigungen einander näherzubringen und internationale Freundschaften zu pflegen. Jeder Geselle genießt die Gastfreundschaft der anderen Vereinigung, wobei er sich aber deren Gepflogenheiten anzupassen hat. Trotz dieser Verbrüderung werden die nichtöffentlichen Rituale der einzelnen Vereinigungen nicht untereinander ausgetauscht.

Seit 1978 ist sie vom Europarat mit beratendem Statut ausgestattet und beim Tribunal d'Instance de Strasbourg eingetragen. Alle fünf Jahre wird ein Europatreffen veranstaltet, welches im Wechsel von einem Mitglied ausgerichtet wird. Durch diese internationalen Kontakte sind schon viele Freundschaften über alle Grenzen hinweg entstanden und somit wird hier das grenzenlose Europa miteinander gelebt.

Präsident der C.C.E.G. ist zurzeit Marc Foucher von der Union Compagnonnigue.

Gründungsmitglieder waren folgende Gesellenvereinigungen:
- Federation Nationale Compagnonnique des Metiers du Batiment = FNCMB (Frankreich)
- Union Compagnonnique Des Devoirs Unis (Frankreich/Schweiz)
- Forende Berejste Skandinaviske Händaerkere = FBSH (Dänemark)
- Rechtschaffene fremde Gesellen (Deutschland)

1978 traten bei:
- Federation Compagnonnique des Metiers de Belgique = FCMB (Belgien)

1980 traten bei:
- Die Rolandsbrüder (Deutschland)
- Die Fremden Freiheitsbrüder (Deutschland)
- Die freien Vogtländer Deutschland

Sprachrohr der C.C.E.G. ist die jedes halbe Jahr erscheinende C.-C.-E.-G.-Zeitung, in der alle Vereinigungen Berichte über das zünftige Reisen veröffentlichen.

SONSTIGE KORPORATIONEN

Spezielle Vereinigungen

Es gibt neben den traditionellen Zünften spezielle zunftunterstützende Gesellenschaften jüngeren Datums, die oft ebenfalls das traditionelle Brauchtum pflegen, ohne direkt einem etablierten Schacht anzugehören.

Die Bruderschaft zur Rose Quedlinburg

In dieser Bruderschaft sind Gesellen des Bauhandwerks (Zimmerer, Maurer, Tischler, Steinmetzen und Dachdecker) vertreten. Ihr Ziel ist es, das handwerkliche Brauchtum zu pflegen. Gegründet wurde die Bruderschaft 1991 im „Gildehaus zur Rose" zu Quedlinburg. Aufgenommen werden nur Gesellen. Zu den Mitgliedspflichten gehört auch das Tragen der Kluft bei dem monatlichen Treffen, dem „Aufklopfen". Ebenso soll die Kluft während der Arbeit getragen werden.

Die Bruderschaft zur Rose hat Verbindungen zu den Schächten, deren Mitglieder auf die Walz gehen. Sie fördert es, dass ihre ebenfalls auf Wanderschaft gehen, und reisende Gäste sind immer willkommen. Die Bruderschaft gehört dem Bündnis zünftiger Gesellen an.

➤ Andre Hake, Große Gasse 235, 06493 Badeborn, Tel.: 0 39 48 3/81 95 5

Verein der Zimmerleute und Schreiner Amberg

Dieser Verein wurde 1891 gegründet. Er überstand das Dritte Reich und den Zweiten Weltkrieg, geriet aber in den 60er und 70er Jahren des vorigen Jahrhunderts in eine existenzielle Krise. Nach 1980 änderte sich auch bei dem Amberger Verein die Situation und es kamen wieder vermehrt neue Mitglieder dazu. So konnte eine staatliche Zahl jüngerer Gesellen im Juni 1991 das 100. Gründungsfest miterleben.

➤ Josef Donhauser, Mosacher Weg 43, 92224 Amberg, Tel.: 0 96 21/81 55 8

Gewandhausgesellen Leipzig

Die Gewandhausgesellen Leipzig wurden 1981/82 im gerade eingeweihten „Neue Gewandhaus“ gegründet. Aufgenommen werden Dachdecker, Betonbauer und Zimmerleute sowie Meister, Poliere und Bauingenieure. Die Gewandhausgesellen pflegen enge Kontakte zu den freien Vogtländern, zu den Rolandsbrüdern, zu den fremden Freiheitsbrüdern, zu den rechtschaffenen Maurer- und Steinhauergesellen und zu der Bruderschaft zur Rose.

An Stelle einer Ehrbarkeit tragen die Mitglieder eine kleine, runde, grüne Anstecknadel am linken Hemdkragen, die mit dem Zunftzeichen des Betonbauerhandwerks versehen ist.

➤ Peter Kuntze c/o RUX-Gerüste
Weststraße 6–8, 04439 Engelsdorf/Leipzig, Tel./Fax: 03 41/25 13 80 5

Heidberg Frei-Zunft Güstrow 1998

Siehe auch „Bündnis zünftiger Gesellen“

Bündnis zünftiger Gesellen

➤ Peter Kuntze c/o RUX-Gerüste
Weststraße 6–8, 04439 Engelsdorf/Leipzig, Tel./Fax: 03 41/25 13 80 5

Reinoldschacht

Dieser Schacht wurde im Juni 1991 in Dortmund gegründet. Benannt wurde er nach dem heiligen Reinold, welcher im 10. Jahrhundert als Steinmetz in Köln lebte. Die Ehrbarkeit ist zweifarbig, und zwar rot und blau. Besonders wichtig ist diesem Schacht die Tradition der Wanderschaft, welche er am Leben erhalten hat.

Steinhauer- und Maurerbruderschaft Hof von 1450

➤ Werner Reuther, Steinbergstraße 4, 95030 Hof

7. Viele Gemeinsamkeiten und doch große Unterschiede

Die Zielsetzungen der einzelnen Organisationstypen sind unterschiedlich und dennoch haben sie viele Gemeinsamkeiten. Es lassen sich mehrere Zielegruppen unterscheiden, die je nachdem, um welche Organisation es sich handelt, von unterschiedlicher Bedeutung sind.

▌**Freundschaft, Lebensbund:** Manche Vereinigungen haben das Prinzip lebenslanger Mitgliedschaft. Bei ihnen steht die Verbindung über die Wechselläufe der Zeit hinweg im Vordergrund. Es handelt sich um „Wahlverwandschaften" im Goethe'schen Sinn. Menschen bekennen sich zueinander, fast wie in einer Familie, sie suchen Freundschaft, Verbundenheit und Geborgenheit über die Jahrzehnte hinweg, auch über die Generationen. Typisch ist dies für alle studentischen Verbindungen, für Logen jeder Art und für die Orden. Bei Serviceclubs spielt zwar Freundschaft eine Rolle, aber das klassische Lebensbundprinzip ist ihnen nicht eigen. Freundschaft, verbunden mit sehr viel Spaß und Lebensfreude, sind das Lebenselixier der Schlaraffen. In Business Clubs spielt dieses Ziel keine, in traditionsreichen Wirtschaftsclubs eine untergeordnete Rolle, aber „hineinpassen" sollte der Bewerber schon.

▌**Religiöse Motive:** Die Ritterorden sind ohne feste religiöse Bindung, oft an eine bestimmte Konfession, nicht denkbar. Dienst an der Kirche und ihrem Auftrag ist Grundlage der klassischen Ritterorden. Religiöse Motive sind auch bei allen christlichen Studentenverbindungen das tragende Grundprinzip.

▌**Erkenntnisgewinn, Selbsterkenntnis, Selbstvervollkommnung:** Diese Zielsetzungen sind typisch für die Freimaurerei. Bis zu einem gewissen Grad gehört dies ebenfalls zu den Zielen der Druiden und Odd Fellows. Erkenntnisgewinn ist auch die tragende Säule im Wissenschaftlichkeitsprinzip der studentischen Verbindungen, die dieses Prinzip teilweise sogar im Namen betonen.

▌**Stärkung des Charakters, ehrenvoller Lebensweg:** Das ist insbesondere ein Anliegen der alten Korporationen und Vereinigungen. Das „Schlagen", d. h.die studentische Mensur, hat in diesem Bemühen ihren Ursprung, da sie der Vorbereitung auf allfällige Ehrenhändel diente. Obwohl Duelle verboten waren, war doch bis in die erste Hälfte des 20. Jahrhunderts der Begriff der „Satisfaktion" für die meisten Korporationen (außer den christlichen) eine konstitutionelle Grundlage. Die Traditionen des 19. Jahrhunderts betonten besonders einen Ehrbegriff, der die Verteidigung der eigenen Ehre mit der Waffe beinhaltete. Sie zu verlieren oder zu beeinträchtigen war unter Umständen existenzbedrohender als materielle Verluste.

Bei den Freimaurern ist der „gute Ruf" per Konstitution Voraussetzung für die Aufnahme. In unterschiedlichen Nuancen und Betonungen spielen Charakter und Ehre heute bei Korporationen, Logen, Orden und Serviceclubs eine selektive Rolle. Dabei ist mehr das Ansehen gemeint, weniger der martialische Ehrbegriff, der im Kaiserreich prägend war.

- **Dienst am Nächsten, Hilfe für die Gesellschaft:** Das sind Hauptanliegen der Serviceclubs und Ritterorden. Auch die Freimaurer betreiben eine gewisse Caritas, aber sie ist nicht die tragende Säule des Bundes. Korporationen setzen sich besonders für ihre eigene Hochschule oder ihr Gymnasium wie auch für ihren Hochschulort ein. „Service to the community" ist das Markenzeichen der angloamerikanisch geprägten Serviceclub-Organisationen.
- **Geschäftliche Kontakte, Netzwerkbildung, Förderung der Geschäfte:** Auf diesem Feld liegt die Domäne der Business Clubs, aber auch der traditionellen Industrieclubs. Den Serviceclubs ist der Gedanke nicht ganz fremd, aber er spielt keine große Rolle mehr und ist bei den einzelnen Organisationen unterschiedlich ausgeprägt. Logen und Verbindungen sind natürlich auch Beziehungsnetzwerke, weil man sich gut kennt, aber Geschäftskontakte entwickeln sich allenfalls zufällig und am Rande der Vereinigungen, sie sind entgegen weitverbreiteter Vorurteile nicht grundlegender Bestandteil der Organisationen.
- **Förderung der Region:** Diese Zielsetzung besitzen zahlreiche Wirtschaftsclubs in einem stärkeren Maße, besonders dann, wenn sie in den letzten Jahrzehnten unter der Federführung einer Gebietskörperschaft oder einer IHK oft sogar als Instrument der Wirtschaftsförderung initiiert worden sind. Ihrer Heimatstadt fühlen sich aber auch Logen und Serviceclubs verpflichtet, die vor

allem auf kulturellem oder karitativem Gebiet Institutionen im heimatlichen Umfeld unterstützen. Studentische Verbindungen fördern in vielen Fällen ihre Hochschule, besonders dann, wenn Alte Herren in einflussreichen Positionen sind und Forschungsaufträge an Hochschulinstitute vergeben können, Forschungsgeräte herstellen oder vertreiben oder eine Stiftung zugunsten ihrer alten Alma Mater errichten.

- **Förderung des Nachwuchses:** Dies ist ein vorherrschendes Thema bei allen studentischen Verbindungen. Die Mehr-Generationen-Gemeinschaft ermöglicht in vielerlei Form die Nachwuchsförderung: Studenten erhalten günstige Wohnmöglichkeiten, können Praktika in den Firmen der Alten Herren absolvieren, erhalten Rat von Bundesbrüdern im Beruf und werden bei herausragenden Leistungen durch Stipendien und Ehrenpreise finanziell gefördert. Förderung junger Menschen ist im Einzelfall auch ein Thema bei Freimaurern und Serviceclubs.

Nicht jeder wird genommen – aber wer?

Wenn Sie, geehrter Leser, sich von der Vorstellung der einen oder anderen Gruppe angesprochen fühlen, so stellt sich sicher die Frage: „Was kann oder muss ich tun, um die Mitgliedschaft zu erwerben?“ Bei einigen Vereinigungen kann man gar nichts tun. Eine Bewerbung für den Orden „Pour le mérite“ ist ausgeschlossen. Die Johanniter und Malteser kennen diejenigen, die eventuell in Frage kommen, und wählen ihre künftigen Mitglieder selbst aus. Andere Vereinigungen sind nicht so (in bestem Sinne) elitär. Dennoch ist eine Bewerbung bei den alten Ritterorden nur schwer vorstellbar. Johanniter oder Malteser-Ritter kann nur werden, wer sich aktiv für die Kirche engagiert. Er kann sich nicht bewerben, er wird berufen zur Mitarbeit im Orden. Auch bei Rotary, Kiwanis, LIONS und den anderen Serviceclubs ist eine Bewerbung eher ungewöhnlich.

Studentische Korporationen werben um den Nachwuchs. Sie laden praktisch alle Studenten ein, zu ihnen zu kommen. Dann aber haben sie unterschiedliche, teils sehr elitäre Anforderungen an ihre neuen „Füxe“ – sie laden meist jeden ein, nehmen aber nicht jeden auf. Je nach den Prinzipien des Bundes können die Anforderungen unterschiedlich sein. CV, KV, Unitas und Wingolf nehmen nur Christen auf, teilweise nur Katholiken. Jagdkorporationen erfordern ein Bekenntnis zur Jagd. Corps legen auf Leistungs- und Gesellschaftsprinzip einen höheren Wert als viele andere Korporationen. Musische Verbindungen, Turnerschaften und Akademische Segelvereine wollen natürlich die entsprechenden Interessen und Neigungen bei ihren Neu-Mitgliedern sehen. Allen gemeinsam ist, dass sie ehrenhafte, aufrechte junge Menschen suchen, die zum Engagement bereit sind. Drückeberger, Leisetreter oder Extremisten jeder Art sowie Konjunkturritter und andere Opportunisten sind nicht gefragt.

Die Freimaurer laden zu ihren Gäste-Veranstaltungen öffentlich ein und freuen sich über jeden, der kommt. Wer Interesse an der Freimaurerei findet, wird mehrmals eingeladen und muss sich dann selbst erklären. Er wird nicht „gekeilt". Wer Kontakt zur und Informationen über die Freimaurerei sucht, wird als „Suchender" bezeichnet, willkommen geheißen und geprüft. Wenn man keine Fehler findet („ein Mann von gutem Ruf"), steht der Aufnahme nichts im Weg, bis auf den Aufnahmeantrag. Den muss der Suchende selbst schriftlich stellen. Erst dann wird darüber abgestimmt. Abstimmungskriterium ist im Wesentlichen der Charakter des Suchenden und seine Einstellung zum Glauben (nicht aber zu einer bestimmten Religion oder Konfession). Fanatische Atheisten haben keine Chance, Freimaurer zu werden. Die Abstimmung ist geheim, aber sie sollte einstimmig erfolgen, um eine zügige Aufnahme zu gewährleisten. Bei bis zu drei Gegenstimmen kann unter bestimmten Bedingungen dennoch eine Aufnahme zu einem späteren Zeitpunkt erfolgen.

Ähnlich, aber einfacher geht es bei den Serviceclubs zu. Einladungen erfolgen in der Regel nur auf Empfehlung eines oder mehrerer Clubmitglieder. Der Interessent muss also mindestens ein Clubmitglied so gut kennen, dass dieses ihn zur Aufnahme empfiehlt. Wer niemand kennt, gehört meist nicht zur Zielgruppe der Clubs. Auch hier muss zwar die überwiegende Mehrheit (teilweise sogar alle) der Clubmitglieder der Aufnahme zustimmen, aber das Verfahren ist recht einfach. Der Interessent erklärt sich gegenüber dem Vorstand, dass er bereit sei, Mitglied im Club zu werden. Der Vorstand berät über dieses Interesse und lässt dann in der Regel geheim abstimmen. Im positiven Fall erfolgt beim nächsten Clubtreffen die Aufnahme durch Handschlag und Überreichung der Clubnadel. Diese ist für viele Menschen ein sehr wichtiges Requisit, fast ein Statussymbol.

Andere Organisationen verhalten sich anders. B'nai B'rith nimmt nur Juden auf, die Schlaraffen nehmen nur auf Empfehlung Menschen mit viel Humor und Esprit auf. Druiden und Odd Fellows nehmen jeden, ohne Ansehen des Standes, der sich für ihre Ideen und Ideale, für ihre Riten und ihr Gemeinschaftsleben begeistert. Rosenkreuzer lehnen kaum jemanden ab, der bereit ist, ihre Lehrgangsgebühren und Lehrschriften zu bezahlen und aktiv mitzuarbeiten.

Abschottungen nach soziologischen Kriterien, nach dem „Stand", spielen bei weitem nicht mehr die Rolle, die sie vor dem Dritten Reich und vor allem vor 1914 spielten. Dies wird zwar bei den Organisationen unterschiedlich gehandhabt, auch innerhalb einer Organisation gibt es einige Vereinigungen, die exklusiver sind als andere des gleichen „Labels". Je nach Zielsetzung der Organisation wollen unter Umständen auch Gruppen „unter sich" bleiben. Das ist zumindest bei manchen Clubs zu beobachten, während bei den Logen aller Provenienzen andere Kriterien als die der soziologischen Einordnung im Vordergrund stehen. Dies wundert nicht, betonen doch gerade die Freimaurer sehr deutlich in ihren Ritualen, dass sie sich „auf gleicher Ebene" treffen, was in allen Arbeiten durch das Symbol der Wasserwaage umschrieben wird.

Andere Vereinigungen, insbesondere einige Wirtschafts- und Business Clubs, lösen die Frage der gesellschaftlichen Offenheit über die Offenheit der Geldbörse des Aufzunehmenden. Eintrittsgebühren werden in Form von „Aufnahmespenden" erhoben, die vereinzelt bis zu 10.000 Euro betragen können. Jahresmitgliedsbeiträge können die Höhe von 2.500 Euro oder mehr erreichen. Für diese Beträge erhält man lediglich die Erlaubnis, den Club zu betreten und an allen Veranstaltungen teilzunehmen. Das schreckt natürlich niemanden ab, dessen Firma diese Kosten übernimmt. Eine andere Form der gesellschaftlichen Abschottung ist die Forderung nach mehreren persönlichen Bürgen aus dem Altmitgliederstamm. Dann kommt natürlich nur derjenige in einen bestimmten Club, der schon hinreichend lange am Ort bekannt ist oder den man gerne als Mitglied gewinnen möchte, weil er kraft seiner Person, Bekanntheit oder Position das Ansehen des Clubs zu heben vermag. Nicht nur in einigen Hansestädten geht das Gerücht, man habe erst in der dritten Generation am Ort eine Chance, als „Einheimischer“ anerkannt zu werden. Clubs, die diese Prinzipien zu sehr betonen, wurden in diesem Buch nicht berücksichtigt, da sie ohnehin nicht von Interesse für das breite Publikum sind.

Viele Vereinigungen, insbesondere die Serviceclubs, die Logen, aber auch einige Wirtschaftsclubs, legen besonderen Wert auf Internationalität. Sie vermitteln internationale Kontakte, erwarten von ihren Mitgliedern aber auch eine universale, tolerante Gesinnung.

Welcher Club ist das wirksamste „Vitamin B“ für Karriere und Geschäft?

Oft werden Clubs, Logen und Bruderschaften als Basis für Karriere und Geschäft bezeichnet. Sind sie das? Die erste Antwort ist ein ganz entschiedenes „Nein“ (Business Clubs ausgenommen). Wer die Mitgliedschaft in einem Serviceclub oder einer Loge anstrebt, um seine berufliche oder geschäftliche Situation zu verbessern oder seine Karriere zu beflügeln, der spart besser seine Aufnahmegebühren und Beiträge. Seine Überlegungen werden meist enttäuscht.

Sobald man in diesen Organisationen merkt, dass es jemandem auf das Geschäft ankommt, nicht auf den menschlichen Kontakt, wird man in der Regel zurückhaltend. Einige studentische Verbindungen werben zwar mit dem Argument, Verbindungen würden Verbindungen schaffen. Das ist aber auch nur bedingt richtig. In allen menschlichen Gemeinschaften ergeben sich Kontaktchancen, die man nutzen kann. Stil und Form dieser „Nutzung“ entscheiden dabei wesentlich über den Erfolg. Ebenso wichtig ist, dass dieser Nutzen reziprok ist. Es muss für beide Seiten vorteilhaft sein, einen Kontakt zu nutzen, damit es dauerhaft erfolgreich wird. Der Gründer von Rotary, Paul Harris, hat dies sehr klar vertreten. In seiner Biographie heißt es: „... *Paul Harris scheute sich nicht, die wirtschaftlichen Vorteile der Mitgliedschaft zu unterstreichen. Der Beitritt von Mitgliedern geschah oft unter dem Gesichtspunkt des geschäftlichen Gewinns. Aber selbst hier ist ein Unterschied zu machen – ein feiner vielleicht, aber doch. Der vorherrschende Gedanke war zu geben – nicht zu nehmen. Geben war mehr im Einklang mit dem anderen Gefühl, das stets einwirkt, dem der Freundschaft.*"[1] Das deckt sich weitgehend mit heutigen Beobachtungen (nicht nur bei den Serviceclubs). Wer einseitigen Nutzen sucht und außer seinen eigenen Geschäftsinteressen nichts zu bieten hat, scheitert viel schneller als ein Außenseiter, da man ihm auch noch Opportunismus und ein „Segeln unter falscher Flagge" oder platte Berechnung vorwerfen wird.

Wer eine Position zu besetzen hat und einen Bundes-, Logenbruder oder Clubfreund eine Chance einräumt, erwartet als „Gegenleistung" meist eine besondere Loyalität, da man sich ja auch noch auf einer anderen als nur der beruflichen Ebene verbunden ist. Wer seine Einkäufe bei einem Clubfreund tätigt oder ihn im Geschäft als Lieferanten nutzt, erwartet nicht immer einen besonderen Rabatt, aber eine besonders ehrliche Beratung und Bedienung. Gerade bei sensiblen Themen, wie etwa Kapitalanlagen, sind schon zahlreiche Freundschaften zerbrochen, weil man zu sehr auf Beziehungsmanagement gesetzt hat und bei fallenden Börsenkursen dann sehr unangenehm überrascht wurde. Erfahrene ältere Menschen raten gerne, man solle keine Geschäfte mit Freunden oder Verwandten machen. Entweder leide dann das Geschäft oder die Freundschaft. Diese Thematik ist sehr schwierig im Allgemeinen und sie wird im besonderen Fall nicht leichter. Nur Fairness und Offenheit auf beiden Seiten kann es überhaupt geraten erscheinen lassen, auf bruderschaftlicher Ebene geschäftliche Beziehungen aufzubauen. Wenn es aber geschieht, dann darf es nicht vertrauensselig und gefühlvoll sein, sondern muss streng professionell erfolgen, damit Frustrationen und Enttäuschungen vermieden werden.

1 Rotary International, „Der Gründer von Rotary – Paul P. Harris", Chicago 1931, Seite 83 f.

Mit Paracelsus könnte man sagen, dass Clubmitgliedschaften durchaus ein „Vitamin B“ sind, dass es aber sehr auf die Dosis ankommt!

Allen Theorien zum Trotz: Verschwörung findet nicht statt

Gegen einige der in diesem Buch besprochenen Organisationen wird von Kritikern hartnäckig die Theorie der „Weltverschwörung“ verfochten. Vor allem die Freimaurer sind ein Ziel solcher Verdächtigungen. Der Kampf der Nationalsozialisten gegen diese gründete sich vor allem auf die (falsche) Theorie, die Freimaurerei diene einer Weltverschwörung zur Unterwerfung aller Völker. Dies wurde noch mit Antisemitismus garniert, weil natürlich liberaltolerante Vereinigungen wie die Logen auch Mitglieder mosaischen Glaubens aufnahmen und aufnehmen. Heute beziehen Islamisten aus diesem Faktum ihre ansonsten grundlosen Vorurteile gegen die Freimaurer. Die Kommunisten bekämpften die Freimaurerei als Trutzburg bürgerlicher, vor allem liberaler Weltanschauung. Sie lehnten diese sowohl aus ihrer Klassenkampfideologie als auch aus atheistischer Argumentation heraus ab.

Verschwörungstheorien funktionieren meist nach den gleichen Mustern. Man stellt eine Behauptung über eine scheinbare Bedrohung auf und legt „Beweise“ vor, die vordergründig akzeptabel erscheinen. Man reißt dazu Zitate aus dem Zusammenhang oder fälscht sie. Die Nationalsozialisten haben so (relativ grob) gearbeitet und das Ministerium für Staatssicherheit der DDR hatte Spezialabteilungen zur „Verfeinerung“ dieser Methode. Beide fürchteten sich aber nur vor dem freien, basisdemokratischen Geist, der in fast allen hier besprochenen Gruppierungen vorherrscht.

Oft wird eine Verschwörungstheorie unter Anknüpfung an ein Vorurteil auch einfach behauptet. Das Fehlen von Beweisen wird gerade als Beweis für die Gefährlichkeit der Gruppe gewertet, die ihre bösen Absichten gut verberge, weil für „Verrat“ die Ermordung drohe. Gegen diese Logik ist dann auch der Gerechte ziemlich wehrlos. Wie soll er beweisen, dass eine Verschwörung nicht existiert? Bei den Freimaurern war die Verschwörungstheorie von

Anfang an unsinnig, da sie ihre „Alten Pflichten“ von 1723 bereits formulierten: *„Der Maurer ist ein friedliebender Bürger des Staates, wo er auch wohne und arbeite. Er darf sich nie in einen Aufstand oder eine Verschwörung gegen den Frieden oder das Wohl einer Nation verwickeln lassen und sich auch nicht pflichtwidrig gegenüber nachgeordneten Behörden verhalten.“*[2]

Solche Sachargumente haben Extremisten und Radikale aber noch nie interessiert, weil ihnen ideologische Vorurteile immer wichtiger sind als sachliche Argumente und Aufklärung. Das erleben gerade die Freimaurer, aber auch die Serviceclubs heute wieder, diesmal von Seiten islamistischer Fundamentalisten. Der verstorbene König Hussein von Jordanien gehörte dem Bund der Freimaurer an, sein Sohn und die anderen Herrscher arabischer Staaten aber nicht mehr.

... und wer ist nun der Beste?

Wer ist der beste Club? Die beste Verbindung? Welcher der nützlichste? Wo kann man die besten Geschäfte machen? So oder ähnlich wird oft von Außenstehenden gefragt. Viele schließen sich einer der hier dargestellten Personenvereinigungen an und haben stille, gewissermaßen geheime Erwartungen für die Verbesserung ihrer eigenen persönlichen oder geschäftlichen Situation, die nicht selten zu ambitioniert sind. Aber auch die Mitglieder eines Clubs haben Erwartungen an das neue Mitglied, die weit über die pünktliche Beitragszahlung hinausgehen. Nur einige Beispiele, um dies zu verdeutlichen:

- Wer sich einem Ritterorden anschließt, muss auch bereit sein zu dienen.
- Wer einer schlagenden Verbindung beitritt, muss auch bereit und in der Lage sein, auf Mensur „seinen Mann zu stehen“.

2 Im Originaltext von 1723 heißt es „A Mason is a peaceable Subject to the Civil Powers, wherever he resides or works, and is never to be concern'd in Plots and Conspiracies against the Peace and Welfare of the Nations, nor to behave himself undutifully to inferior Magistrats; ...“ (The Charges of A Free-Mason, extracted from the ancient Records of Lodges) – Reprint Bauhüttenverlag, Hamburg 1982

- Wer sich einer Freimaurerloge anschließt, muss auch in der Lage sein, die Rituale des Bundes zu begreifen, und willens sein, sich um geistige Auseinandersetzung zu bemühen. Dazu muss er an sich selbst arbeiten wollen und regelmäßig an den Treffen im Bruderkreis teilnehmen.
- In einer Bruderschaft muss jeder Bruder auch bereit sein, sich brüderlich zu öffnen und mit der vertrauten Brüderlichkeit der anderen vertrauensvoll und vertrauenswürdig umzugehen.
- In einem Serviceclub stehen Freundschaft und Dienst an der Gemeinschaft auf gleicher Ebene; wer nur gesellschaftliche Geltung sucht, ist am verkehrten Ort. Wer nur karitativ wirksam werden möchte, aber auch.
- Wer Geschäftskontakte sucht, findet sie in einem reinen Business Club. In einer Bruderschaft, welcher Art auch immer, würde er scheitern.
- Wer keine Geschäftsmöglichkeiten zu bieten hat, hat dagegen in einem Business Club schlechte Karten.
- Wer Schlaraffe werden will, muss Humor haben und Humor vertragen.
- Wer nur trinken will, ist in einem Stammtisch besser aufgehoben als in einer Studentenverbindung, bei der das Bier zwar besungen, aber doch nur geziemend getrunken wird.

Bevor sich jemand einem Bund, welcher Art auch immer, anschließt, muss er zunächst einmal in sich schauen, sich auf den Weg der Selbsterkennung machen. Nur der, der weiß, was er wirklich möchte, was er in einem Club sucht, hat auch die Chance, den richtigen Club zu finden. Aus dem Bereich des Sportes lässt sich das einfach erklären: Wer joggen möchte, ist im Tennisclub an der falschen Adresse, ebenso wie der Golfer im Schwimmverein. Zwar können sich Tennisspieler beim Joggen fit halten und Golfer gehen gelegentlich baden (nicht nur bei einem Sturzregen), aber der Sinn und Zweck ihrer Sportarten ist ein anderer. In diesen Beispielen hängt das Ansehen des Mitglieds stark von der „sportlichen" Leistung ab. Diese wenigen Beispiele dürften deutlich machen, dass Clubs nicht per se „gut" oder „schlecht" sind, sondern dass sich die Erwartungen des einen mit den Möglichkeiten des anderen treffen und ergänzen müssen. Der „Suchende" muss zum Club passen und umgekehrt, wenn auf längere Sicht Frustrationen, Unzufriedenheiten und Trennung vermieden werden sollen.

Wenn sich aber ein Mensch sicher ist, dass er gerne z. B. einen Serviceclub eintreten möchte, dann stellt sich die Frage für ihn, in welchen. Soll er die Einladung von „A" annehmen oder lieber warten, bis „B" ihn auch anspricht und er dann wählen kann? Zwar sagen alle Service-Clubs, dass man in der Regel nur auf Empfehlung eingeladen werden kann, aber dieser Empfehlung kann man ja vielleicht ein wenig nachhelfen, wenn man Clubmitglieder kennt. Wenn man keine kennt, ist man auch im Club nicht bekannt. Dann bekommt man auch kaum eine Chance, Mitglied zu werden, denn wie soll jemand eingeladen werden, den keiner kennt? Was kann man tun? In einem solchen Fall kann ein auswärtiger Freund oder Verwandter die Empfehlung aussprechen, wenn man ihn darum bittet. Man kann auch selbst initiativ werden und auf sich und sein Interesse in geeigneter Form aufmerksam machen. Dabei ist das Wichtigste, zunächst zu prüfen, ob man selbst überhaupt in die Zielgruppe des interessierenden Clubs passt. Dazu gibt dieses Buch einige Hinweise, vor allem zeigt es, wie man zu weiteren Informationen kommen kann. Wenn man von den jeweiligen zentralen Büros oder auch über das Internet Informationsmaterial erbittet, wird in der Regel der Interessentenname an den Club vor Ort weitergegeben. Dann hat man sein Interesse in einer geeigneten Art signalisiert. Da alle Clubs an neuen Mitgliedern interessiert sind, kann dies bereits zur Einladung für einen Gästeabend führen. Erfolglos bleibt es bestimmt, wenn man nicht zur Zielgruppe für neue Mitglieder gehört. In großen Städten gibt es zwei oder mehrere Clubs der gleichen Organisation. Alle diese Clubs unterscheiden sich in ihrer Zusammensetzung sehr erheblich. Wenn einem der eine Club nicht gefällt, kann der andere genau der richtige sein. Das gilt auch für die verschiedenen „Clubmarken", die noch dazu von Ort zu Ort in ihrer Zusammensetzung stark variieren können.

Wir sehen, je länger wir die Frage erörtern, welches der „beste" Club sei, umso schwieriger wird die Antwort. Fast drängt sich der Verdacht auf, es gäbe „DEN besten" gar nicht, sondern nur einen

„am besten zu mir passenden". In der Tat ist diese Wahrnehmung richtig.

Wenn man nach dem besten Club oder der besten Organisation fragt, muss man auch klären, unter welchen Kriterien der „beste" ausgesucht werden soll. Ist es der Club, in dem man sich am wohlsten fühlt, am meisten Spaß und Freude hat, oder der mit den besten Geschäftsverbindungen oder dem höchsten Sozialprestige? Was nutzt es aber letzten Endes „Fräulein Dr. Lieschen Müller", wenn sie zum Club der Exzellenzen und Eminenzen kommt, aber keinen wirklichen Kontakt bekommt, nicht anerkannt wird? Ein Club mit etwas weniger Prestige in den Augen der Außenwelt hätte möglicherweise eine deutlich höhere Lebensqualität im Club gebracht. Allen Beteiligten hätte das mehr Spaß gemacht, und das ist schließlich auch ein wichtiger Aspekt für angestrebte Mitgliedschaften. Wer sich einem Club, einer Loge, einem Orden oder einer Korporation anschließen will, soll sich immer vor Augen halten, dass eine fruchtbare Mitgliedschaft nur nach dem alten römischen Grundsatz funktionieren kann „do ut des" (Ich gebe, damit Du gibst). Das heißt, es muss ein Gleichgewicht des Interesses in der Beziehung sein. Wer sich anschließt, sollte sich auch engagieren, nicht aus Eigennutz, sondern weil er die Ziele der Gemeinschaft innerlich trägt und praktisch fördern will. Bei den Freimaurerlogen wird man nicht einfach Mitglied, man wird „an- und aufgenommen". Der neue Bruder wird als Mensch, als Bruder angenommen, so wie er ist, auch mit seinen Häkchen und Öschen, und er wird in die Loge aufgenommen als Mitglied mit Rechten und Pflichten. Der neue Bruder muss also auch bereit sein, neben seinen Rechten auch seine Pflichten wahrzunehmen, und er muss bereit sein, die vorhandenen Brüder anzunehmen. Ähnliches gilt für alle anderen hier genannten Gemeinschaften auch. Wer nicht innerlich hinter den Zielen einer Gemeinschaft steht und bereit ist, sie zu unterstützen oder ihre Grundsätze zu leben, wird in der Gemeinschaft keine Freunde finden und nicht froh werden, auch wenn die Mitgliedschaft ein noch so großes Sozialprestige beinhalten sollte. Man stelle sich zur Illustration einmal vor, ein echter Freidenker sei Mitglied in einem kirchlichen Laienorden, wie etwa eine Templergemeinschaft, die ein klares Bekenntnis zur Kirche und vielleicht zum Papst erwartet. Das würde sicherlich beiden Seiten wenig Freude bereiten.

Die Antwort auf die Frage, welches der beste Club oder die beste Organisation sei, ist daher weder quantitativ noch inhaltlich zu beantworten. Die Antwort richtet sich nach den Bedürfnissen und Erwartungen des „Suchenden". Die Frage muss lauten: „In welchen Club passe ich am besten?" Wenn sie so gestellt wird, ist die Antwort leicht zu finden. Der beste Club für einen Menschen ist der, in dem er sich am wohlsten fühlt, in dem seine Erwartungen an das Clubleben am ehesten erfüllt werden und in dem er als Clubfreund oder Bundesbruder am ehesten angenommen wird. Um das herauszufinden, muss man sowohl seine Erwartungen kennen als auch die Erwartungen der Gemeinschaft. Daher sollte man ausgiebig die Chance nutzen, Gästeabende zu besuchen, um sowohl den Club kennen zu lernen als auch sich selbst kritisch fragen zu können, ob man sich in dieser Gemeinschaft wohlfühlt. Dazu gehört auch die Frage, ob sich der Lebenspartner dort wohlfühlt und das Engagement mitträgt oder zumindest akzeptiert.

Wir wünschen Ihnen, dass dieses Buch Ihnen ausreichend Informationen gegeben hat, um sich klar entscheiden zu können. Wir wünschen Ihnen außerdem viel Freude und Erfüllung beim Engagement für eine gute, sinnvolle Idee und dass Sie die Freunde finden, die Sie mit Ihrem Engagement verdienen.

Anhang

ZEITTAFELN

Serviceclubs

1905	Gründung von Rotary-Club in Chicago
1915	Gründung von Kiwanis-Club Detroit
1917	Gründung von LIONS-Club in Chicago
1917	Gründung von Civitan-Club in Birmingham (AL)
1919	Gründung von Zonta-Club in Buffalo (NY)
1921	Gründung von Soroptimist-Club
1927	erster deutscher Rotary-Club Hamburg
1927	Gründung von Round Table in England
1928	Gründung von Ladies Circle in England
1935–1945	nationalsozialistische Verbotszeit
1945–1990	In der SBZ/DDR bestanden keine Serviceclubs.
1937	Verbot von Rotary, Zonta, Soroptimist, Logen und Korporationen
1952	erster deutscher LIONS-Club in Düsseldorf
1952	Wiedergründung von Soroptimist und Zonta in Deutschland
1952	erster deutscher Round Table Hamburg
1956	Gründung von Ambassador International in der Schweiz
1959	erster deutscher Ambassador-Club in Frankfurt/Main
1963	erster deutscher Kiwanis-Club in Frankfurt/Main
1965	Gründung von Tangent Club in England
1970	erster deutscher Civitan-Club in Hannover
1972	erster deutscher Lady Circle in Mosbach
1995	erster deutscher Tangent Club in Mosbach

Industrie-, Wirtschafts- und Business Clubs

1783	Club zu Bremen (Vorläufer)
1832	Kaufmanns-Casino München
1879	Verein Berliner Kaufleute und Industrieller
1887	Industrie-Club Hannover
1912	Industrie-Club Düsseldorf
1920	Frankfurter Gesellschaft für Handel, Industrie und Wissenschaft
1922	Übersee-Club Hamburg
1933–1945	waren einige (nicht alle) der bestehenden Clubs verboten
1945–1990	In der SBZ/DDR bestanden keine Business Clubs.
1945	Wirtschafts- und Industrie-Klub Osnabrück
1948	Anglo-German Club Hamburg

1948	Export-Club Bayern, München
1950	Wirtschaftsclub Rhein-Main, Frankfurt
1964	American German Business Club, Bonn
1964	64 Business Club Rhein-Main-Area, Frankfurt
1965	Hafen-Klub Hamburg
1977	Wirtschaftsclub Nordostoberpfalz, Weiden
1979	Industrie- und Handelsclub Ostwestfalen-Lippe, Bielefeld
1981	Industrie-Club Bremen
1987	Frauen im Management, Hamburg
1993	Wirtschaftsclub Leipzig
1994	Business Club Rhein-Neckar, Mannheim
1996	Woman's Business Club, München
2000	ROTONDA Business Club, Köln
2001	Berlin Capital Club
2002	China Club Berlin
2002	Hamburger Business Club
2002	Business Club Nürnberg
2003	Wirtschaftsclub Düsseldorf

Freimaurerlogen

1390	„Regius-Manuskript"
1459	Priviligierung der Bauhüttenordnung von Straßburg
1599	Logenprotokolle von Mary's Chapel
1641	Aufnahme von Robert Moray in die Loge Nr. 1 Mary's Chapel
1646	Aufnahme von Elias Ashmole
1717	Gründung der Großloge in London
1723	Anderson legt die „Alten Pflichten" vor.
1725	Aufnahme von Albrecht Wolfgang Graf von Schaumburg in London
1737	Gründung der „Loge d'Hamburg"
1738	Aufnahme des Kronprinzen Friedrich von Preußen
1738	Papst Clemens XII. erlässt das Freimaurerverbot.
1740	Gründung der GNML3WK
1770	Gründung der GLLvD
1780	Aufnahme Johann Wolfgang Goethes
1796	königliches Protektorat für die preußischen GL
1801	Gründung des AASR in Charlston (USA)
1893	Gründung der GL „Droit Humain"
1930	Gründung des Obersten Rates (AASR) von Deutschland
1933	Vertagung des Obersten Rates (AASR) (bis 1947)
1935	Selbstauflösung der meisten Logen und GL in Deutschland
1935–1945	nationalsozialistische Verbotszeit
1946–1990	Verbotszeit in der SBZ/DDR

1945	erste Logen-Neugründung nach dem Krieg „Furchtlos und treu"
1946	erste Feldlogen der Amerikaner, Briten und Kanadier in Deutschland
1947	Verlegung des Obersten Rates (AASR) von Berlin nach Frankfurt/Main
1949	Gründung der Großloge AFuAM von Deutschland
1949	Gründung der Frauen-Großloge von Deutschland
1958	Gründung der VGLvD
1959	Gründung der GL für Frauen und Männer „Humanitas"
1962	Gründung der ACGL
1970	Beitritt der ACGL und der GLBFG zur VGLvD
1995	Gründung des Großorients von Deutschland – Freimaurerbund zur aufgehenden Sonne
2003	Gründung des SGOvD

Studentisches Verbindungswesen

1119	Gründung der Universität von Bologna
12. Jh.	Entwicklung der Bursen und „Nationes" an den Universitäten
1348	erste Universität im Deutschen Reich (Karlsuniversität Prag)
1356	Universität zu Wien
1522	Gründung der ersten protestantischen Universität in Marburg (Lahn)
1716	Gründung der Landsmannschaft Sorabia Leipzig, heute zu Münster
1743	Gründung der ersten Studentenloge in Halle „Zu den drei goldenen Schlüsseln"
1771	Gründung des Amicisten-Ordens in Jena
1789	Gründung des Corps Guestfalia zu Halle, heute zu Münster
1798	Gründung des Corps Onoldia Erlangen
1815	Gründung der Burschenschaft in Jena
1817	Wartburgfest – Urburschenschaft (schwarz-rot-gold)
1819	fürstliche Reaktion, Verbot der Korporationen
1824	Gründung der ältesten Schülerverbindung (Markomannia Rastatt)
1848	Gründung des KSCV
1852	Gründung des Wingolfsbundes
1856	Gründung des CV
1856	Gründung des KV
1863	Gründung des Weinheimer Senioren-Convents
1867	Gründung des Sondershäuser Verbandes (Vorläufer)
1868	Gründung des Allgemeinen Landsmannschafter Verbandes
1872	Gründung des Vertreter Convents
1881	Gründung des Verein Deutscher Studenten
1883	Gründung des Akademischen Turnbunds
1887	Gründung des Schwarzburgbundes
1896	Gründung des Akademischen Deutschen Sängerbundes
1899	Gründung der ersten Damenverbindung (Hilaritas Bonn)
1903	Gründung des Technischen Cartell-Verbands

1910	Gründung des Dt. Wissenschafter Verbandes
1919	Gründung der Deutschen Gildeschaft
1922	Gründung der idaflieg
1922	Gründung des Kartells akademischer Jagdvereine
1924	Gründung der RKDB
1935–1945	nationalsozialistische Verbotszeit
1946–1990	Verbotszeit in der SBZ/DDR
1951	Gründung des BDIC
1951	Gründung des Rotenberger Vertreter-Convents
1965	verdeckte Gründung der „Cimbria" in Dresden
1971	Gründung des Marburger Convents
1976	verdeckte Gründung der „Ottonia" in Magdeburg
1986	erster Allianz-Kommers auf der Rudelsburg
1990	Gründung der Rudelsburger Allianz
1996	Gründung der „Neuen Deutschen Burschenschaft"

Ritterorden, Orden- und Logensysteme

1050	Bildung des Spitals Johannes' des Täufers in Jerusalem
1115	Der Johanniterorden wird vom Papst anerkannt.
1118	Gründung des Templerordens (aufgelöst nach 1312)
1191	Stiftung des Deutschen Ordens
1291	Schlacht bei Akko, das Hl. Land geht verloren
1306	Rhodos wird Sitz des Johanniterordens
1312	Ermordung des Templer-Großmeisters Jacques de Molay
1382	Autonomie für die Balley Brandenburg innerhalb des Johanniterordens
1489	Das „Malteserkreuz" wird Feldzeichen des Johanniterordens.
1523	Der Johanniterorden verliert Rhodos.
1530	Der Johanniterorden wird mit Malta belehnt.
1614	erscheint die Fama Fraternitas Christian Rosenkreutz
um 1750	Gründung des Ordens der Gold- und Rosenkreuzer
1781	Gründung des Druiden-Ordens in London
1793	Ende des Ordens der Gold- und Rosenkreuzer
1798	Napoleon besetzt Malta, die Herrschaft der Malteser endet.
1810	Einzug der Güter des Johanniterordens (Trennung in Johanniter und Malteser)
1819	Gründung von Odd Fellow in Baltimore
1834	Der Malteserorden nimmt seinen Sitz in Rom.
1842	Stiftung der Friedensklasse des „Pour le mérite"
1843	Gründung des Ordens B'nai B'rith
1852	Wiederherstellung des Johanniterordens
1859	Gründung der Ur-Schlaraffia in Prag
1870	erste Odd Fellow Loge in Deutschland
1872	Gründung der ersten deutschen Rebekka-Loge in Berlin

1872	erste Druiden-Loge in Deutschland (Dodona Loge)
1915	Gründung des AMORC in USA
1929	Käthe Kollwitz als erste Frau im „Pour le mérite"
1935–1945	nationalsozialistische Verbotszeit
1946–1990	Verbotszeit in der SBZ/DDR
1935	Gründung Lectorum Rosicrucianum in den Niederlanden
nach 1950	Neugründung von verschiedenen Templergruppen in Deutschland
1952	Revitalisierung des „Pour le mérite"
1961	Allianz der Johanniter in Deutschland, England, Niederlande und Schweden

ABKÜRZUNGSVERZEICHNIS

3WK	(Großloge) Zu den drei Weltkugeln
A.M.O.R.C.	Alter und Mystischer Orden vom Rosenkreuz
AASR	Alter Angenommer Schottischer Ritus
ACD	Ambassador Club Deutschland
ACGL	Amerikanisch-Canadische Großloge in Deutschland
ADC	Allgemeiner Deputierten Convent
ADJV	Allgemeiner Deutscher Jagdschutz-Verein
ADV	Akademische Damen-Verbindungen
AFuAM	(Großloge) Alte Freie und Angenommene Maurer
AGBC	American German Business Club
AGC	Anglo-German Club
AGÖC	Arbeitsgemeinschaft österreichischer Corps
AGV	Akademischer Gesangverein
AH	Alter Herr
AHV	Altherrenvereinigung
ALT	Akademische Liedertafel
APR	Allgemeiner Pennäler Ring
ARC	Akademischer Ruderclub
ASC	Allgemeiner Senioren Convent
ASV	Akademischer Segler-Verein
ATB	Akademischer Turnbund
BAG	Bund alter Gildeschafter
BBC	Berliner Business-Club
BCC	Berlin Capital Club
BCN	Business Club Nürnberg
BC-RN	Business Club Rhein-Neckar
BDIC	Bund Deutscher Ingenieur Corporationen
BDKJ	Verband der Deutschen Katholischen Jugend

BdSt	Bund deutscher Studenten
BOB	Supreme Lodge benevolent order of brothers
BPhV	Baltischer Philister Verband
C.C.E.G.	Confederation Compagnonnages Européens
C.L.I.P.S.A.S.	Centre de Liaison et d'Information des Puissances maçonnique signataires de l'Appel de Strasbourg
CC	Coburger Convent der akademischen Landsmannschaften und Turnerschaften
CDA	Convent Deutscher Akademikerverbände
CDK	Convent Deutscher Korporationsverbände
CI	Civitan International
CLC	Coburger Landsmannschafter-Convent
CLIMAF	Centre de Liaison International de la Maconique feminine
CV	Cartell Verband deutscher katholischer Studentenverbindungen
DB	Deutsche Burschenschaft
DBÖ	Deutsche Burschenschaft in Österreich
DDO	Deutscher Druiden-Orden
DG	Deutsche Gildenschaft
DL	Deutsche Landsmannschaft
DS	Deutsche Sängerschaft
DVT	Damenverbindungstreffen
DWV	Deutscher Wissenschaftler Verband
ECOSOC	Economic and Social Council
EKV	Europäischer Kartellverband christlicher Studentenverbindungen
FAC	Fränkischer Absolven Convent
FBSH	Forende Berejste Skandinaviske Händaerkere
FCMB	Federation Compagnonnique des Metiers de Belgique
FDJ	Freie Deutsche Jugend
FGLvD	Frauen-Großloge von Deutschland
FH	Fachhochschule
FIM	Frauen im Management
FNCMB	Federation National Compagnonnique des Metiers du Batiment
FRC	Fraternitas Rosae Crucis
FU	freie Universität
FvD	Freie Vogtländer Deutschland
GBAW	Großer Baumeister aller Welten
GL	Großloge
GLBFG	Grand Lodge of British Freemasons in Germany
GLDOF	Großloge der Deutschen Odd Fellows
GLL	Große Landesloge
GLLvD	Große Landesloge von Deutschland
GNML3WK	Große National-Mutterloge „Zu den drei Weltkugeln"

GOvD	Großorient von Deutschland
HAPAG	Hamburg-Amerika-Paketschifffahrts-AG
HHBC	Hamburger Business Club
I.O.O.F.	Independent Order of Odd Fellows
I.R.O.	International Relations Officer (bei RT)
IAC	Internationaler Ambassador Club
IAC	International Associate Club
ICH	Industrie-Club Hannover
ICS	Industrieclub Sachsen
idaflieg	Interessengemeinschaft dt. Akademischer Fliegergruppen
IDD	Iodine Defiency Disorder (Jodmangelkrankheit)
IGLD	International Grand Lodge of Druidism
IHC	Industrie- und Handelsclub Ostwestfalen-Lippe
ILO	International Labor Organisation
KAD	Katholische Akademikerarbeit Deutschland
KAJC	Kongress Akademischer Jagdcorporationen
KDSE	Katholische Deutsche Studenten-Einigung
KI	Kiwanis International
KIEF	Kiwanis International European Federation
KSCV	Kösener Senioren-Convents-Verband
KV	Kartellverband katholischer deutscher Studentenvereine
LC	Ladies Circle
LCD	Ladies Circle Deutschland
LCI	Ladies Circle International
LI	LIONS International
LR	Lectorium Rosicrucianum
MDV	Multi-Distriktversammlung
MK	Marburger Konvent
MR	Miltenberger Ring
MWR	Miltenberg-Wernigeroder Ring
NAC	Nationaler Ambassador Club
NGO	Nichtstaatliche Organisationen (bei der UN)
NSDStB	Nationalsozialistischer Deutscher Studentenbund
ÖLTC	Österreichischer Convent der Landsmannschaftes und Turnerschafter
OMCH	Nova Militia Christi Hierosolymitana
OMCT	Tempelherrenorden e.V., Hannover
OMCT-A	Österreichischer Tempelherrenorden
OMCT-B	Belgischer Tempelherrenorden
OMT	Ordo Militiae Templi (Templerorden)
ÖPR	Österreichischer Pennälerring
ORD	Oberster Rat von Deutschland
OSMTH	Ordo Supremus Militaris Templi Hierosolymitani

OT	Old Table
OTD	Old Table Deutschland
OTO	Orientalischer Templer Orden
P.R.O.	Public Relation Officer (bei RT)
PC	Präsidialconvent
PKB	Pennäler Kartell Baden
PSC	Passauer Senioren Convent
R.E.F.O.R.M.	Ring Europäischer Freimaurer(innen) – Organisation zur Reform des Maurertums
RA	Rudelsburger Allianz
RAC	Rotaract Club
RAC	Regionaler Ambassador Club
RAM	Royal-Arch-Mariner-Logen
RC	Rotary Club
RI	Rotary International
RKDB	Ring katholischer deutscher Burschenschaften
ROTEX	Rotary Exchange (Jugendaustauschprogramm von Rotary)
RSC	Rudelsburger Senioren Convent
RT	Round Table
RTD	Round Table Deutschland
RVC	Rotenberger Vertreter-Convent
SB	Schwarzburgbund
SBZ	Sowjetische Besatzungszone
SC	Senioren-Convent
SCO	Serviceclub-Organisation
SCV	Schüler-Cartellverband
SGL	Souveräne Großloge
SGOvD	Souveräner Großorient von Deutschland
SI	Soroptimist International
SI/E	Soroptimist International/Europa
SV	Sondershäuser Verband Akademisch-Musikalischer Verbindungen
SVC	Süddeutscher Verbands-Convent
TCV	Technischer Cartell-Verband
U.O.B.B.	Unabhängiger Orden B'nai B'rith
UGL	United Grand Lodge (of England)
UNEP	UN-Umweltorganisation
UNESCO	UN Educational, Scientific und Cultural Organisation
UNHCR	UN-Flüchtlingskommissariat
UNICEF	UN International Children's Emergency Fund
UNDO	Organisation für industrielle Entwicklung
UNIFEM	UN-Development Fund for Women
UV	Unitas Verband

VAC	Verband alter Corpsstudenten
VACC	Verband Alter Herren des Coburger Convents
VASV	Verband der Akademischen Seglervereine
VASV	Vereinigung Alter Herren des Sondershäuser Verbands
VAV	Verband Akademischer Vereine
VBKI	Verein Berliner Kaufleute und Industrieller
VC	Verband der Turnerschaften auf deutschen Hochschulen
VDB	Vereinigung Deutscher Burschenschaften
VDH	Verein deutscher Hochschüler
VDSt	Verein Deutscher Studenten
VFV	Verein zur Förderung der deutsch-baltischen Völkerfreundschaft
VGL	Vereinigte Großlogen
VGLvD	Vereinigte Großlogen von Deutschland
VSSt	Verbindung Schleswigscher Studenten
VVDSt (KV)	Verband der Vereine Deutscher Studenten – Kyffhäuserverband
WB	Wingolfsbund
WCO	Wirtschaftsclub Ostwürttemberg
WHO	World Health Organisation
WIKO	Wirtschafts- und Industrie-Klub Osnabrück
WJ	Wirtschaftsjunioren
WJSC	Wernigeroder Jagdkorporationen Senioren-Convent
WK	Wartburg-Kartell Evangelischer Akademischer Verbindungen
WSC	Weinheimer Senioren-Convent
WSV	Wernigeroder Schwarzer Verband
WVAC	Weinheimer Vereinigung alter Corpsstudenten
ZI	Zonta International

LITERATURVERZEICHNIS

Serviceclubs

Bütow, Wolf J.: „In guter Gesellschaft – Clubleben in Deutschland", Düsseldorf 1981

Der Lion: Sonderheft „50 Jahre Lions Clubs in Deutschland – Ihre Leistungen – Die Historie", Hamburg 2002

Graumann, Günter: „Memorandum für Rotary in Deutschland zwischen den beiden Weltkriegen", hrsg. vom Rotary Club Hameln, 1987

Hapgood, L.A. „Larry": „Dimensions of Service – The Kiwanis Story", hrsg. von Kiwanis International, Indianapolis, 2. Aufl.,1989

Hodeige, Fritz: „Wir reichen allen Menschen die Hand – Kiwanis 2000 Handreichungen für die Praxis", Freiburg o.J., 2. Aufl., 1988

o.V.: „40 Jahre Lions Clubs Deutschland", München 1992

Wedemeyer, Manfred: „1927–2002, Den Menschen verpflichtet – 75 Jahre Rotary in Deutschland", Hamburg 2002

Wendling, Peter: „Die Unfehlbaren – Die Geheimnisse exklusiver Clubs, Logen und Zirkel", Zürich 1991

Wündrich, Hermann: „Die Amerikanisch-Internationalen Service-Club-Organisationen (SCO), hrsg. vom Kiwanis-Club Düsseldorf e.V., 1984

Industrie-, Wirtschafts- und Business Clubs

Industrie-Club e.V. (Hrsg.): „Treffpunkt der Eliten", Düsseldorf 2006

Freimaurer

Appel, Rolf: „Die großen Leitideen der Freimaurerei", Münster 1986

Appel, Rolf/Oberheide, Jens: „Was ist Freimaurerei?", Bonn 1993

Biedermann, Hans: „Das verlorene Wort – Bausteine zu einer Kultur- und Geistgeschichte des Freimaurertums", Wien-Köln-Graz 1986

Diericks, Michel: „Freimaurerei – die große Unbekannte. Ein Versuch zur Einsicht und Würdigung", Hamburg 1968

Diener, J.W.: „Freimaurer im 20. Jahrhundert", Dinkelsbühl dwl 38, 1968

Endres, Franz Carl: „Die Symbole des Freimaurers", Hamburg 1977

Haack, Friedrich-Wilhelm: „Freimaurer", 6. Aufl., München 1980

Hegener, Otto: „Die Freimaurerei", Hamburg 1949

Hoede, Karl: „Burschen heraus – Zur Erinnerung an den Ursprung der alten Burschenherrlichkeit“, Frankfurt/M., o.J.
Holtorf, Jürgen: „Verschwörung zum Guten“, Hamburg 1974
Holtorf, Jürgen: „Die verschwiegene Bruderschaft – Freimaurerlogen: Legende und Wirklichkeit“, München 1983
Horneffer, August: „Freimaurerisches Lesebuch“, Hamburg 1951
Lanik, Monika/Widmann, Helga: „Frauen und Freimaurerei: – Feminine Freimaurerei in Deutschland im Spiegel ihrer Entwicklung“, in: QC-Jahrbuch Nr. 40/2003, Seite 103–119
Lehner, Alfried: „Das wunderbare Wissen vom Wesen der Welt“, Bonn 1993
Lehnhoff, Eugen/Posner, Oskar/Binder, Dieter A.: „Internationales Freimaurerlexikon“, München, erweiterte und überarbeitete Neuauflage, 2000
Lessing, Gotthold Ephraim: „Ernst und Falk – Gespräche für Freymäurer“
Mellor, Alec: „Logen, Rituale, Hochgrade – Handbuch der Freimaurerei“, o.O., 1985
Müss, Johann G.: „Die Annalen des AASR“, Frankfurt 1980
Neuberger, Helmut: „Freimaurerei und Nationalsozialismus“, Bonn 1980
Ruegg, R.: „Das Wesentliche über Ursprung, Geschichte und Entwicklung des Alten und Angenommenen Schottischen Ritus“, Lausanne 1955
Thies, Wilhelm: Festschrift „240 Jahre Freimaurerloge Friedrich zum weißen Pferd Nr. 19 im Orient Hannover 1746–1986“, Selbstverlag der Loge, Hannover 1986

Studentische Korporationen

Baum, R.-J.: „Wir wollen Männer, wir wollen Taten! – Deutsche Corpsstudenten 1848 bis heute“, München 1998
Bertrams, Kurt U.: „Studentenverbindungen in der DDR“, Hilden 2006
Eckelmann, Willfried unter Mitwirkung von Eylers, H. und Geisenhainer, K.: „125 Jahre Corps Hannovera an der Universität Hannover, Vereinigung Alter Herren des Corps Hannovera e. V.“, Hannover 1991
Ellwein, Thomas: „Die deutsche Universität. Vom Mittelalter bis zur Gegenwart“, Königstein (Taunus) 1985
Fabricius, Wilhelm: „Die Deutschen Corps“, 2. Aufl., Frankfurt/M. 1926
Faust, Anselm: „Der Nationalsozialistische Deutsche Studentenbund.

Studenten und Nationalsozialismus in der Weimarer Republik", 2 Bde., Düsseldorf 1973
Fischer, Hartmut: „Handbuch des Kösener Corpsstudenten", Band I & II, 6. Aufl., Vorstand des Verbandes Alter Corpsstudenten e. V. (VAC), Würzburg 1985
Gladen, Paulgerhard unter Mitarbeit von Becker, Ulrich: „Gaudeamus igitur – Die studentischen Verbindungen einst und jetzt", Köln 2001
Gladen, Paulgerhard: „Die studentischen Korporationsverbände", 2 Bde., Würzburg 1981/1985
Glienke, Ernst-Günter: „CIVIS ACADEMICUS", Köln 2002
Golücke, Friedhelm: „Korporationen und Nationalsozialismus", Schernfeld 1990
Golücke, Friedhelm: „Studentenwörterbuch – Das Akademische Leben von A-Z", Graz-Wien-Köln 1987
Grimm, H./Besser-Walzel, L.: „Die Corporationen", Frankfurt/M. 1986
Historia Academia: Schriftenreihe der Studentengeschichtlichen Vereinigung des CC
Huhle, Henner: „Die Präwendalen Couleuriker und die Rudelsburger Allianz", Bergisch-Gladbach 2006
Kessler, Herbert u.a.: „Vielfalt und Einheit der deutschen Korporationsverbände", Heft 2 der Schriftenreihe des CDK/CDA, 1998
Knütter, Hans-Helmuth: „Die Faschismuskeule. Das letzte Aufgebot der deutschen Linken", 2. Aufl., Frankfurt/Main-Berlin 1994
Krause, Peter: „Oh alte Burschenherrlichkeit. Die Studenten und ihr Brauchtum", Graz 1997
o.V.: „Vielfalt und Einheit der deutschen Korporationsverbände", Heft 1 der Schriftenreihe des CDK/CDA, 1992
Paschke, Robert: „Studentenhistorisches Lexikon", in der Reihe GDS-Archiv im SH-Verlag, bearbeitet von Friedhelm Golücke 1999
Verein für corpsstudentische Geschichtsforschung: „Einst und Jetzt" – Jahrbücher 1956, 1957, 1960, 1963, 1965, 1986–2005
Waas, Oskar: „Die Pennalie – ein Beitrag zu ihrer Geschichte", Graz 1967
Weber, R. G. S.: „Die deutsche Corps im Dritten Reich", Köln 1998
Wöhner, Klaus: „Coburg und sein Convent", Coburg 1986

Ritterorden und andere Orden

Bradford, E.: „Johanniter und Malteser. Die Geschichte des Ritterordens“, 2. Aufl., München 1991

Charpentier, Louis: „Macht und Geheimnis der Templer“, Paris 1967

Heutger, Nicolaus: „Die geistlichen Ritterorden in Niedersachsen“, Hannover 1997

Hiestand, Rudolf: „Die Anfänge der Johanniter“, in: Josef Fleckenstein/Manfred Hellmann (Hrsg.): Die geistlichen Ritterorden Europas, S. 31–80, Sigmaringen 1980

Karmon, Yehuda: „Die Johanniter und Malteser. Ritter und Samariter. Die Wandlungen des Ordens vom Heiligen Johannes“, München 1987

Klimek, Stanislaus J.: „Im Zeichen des Kreuzes. Die anerkannten geistlichen Ritterorden“, Stuttgart 1986

Opgenoorth, Ernst: „Die Ballei Brandenburg des Johanniterordens im Zeitalter der Reformation und Gegenreformation“, Würzburg 1963

o.V.: „Deutscher Tempelherren Orden im OMT – Ordo Militiae Templi“, Hannover 1999

Rödel, Walter G.: „Die Ritterliche Orden St. Johannis vom Spital zu Jerusalem – Ein Abriss seiner Geschichte“, 2. Aufl., Nieder-Weisel 1989

Ruppert, Hans-Jürgen: „Der Mythos der Rosenkreuzer“, aus der Reihe EZW-Texte Nr. 160, Berlin 2001

Schuster, Georg: „Geheime Gesellschaften, Verbindungen und Orden“, o.O., 1905

Waldstein-Wartenberg, Wolfgang: „Rechtsgeschichte des Malteserordens“, Wien-München 1969

Waldstein-Wartenberg, Wolfgang: „Die Vasallen Christi. Kulturgeschichte des Johanniterordens im Mittelalter“, Köln-Wien-Graz 1988

Wehr, Gerhard: „Die Bruderschaft der Rosenkreuzer“, 5. Aufl., München 1995

Wienand, Adam (Hrsg.): „Der Johanniterorden, der Malteserorden, der ritterliche Orden des hl. Johannes vom Spital zu Jerusalem. Seine Geschichte, seine Aufgaben“, 3. Aufl., Köln 1988

Zimmerling, Dieter: „Der Deutsche Ritterorden“, 3. Aufl., Düsseldorf 1992

Wandernde Handwerksgesellen

Back, Karl-Heinz (Hrsg.): „Gesellschaft Freier Vogtländer Deutschlands“, Nienburg an der Weser, o.J. (1985)

Eitel, Peter: „Fahrende Gesellen. Beobachtungen zur Handwerksgesellenwanderung in der l. Hälfte des 19. Jahrhunderts anhand von Ravensburger Quellen“, in: Schriften des Vereins für Geschichte des Bodensees und seiner Umgebung 97, S. 131–143, Ravensburg 1979

Elkar, Rainer S.: „Umrisse einer Geschichte der Gesellenwanderungen im Übergang von der Frühen Neuzeit zur Neuzeit“, in: Deutsches Handwerk im Spätmittelalter und Früher Neuzeit, hrsg. von Rainer S. Elkar. Göttinger Beiträge zur Wirtschafts- und Sozialgeschichte 9, S. 85–116, Göttingen 1983

o.V.: „Auf der Walz – Wandergesellen im 19. Jahrhundert“, Reihe: Die deutsche Frage im Unterricht, Heft 11, Hrsg. von der Landeszentrale für politische Bildung, Stuttgart 1987

o.V.: „Die Verbindungen der Maurergesellen oder authentische Darstellung der bei diesen Verbindungen üblichen Gebräuche, nebst Mittheilungen über die neueste Geschichte derselben“, Lübeck 1841

Richter, Richard: „Der Rolandsschacht. Die Zunft der reisenden Bauhandwerker“, Villingendorf 1982

Schumacher, Rudolf: „Zunftgebräuche – Der wandernden Gesellen Freud und Leid“, Swinemünde 1929

Schunck, Volker: „Die ehrbaren Wandergesellen – Die Welt ist unser Vaterland und alle Menschen Brüder“, in: Neue Zürcher Zeitung, 9./10.2.1985

Stöckle, Frieder: „Fahrende Gesellen. Des alten Handwerks Sitten und Gebräuche“, Würzburg 1980

Trappmann, Klaus (Hrsg.): „Landstraße, Kunden, Vagabunden. Gregor Gogs Liga der Heimatlosen“, Berlin 1980

Wehrhan, Karl: „Mit Gunst! Sitten, Bräuche und Feste des deutschen Handwerks“, Berlin-Leipzig 1910

Wissel, Rudolf: „Des alten Handwerks Recht und Gewohnheit“, 2. erweiterte und bearbeitete Ausgabe, Bände 1 bis 3 hrsg. von Ernst Schraepler, Bände 4 und 5 hrsg. von Ernst Schraepler, bearbeitet von Harald Reissig, Berlin 1971–1986

Wörterbuch der deutschen Volkskunde. Begründet von Oswald A. Erich und Richard Beitl unter Mitarbeit von Klaus Beitl, Kröners Taschenausgabe 127 (Stichwörter: Fremde Zimmergesellen, Gebärden, Handwerker, Hausmarken, Sondersprache, Steinmetz, Zimmermann), Stuttgart 1974

Informationsschriften

Back, Karl-Heinz: „Gesellschaft Freier Vogtländer Deutschlands“, Nienburg/Weser 1985

Lau, Hans: „Hinaus in die Fremde. Drei Jahre und ein Tag, in der ältesten Zunft, den rechtschaffenen fremden Gesellen“, Informationsbroschüre für Bauhandwerker über die zünftige Walz, Hamburg 1986

Mattig, Günter: „Rund ist die Welt, drum Brüder lasst uns reisen! Fremder Freiheitsschacht“, Örsdorf 1986

Richter, Richard: „Der Rolandsschacht. Die Zunft der reisenden Bauhandwerker“,Villigendorf 1982

Liederbücher

Henn, Horst/Dieter Theurich: „Lieder einheimischer und reisender Bauhandwerker. Gesellschaft freier Vogtländer Deutschlands“, Hannover 1979

„Schaller-Fleppe“, Liederbuch von „Axt und Kelle“, Reisende Gesellen, Hamburg ca. 1983

Schnelle, Franz: „Das Bauhandwerk im Lied. Mit Bildern und Anleitung zum handwerklichen Klatschen“, 2. Aufl., Köln1955

INTERNETADRESSEN

Serviceclubs

www.ambassador-club.de	Ambassador Deutschland
www.civitan.net	Civitan Deutschland
www.kiwanis.de	Kiwanis, Distrikt Deutschland
www.kiwanis.org	Kiwanis International
www.ladiescircle.de	Ladies Circle Deutschland
www.lions.de	Lions Deutschland
www.lions.org	Lions Interntional
www.old-table.de	Old Table Deutschland
www.rotary.de	Rotary Deutschland
www.round-table.de	Round Table Deutschland
www.soroptimist.de	Soroptimisten Deutschland
www.zonta.de	Zonta Deutschland
www.tangent-club.de	Tangentclubs

Industrie-, Wirtschafts- und Business Clubs

www.agbc.de	American-German Business Club
www.bcn-nuernberg.de	Business Club Nürnberg
www.berlincapitalclub.com	Berlin Capital Club
www.businessclub-rn.de	Business Club Rhein-Neckar
www.china-club-berlin.com	China Club Berlin
www.dczb.de	Club zu Bremen
www.der-uebersee-club.de	Der Übersee-Club Hamburg
www.64club.de	Business Club 64 (Rhein-Main)
www.export-club.org	Export-Club München
www.frankfurter-gesellschaft.de	Frankfurter Gesellschaft
www.fim.de	Frauen im Management
www.hhbc.de	Hamburger Business Club
www.hafen-klub.de	Hafen-Klub Hamburg
www.hanse-lounge.de	Hanse Lounge Hamburg
www.havanna-lounge.com	Havanna Lounge Bremen
www.havanna-lounge.de	Havanna-Lounge Frankfurt/Zürich
www.industrie-club.de	Industrie-Club Düsseldorf
www.industrieclub.de	Industrieclub Sachsen, Dresden
www.industrie-club-bremen.de	Industrie-Club Bremen
www.industrieclub-hannover.de	Industrie-Club Hannover
www.industrieclub-potsdam.de	Industrieclub „Beuth“ Potsdam
www.industrieclub-thueringen.de	Industrieclub Thüringen

www.ihc-owl.de	Industrie- und Handelsclub Ostwestfalen-Lippe
www.kaufmanns-casino.de	Kaufmanns-Casino München
www.rotonda.de	ROTONDA Club Köln
www.vbki.de	Verein Berliner Kaufleute und Industrieller
www.wirtschaftsclub.de	Wirtschaftsclub Bad Oeynhausen
www.wirtschaftsclub-duesseldorf.de	Wirtschaftsclub Düsseldorf
www.wirtschaftsclub-hsk.de	Wirtschaftclub Hochsauerland
www.wirtschaftsclub-leipzig.de	Wirtschaftsclub Leipzig
www.wiklub-os.de	Wirtschafts-Klub Osnabrück
www.wirtschaftsclub-ostwuerttemberg.de	Wirtschaftsclub Ostwürttemberg
www.wirtschaftsclub-rhein-main.de	Wirtschaftsclub Rhein-Main
www.wnopf.de	Wirtschafts-Club Nordoberpfalz, Weiden
www.womans-business-club.de	Woman's Business Club, München und Frankfurt

Freimaurerei

www.aasr.net	Alter und Angenommener Schottischer Ritus
www.freimaurer.org	VGL Vereinigte Großlogen von Deutschland und folgende Großlogen: AFuAM, GNML3WK, ACGL und GLBFG
www.freimaurerorden.de	GLLvD Freimaurerorden
www.freimaurerinnen.de	FGLvD – Frauengroßloge
www.gemischte-freimaurerei.de	GL „Humanitas" für Frauen und Männer
www.droit-humain.org	Der Orden Droit Humaine
www.freimaurerei.org	Der Großorient von Deutschland
www.sgovd.de	Souveräner Großorient von Deutschland
www.3wk.org	GL „Zu den drei Weltkugeln"
www.grandyorkrite.de	Royal Arch

Studentische Verbindungen/Schülerverbindungen

www.atb.net	Akademischer Turnbund
www.akaflieg.de	idaflieg – Interessengemeinschaft dt. akademischer Fliedergruppen
www.balticorp.de	Baltischer Philister Verband
www.bdic.de	Bund Deutscher Ingenieur Corporationen
www.burschenschaft.de	Deutsche Burschenschaft
www.cartellverband.de	Cartellverband katholischer Studenten
www.coburger-convent.de	Coburger Convent
www.corpsstudent.de	Informationen über Corps

www.cousin.de	couleurstudentische Informationen
www.deutsche-saengerschaft.de	Deutsche Sängerschaft
www.die-corps.de	Kösener SC und Weinheimer SC
www.fdm.org	Fraternitas Dorpatensis München (Baltischer Philister Verband)
www.kartellverband.de	KV Kartellverband katholischer Studenten
www.marburger-konvent.de	Marburger Konvent
www.miltenberger-ring.de	Miltenberger Ring
www.neuedb.de	Neue Deutsche Burschenschaft
www.sbnet.org	Schwarzburgbund
www.sv.org	Sondershäuser Verband
www.tcv-online.de	Technischer Cartell Verband
www.tradition-mit-zukunft.de	Diskussionsforum Korporierter
www.unitas.org	Unitas Verband katholischer Studenten
www.vdst.net	Vereine Deutscher Studenten
www.wartburg-coburgia.de	Wartburg-Kartell
www.wingolf.org	Wingolfsbund
www.wjsc.de	Wernigeroder Jagdkorporationen SC

Damenverbindungen (kein Dachverband)

www.adv-laetitia.de	Laetitia Tübingen
www.amazonia-jena.de	Amazonia Jena
www.athenia.de	Athenia Würzburg (im SB)
www.avnausikaa.de	Nausikaa Heidelberg
www.felicia-mainz.de	Felicia Mainz
www.ferra-floris.de	Ferra Floris Münchberg
www.helenia.de	Helenia Münster
www.lysi.de	Lysistrata Berlin
www.merzhausia.de	Merzhausia Freiburg
www.orejades.de	Orejades Clausthal-Zellerfeld
www.parnassia.de	Parnassia Göttingen
www.salia-wuerzburg.de	Salia Würzburg

Schülerverbindungen (Verbände)

www.absolvia.de	Fränkische Absolvenverbindungen
www.apr-deutschland.de	Allgemeiner Pennäler-Ring Deutschland
www.honovere.de	(fast) alle Schülerverbindungen
www.pv-germania.de/pkb	Pennäler Kartell Baden
www.passauer-senioren-convent.de	Passauer SC
http://travel.to/RSC	Rudelsburger SC

Ritterorden und andere Orden

www.allschlaraffia.org	Schlaraffia®
www.bnaibrith.org	Orden B'nai B'rith
www.christusorden.org	Nova Militia Christi
www.johanniter.de	Johannitero-rden
www.malteser.de	Malteser Orden
www.oddfellows.de	Independent Order of Odd Fellows
www.ordo-militiae-templi.de	Militia Templi Christi pauperum Militum Ordo, Sitz Piding Hierosolymitana, Sitz Mainz
www.osmth-international.de	Ordo Supremus Militaris Templi Hierosolymitani
http://osmth.de	Historischer Ritterorden der Tempelherren von Jerusalem, Sitz Merzig
www.rosenkreuz.org	Lectorum Rosicrucianum
www.rosenkreuzer.de	Alter und Mystischer Orden Rosae Crucis
www.tempelherrenorden.de	Tempelherrenorden, Sitz Hannover
www.tempelritterorden.de	Tempelritterorden (OSMTH), Sitz Köln
www.vaod.de	Druiden-Orden

Wandernde Handwerksgesellen

www.rechtschaffene-zimmerer.de	Vereinigung der rechtschaffenen fremden Zimmerer- und Schieferdeckergesellen Deutschlands
www.rechtschaffene-maurer.de	Die Gesellschaft der rechtschaffenen Maurer- und Steinhauergesellen
www.rolandsbruder.de	Rolandsschacht
www.fremderfreiheitsschacht.de	Fremder Freiheitsschacht